美術教育資料研究

大坪圭輔

武蔵野美術大学出版局

目次

第1章　美術教育の目的と意義
　第1節　子どもの成長と環境　　6
　第2節　美術教育の定義　　18
　第3節　新美術教育論　　27

第2章　子どもの造形表現
　第1節　造形表現における発達　　40
　第2節　現代の児童画　　62
　第3節　思春期の表現　　69

第3章　美術教育史
　第1節　美術教育の変遷　　82
　第2節　解説及び資料　　125
　第3節　図工美術教科書の変遷　　200
　第4節　チゼックスクール　　260
　第5節　自由画教育運動　　301

第4章　現代美術教育の諸相
　第1節　学習指導要領の変遷　　348
　第2節　学力論争と美術教育　　411
　第3節　連携による美術教育　　420

あとがき　　433

表紙デザイン：白尾デザイン事務所

第 1 章　美術教育の目的と意義

第1節　子どもの成長と環境

子どもの成長

　美術教育とは何か、そして、その勉強をしようとするとき、どのようなことをどのように勉強したらよいのかと質問を受けることがある。そのことについて適切な答えをいうことは難しい。なぜなら、そのような質問が同一のものであっても、1人1人の体験や育った地域、環境や個人の思想、趣味によってかなり違って受け取られるからである。ここでは、安易な答えを求めるのではなく、美術教育の学習や研究を深め、広げていくことができるような問題意識を提示する。また、美術教育について考えるとき、頭だけでその内容を理解するのは不十分であって、各自が直接事物に触れ、労働、特に手を通して創造や美を考察することの大切さをはじめに自覚するようにしたい。

　「親はなくても子は育つ」という。その子はいったい何歳の子どもで、どこにいる子どものことであろうか。親と一緒に睦まじく日々の生活をしている子どもの場合でも、山村の自然の中で暮らしているときと、日々の生活が規則的、機械的になりがちな都会生活者の場合とでは、成長の内容にかなりの違いがあるように思われる。また、その子どもが1人っ子の場合と、大勢の兄弟姉妹がいるときにも、何らかの形で差が出てくる。このような成長と環境についての考察では、1947（昭和22）年に当時の文部省が、戦後はじめての学習指導要領を試案の形で発表した中の「図画工作編」、第二章「図画工作の学習と児童・生徒の発達」に詳しい（p.41参照）。特に、造形力の基礎としての「何か形あるものを作ろうとする造形衝動と、手足を働かせて仕事をしようとする仕事の衝動」をすべての子どもは本来的にもっており、「造形衝動は物的環境に左右されることが多く、仕事の衝動は社会的環境に左右されることが多い。」と定義していることは注目に値する。

星の王子さまから

　すべての大人は、かつて子どもであったはずである。しかしながら残念なことに、人は子ども時代のすべての記憶を大人になってももち続けることはできない。しばしば大人は、子どもの行動や思いさえも理解できないことがある。

1943（昭和18）年に、フランスの作家、アントワーヌ・ド・サン＝テグジュペリが著し、世界中で読まれている『星の王子さま』の冒頭に、「ぼく」が6歳のときの思い出が語られている。以下は該当部分の抜粋である。

　六つのとき、原始林のことを書いた「ほんとうにあった話」という、本の中で、すばらしい絵を見たことがあります。それは、一ぴきのけものを、のみこもうとしている、ウワバミの絵でした。これが、その絵のうつしです［a］。

　その本には、「ウワバミというものは、そのえじきをかまずに、まるごと、ペロリとのみこむ。すると、もう動けなくなって、半年のあいだ、ねむっているが、そのあいだに、のみこんだけものが、腹のなかでこなれるのである」と書いてありました。

　ぼくは、それを読んで、ジャングルのなかでは、いったい、どんなことがおこるのだろうと、いろいろ考えてみました。そして、そのあげく、こんどは、色エンピツで、ぼくのはじめての絵を、しゅびよくかきあげました。ぼくの絵の第一号です。それは、前のページ［b］のようなのでした。

　ぼくは、鼻たかだかと、その絵をおとなの人たちに見せて、〈これ、こわくない？〉とききました。

　すると、おとなの人たちは〈ぼうしが、なんでこわいものか〉といいました。

　ぼくのかいたのは、ぼうしではありません。ゾウをこなしているウワバミの絵でした。おとなの人たちに、そういわれて、こんどは、これなら、なるほどとわかってくれるだろう、と思って、ウワバミのなかみをかいてみました。おとなの人ってものは、よくわけを話してやらないと、わからないのです。ぼくの第二号の絵は、上［c］のようなのでした。

　すると、おとなの人たちは、外がわをかこうと、内がわをかこうと、ウワバミ

の絵なんかはやめにして、地理と歴史と算数と文法に精をだしなさい、といいました。ぼくが、六つのときに、絵かきになることを思いきったのは、そういうわけからでした。ほんとに、すばらしい仕事ですけれど、それでも、ふっつりとやめにしました。第一号の絵も、第二号の絵も、うまくゆかなかったので、ぼくは、がっかりしたのです。おとなの人たちときたら、じぶんたちだけでは、なに一つわからないのです。しじゅう、これはこうだと説明しなければならないようでは、子どもは、くたびれてしまうんですがね。

　そこで、ぼくは、しかたなしに、べつに職をえらんで、飛行機の操縦をおぼえました。そして、世界じゅうを、たいてい、どこも飛んであるきました。なるほど、地理は、たいそうぼくの役にたちました。ぼくは、一目で、中国とアリゾナ州の見わけがつきました。夜、どこを飛んでいるか、わからなくなるときなんか、そういう勉強は、たいへんためになります。

　ぼくは、そんなことで、そうこうしているうちに、たくさんのえらい人たちと、あきるほど近づきになりました。思うぞんぶん、おとなたちのあいだで、暮らしました。おとなたちのようすを、すぐそばで見ました。でも、ぼくの考えは、たいしてかわりませんでした。

　どうやらものわかりのよさそうな人に出くわすと、ぼくは、いつも手もとに持っている第一号の絵を、その人に見せました。ほんとうにもののわかる人かどうか、知りたかったのです。ところが、その人の返事は、いつも、〈そいつぁ、ぼうしだ〉でした。そこで、ぼくは、ウワバミの話も、原始林の話も、星の話もやめにして、その人のわかりそうなことに話をかえました。つまり、ブリッジ遊びや、ゴルフや、政治や、ネクタイの話をしたのです。すると、そのおとなは、〈こいつぁ、ものわかりのよい人間だ〉といって、たいそう満足するのでした。

　　　　（サン＝テグジュペリ作、内藤濯訳『星の王子さま』岩波書店、1953、pp.7-9）

子どもと大人

　私たちがここで考えなければならないことは、子どもの世界とその生活は、私たちと時間的・地理的に同一のものであったとしても、理解しがたい部分がかなりあるということである。『星の王子さま』の作者はもちろん大人であって、子ども自身の発言とは考えられないが、この中には子どもの表現と成長過程を知るための糸口がある。同時に、その中に造形美術教育の問題点も発見できると思う。

　人間以外の動物は「人」を描くことはないが、幼児たちが「人」を表現す

るまでには、数多くの落書きをすることが必要なことはいまではよく知られている。それは子ども自身にとっては楽しい遊びであり、貴重な体験的学びの時間といえるだろう。落書きをしている子どもの顔や姿を観察してみると、明るく笑い、また真剣である。むしろ「楽書き」の字をあてる方が適切とも思える子どもの落書きは、「人」を描き、また文字を書きはじめる前の大切な基礎となる。それは幼児が歩く前に親に抱かれたり、寝返りをしたり、這ったりして、自分の体力を養いつつ、諸感覚や運動能力を歩くことができるまでに発達させることと似ている。

　幼児の「楽書き」のはじめは、描く道具を握って無目的に運動力の軌跡を印づけるにすぎないが、その経験がある程度なされて、与えられた小さな紙（画面）全体が認められるようになると、単に描くのではなく、紙の中央部を意識したような描き方をしたり、ときにはバランスのセンスの感じられるような表現をしたりする。人の形はその後に見られるようになり、ある親は「やっと私の子どもも人の仲間入りをした」と思い、その後の表現について関心をもつようになる。そして俗にいううまい絵が描けるように励ます。親や周囲の大人は子どもの描いたものについて気に入ったものがあると喜ぶが、そうでないときには子どもに描いたものについて質問し、思い通りの答えが聞けないときには落胆したりする。保育所、幼稚園、そして小学校へ進んで、描いたものについて褒められたときには、それをしばらくは壁にはったり身内の者などに誇らしげに見せたりするが、そのうちに、それはどこかへ消えてしまうのが子どもの表現に対する一般的な有り様である。

　子どもたちが自発的に描いたものをよく見て、よく感ずるようになるためにはいささか辛抱、忍耐を必要とするかもしれない。彼らが画面や音声や身振りで伝えようとしていることを理解する場合でも努力が必要なことと同じである。『星の王子さま』にあるように、子どもの知識や理解力は大人とは違うことを知っているはずなのに、なぜか同一のものでないと関心を示そうとしない周囲の多くの大人たちの無理解を不満として、子どもは描くことに興味を失ったり、大人の好みそうな表現に偏ったりする。

　描くことはなぜ大切なのだろうか。人の表現には文字や言葉によるものの他に、音、身振り、描くなどによるものがある。子どもの頃の表現はいかなる形のものであっても、極力それが自由に行われることが望ましいと考えられる。特に独創的で表現意欲が素直に表れているような場合は、何らかの形で評価することが望ましい。描くこと、「楽書き」について、表象内容が変

化することは前に述べたが、子どもたちは小学校の中学年頃まではときには自発的に、ときには周囲から激励されながら描く。それらの行為と作品の中に個の意図、感情が表現技術とともに日々新たなるものとして見られたとするならば（ときには反復、停滞の状態を示すが）、そこに人の創造性、美意識の源があるといえないだろうか。人が大脳その他の能力を十分に活性させ、そこに独自のものを加えて表現したとき、人は充実した生き方を感ずるであろう。その行為が周囲と協調し得て、自然とも調和して、満ちることを願うのである。『星の王子さま』の話からこれまでの内容を引き出すことは強引だとしても、せめて子どもたちの表現に温かい理解を示したいものである。

3歳4か月の子どもの絵

子どもの絵

　きれいな花や景色を見て、ふとそれを描いてみたいと思うことがある。ときにはそのような事物によらないで描きたいと思うこともある。絵画は、モチーフやモデルによって描かれるもの、記憶や空想などによって描かれるものなどさまざまであるが、いずれにしても、絵を描くにあたっては、自分自身の表出したい気持ち、すなわち表現意欲が大切なことはいうまでもない。前出の『星の王子さま』からの引用は、このことの指摘と子どもたちの周囲にいる大人が配慮すべきことについて述べたものである。

　1歳前後の子どもたちが、描画材料を握って描く行為をしたとき、その子は何を思ってそのようなことをしたのだろうか。それは大人の場合とは違うのだと誰もが思うが、いつ頃からその違いが出るのだろうか。そして大人になるまでに、どのような過程があって、その中にどのような意味が含まれているのだろうか。「子どもの描画に見られる発達研究」は、そのような問題についての研究である。ハーバート・リードは、心理学者シリル・バートの研究による発達過程を『芸術による教育』で紹介し（p.51参照）、ヴィクター・ローウェンフェルドは『美術による人間形成』で、子どもの発達と表現上の特色・表現タイプ・技法等とを相関させて発表している（p.54参照）。

10　第1章　美術教育の目的と意義

このような子どもの造形活動の観察や表現の分析による研究とともに、現在は大脳の活動そのものについての研究も進んでいる。近年は特に各種の脳の活動に関する計測機器が発達し、人のさまざまな行動に対応した脳の活動状況が観察できるようになってきている。一般的に大脳の働きは、10歳頃に成人のおよそ90％に達するとされる。このことは、10歳頃から子どもの頭を従来よりも多く働かせて、造形美術の学習や制作に臨ませることが可能である、ということを示している。

　しかしその前提として、生後3、4歳頃までに急激に発達する諸感覚を通して外的事物を理解し、認識することにかかわる大脳の正常な発達が保障されるような配慮が必要である。ものを握ったり引っかくように描いたりする行為は、そういった保障との関連で考えねばならない。幼児の周囲の大人が、種類や大きさなどの違う紙や描く材料などを、彼らの手の届くところに置いておくなどの配慮も必要である。3、4歳から10歳頃までに大きく育つ大脳の発達に関しても、その内容に応じた配慮が必要である。ここでいいたいことは、私たちは子どもたちの造形表現活動の場にいるとき、個々人の発達に関するさまざまな配慮と理解が必要であるということである。

　大正時代に山本鼎（かなえ）は、彼の著書『自由画教育』（p.311参照）の中で、「吾々を囲んで居るこの豊富な『自然』はいつでも色と形と濃淡で彼れ等の眼の前に示されて居るではないか、それが子供らにとつても大人にとつても唯一のお手本なのだ。それ等のものが直覚的に、綜覚的に、或は幻想的に自由に描かるべきである。教師の任務はただ生徒らを此自由な創造的活機にまで引き出す事だ」と主張した。また、フランツ・チゼックは、ウィルヘルム・ヴィオラの著書『子どもの美術』（p.263参照）の問答の部分において、次のような応答を示している。「問7　モデルが置かれ、子どもたちはそのモデルを描かねばならないような学校での方法を、我々はどのように考えるべきか。またそれは教師の支援といえるか」「答　年下の子どもにとってはよくない」、「問8　チゼックは粘土の制作でモデルを用いるか」「答　チゼックのクラスには対象物は全くない」。

　ともに1920年代を中心にして主張されたこの両者の考え方について、私たちはどのように受け取ったらよいのだろうか。ここでは発達と造形表現という視点から考察するのではなく、絵を描くときに対象物を用いるか否かという方法上の差は、子どもの学習にとってどのような意味をもつかについて考えてみたい。

理想とする人物像を描く命題があって、その仕事にふさわしいモデルがいたとき、その表現行為は対象を見て描くことが主になり、当然モデルと描かれた作品は似ていることになる。そのことは絵画の歴史を通観すればすぐに了解される。作者の目と手は、あたかも一体となってモデルの様子を画面上に表す仕事をする。一方、モデルなしで描くことは、どのようになされるのだろうか。それは、過去の記憶や思いつきなどが視覚の働きなしに頭の中を活発に動き、際限のない一種の夢の世界にイメージを求める形で制作されることになるのだろう。もちろん、この二つの方法によって描かれた作品の、どちらにより価値や美しさがあるかを評価しようとするものではない。後者の方法ははじめから想像力を必要とするし、その中に含まれる思いつきや連想は、心理学者がいう人間の行動を司る意識と無意識、前意識のうちの前意識が活性されている状態を指す。人間の大脳のどの部分がその働きをしているかは明らかではないが、この状態は造形美術の授業にあって大変重要であるし、他の教科の学習や一般的な生活でも大切である。

指導者として

　これまで、子どもが真に人間として成長することを保障するためには、子どもの周りにいる大人も含めたその環境が重要であることを述べてきた。しかし、子どもは自分で親を選ぶことはできないし、学校教育を受ける児童生徒もまた教師を選択できる範囲はわずかである。しかしながら、成長のための環境が親の支援を中心とする幼児期の段階から、やがて学校教育という社会システムへ移行することになり、そこでは子どもたちが出会う教師こそが、子どもたちに大いなる影響を与える環境のひとつとなる。すなわち、すべての子どもにとってよき指導者でなければならない。

　前述のウィルヘルム・ヴィオラの著書『子どもの美術』において、「教師は技術的な知識の代わりに、むしろ児童心理学の知識をもつべきか」の問いに対して、フランツ・チゼックは「両方である」と答えている。ことに「美術の創造活動の喜びを味わう」ことを目標とし、創造性を培うことを目的とする小、中、高等学校の図工美術科の学習にあっては、このような教育活動はどのようにして成立させることができるか、多方面からの研究を深めなければならない。また、日々成長を続ける子どもたちの生き生きとした表現活動、創造の場に立ち会うことができるのは、絶えず自らの造形的感性を磨き、子どもに対する深い理解力を有する大人だけである。よき指導者であるため

には、何よりもまず、そういう大人であることが求められる。

　ローダ・ケロッグ（米、教育者・心理学者、1898-1987）は、約100万枚の子どもの絵を世界中から集めたとされる。そして、それらを分析した結果を1969（昭和44）年に『児童画の発達過程』として刊行したが（p.60参照）、その中に、教師が好む絵と好まない絵を提示している。これは当時、ケロッグが担当していたカリフォルニア大学の学外講座に集まり児童画を研究していた教師たちが、集められた児童画の選別を行った結果である。これらについてケロッグは『児童画の発達過程』において次のような見解を述べている。

　児童たちは間もなく教師を喜ばせる方法を会得する。写実的絵画であるというおとなの印象を強めるような絵を描くためにある形の組み合わせを使うことによってである。たとえば一軒の家の上に一つだけ太陽が輝いているある情景を考えてみよう。もっと太陽の多い方が美的には効果的かも知れない。しかしそれでは事実の歪曲になろう。（もし作品が明らかに写生物でなかったら、教師はそれを純粋デザインだとして好むだろう。二種の絵の混合はおとなにとっては困りものである。）時にはおとなも、児童の絵が事物を実際的に正しく描いてなくても、それを受け入れ楽しむことがある。それが明確な輪郭を示すからである。しかし普通には教師やおとなたちはこんな絵を可愛く子どもらしいものと見、もうその段階からは卒業すべきだと考える。またおとなは児童の絵の中に、児童が考えもしなかったユーモアを見つけて楽しむこともある。児童画の図式にある美的要素は多くのおとなにあっては学校の美術教育を受けたか否かに関係なくとうに失われている。このページ及び次々に示すさし絵の「家屋」、「動物」、「人間」は多くの教師たちの好む絵の実例である。他に教師たちの好まぬ絵の例も掲げたが、それらは美的な自由をあまりにも楽しみすぎているのである。

　教師たちは美術教育者たちの助言によって困惑させられている。一部は児童が将来さらに努力することをやめぬように、児童画のすべてを認めるように、ただしその年齢水準に照らしてすぐれている場合の他はほめてはならぬと助言されている。しかも普通の教室で使用できるような、かつ客観的な方法で規定された絵の年齢水準などどこにもない。したがって最終的には各教師個人の主観的好みが絵の年齢段階判定の終極のものとなる。どこのでもよい、五つの小学校1年の違う5クラスをとって、各クラスの児童の絵を調べてみれば絵の質の差によって5人の教師のそれぞれに異なる影響をクラス全員が受けていることが明らかに見出せよう。教師がなにを好もうとも児童はそれを作り出すし時にはあきらめるかも知

多くの教師たちの好む「家屋」の絵〔5〜7歳〕

教師の好まない「家屋」の絵〔5〜7歳〕

多くの教師たちの好む「動物」の絵〔5～7歳〕

教師の好まない「動物」の絵〔5～7歳〕

多くの教師たちの好む「人間」の絵〔5〜7歳〕

教師の好まない「人間」の絵〔5〜7歳〕

16　第1章　美術教育の目的と意義

れない。私には教師たちが児童のグループにかなりの美的自由を与えて、それを楽しんでいるように見える。また教師が特に絵画に興味をもっていたり、教師自身が絵画制作をする人である時は、児童に自己表現をさせることよりも、むしろおとなの仕事をまねさせることの方にいっそう圧力をかけると思う。今ここに述べたことは特に私が指導していたカリフォルニア大学の学外講座のクラスで児童画を研究していた教師たちについては少なくとも事実であった。

(ローダ・ケロッグ著、深田尚彦訳
『児童画の発達過程——なぐり描きからピクチュアへ』
黎明書房、1998、pp.157-161)

　ここには、子どもたちの造形活動の場に立ち会う指導者の姿勢の問題がある。子どもの健全な成長を中心にしてなされるはずの教育が、大人にとってより美しく、おもしろく思える児童画を描かせるための指導になってはいないだろうか。ケロッグが述べているように、教師自身が絵画制作をする人であるとき、子どもの自己表現よりも教師の好む絵画を子どもに真似させることになってはいないだろうか。教師は、常に確認しなくてはならない。そして大人は、子どもの造形活動のすべてが子どもの自然で健全な成長のためにあることを、また指導者とは子どものすべての表現を受け入れられる大人であることを理解するべきである。

第2節　美術教育の定義

美術教育のはじまり

　「美術教育」の語は現在一般的な用語として用いられているが、その意味は、社会の変遷と関連し、学校教育の内容と同じように変化するものである。かつては絵画や彫刻に心得のある人や専門家が、専門家を目指す人に描き方やつくり方を教えることを意味していた。人間の造形活動のはじまりを考えてみても、ものをつくったり描いたりするときに、先輩が後輩にその内容や技術にかかわることを教え、助言したであろうことは想像に難くない。

　その例を南フランス、モンティニャック近郊にある旧石器時代のラスコー洞窟画に見ることができる。描かれている動物などの表現とその変化の分析から、当時すでに表現の技法を伝えるための教育があったとされる。このような素朴な「美術教育」は、いまでも未開民族の造形の中に見ることができる。また、江戸の画家たちが修業期間に先輩や先生について学んでいたことや、現代において美術大学で油絵やデザインを学ぶことも含めて、これらも「美術教育」の語にまとめることができる。しかしながら、美術家もしくは画家という美術の専門家になるための教育という意味では、もう少し平易にいうならば、美術家教育、または美術の専門教育といった方がより適切である。

学校における美術教育のはじまり

　1872（明治5）年に、新政府によって「学制」が公布され、『小学教則』（p.126参照）が示されている。そこでの美術教育に関連する学習について見ると、教科名は「幾何学・罫画大意」からすぐに「罫画」に変更となるが、上等小学校の第6級（現在の小学校6年生）から、点や線、図形にはじまり陰影までを学習する授業が提示されている。さらに1881（明治14）年になると、『小学校教則綱領』と『中学校教則大綱』（p.130参照）において、学校教育の目標やその学習内容が文部省によって示されている。ここでは、教科名は「図画」となり、その内容は下記のようなものである。

　　第16条　図画、図画ハ中等科ニ至テ之ヲ課シ直線、曲線及其単形ヨリ始メ漸次紋画、器具、花葉、家屋ニ及フヘシ高等科ニ至リテハ草木、禽獣、虫魚ヨリ漸次

山水二及ヒ兼テ幾何画法ヲ授クヘシ凡図画ヲ授クルニハ眼及手ノ練習ヲ主トシテ初歩ハ輪郭ヲ画カシメ漸ク進テ陰影ヲ画カシムヘシ

(『小学教則綱領』文部省、1881)

　この図画の授業は、小学校4、5学年に週2時間、6学年に週3時間、7学年に2時間が配当され、8学年には「幾何画法」1時間が配当された。また、初等中学校の1年〜4年には週2時間、高等中学校の1年に週2時間、2年には週3時間の図画が配当されていた。

　その頃の学習内容とその方法は、江戸末期から行われた西洋画の学習方法によるものが多く、教科書に示されているお手本を写す臨画や模写であった。この描画技術習得のための学習が、やがて美を意識した学習へと発展展開することになるが、日本の学校教育草創期における美術教育は、もっぱら与えられたお手本や事物を正確に平面上に再現する訓練、すなわち技術教育であったということができる。当時の日本が、西欧の文明に追いつこうとした事情、富国強兵策、そして組織化された西洋の学習方式への共感が、このような学習を成立させていたといえる。

美術教育の発展

　現代では、幼児から大人まで、人が描いたりつくったりするものだけでなく、人類以外の動物の造形も美術教育研究の領域に含めている。日本におけるそのような研究の発端のひとつに、「自由画教育運動」がある。これは、1918（大正7）年、山本鼎が行った長野県神川小学校における「児童自由画の奨励」の講演にはじまる美術教育運動である（p.301参照）。「自由画教育運動」では、それまで行われていた子どもの感性による表現を認めず、教科書のお手本を模写して成績とする学習とその作品を「不自由画」とし、子どもたちは自らを囲んでいる自然を各自の直覚、綜覚を通して、また幻想的に捉えて自由に描くべきであると主張した。これらは、山本鼎著『自由画教育』（p.311参照）に詳しい。

　自由画といふ言葉を選んだのは、不自由画の存在に対照しての事である。云うまでもなく不自由画とは、模写を成績とする画の事であって、臨本一粉本一師伝等などによって個性的表現が塞がれてしまふ其不自由さを救はうとして案ぜられたものである。

(山本鼎『自由画教育』アルス、1921)

この山本の提唱は、山本のヨーロッパへの遊学、そしてその帰途にモスクワで見た「児童創造展覧会」に触発されたと考えられているが、文芸雑誌『白樺』などを通じて、海外からもたらされた多様な思想や教育論の研究実践によって触発された当時の人々の意識とも相まって、燎原の火のごとく全国に伝播した。しかしながら、やがて「自由画教育」の思想は、戦争のための教育に覆われてしまう。

　戦後は、久保貞次郎（教育研究者、1909-96）らが1952（昭和27）年に設立した民間美術教育団体のひとつである「創造美育協会」（p.191参照）が、「自由画教育」の思想とフランツ・チゼック（p.260参照）やハーバート・リードの考え方を導入し、実践的美術教育運動をいち早く展開した。その後、多彩な研究や実践が提唱され、多くの美術教育団体が設立されていくこととなる。

　現在はさまざまな地域的、国際的研究が活発に行われているが、いずれも教育目標に対して美術の学習で参加すること、すなわち「美術による教育」に考え方の基礎を置いている。また、学校教育における従来型の美術教育のみならず、美術館における教育普及活動や現代美術における参加型アートプログラム、コンピュータや映像メディアのような新領域など、美術教育の範囲は広がり続けており、その定義も絶えず検証されるべきである。

芸術による教育

　現在の美術教育の意味や定義を考えようとするとき、ハーバート・リード（英、詩人・評論家、1893-1968）が、その著書『Education Through Art』（Faber & Faber、1943、日本語版『芸術による教育』）で示している教育についての見解は、特に戦後の美術教育の理念的基盤となった意味からも重要である。リードはこれを第二次世界大戦の末期に書き上げている。悲惨な戦争で多くの人々が亡くなり苦しむ中、リードはこの大戦が引き起こされた理由を考え、大戦後の平和な社会を希求している。その答えが真に自立した人間

ハーバート・リード

による協調と連帯であり、そのような人間の育成は、芸術を中心とする教育によって可能になるとしている。『芸術による教育』において、この主張を端的に示しているのが、「第1章　教育の目的」の「1命題」である。

Chapter One
THE PURPOSE OF EDUCATION

So musst du sein, dir kannst du nicht entfliehen,
so sagten schon Sibyllen, so Propheten ;
und keine Zeit und Macht zerstueckelt
gepraegte Form, die lebend sick entwickelt. – Goethe

1. THE THESIS

　The thesis which is to be put forward in this book is not original. It was very explicitly formulated by Plato many centuries ago, and I have no other ambition than to translate his view of the function of art in education into terms which are directly applicable to our present needs and conditions.

　It is surely one of the curiosities of the history of philosophy that one of the most cherished notions of this great man has never been taken seriously by any of his followers, Schiller alone being an exception. Scholars have played with his thesis as with a toy: they have acknowledged its beauty, its logic, its completeness; but never for a moment have they considered its feasibility. They have treated Plato's most passionate ideal as an idle paradox, only to be understood in the context of a lost civilization.

　The thesis is: that art should be the basis of education.

　Stated so briefly it has admittedly an air of paradox. But a paradox may owe its apparent absurdity to an unfamiliar use of language, and my first care will be to give a general definition of the two terms here involved-art and education I believe that Plato's reasonable thesis has been misunderstood, firstly because for centuries there has been no understanding of what he meant by art; and secondly because there has been an almost contemporaneous uncertainty about the purpose of education.

Of the nature of art I might conceivably persuade my readers that there can be no two opinions, for the definition I offer objective. It implies no 'views', no transcendental elements whatsoever: it brings art within the world of natural phenomena and makes it in certain essentials subject to the measurements upon which scientific laws are based. But it is not likely that I shall carry general agreement on the purpose I ascribe to education, for here there are at least two irreconcilable possibilities: one, that man should be educated to become what he is; the other, that he should be educated to become what he is not. The first view assumes that each individual is born with certain potentialities which have a positive value for that individual and that it is his proper destiny to develop these potentialities within the framework of a society liberal enough to allow for an infinite variation of types. The second view assumes that whatever idiosyncrasies the individual may possess at birth, it is the duty of the teacher to eradicate them unless they conform to a certain ideal of character determined by the traditions of the society of which the individual has involuntarily become a member.

(Herbert Read: *Education Through Art*, 1943)

（訳文）
第1章　教育の目的

人は自分自身から逃れることはできない。
それは、巫女や予言者が昔から語ってきたことである。
生来の型は自ら発展していくが、
時も力も、それを根底から変えることはできない。
ゲーテ

1　命題
　この本の中で私が提示する命題は、独自のものではありません。それは、はるか以前に、プラトンによって明快に打ち立てられたものです。私の希望は、教育における芸術の機能に関する彼の観点を、私たちの現在の要求や条件にそのまま当てはめることができるような言葉へと翻訳することに過ぎません。

哲学の歴史において、実に不可思議なことの一つは、この偉大な人物の遺したもっとも大切な考えの一つを、彼の後継者のうちだれ一人として真剣に取り扱わなかったことです。シラーのみが、ただ一人の例外でした。研究者たちはプラトンの命題を、おもちゃのようにもてあそんだのです。彼らはその命題の美しさや、その論理、その完全性を認めはしましたが、その可能性を実行に移そうと考えたことは、一瞬たりともありませんでした。彼らはプラトンのもっとも情熱を込めた理想を、失われた文明の中でのみ理解できる、無用のパラドックスとして扱ってきたのです。
　その命題とは、芸術を教育の基礎とするべきである、というものです。
　このように簡潔に述べると、確かにそれはパラドックスのような響きを持っています。しかし、パラドックスとは、言葉を聞き慣れない方法で使用するために、一見して不合理に感じられるものなのかもしれません。そこで私は、ここに取り上げられた二つの言葉、「芸術」と「教育」についての一般的な定義を与えることから始めたいと思います。プラトンによる道理にかなった命題が誤解されてきたのは、第一に、彼が芸術という言葉によって何を意味したのかということが、何世紀にもわたってずっと理解されてこなかったからであり、第二に、それとほぼ同じような年代にわたって、教育の目的が不確かであったためであると、私は信じています。
　おそらく読者の皆さんは、芸術の本質について私の定義は客観的なもので、それについて異論が生じることはあり得ないと納得されるでしょう。その定義は、複数の観点を許さないし、また、なんら深遠な要素をも含んではいません。それは、芸術を自然現象の世界に持ち込み、本質的要素においては、科学的法則がその基礎を置く測定の方法に芸術を従わせるものです。しかしながら、私が教育に求める目的については、一般的な合意は、すぐには得られないかも知れません。そこには、少なくとも二つの相容れない可能性が存在するからです。その一つは、人は、その人自身になるように教育されるべきである、というものであり、もう一つは、人は、その人自身でないものになるように教育されるべきである、というものです。最初の観点が仮定するのは、それぞれの個人は、生まれながらにして、自身にとって決定的な価値を持つ一定の潜在的能力をそなえており、無限に多様な類型を許容することのできる自由な社会の枠組みの中で、これらの潜在的能力を発展させることが、その人にとって正当な宿命である、という考え方です。二番目の観点が仮定するのは、個人が願わずしてその構成員となった社会の伝統によって決定される、ある理想の人格に順応しないならば、その人が生来どのような特性を持っ

ていようとも、それを根絶することが教師の義務である、とする考え方です。
(ハーバート・リード著、宮脇理・岩崎清・直江俊雄訳『芸術による教育』
フィルムアート社、2001、pp.18-19)

　ここに示された「二つの相容れない可能性」、すなわち「人は、その人自身になるように教育されるべきである」と「人は、その人自身でないものになるように教育されるべきである」の上に教育は成立し、それを実現するのは芸術教育であるとリードは主張する。リードの教育観は『平和のための教育』にその結論をみる。それは、次のような言葉に代表される。

　われわれは、結びつきによって生れる。人生のスタートが切られる。――それは、母と子の肉体的な結びつきである。が、この肉体的な結びつきに呼応して、愛という、情緒の結びつきがほじまる。われわれは、このオリジナルな結びつきを着実にそだてていかなくてはならない。それはまず、家族の中へとひろげられなくてはならぬ。家族の中にも、うっかりすると、憎しみの種子が播かれるということが少なくないからである。その次には、学校へ、それから農場へ、作業場へ、部落へ、そうして、ひろい社会へと、順を追ってひろげられなければならぬ。だが、連続するこれらの各段階における結びつきの基本になるものは、最初の段階におけるとおなじように、創造ということである。われわれは、価値を創造するために結びつく。その創造の型は、自然の中にかくされているのである。われわれは、あらゆる性質の芸術的な活動――音楽によって、ダンスや演劇によって、この型を発見する、その型に近づき一致しようとする。だがまた、ともに働らき、ともに共同生活をすることによって、その型を発見しなくてはならない。自然の型に合致した生活をとりもどさなくてはならない。なぜなら、健康な文明社会においては、そういうこともまた、おなじ自然の型に従った一つの芸術だからである。
(ハーバート・リード著、周郷博訳『平和のための教育』岩波書店、
1952、pp.182-183、※旧漢字は新字体に変換)

　しかしながら、教育を知識獲得であると偏狭に捉える意見も根強い。数多くの言語を知っていること、高等数学がわかること、科学に通暁していること、地理や歴史や法律等に詳しいことなどをもって、教育の目標は達し得たといえるのだろうか。もし、それらが人の頭脳の中に蓄積されているだけであったならば、それは立派な辞典をもっていることとさして変わりはない。

そして、それらの知識が悪用されたとするならば、それは十全な教育とはいえない。

諸々の知識が個人の行動とともに働いたときに、それは意味をもつことになる。たとえば、多くの言語はしゃべり言葉や文章、ときには俳句や短歌、詩となって自己の表現となり、他に伝達できたときに意味をもつであろう。ところで、このような表現は自己の表現意欲と表現手段によって行われるので、そのような内的操作を行う頭脳が健康であることは当然必要なことであるし、具体的な表現をつくる表現技術も重要な意味をもつ。さらに、それを確定するもの（音、記号、光、形、色、その他の材料など）も表現を裏づけるのに不可欠なものである。特に、幼児教育はその基礎となる時期であり、親や指導者はその子どもの能力の発達のために、造形素材や用具、教育方法などをよく吟味し、幼児を取り巻く環境にも配慮する必要がある。

このように学校教育においては、美術教育が他の教科と連帯して行われることになるが、では、美術教育の独自性はどのようなところに認められるのだろうか。その主要な部分は、子どもが事物を介して自らの感性を基に表現することであるといえるだろう。日常生活や他教科を通して得た能力や技術を生かすのは当然だが、それらはあくまでも表現者の主体の意志に従っていることが重要である。そしてその主体性は、感性、知性、身体性などとも融合して、絶えず何らかの意味において前進し展開するのである。それらが「美意識」や「判断力」、「想像力」そして創造性を培うことに具体的に働きかけることになる。それを我々は「美術教育」と呼ぶことにする。

我々を取り巻く現代の社会環境は、目まぐるしく変化しつつある。科学の発達、情報の多様化、エネルギーの開発、地域開発と生態系の変化、産業の合理化など、それらは多かれ少なかれ現代人に強い影響を与えている。学者たちはその影響のひとつとして、我々の住む地球の危機を訴えている。教育を受けた現代人が後世に正常でなくなった地球や文化を継承させることは恥といわなければならない。美術教育は人間主義に立脚して、誰もがいつ、どこででも、他と協調し合いながら、自分の顔で生きられるように、そしてまた、誰もがもっている諸資質や能力が、有機的発達を通して開花するようにならなければならない。また、地球上の造形美術が風土とどのようにかかわって成立したのかについても理解して、国際的、学際的に教育問題を捉えて美術教育を進めねばならない。

学習指導要領

　前述のように「美術教育」は、学校教育のみならず家庭や美術館、街の中、大学等の専門家教育などあらゆる場に存在する。しかしながら、教職課程での学習や研究においては、初等中等教育段階の学校教育における美術教育がその中核に位置することになる。幼稚園における「表現」、小学校の「図画工作」、中学校の「美術」、高等学校の「芸術」などの教科領域には、それぞれに「目標」と「内容」などがあり、学習の時間数も定められている。時間数については「学校教育法施行規則」に定めがあり、「目標」や「内容」などについて定めているのが「学習指導要領」（幼稚園の場合は、「教育要領」）である。

　そして現在、「学校教育法」及び「学校教育法施行規則」の定めにより、各学校の教育課程は文部科学大臣がこれを定めるとし、それを具体化したものが「学習指導要領」であるとの見解から、「学習指導要領」には法的拘束性（基準性）があると理解されている。これについては、さまざまな教育問題に関する裁判などを通して論争があったが、現在は最高裁判決により、前述のような理解が一般的となっている。すなわち、図画工作科や美術科などの学校教育における教科領域としての「美術教育」の定義は、「学習指導要領」に示されていることになる。したがって、初等中等教育を担当する教師にとって「学習指導要領」についての十分な理解が必須であることはいうまでもないが、同時にその内容について、教育的視点また芸術的視点から、絶えず検証する姿勢ももつべきである（p.348参照）。

第3節　新美術教育論

　美術教育史上にはさまざまな美術教育論や実践があるが、詳細は本書第3章に譲るとして、美術教育論の本流を大まかに捉えるならば、まず1920年代にフランツ・チゼック（p.260参照）によって「児童画の確立」がなされ、「児童中心主義美術教育」が展開する。戦後は前述のハーバート・リード（p.20参照）による「創造主義的美術教育」へと発展し、ヴィクター・ローエンフェルド（p.54参照）らによる創造性と精神や認識の成長発達に関する研究は、「創造主義的美術教育」の論理性を構築していくことになる。
　戦後の日本では、それらの影響を受け、独自の視点で教育研究を進めようとする多くの民間教育団体によって、個性や自己表現に重きを置く実践的研究活動が展開される。戦後の日本美術教育史は、「学習指導要領の変遷」と、この「民間教育団体を中心とする活動」の二筋の流れで見る必要がある。
　しかしながら世界的潮流としては、1960年代後半になると「創造主義的美術教育」に対する反動が生まれてくる。その動きのひとつの到達点が1980年代のアメリカにおけるDBAE（Discipline-Based Art Education：学問分野に基づいた美術教育、p.37参照）であり、そこへ至るカリキュラム論を展開したのがエリオット・アイスナー（米、美術教育学者、1933-2014）である。
　第二次世界大戦後の日本とアメリカの関係は、最も強力な同盟国として政治的経済的に濃密な関係を維持してきており、学問や芸術の分野においても日本はその影響下にあったということができる。教育界では、終戦直後のアメリカ教育使節団の教育改革による学習指導要領作成にはじまり、多くの研究者がアメリカの研究機関で学んでいる。
　ここでは、アイスナーの考え方を1972（昭和47）年にアメリカにおいて刊行された著書『Educating Artistic Vision』（Macmillan、1972、日本語版『美術教育と子どもの知的発達』仲瀬律久他訳、黎明書房、1986）を中心に概観し、戦後、わが国の美術教育が最も強く影響を受けたアメリカの新美術教育論について考察することにする。

スプートニクショック

　アメリカ合衆国の戦後教育史を理解するうえで、1957（昭和32）年10月4日のソビエト連邦による人類初の人工衛星「スプートニク1号」の打ち上げ成功による「スプートニクショック（Sputnik crisis）」は、その影の深さからも重要である。

　打ち上げ成功の報によりアメリカ合衆国に走った衝撃や危機感は、やがて科学技術教育と英才教育の必要性を政府や国民に植えつけることになる。すなわち、東西冷戦が際立ってくるときにあって、それまでは科学技術や文化において自国が優位にあると自負していたアメリカが、一夜にしてその自信を喪失したのである。翌1958（昭和33）年に制定された国家防衛教育法はソビエトに対するアメリカの科学技術での立ち遅れを挽回することを期し、人材開発と学校教育の改善を重要課題と位置づけ、財政支援を実施することを定めたものである。

　このような動きは日本にも波及し、戦後導入された経験主義教育としての問題解決学習による教育が、学力低下を引き起こしているとの批判とも重なり、1958年の学習指導要領改訂では、経験主義教育に代わって科学的知識の積み上げを重視し、教科構造の明確化による系統的学習へと方向を変えることになる。このとき、中学校技術・家庭科開設とともに中学校美術科が成立し、同時に時間数の大幅な削減が行われている（p.376参照）。

　1960年代になるとアメリカでは、人材開発の名のもとに能力主義教育が、政府の強力な資金援助の中で進みアメリカ全土に広がる一大教育改革が実施された。ジョン・デューイ（米、教育哲学者、1859-1952）以来のアメリカの伝統である経験主義による問題解決学習と学校の社会化という進歩的理念は、人材開発のための発見学習や探究学習へと変わることになった。この時期の美術教育や音楽教育などの芸術教育は、「副次的教科」と見なされた。

　一方、革新的・実験的教育プログラムとしての芸術教育も展開されている。主なものとしては次のようなプログラムがある。

・芸術家を学校へ計画（Artists-in-School Program）
　　1962（昭和37）年に、当時のジョン・F・ケネディ大統領の指示ではじまった「詩人を学校へ計画」（Poets in School）の発展形である。地域の芸術家の専門的な能力を、教育に活用しようとしたものである。大学などでは、芸術家を学内に居住させる（Artists in Residence）を取り入れたところ

もあった。
・教育芸術プログラム（Arts in Education Program）
　芸術を基礎とする学際的な学習における指導技術の開発を目的とする。
・芸術行事プログラム（Arts Events Program）
　学校のカリキュラムに、美術館やコンサート、文化的な催物、公共施設の見学などを取り入れようとするものであり、音楽、美術の指導主事がその計画、運営を担当する。また、教師の実技研修なども実施している。
・児童・教師のための学際的芸術教育モデル・プログラム
（Interdisciplinary Model Program in the Arts for Children and Teachers）
　小学校教員に対して現職教育を行い、学級担任が芸術を利用して各種の授業を行うことができるようにするものである。芸術を他教科の授業に利用し、「reading, writing, arithmetic（3R、読み・書き・算術）」の向上を目指すものである。
・芸術による読解力向上計画（Reading Improvement Through the Arts）
　多くの人種からなるアメリカでは、3Rの学習に関する研究開発が数多く実施され、このプログラムのように共通語としての芸術を用いるものは多種多様にあった。

　これらの革新的プログラムも、社会変動による財政の悪化などから補助金が打ち切りとなり、その多くは1970年代には消滅している。

『美術教育と子どもの知的発達』より

　1960年代の教育改革については、失敗に終わったとする評価が一般的な見解であるが、1970年代になると、社会の変動に対応できない学校現場の荒廃が広がり、教育に対する危機感が増大した。その中から、納税者である親たちから基礎に帰れとの声（Back to Basics）が増大する。子どもの将来を案じる親たちの基礎教育重視の動きは、ニューヨーク市などにおける教育予算の削減に伴い、多くの美術教師が学校から姿を消す事態を生み出した。
　このような時期に、アイスナーは新たな美術教育カリキュラム論を展開している。その考え方や姿勢は『美術教育と子どもの知的発達』の「日本語版への序」及び原本の「序」に端的に示されている。ここではその一部を掲載する。

日本語版への序

　日本には輝かしい美術の伝統があります。とりわけ、陶磁器、日本画、家屋の建築などは、日本の人々の繊細な技能や美的感受性の表れとして、世界的に有名であります。それと同じことが、日本の児童作品にもいえるでしょう。世界各国の美術教育者は、構成的にも技能的にもすぐれたセンスが表れた日本の児童画を、賞賛しております。そうした文化的伝統を持つ、日本の美術教育者が私の著作に興味を示されたことに対して、私は非常に感激しております。本書において、私は、美術教育に理論的根拠を与え、美術作品の創造と子どもの知的発達との関連性を説明づけようとしております。その中でも、特に私の興味が強く現れているところは、カリキュラムの開発過程、すなわち、教育効果のあるカリキュラムを編成し、それが学校現場で用いられうるようにする方法について説明した部分であります。

　カリキュラム開発の最近の傾向は、本書でも説明しておりますように、広領域にわたる美術教育のカリキュラムであります。もともと、それ以前の美術教育のカリキュラムのほとんどは、絵画や彫刻などの制作にすべてのウェイトを置いておりました。それらは、なんらかの素材で「創造的な」作品を子どもたちに創作させようとした一方で、教師の指導性がきわめて押さえられた状態でありました。しかし、ごく最近になりまして、美術学習において教師は中心的役割を担うことや、美術学習の領域は単に制作のみに限定されないことが、認識されてきました。その認識は、単になんらかの材料で制作するのみならず、美術の見方や鑑賞の仕方、文化と歴史と美術との実り多い関係などを生徒に学習させよう、というものです。美術教育のカリキュラムを開発する上で、そうした視点がどのように生かされるのかを本書は論じており、そのことがこの本の第1の特徴であるといえましょう。

　本書の第2の特徴として、美術教育における目的と評価の関連性があげられます。その問題は、日本の美術教育者の皆さんが特に興味を持たれる点ではないかと思われます。以前には、作品を評価すると生徒の美術の発達を阻害するように考えられてきました。したがって、教師の役割は、評価することにではなく、子どもに興味や関心を起こさせ、材料を提供することにあるように思われてきたのでした。学習指導の場合でもそうですが、それ以上に子どもの作品の評価に対して、否定的な見方が、美術教育では支配的であったのです。しかし、こうした見方は、今では過去のものとなりつつあります。教師の仕事の1つに、子どもの発達を見きわめ、現行のカリキュラムが適切かどうかを判断する作業がありますが、そうした判断を下すためには、子どもとカリキュラムとに対する評価は避けて通れない行為といえましょう。すなわち、美術教育の周辺にではなく、まさに美術教育

の中核に置かれるべきものが、評価なのです。

　この本の第3の特徴は、美術教育研究の役割とその限界について述べているところであります。アメリカは、教育学研究では長い歴史を持つ国でありますが、それに比べると、美術教育研究の歴史はさほど長くないといえましょう。もともと、たとえば数学の学習に比べると、美術の学習を測定しようとしても、簡単にはいかない場合がほとんどなのです。しかし、どのような分野であれ、基礎的な研究のないところには、その分野の将来の発展は望めないのです。美術教育も、数学教育に対抗して、指導案の作成や授業や評価などの実践に関する基礎的知識を持つべきなのです。そうした実践がより効果的になるのは、美術教育の研究をとおしてであり、その意味で美術教育の研究は将来へのある種の投資であるともいえるでしょう。

　さて、私は、どのような国の教育の理論や実践であれ、それがそのまま他の国に移入されるものではない、ということをよく心得ております。同様に、本書の日本語版がそのまま日本の美術教育者に受け入れられるとは思われません。しかし、日本の美術教育者が自分なりの美術教育の目的や方法を考える上で、この本が1つの参考となることを希望しております。もし本書の通読により、新しい美術教育の地平を展望する窓が開かれ、美術教育における自己の使命がより明確に自覚され、そして、今までとは異なる道がみえるようになるのでしたら、本書の目的の大半が達成されたといってよいでしょう。

（以下略、『美術教育と子どもの知的発達』pp.1-3）

序

　本書は、美術教育に関する著者の過去10年間にわたる著作の内容をできるだけ簡潔にまとめようとしたものであり、また著者がシカゴ大学在学以来、関心をいだき続けてきた美術教育の知的側面の諸問題をひとまとめにしようとしたものでもあります。お察しのごとく、この困難なパズルは、まだ完全に解明されておりませんし、おそらく、今後も決して解明されつくすことのないものであるかもしれません。視覚形態の表現能力や鑑賞能力を養う方法を理解する仕事は、大変複雑ではありますが、それをめぐって発生する諸問題は、研究者にとって今後も探求の対象となるものと思われます。

　美術の表現や鑑賞を通して子どもたちに生き生きとした生活をさせることが、この本のひとつのテーマでありますが、現在そのような概念をカリキュラムにとり入れている学校が、アメリカにほとんど存在しないことは明白です。美術は学

校教育の中で、中心的な位置を占めてきませんでした。頭の働きと、手の働きとは別のものであるという二者択一的な考え方の存在が、学校の中で美術が占める位置を決定づけてきたのです。美術の表現と鑑賞を通じて得られる能力は、まさに知性の所産であると考えうることを示すことによって、このような二者択一的な考え方に橋渡しをするのが、この本での私の願いであります。だからといって私は、美術的発達が、科学的領域での発達、あるいは推論的思考領域での発達と同一のものであると主張しているのではありません。私は知能の質的な側面を見落としたり、人生の比喩的で情緒的な側面を回避するようなカリキュラムは、よく見積もっても教育の半面しか考えていないと主張したいのです。

　本書で示されている数多くの概念、特にカリキュラム開発に関しては、1967年以来、スタンフォード大学で私が学生たちと共に研究してきたものであります。この研究は、美術の学習についての理論的な概念を小学校の教師が授業で実際に活用できるようにしようとしたものであります。その中で、一般的なカリキュラムの構造、指導用教材案、評価の様々な形式などを提示したことは、この研究の成果であるといえましょう。このようにして、われわれは、子どもたちに、美術の学習を深めさせる機会を与え、材料を表現媒体としうる能力を発達させる機会を与える美術のカリキュラムのおぼろげな手がかりをつかみはじめてきたのであります。本書の内容の多くは、この研究によってもたらされた洞察がもとになっております。

　私は、さきに、美術の学習の諸問題の解明はまだ、その途上にあると述べました。読んでいただければわかることですが、本書で述べることは、理論と実践、実証と推論とが渾然一体となったものであり、私の所説をドグマとして受けとってもらいたくはないのであります。私が読者に望みたいのは、それらをよく吟味し、読者自身の美術教育の研究を進める上での材料として扱っていただきたいのです。

（以下略、『美術教育と子どもの知的発達』pp.4-5）

　エリオット・アイスナーは、1956（昭和31）年から1958（昭和33）年までシカゴ、カールシュルツ高校の美術教師として、1958年から1960（昭和35）年まではシカゴ大学附属学校の美術教師として勤務している。その後、オハイオ州立大学講師、シカゴ大学講師を経て、1962（昭和37）年にシカゴ大学助教授となっている。1965（昭和40）年にはスタンフォード大学準教授となり、1970（昭和45）年からは同大学の教授職に就いた。また、彼は1977（昭和52）年から1979（昭和54）年にかけて全米美術教育学会（NAEA：National

Art Education Association）の会長でもあった。

　1981（昭和56）年以来、これまでに数度来日し、カリキュラム開発と評価理論についての講演を行っている。1980年代のわが国には、まだ現在のような観点別評価はなく、授業評価や授業の構造化、造形的学習の分析などの視点はまだ希薄であった。その中で、アイスナーのカリキュラム開発とそれに続くDBAE（p.37参照）は、大きな反響を呼ぶことになる。

　これらのアイスナーの理論を理解するために、同じく『美術教育と子どもの知的発達』から、「10　科学の時代から芸術の時代へ」の「主要概念の要約」の一部を以下に示す。

主要概念の要約

　これらの概念の1つは、人間の経験と理解に対する美術特有の役割についての認識を扱ったものである。1章において、私は、副次的な目標のために美術を用いることは、ある一定の教育状況においては適切であり、またあり得ることであるが、美術教育の主たる存在理由はその独自の役割にある、ということを述べてきた。ある教科が、他の教科・領域でも持てるような目標を掲げたとしても、それだけでは、その教科の正当性は主張しきれないのである。しかし、人間の経験に対して、独自の役割を果たす類のないタイプの経験として美術を認知させるために、わざわざ特別な手段をろうする必要はない。なぜなら、美術教育は、美的能力をはぐくむという独自の使命を持っている唯一の領域である、といった明快な評価を持ち得ているからである。美術教育において、われわれは・人間が外界を美的に解釈できるように、その想像力をはぐくむことにかかわっている。こうした主張ができるのは美術教育だけなのである。

　さらに、美術作品は人間の創造物の中の独自のカテゴリーに属している、という認識に基づいた主張ができる。しかし、このことは、人間が美術をその他の活動領域の中に持ち込むことができない、ということではない。美術作品の中には、人に感動を与えるばかりでなく、人を啓発する力を持つものもある。それは、美術作品がもたらす質的洞察力のためである。デ・クーニング（Willem de Kooning）、キャロル（John Carroll）、ディーベンコーン、ラモス（Mel Ramos）などの作品は、そうした洞察力を示す例である。図版の作品は、これらのアメリカの画家たちが過去30年間に制作したものであるが、それらはいずれも女性についての作者の概念を表現したものである。デ・クーニングの「女」（Woman）（1950）は、キャロルの、猫のような感じの女性とは質的に異なった、シャープ

で荒々しくこわばった感じを示している。両者の違いは、単に材料の働きにあるのではなく、芸術家の表現意図の働きにあるのである。(図版省略)

　同様に、ディーベンコーンの無題のインク画は、売春宿のみだらな感じを描写し、いっぽうラモスの「ミス・グレープフルーツ・フェスティバル」は『プレイボーイ』誌の中央見開きページのような性格、すなわちアメリカ人、特に若い人々にうけるような性的魅力を備えている。

　これらの作品は、「同じ」題材を幅広く異なった意図のために用いることができるということを鮮やかに証明しているし、また言語的表現では描写することがきわめてむずかしいような性質のものを、視覚形態がいかにうまく表現できるかを証明している。

　私はまた、美術教育はわが国の社会の本流から隔絶されてきたものではない、ということを示そうとしてきた。それどころか、社会が学校に寄せる様々な圧力、要求、期待に対して、美術教育家たちが十二分に応えてきたことを、美術教育の歴史的研究が示していることを論じてきた。このことは驚くべきことではない。アメリカの学校は社会的機関あるいは州によって設立されたものである。その存続、管理、認定は法的には州政府の手の内にある。しかし、地域社会でも、学校が認可したり、禁止したり、強調したりすることがらに関して管理機構を設けている。そして地域社会は、大規模な社会的経済的変化すなわち、しばしば地域社会の手にあまるような変化によって影響を受けると、それへの様々な対応を学校教育に求めてきた。

　われわれが歴史から学ぶものは、教育実践と社会の間に有機的関係があるということである。したがって、過去においてそうであったように、美術教育の目標は、これからも変わっていくことが予想されるのである。歴史が示すように、おそらく、われわれが永久不変の美術教育の目標を設定することはあり得ないであろう。

　第3の概念は、アメリカの学校で視覚芸術の置かれている現状を論じたものである。現在の状況を楽観的に述べることができればよいのだが、しかし、それは不可能である。変化のきざしが見えるとはいえ、現在視覚芸術は、ほとんどの教師や学校関係者から、カリキュラムの周辺にあるものと見なされている。この主張の実証的な根拠は、先に引用したいくつかの研究に示されている。このようなアメリカの学校の美術の現状に対する根拠は、あまりはっきりしていないにもかかわらず、まことしやかな解釈がなされている。第1に、私たちの学校教育の主要目的に関する伝統的な意識の中には、美術を学校の中心に位置づけるというものはない。プラトンが頭の仕事と手の仕事を区別し、頭の仕事を手の仕事の上位

に置いて以来、芸術がどちらに属するかはほとんど問題にされてこなかった。教育が思考力の発達にかかわるものであり、芸術が感情にかかわるものである限り、芸術は学校教育の中心的な目標に対して副次的な位置を占めなければならないのである。

　芸術における経験や創造性が思考を必要とするということ、すなわち芸術の活動が知性の質的側面を発達させるということは、昔も今もあまり認められていない。つまり、精神的活動と身体的活動、思考と感情を分けて考えることは、「あたりまえ」とされているのである。

　学校における美術の地位についての理論的根拠は、部分的説明にすぎない。

　アメリカでは、市民の大多数は、学校を社会的かつ経済的な可動性の重要な道具とみなしている。初等・中等レベルでの学校教育は、予備的なものとして見られている。では、何に対する予備なのか。適当な大学へ入るためなのか。よりよい仕事を得るためか。それとも、社会的地位を得るためか。私は、こうした目標を悪いものだとは思っていない。だが、こうした目標の達成が第一義に考えられたり、人間の一部分的な能力の育成に陥っている場合には問題にされなければならない。親たちは、学校や大学の社会的に認められた価値を実現するシステムをはっきりと認めてきた。そして、彼らは、生活の喜びに芸術が寄与していることを明らかに認めているにもかかわらず、学校が先のシステムに合致するのに必要な能力の育成に真剣に取り組むことを求めている。親たちは、社会的に認められた能力の育成の方を優先させてきたのである。

　私が強調しようとした第4の概念は、美術学習の本質に関するものである。適切なのびのびとした環境の中に置かれれば、子どもの潜在能力は自然に花開くものであるというのが長年にわたっての美術教育における中心概念であった。適切なのびのびとした環境という言葉は、われわれの多くに心地よい響きを与えてくれるが、それは学習指導の果たす積極的な役割を軽視したものである。美術的能力の発達は、子どもの中にあらかじめ組み込まれた遺伝学的要素が単に開花したものではない、と私は主張してきた。美術の学習は複雑で、環境条件に強く影響される。事物の微妙な特質を知覚する能力や、美術作品が作られる文脈を理解する能力、および視覚芸術の形態を作り出す高度に洗練された技術を利用し得る能力は、そう簡単に得られるものではない。子どもたちの自由にまかせると、彼らは独創性を発揮して、自分の考えを伝えるための形態を工夫して創り出す。しかし、このような取り組みには技術的進歩がともなわないため、多くの子どもたち

が技術不足からやる気をなくし、自分は生来不器用なのだとか、「才能がない」のだ、などという気持ちを生じさせるもとになっている。効果的な学習指導方法を発見することは、美術教育が直面している1つの大きな課題なのである。

　第5の重要な概念は、美術教育のカリキュラムの範囲と条件に関するものである。確かに、異なった背景をもつ子どもたちは、それぞれの状況に応じて作られたカリキュラムの中で、理想的に学習を進めるであろう。ただ、原則としてカリキュラムの範囲は、一般的に、美術の表現的側面だけでなく、批評的、文化的側面をあわせ持つべきである、と私は主張してきた。カリキュラムで、表現的側面を強調すれば批評的能力や文化的理解が生じるという仮定は、まだ論証されていない。むしろ、今のところ、そのようなことでそうした能力は生じないのではないか、ということが示唆されている。生徒たちが視覚形態を鑑賞したり、美術を社会的、文化的現象として理解する必要があるとすれば、それらを身につけさせることについての配慮がカリキュラムの中でなされねばならないのである。

　私はまた、表現材料を習熟させるようなカリキュラムの必要性について論じてきた。材料体験が特に新奇さを求めるものでないとしたら、継続性や順序性をもつカリキュラムを用いることが必要である。美術表現に必要な材料をこなす能力は複雑であるから、その能力を開発するには時間が必要である。1週1度45分の授業で毎週異なる題材を扱うのでは、技術も、鑑賞力も、理解力も、身につけようがない。実際、そのような授業は益がないし、生徒たちに、大人がいかに美術を軽視しているかを示すことになり、子どもたちの美術に対する概念を打ちこわすことにもなってしまうであろう。

　第6の概念は、美術教育における評価に関する問題である。これまで私は、評価の意味を見きわめ、評価と評定・テストとの違いを説明することに努めてきた。評価は、何らかの形で、授業やカリキュラム作成の際に必要になってくるものである。あいにく一部の美術教育者や教育界の面々には、評価を敬遠する向きがあるが、教育者として活動の結果を知ろうとする限り、その結果を評価することは当然のことである。授業中の観察、子どもの作品の分析、何らかのテストといった手段によって、われわれは査定の基となる材料を確保しなければならないのである。

　残念ながら、アメリカの学校では公的な評価データの大部分を記述形式のテストなどによって得てきた。しかし、記述や、言語偏重の傾向は、非言語的領域に向いている子どもたちには不利になる。加えて、形式的なテストの形でしばしば行われるデータ収集のやり方は、子どもが教室以外の場で、何に関心をもちどん

なことを考えているかを知るには十分でない。美術教育の評価の実施には、もっと工夫を加えるべきであり、カリキュラムの概念をもっと広げる必要がある。そのためには、教室という制約を離れて、広い視野に立たなければならないのである。評価は子どもが何をできるかだけでなく、これから何をするかを予測することができるような方向で進められることが望ましい。学校教育が、学校という範囲を越えた成果を目指すものである限り、評価はそのような観点から行われなければならないであろう。

　最後に、美術教育における研究が実践にどのように役立つかという問題がある。研究から、特定の教育実践の効果に関して明確な所説が得られることを期待するのは無理である。現在、社会科学的研究はそこまで進んでいない。しかし、現象を見きわめ説明するための包括的な概念、理論、判断基準をもたらすものとして研究をみるならば、実践に役立つアイデアを得ることができるであろう。知覚の分化、視覚の恒常性、知覚の固定化、機能の固定化、局所的解決法などのような一般概念は、見たり創造したりする時の条件を考える際に役立つ。ピアジェ、エリクソン（Ericson）、アルンハイムの研究に見られる子どもの発達についての理論的見解は、美術教育のカリキュラム開発や指導の概括的な指針となっている。要するに、美術教育研究で最も有益なものは、本来ある限られた特殊な研究成果にあるのではなく、むしろ研究者の理論を生かすネットワークにある。

（『美術教育と子どもの知的発達』pp.295-304）

DBAE

　DBAE（Discipline-Based Art Education：学問分野に基づいた美術教育）は、1980年代にアメリカに誕生し、現在に続く美術教育の方法論のひとつで、美術教育の位置づけを学術的な分野の中で明らかにし、再編成しようとするものである。

　子ども中心主義美術教育や発達段階の考え方による自発性を基本とした創造主義による美術教育では、教師の経験則による指導となる傾向があり、他教科や他領域と比較して学習目標を定めたカリキュラムとしての厳密さを欠き、故に美術教育が学校の中心的教科と見なされていないとの反省と行き詰まりを背景とし、美術教育を学問分野として位置づける研究が進められた。

　この学術的な動きが学校現場も含めた実際的教育運動として展開されるのは、1982（昭和57）年に設立されたゲッティ・センターの活動が大きく影響している。ゲッティ・センターは石油王J・ポール・ゲッティの資産を基に

開設された組織で、アメリカ・ロサンゼルスの本部は美術館、研究機関、教育機関を有している。この一部門として設置された美術教育センター（The Getty Center for Education in the Arts）による積極的な研究と普及活動によって、DBAEはアメリカにおける中心的な美術教育論として成長することとなった。

　その内容は次の4分野からなり、それぞれの学問分野の方法論を美術教育に取り入れることで美術教育の学問的位置づけを確立しようとする。

①美学（aesthetics）　　　　美術の特性と役割の研究
②美術批評（art criticism）　美術の分析的記述、解釈、評価
③美術史（art history）　　　歴史的変化における美術理解
④美術制作（art production）材料の知識や技能

　そして、このような考え方による教育計画モデルの作成やカリキュラム開発は、一定の研修を積んだ教師であれば、誰もが同程度の教育的効果を得られるようにするところに特色がある。特に、鑑賞教育については今日の対話型鑑賞へと繋がることになる。前述のアイスナーが、主要概念の第4、第5の概念で強調している生徒たちが視覚形態を鑑賞し、美術を社会的、文化的現象として理解するための美術教育カリキュラムは、まさにその先駆的役割をもつものであった。

　日本におけるDBAEについての調査研究は、多くの研究者によって取り組まれているが、これを直接学校現場に導入する動きは少ない。しかしながら鑑賞教育においては、前述の対話型鑑賞に見られるように、学習者の気づきや発見を美術批評へと高めたり、美術作品の社会的文化的意味を理解させたりする学習へと展開する実践が広がりつつある。そして、授業における学びを構造化しようとするカリキュラム開発や教育方法の転換が進む一方、DBAEが否定してきた創造主義美術教育の意義を問い直そうとする動きもある。

第 2 章　子どもの造形表現

第1節　造形表現における発達

　明治時代初期の図画教育の指導方法を見ると、子どもたちが描く対象を階梯式(てい)に簡易なものから複雑なものへと展開させるというものであった。指導者は自らがつくった手本または教科書に類するものによって、ものの形の描き方を教授訓練し、一般成人が見て理解しやすい表現能力を習得させようとしていた。国定教科書『新定画帖』(p.221参照)の出現によって、その内容は子どもの興味や能力に合わせるような努力がなされたが、子ども本来の表現に対する欲求全体を認めるまでには至っていない。ただし、このことは主として当時の教科書や指導書などを通観しての状況把握であり、教師の中には子どもの自由な表現を認め、評価しようとする者もあった。

　子どもの創造力を自由に描かれた子どもの表現の中に認め、それを正当に評価しようとする教育観は、「自由画教育運動」(p.301参照)が全国に広まろうとしていた大正期から昭和初期にかけて盛んになり、子どもの造形表現における発達に関する研究にも次第に取り組まれるようになってきた。上阪雅之助(版画家、1877-1953)、楢崎浅太郎(教育心理学者・東京高等師範学校教授、1881-1974)は、その教育的観点からの研究に取り組み、1931(昭和6)年に『子供の絵の観方と育て方』(p.163参照)の著書を刊行している。そこでは、1歳の頃の描画、現在はマーキングやスクリブルなどと呼んでいるものからはじまる綿密な観察報告とその分析的見方が示されている。

　また文部省は、子どもの絵画表現についての研究やそのような研究を土台にした私家版教科書(藤澤衛彦編『小学画本模範クレーヨン』成海堂、1923／国画教育研究会『小学参考図画』三省堂、1927／初等国画研究会『新撰小学図画』三省堂、1929／『少年少女自由画帖』[p.234参照]1930など)の刊行が盛んになった状況に対処すべく、1932(昭和7)年に国定教科書『尋常小学図画』(p.238参照)を刊行している。さらに、世界美術教育連盟でも、児童の発達を主題とした研究討議がなされていた。しかし、やがて世界情勢は第二次世界大戦へと突入し、子どもの教育は国家の目標に従わされる傾向が強まっていった。

　第二次世界大戦終了後の日本では、アメリカの教育使節団の指導のもと、民主的な教育を目指すとして「コース・オブ・スタディ」(後に学習指導要

領）がつくられ、1947（昭和22）年に試案として文部省はその内容を示している。その中の図画工作編には「図画工作の学習と児童・生徒の発達」の章があり、子どもの発達と表現に関する研究が進められるようになった。

　ここでは、上記の試案に加え、ハーバート・リードが『芸術による教育』で紹介しているシリル・バートの研究成果やローエンフェルドの研究、デズモンド・モリス、ローダ・ケロッグらを紹介し、子どもの造形についての理解を深めることを目的としているが、これらを子どもの発達の標準的なものとして考えることは危険である。子どもの成長や発達には当然個人差があり、すべての子どもが研究者のまとめた表現パターンを経て成長していくとは限らない。また、1人の子どもが現在の年齢でよく見られる表現から、もっと幼い頃の表現に戻ることもしばしば見受けられる。子どもの造形の指導者として、造形表現における発達の研究についての知見は必要であるが、それらを基礎として子どもたちの造形活動そのものや作品についての分析的な観察、そしてよりよき指導の在り方についての考察を深めることが重要である。

1947（昭和22）年『学習指導要領　図画工作編（試案）』

　1946（昭和21）年8月に、当時の文部省は連合軍総司令部民間情報教育部より「コース・オブ・スタディ」すなわち『学習指導要領』を編修するよう指示を受け、『図画工作編』（p.348参照）については、文部省教科書局勤務であった山形　寛（ゆたか）（1888-1972）が担当している。「試案」の意味について、山形はその著『日本美術教育史』（黎明書房、1967）において「学習指導要領というものは、それぞれの地方の教育委員会で編修すべきものであるが、最初のサンプルとして文部省が作るのであるということを聞かされていた。」と述べている。本試案は「はじめのことば」と全十四章で構成され、その第二章に児童生徒の発達についての見解が示されている。これは前述のような戦前の子どもの造形表現における発達に関するさまざまな研究を俯瞰し、要約する形で示されている。ここでは第二章のみを掲載する。

　また、このような内容もしくはより詳しい造形表現における発達の研究は、戦前すでにあったが、学校の教師の誰もがこの試案によってあらためて民主主義国家における教育と、図画工作と子どもの造形の関連について認識したことは意義深い。しかしながら、このような発達についての記述は、1951（昭和26）年改訂の『小学校学習指導要領　図画工作編（試案）』までであり、これ以降のものには掲載されていない。

第二章　図画工作の学習と児童・生徒の発達

一　就学前の児童の造形力
　たいがいの児童は、就学前から、絵を描いたり、何か細工らしいことをする。児童が描写らしいことを始めるのは、早ければ生後一カ年ぐらいから見られるが、その遅速は、環境の差にもより、また、先天的に素質の差にもよる。
　人は、だれでも、何か形あるものを作ろうとする造形衝動と、手足を働かせて仕事をしようとする仕事の衝動を持っている。この二つの衝動が造形力の基礎となるのである。造形衝動は物的環境に左右されることが多く、仕事の衝動は社会的環境に左右されることが多い。
　児童の周囲に、画用紙・クレヨン・鉛筆・色紙・布きれ・はさみ・その他のものが豊富に与えられている場合と、そうでない場合、また、児童の周囲に絵本・遊び道具、その他造形的なものが多く与えられている場合と、そうでない場合とによって、児童の造形衝動を刺激する仕方が変わり、その結果としての造形活動にも、大きな差ができる。
　また、児童の周囲に、年齢のあまり違わない兄や姉や友だちがいるか、いないか、また、それらの兄や姉や友だちが、好んで絵をかいたり細工をしたりするか、しないかによって、すなわち、社会的環境によって、仕事の衝動の現われ方が変わり、造形活動が盛んに営まれるかいなかの差ができる。
　こういうように、児童の就学前における造形活動は、まちまちであり、したがって、その造形能力もまちまちである。

二　第一、二学年児童の図画工作の学習と児童の発達
　入学当時の児童の造形的な表現意欲や表現力には、前項で述べたように、相当大きな個人差があるが、それにもかかわらず、この時期の児童に共通な特性がある。その最も著しい点は、この時期の児童の表現が極めて主観的であることである。
　第一、二学年の児童は、一枚の絵をかくにも、その描くものを客観的な存在と見ないで、その中に自分がはいりこんで描く。また、粘土で自動車を作るにも、自分がそれを運転して走っているように思って作る。何を描いても、作っても、その中に自己があり、自己と離れた存在とは見ないのが、普通である。したがって、その表現されたものが、客観的に見て妥当であり、合理的であるかどうかについては、あまり考えない。
　次に、この時期の児童は、描くこと作ること、そのものに興味を持ち、魅力を

感じ、結果がよくできたか、どうかということ、すなわち、成就の如何よりも、行動の喜びの方が大きいのである。

　また、この時期の児童には、時に大人を驚かせるような着想のおもしろさを見せたり、一種特別の味わいのある表現をしたりするが、それでいて、点と点とを結び直線を描いたり、物の大小の比例を保つ表現をするようなことは不得手である。その表現が情緒的であり、非合理的であるのが一つの特色である。

　この時期の児童の学習指導は、以上のような表現の態度と傾向に即して、のびのびした気持ちで盛んに表現させ、表現に対する喜びを十分に味わわせ、表現内容を広くすることを主眼とする。

三　第三、四学年児童の図画工作の学習と児童の発達

　第三学年の終りごろから第四学年にかけて、漸次客観的に事物を見るようになり、表現の客観的妥当性とか、合理性とかに注意を向けるようになる。しかしこういう転換は一様に来るのではなく、個人差も大きく、また同一人でも対象によってその現われ方がちがう。

　描くこと、作ることそのものに対する興味や喜びはやはり強いが、そのできた結果に対する関心が漸次高まって来て、自己の作品や他人を批判的に見る傾向を生じて来る。

　物の大小の比例に注意したり、角度に注意したりするようになるが、定木で正しく直角にかくようなことは、まだあまり得意ではない。しかし工具や材料に対する関心は高まり、相当程度の新しい工具や材料をこなせるようになる。　第一、二学年児童の表現は、客観的の妥当性が乏しく、非合理的であるが、児童らしい純真なおもしろさに、非常に引きつけられる。第三、四学年になると、それに表現内容の豊富さと、表現技法の進歩とが加わって来る。ここで物の見方や表現態度が、漸次客観的・合理的・批判的に変わって行くことに注意し、それに応ずる指導をして行かないと、第五、六学年になって一種の行きづまり状態におちいるおそれがある。この意味で第三、四学年の学習指導は注意を要する。

四　第五、六学年児童の図画工作の学習と児童の発達

　第五、六学年になると、事物を客観的に見て、知的に判断する力が更に増大し、観察力も鋭敏になり、筋力も発達して来る。したがって形体・色彩・明暗・陰影等について、分解的な観察をさせ、また分解的な表現練習をさせることもできるようになり、情緒的・気分的な表現とともに、合理的・説明的な表現もできるよ

うになる。立体的な構成についても、合理的な構成がだんだんできるようになり、基礎的な技法の修練にも適するようになる。

　また批判力も増大し、物の実用価値や内的価値を評価することもできるようになり、社会性も増して共同作業にも適して来る。

五　第七、八、九学年生徒の図画工作の学習と生徒の発達
　第七、八、九学年になると、青年期にはいる。表現力も相当進んで来るが、それよりも、事物に対する批判力や、作品に対する鑑識眼の方がいっそう進んで来る。その結果、頭や眼が進んで、腕が伴なわず絵を見ることは好きだが、描くことは好まず、理論は並べるが、手を下して物を作ることは好まないというようになりやすい。しかし、その反面、室内の装備、学用品や家具調度などの選択や処理などには、相当才気を現わすものも出て来る。こういうようにこれまでと違ったいろいろな現われを持つ時期であるから一方においては、その長所とする頭や眼の働きが十分伸び、他方合理的表現や研究的態度を助長し、表現力が高まるように指導しなければならない。

　第九学年を卒業するころになると、個性もほぼかたまって来て、各自の個性に適する方向に急速に伸びて行く傾向を現わす。しかし、そうなってから急にそれに応ずるのでは手おくれである。はじめからその心組みで指導することが肝要である。

1951（昭和26）年『中学校・高等学校学習指導要領　図画工作編（試案）』

　前述の1947（昭和22）年発行『学習指導要領　図画工作編（試案）』には、「第七、八、九学年生徒の図画工作の学習と生徒の発達」までが記載されているが、青年前期から中期あたる中学校生徒、高等学校生徒に関する発達と造形表現についての詳細な見解は、1951（昭和26）年発行の『中学校・高等学校学習指導要領　図画工作編（試案）』に見ることができる。本学習指導要領は、六・三・三・四制の新たな学制へと変換する過渡期の学習指導要領であり、戦後中等教育の礎となったものである。その第Ⅴ章に「生徒の発達と図画工作」があり、ここでは第Ⅴ章のみを掲載するが、本学習指導要領全体については、本書第4章第1節「学習指導要領の変遷」を参照すること（p.348参照）。

　ここに示されているのは、いまから約70年前の見解であり、現在の中学生や高校生の発達の状況とは違いがあることは事実であるが、ならばどこが

違い、なぜそのような変化が生まれたのか、そのための教育はどうあるべきかを我々は考える必要がある。

第Ⅴ章　生徒の発達と図画工作

　中学校・高等学校時代における生徒は、心身の成長発達に、どのような傾向が見られるかを理解しておくことは、図画工作の教育課程を組織し、またこれを展開していく上には必要である。第2、3、4章において、その一部分には慣れてきたが、以下その概略と、この時代における生徒は、図画工作の学習にどのような傾向を示すか述べる。

第1節　青年期の特徴

　小学校時代の児童は、心身の成長発達の段階において児童期に属しているが、中学校・高等学校時代の生徒は青年期に属している。

　青年期は普通12才から21才ごろまでをさしており、12才から14才までの中学校時代の生徒は、児童期を終り青年期の初めにあたり、15才から17才までの高等学校の生徒は、青年期における中期にあたるわけである。

　生徒の先天的素質・能力、さらに生徒の成長発達に関連の深い生活環境などの相違によって、必ずしも一致はしていないが、一般に青年期には次に示す特徴が見られる。この特徴について理解しておくことは、この期の生徒を的確に教育する上に必要なことである。

1　青年期の成長発達の特徴
　1)　身体的な発達が、著しく成人の段階に近づくものである。
　2)　小学校時代の傾向としては、具体的な現実の事がらに無自覚にひたる傾向に対して、青年期においては、自我にめざめることが強い。このため自我が他のものよりも興味深い関心の中心となる傾向が強い。このため、成人・同年輩・年下のものに対する態度の変化が認められる。
　3)　異性に対する関心がめざめるものである。
　4)　この期になると急激に、未知の世界が展開される。すなわち新しい経験を持ちたいと希望し、また思想とか、人生に対する考えや、人生における自分の位置や役割を見いだそうと努力する傾向が見られる。

　以上あげた青年期に現れる特徴は、あるいは自己批判となり、自分の空虚を満

たそうとする強い要求となって現われるものである。このような特徴を示すこの期の生徒の傾向をよく理解して、生徒の必要に答え、かれらに好ましい行動の変化を持ちきたすようにして、人格の確立をたすけてやることがたいせつになる。

　上に述べた、青年期の一般的な特徴から、この期の生徒に共通した要求や傾向を認めることができるが、それは次に示すものなどであり、指導上どのような考慮が必要であるかを示してみる。

1) 健康でなければならないのであるが、とかく健康に対して自覚をかく行動をするものを多く見かける。
2) 他人から認められ、ほめたたえられ、尊敬されることを望むものである。
3) 自分に適したと信ずる仕事に対して熱意をかたむけ、その結果、成功の域に達し、自尊心を高めようとする要求がある。
4) 家庭・学校・社会において、自分が認められ、情緒の安定感を得、それによって、自分がそのグループに属しているという感じをいだくものである。
5) 他人から愛情を受け、また他人に愛情を与えることを望むものである。
6) 他人から理解され、また同時に他人を理解しようとするものである。
7) 真の解放と自由をしだいに増す経験を多く持たせ、それによって得た能力を賢明に用いる機会を与えることが必要である。
8) 健全な方法で創造的な個性を発揮する機会を学校やその他の社会において持たせるようにすることが必要である。とりわけ、クラブ活動などにおいては、この機会に恵まれている。
9) 種々の状態やできごとに対して、洞察力を深めるため、経験を持たせることがたいせつである。
10) 自分の将来向く職業を選択する基礎的な経験と機会を与えることがたいせつである。
11) 健全な個人的および社会的娯楽を経験させるための機会を得させるようにすることである。この経験が将来の娯楽方面の傾向を決定することにもなり、重要な時期である。
12) 自分の行動やその他いろいろな問題に対して、満足する解決を得させるために必要な理想を持たせることがたいせつである。
13) 生徒の必要を満たすに足れる学校教育をうけさせるようにする。

　以上あげた傾向については、学校や社会が協力して、この期の生徒の要求に答え、

生徒を健全に発達させなければならない。

　図画工作教育においても、指導上いろいろな問題が起るが、個々の生徒や集団の問題を上にあげた生徒の傾向や必要に照合して検討し、適切な計画をたて、実施することによって、好ましい結果に到達することを期待しなければならない。

第2節　中学校生徒の発達と図画工作
　第1節において、中学校・高等学校生徒の属する青年期の一般的特徴や、指導上注意すべき大綱について、きわめて概略について触れたのであるが、これを基礎にして、さらに中学校生徒の図画工作の各種の学習に現われる特徴を理解しておくことが必要である。

1　表現力の発達
　小学校児童に比較して、心身が発達し、筋力の増大も目だつので、工作的な表現に対しても、相当程度の硬材料や、用具などを使いこなす段階になるのである。
　小学校の段階が、創造的な表現が、盛んであったに対して、中学校の段階になると、この期の生徒の心身の発達の特徴から、ものを合理的・客観的に考えようとする傾向が高まり、それが表現にも現われる。
　また個々の生徒を観察して、その表現に現われる傾向としては、生徒の気質の型ともいうべき、内向型と外向型とが見られるが、内向型の生徒は表現の裏にひそむ精神の現われが、とかく控目がちのため、表現は、はなばなしくはないが、反対にじみな点に特徴があり、外向型の生徒は、その気質の特徴からいって、その表現結果は一見はなやかなものである。指導にあたっては、よくその表現に現れる特徴を理解して、生徒各自の個性に沿った指導をすることが必要になる。
　また一面、物事を合理的・客観的に考えることが進んでくるので、作業を計画的に進めて、望ましい結果に到達しようとする意欲が増大するものである。他人と協力して仕事を進める共同作業の段階にもじゅうぶん達しているのであるから、共同作業用に自己の責任を自覚し、個人がそのグループの一員として、好ましい協力を示すように導くことがたいせつである。

2　知識や理解力の発達
　中学校段階になると、知識や理解をうるための思考活動も急激に発達して、真の理解に達し、知識を獲得することができるものである。
　図画工作教育においても、この理解や知識力が、表現活動・鑑賞活動・技術熟

練の活動に必要であると同時に、造形的な教養としても重要になる。
　物を構成している材料にたいする知識や理解、色彩・図案に対する基礎的な知識や理解、描画に関する表現方法や技術・材料などに関する知識や理解など、数えあげれば無数にあるもので、これらに対しても、相当程度、徹底して指導することができる段階になっているものである。

3　鑑賞力の発達
　鑑賞力は、生徒の置かれた家庭・学校・社会の環境の相違や生徒が過去に受けた教育のいかんなどによって異るもので、個人差の著しいものである。
　鑑賞力の発達は、図画工作教育目標の重要な一つである。中学校生徒の時代になると、相当程度鑑賞力も発達するものである。表現の方面に興味を示さない生徒でも、鑑賞方面の活動には相当の興味をもつのが普通である。
　対象の持つよさや美しさに直接ひたることもでき、また知識や理解の裏づけによって、そのものの特徴や価値を批判することもできるようになる。
　鑑賞力の発達は、創造的な表現力の裏づけになるものであり、この関係はこの期の生徒にも相当理解され、関心を示す段階になるから、この傾向を巧みにとり入れて、指導を効果的にする必要がある。

4　技術力の発達
　前にも述べたように、学校の段階になると心身の発達にともない、相当程度の技術の習得に堪えうる域に達するものである。小学校時代においてむりな表現用具なども、中学校時代になると相当程度こなせるようになるものであり、技術の習得においても、くりかえし実施した結果、熟練の域に達するような学習も可能である。また共同して相当大じかけな表現もかれらの筋力の発達によって可能となる。職業的な基礎技術の経験を得させることも可能になるのはこのためである。

5　態度及び習慣の発達
　個人生活・社会生活に限らず、よい態度や習慣を身につけさせるためには、図面工作の学習中にはよい機会に恵まれている。
　小学校の児童は、指導者の意図通りにしたがって、行動をするのが普通であるが、中学校の段階になると、物事を批判的にみるようになる結果、自己が理解できない命令や規約には、服従しないものである、教師が必要だからと信じた意図でも、生徒に納得のいかないものは、これに対して反抗を示すものである。生徒自身に

おいて、かれらの従来の態度・習慣に批判を加えて、時には態度・習慣を一変するようなこともあるものであるから、適切な指導によって、よい態度や習慣を身につけさせるようにすべきである。

　図画工作の学習を通して、合理的・実践的に物を進める態度とか、整理整とんの習慣、公共物をたいせつにするとか、物資の節約の習慣、他人と協力して物に当る態度とか、自己の作品および他人の作品に対して尊敬の態度で臨むとか、美術品を作製する態度というようなことは、強調されなければならないことであるが、生徒が自覚をもってそれらに対する望ましい態度や習慣を形成するには、中学校の段階になれば、それを真に身につけさせるよい時期になることを理解しておくことがたいせつである。

第3節　高等学校生徒の発達と図画工作
　青年期の中期であるこの期の生徒は、中学校の生徒に比較して心身の発達も充実し、人生における最もはなやかな時期であるとともに、問題も多い時代である。
　青年初期にあたる中学校の生徒に比較して一段と個性もめいりょうになり、自己の将来向く方向もはっきりしてくる。この期の生徒の一般的傾向や特徴については、第1節で述べたので、それを出発として、高等学校生徒の図画工作の各種の学習に現れる特徴を理解しておくことが必要である。

1　表現力の発達
　中学校の段階で、表現方面に関心と能力を示す生徒と、鑑賞方面に関心と能力を示す生徒との区別が認められる傾向は、高等学校生徒になれば、いっそうめいっりょうになり、一般に表現力はのびてくるが、表現力のすぐれた生徒と他の生徒との差異が著しくなってくるものである。すなわち、表現方面に関心と能力をもつ生徒は、ますますこの方面に努力する傾向が見られ、相当進んだ程度の表現の域に達し、また、創造的な表現にも、科学的・合理的な表現方面も、進んでなしうる域に達するものである。
　生徒の表現方面に関心と能力を示すものに対しては、これは、問題はなく正常な表現力が身につくように指導を進めるべきであるが、表現に関心が薄く、能力も示さない生徒に対しては、なるべく多面的な指導題材や指導方法を考えて、生徒に表現に対する希望を失わせないようにする。そのためには、高等学校における図画工作の指導が、専門的な技術を習得させるというのではなく、大部分の生徒が満足をするように表現力の指導に重点をおいて考えて、かたよった表現力の

指導に終らないようにすることがたいせつである。

2　知識や理解力の発達

　知識や理解力の発達は、中学校の段階に比較してさらに高められ、まとまった本格的な域にも達する時期である。これが高められる反面、この方面で物事を解決しようとし、また、理に合わないで自分の理解できない事は、これにあくまでも反対する傾向が強く、ために現実との食い違いになやむ時代でもある。いずれにしろ、論理的に物事を考え、抽象的な思考がますます発達する時代である。

　表現方面に関心と能力を示さない生徒でも、造形的ないろいろな点について、論理的には相当つっこんで考えることができるものであるから、指導題目の選択にあたっても、この事をじゅうぶん考えて、この方面の取扱にも手心を加えることが必要になる。

3　鑑賞力の発達

　表現方面に関心と能力を示す生徒と、そうでない生徒との間にはっきりした区別の認められるようになるのは、高等学校の時代である。表現方面に関心と能力を示さない生徒は、一般に鑑賞の方面に関心を示す傾向になるものである。

　直接手を下して、絵を描いたり、物を製作することはしなくても、絵を鑑賞したり、工芸品を鑑賞する方面には一般に関心をもつのはこの時期の生徒であって、実際には表現はできなくても、鑑賞する方面には関心をもち鑑賞も相当できるようになる。

　このような時期に到達する生徒であるため、表現方面に興味と関心を示さない生徒には、広く鑑賞の領域を求めて、広範な体験を積ませるようにし、広い造形的な教養を得させるようにすることがたいせつである。また表現方面に関心を示し表現力をもつ生徒にも、ますますこの表現力を高めるように指導すると同時に、鑑賞方面も適切に指導して、表現力と鑑賞とが、円満に身につくようにして、かたよらない能力が身につくよう考慮することは必要である。

4　技能力の発達

　表現を的確にするための基礎的な技能力の発達は、中学校の段階に比較して、ますます高まり、領域も広まるものであるが、前にも述べたように、表現そのものに興味と関心を示す生徒と、そうでない生徒とがめいりょうになるため、それらの生徒の間の技術力の相違は相当の幅と深さをもってくるものであるが、技術

力の指導では、得意の生徒の技術力は、その技術力がますます高まるように指導する反面、他の大多数の生徒に対しては、日常生活に必要な造形的処理に関係する基礎的な技術力は、これを身につくように指導することがたいせつである。

5　態度および習慣の発達
　中学校の段階にひき続いて、真によい態度や習慣を身につけるよい時期であり、指導の好機に恵まれているから、かれらに納得のいく指導で、希望と熱意をもたせ、真によい態度や習慣を身につけようとする生徒の意欲に導いてやることが何よりも必要である。
　以上いくつかの観点から、高等学校生徒の図画工作に示す関心を述べたが、要するにこの期の生徒は、芸術に理想を求め深い関心を示す時期であるから、生徒に満足を与えてやるために適切な考慮が払われなければならない。

ハーバート・リード著『芸術による教育』から

　児童画の発達に関する研究の優れたもののひとつとして、ハーバート・リードは著書『Education Through Art』（Faber & Faber、1943、日本語版『芸術による教育』、p.20参照）の中で、シリル・バート（英、心理学者、1883-1971）がその著書『Mental and Scholastic Tests（精神および学校の試験）』（P. S. King & Son Ltd.、1921）の中に掲げた発達段階を紹介している。そして、リードはその最後に、このような描画の発達に関する研究の論点を整理している。ここでは、『芸術による教育』の「第5章 子どもの芸術・6　子どもの描画の発達段階」を掲載する。

第5章 子どもの芸術

6　子どもの描画の発達段階
　子どもの描画の進化に関する発生学的理論の、もっとも図式的に表された要約として、シリル・バート卿が『精神および学校の試験』で区別した段階をあげることができるでしょう。それは、以下のようなものです。

（1）なぐりがき（スクリブル）――二歳から五歳、三歳をピークとする。さらに
　　以下のように分けられる。
a　目的のない線がき

肩からの純粋な筋肉の動きで、通常右から左へと動く。
b　目的のある線がき
　　なぐりがきが注意の中心にあり、名前を与えられることもある。
c　模倣の線がき
　　支配的な関心は依然として筋肉にあるが、腕の動きから手首の動きに替わっており、手首の動きも指の動きに替わっていく傾向が見られる。それは通常、大人の絵を描く動きをまねしようとする努力によるものである。
d　位置を限定したなぐりがき
　　子どもは対象の特定の一部を再現しようとする。次の段階への移行である。
(2) 線——四歳
　視覚的な制御が進歩している最中である。人物がもっとも好まれる対象となり、円で頭を、点で目を、一対の線で足を表す。少数の例では、二つ目の円が胴体を表すために付け加えられ、さらにまれではあるが、一対の線が腕として加えられる。腕や胴体よりも足を描くことが早いのが普通である。各部分を完全に組み合わせるということは不可能で、またその試みもあまりしない。
(3) 説明的象徴主義——五、六歳
　人物像は、ある程度の正確さで再現されるようになるが、粗雑な象徴的図式である。顔の各部はおおまかに配置されているだけで、それぞれが型にはまった形をしている。一般的な「図式」は、それぞれの子どもによっていくらか異なった型を示すが、同じ子どもはほとんどすべての目的のために、そして長期間にわたって同一の好みのパターンに固執する。
(4) 説明的写実主義——七、八歳
　描画は、依然として、視覚的であるというよりは論理的である。子どもは「見ているものよりも知っていることを描く。そしてまだ、そこにいる個人ではなく、どちらかといえば一般的な型として考える傾向がある。」子どもはあるテーマについて覚えていることすべて、あるいは興味をもったことすべてを、伝え、表現し、あるいは一覧にしようとしている。その「図式」は、より細部に従うようになるが、ただし、その一つ一つの部分は、知覚したものの分析よりも、連想によって示唆されることの方が多い。横顔が試みられるが、遠近法や、不透明、短縮法、そして一つの視点で見る結果はすべて、まだ無視されている。装飾的な細部への関心が高まりつつある。
(5) 視覚的な写実主義——九、十歳
　子どもは記憶や想像により描く段階から、自然を見て描く段階へと移行する。

二つの時期が存在する。
a　二次元の時期
　　輪郭線だけが使われる。
b　三次元の時期
　　立体の表現を試みる。重なりや遠近に注意が向けられる。陰影をつけたり、奥行きを短縮法で描いたりしようとする。風景を描くことを試みる。
(6) 抑制――十一歳から十四歳
　典型的には、この段階は十三歳ごろに始まる。バートは（そして彼の見解は彼が執筆した当時を代表するものであったが）、この段階を子どもの自然な発達の一部であると考えた。対象を再現しようとする試みの進展は、骨が折れるものであり、また遅々としている。そして子どもは幻滅して意欲を失ってしまう。関心は言葉を通じた表現の方に移り、描画が続けられるとしても、型にはまったデザインを好み、人物像はまれになる。
(7) 芸術的な復活――青年期の初め
　「十五歳頃から、描画は初めて真に芸術的な活動として開花する。」描画は今や物語を語る。性別による差がこの時期には明白となる。少女たちは豊かな色彩や、形の優雅さ、線の美しさに愛好を示すが、少年たちは描画をもっと技術的・機械的な放出として使用する傾向がある。
　しかし、多くの場合、あるいはおそらくほとんどの場合、この最終的な段階には到達しない。前の段階における抑制が完全すぎたのである。

　以上が、子どもの描画の発達に関して、一般的に受け入れられている説明です。そのいくつかの側面は、とくにヴルフによって批判されてきました。私たちの批判の対象は、三つの基本的な点です。
　A「図式」の概念
　B　発生論全般―表現と気質の関係の無視
　C「抑制」の時期を避けられないものと仮定している点
　　　　　（ハーバート・リード著、宮脇理・岩崎清・直江俊雄訳『芸術による教育』
　　　　　　　　　　　　　　　　　　　　フィルムアート社、2001、pp.143-145）

ヴィクター・ローエンフェルドの研究『美術による人間形成』

　アメリカの美術教育者であるヴィクター・ローエンフェルド（1903-1961）は、戦後の日本の美術教育に多大な影響を与えた1人である。彼の著書『Creative and Mental Growth』（3rd Edition、1957）の訳本は、『美術による人間形成』（竹内清・堀ノ内敏・武井勝雄訳、黎明書房、1963）として出版され、20刷に及ぶ重版となっている。その「訳者序」において、ローエンフェルドの美術教育論の特色を次の2点に要約している。

(1) あくまでも人間形成を目的とし、全体的成長の中の一面を担当するものとして美術教育を考えていること。
(2) 単なる哲学的思弁ではなく、広く深い科学的基礎の上に立ち、実証的に裏づけをもっていること。

　表現の特質と発達段階についてのローエンフェルドの研究の特徴は、まず、子どもたちの表現の特質についての分析から、表現のタイプを「視覚型」、「触覚型」、「中間型」に分類したことである。特に「触覚型」の存在は、当時の美術教師たちに指導の在り方を問い直す必要性を感じさせた。「視覚型」とは事物や印象を写実的に表現するタイプで、「触覚型」は表現する対象や印象を主観的、情緒的に制作するタイプ、「中間型」はこれらのいずれの型でもなく、抽象的な表現に関心をもつタイプとしている。そして、「触覚型」の典型的な例として、ローエンフェルドは、粘土で頭像をつくっていく「触覚型」の男子（16歳、視覚障がい者）の制作過程を本書に掲載している。

　一般的な芯棒を用いない粘土による頭像制作では、粘土の塊を全体的なバランスを考えながら頭部の形にし、次に目鼻口や耳などの位置を決めていく。しかしながら、この男子の制作手順は次のようなものであったとローエンフェルドは写真とともに記録している。

a) あごから作りはじめる。
b) 歯や舌などを中につける。
c) 口を閉じる。中の特徴は何も見えなくなる。
d) 鼻をつける。眼孔を作る。
e) 眼を内側からつける。頭を閉じる。
f) 顔の造作や毛髪をつける。

g）完成した全部の造作がまだ部分的な印象として分離された状態にある。

　さらに、ローエンフェルドは美術を担当する教師のほとんどが「視覚型」の表現タイプに属しており、このような「触覚型」の表現に対しては無理解であると述べている。このような特性を描画の発達段階として示す他に、本書では人物の再現、空間の再現、色彩の再現、デザイン、刺激題目、技法について、各項目の詳細な分析を掲載しており、実践を考えるうえでの指針となる内容が示されている。ここでは、巻末の「第13章 発達段階全般の要約」に掲載されている一覧表によって、ローエンフェルドの研究を学ぶことにする。

発達段階	特性	人物の再現	空間の再現
なぐり描き (2才〜4才)	混乱：無統制な運動 縦の運動の協応 円形の統制の変化 命名：運動的思考から想像的思考への変化	全くない ごく想像的に	全くない ごく想像的に
様式化前 (4才〜7才)	再現と再現された物との関係の発見	概念の追求 象徴の不断の変化	空間の「秩序」がない 情緒的な意味による関係
様式段階 (7才〜9才)	反復による概念の発見が様式になる	能動的な知識と個人的な特性に基づく明確な概念 幾何学的な線によって表現された人物の略画	最初の明確な空間溉念：基底線 環境の部分であることの発見 主観的な空間の再現 空間—時間の概念
写実主義の開始 前青年期の危機 (9才〜11才) ギャング・エイジ	自己に対する強い意識性 様式からの移行 幾何学的な線からの移行 協同の欠如 変遷の時期	顕著なぎこちなさ 衣服の強調 少年と少女の差異 写実的な線にむかう傾向 様式的な再現からの移行	基底線の概念からの移行 重なり 平面の発見 自己中心的態度から生じる空間関係における困難性
擬似写実主義の段階 推理の時期 (11才〜13才)	発達した知能 ただし無自覚写実的な制作 (無意識) 視覚型あるいは非視覚型への傾向 劇化の愛好	接合法 身体運動の視覚的観察 釣合い 非視覚型の表現の強調	三次元の表現への衝動 遠距離の物体の大きさの縮小 地平線（視覚型）
決定の時期 青年期の危機 (13才〜17才)	環境に対する批判的意識性 三つのグループ (1) 視覚型 (50パーセント)： 媒介：目 創造的関心：環境、外観 (2) 触覚型 (25パーセント)： 媒介：身体 創造的関心： 自己表現、主観的経験の情緒的な制作 (3) 中間型 (25パーセント)： 反応はどちらの方向にも限定されない 創造的関心：抽象	視覚型： 外観の強調 光と陰 瞬間の印象の描写 客観的妥当性のある写実的な解釈 触覚型： 精神的な表現の強調 情緒的特性 価値の釣合い 個人的な解釈	視覚型： 遠近画法による再現 遠距離の物体の明白な縮小 雰囲気 外観 ムード 三次元の特徴 光と影 触覚型： 自己に関する価値の遠近画法 対象の価値関係 基底線の表現

色彩の再現	デザイン	刺激題目	技法
意識的に用いない 色彩は通常なぐり描きの識別に用いられる	全くない	激励による児童の思考の方向で	大きな黒いクレヨン 全なめらかな紙 不適応児のための指絵具 色のクレヨン ポスター絵具 粘土
興味をそそる情緒的な用い方 実物との関連はない	意識的な接近はない	主として自己に関する受動的な知識の促進 「私」の段階	クレヨン 粘土 ポスター絵具 大きな剛毛の筆 大きな紙
色彩と対象との明確な関係 反復による：色彩、様式	意識的な接近はない 反復を求める衝動によって受入れられたデザインの特性	「私たち」「動作」「場所」時間の連続の題材（物語）内部と外部	色のクレヨン チョーク ポスター絵具 （テンペラ） 大きな紙 剛毛の筆 粘土
色彩の客観的段階からの移行 情緒的な意味をもった主観的な色彩経験	装飾に対する最初の意識的な制作 材料の使用とデザインのための機能	(1) 集団制作 (2) 制作法 (3) 題材 による協同 種々の職業 スーツ ドレス 重なり	線の表現からの移行のためにクレヨンは用いない ポスター絵具 粘土 チョーク リノリウム彫刻 織物 木材 金属
事実上の色彩の変化（視覚型） 色彩に対する情緒的な反応（非視覚型）	様式化への最初の意識的制作 職業をあらわす象徴 種々の材料の機能	環境における劇的な動作 想像やポーズ（「ふき掃除」のように意味ある）による動作 内容の強調による釣合い 色彩のムード 壁画：「から～まで」 材料によるデザイン モデリング	グワッシュ（水彩とテンペラ） ポスター絵具 剛毛の筆 ヘヤブラシ 粘土 リノリウム デザイン用の材料：織物 木材 金属 紙粘土
視覚型： 事実上の色彩の外観 色彩の反射 距離とムードに関する色彩環境の特性の変化 分析的態度 印象主義 触覚型： 色彩のもつ表現的、主観的な意味 意味のない固有色 情緒的な意味により変化する色彩 色彩の心理的意味	視覚型： 形、釣合い、リズムの美的解釈 装飾的デザイン ハーモニィーの強調 触覚型： 抽象的特性の情緒的デザイン 機能的デザイン 工業デザイン	視覚的刺激と触覚的刺激 環境と人物 外観と内容 解釈をともなうポーズ スケッチ 彫刻 グラフィックデザイン 色彩画 壁画	スケッチ： クレヨン 油絵具 テンペラ 水彩 イーゼルペインティング 壁面彫刻： 塑造材料 石膏どり 木材 石材 グラフィック リノリウム彫刻 エッチング 石版 シルクスクリーン ステンシル エヤブラシ ポスター制作 レタリング デザイン： 装飾的 機能的 工業的

デズモンド・モリスとローダ・ケロッグの研究

「三つ子の魂百まで」という諺は、乳幼児の成長期がいかに大切なものかを示している。それを脳の成長としてみた場合、大脳生理学者は、頭頂葉、側頭葉、後頭葉、前頭葉各部の働きについて、各部には独自の働きがあると同時に、互いに連結していることも示唆している。そして、その連結は最初から成立しているものでなく、乳幼児とその周囲とのかかわりの中で進むことになる。すなわち、子どもの成長に対して周囲の者はどのように成長するのか静観すべきものではない。子どもの無事と健康を願うあまり、無菌室で専門家が育児を担当して育った場合と、両親や家族の中で育った場合とでは成長の差異は大いに違うことになる。

造形教育の立場からは子どもの全身、各部が無理なく活動するように配慮したいものである。ものを握る、破る、壊す、組み立てる、つくる等の活動は、子どもの感動、想像、思考、実現力などの基礎になる大脳のシナプスの連結をより緊密にすると考えられている。そして幼児の段階の表現の中に、すでにバランスやシンメトリー、集中性等の感覚のあることが指摘されている。このような描画活動の原初的な様相を考えるとき、デズモンド・モリスとローダ・ケロッグの研究は、多くの示唆を与えてくれる。

デズモンド・モリス（英、動物行動学者・画家、1928-）は、1956（昭和31）年頃からロンドン動物園のチンパンジーなどの類人猿を対象とする描画実験を継続的に行い、その結果を『The Biology of Art』（Methuen & Co. Ltd.、1962、日本語版『美術の発生——類人猿の画かき行動』小野嘉明訳、法政大学出版局、1966）にまとめている。初期の実験では、一辺2インチの正方形が描かれた紙上へのチンパンジーのなぐりがきから、1歳8か月から1歳11か月の幼児とほぼ同様の結果を得ている。次に示す参考図は、図2-1-1がチンパンジーのもの、図2-1-2が幼児のものである。

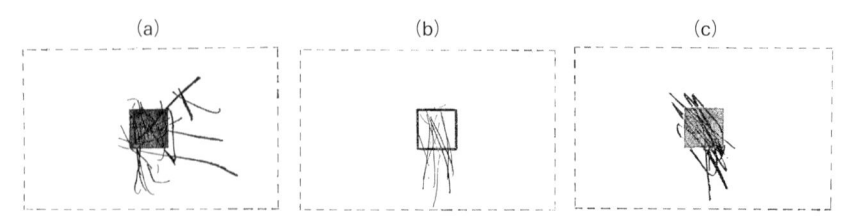

図2-1-1 「一辺2インチの中心正方形にたいする反応。しるしは図形の部分にきちんと集中している」

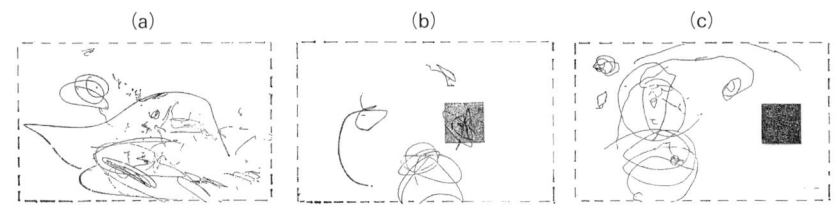

図 2-1-2 「人間の幼児にたいするテスト　(a) 白紙にたいするもの　(b と c) 中心をずれた正方形にたいするもの」

　これらを比較して、モリスは両者ともに明らかに正方形に対する意識を働かせながら描いていることを指摘し、さらに幼児の場合は余白部分での線描に興味が移っていることも指摘している。また、学習を積んだチンパンジーの中には、扇形もしくは逆扇形とモリスが呼ぶスクリブルへと進歩した例が報告されている。モリスは約2年間のテスト期間中に、チンパンジーは人間の水準以下ではあるが、描画についての進歩を示したことを明らかにしつつも、さらなる進歩の可能性については結論を示していない。そして、幼児の描画の発達過程に関する優れた研究として、ローダ・ケロッグの研究を同書で紹介している。

　ローダ・ケロッグは、著書『What children Scribble and Why（児童は何をスクリブルするか、それは何故か）』（自家版、1955）の中で、幼児は図2-1-3のような基本的5段階を通して描画発達をするとし、さらに人間の姿を描く場合についても、図2-1-4のような段階を示している。

図 2-1-3　人間の幼児における画法発達の基本的5段階を示す模式図。下から、1. なぐりがき、2. 図式、3. 図式の組み合わせ、4. 図式の集まり、5. 絵画的なもの

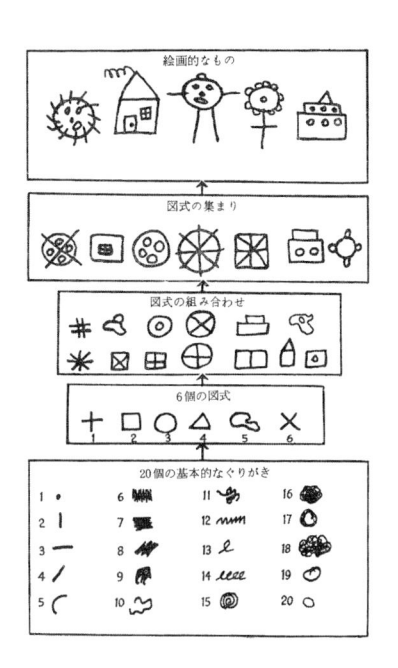

第1節　造形表現における発達　59

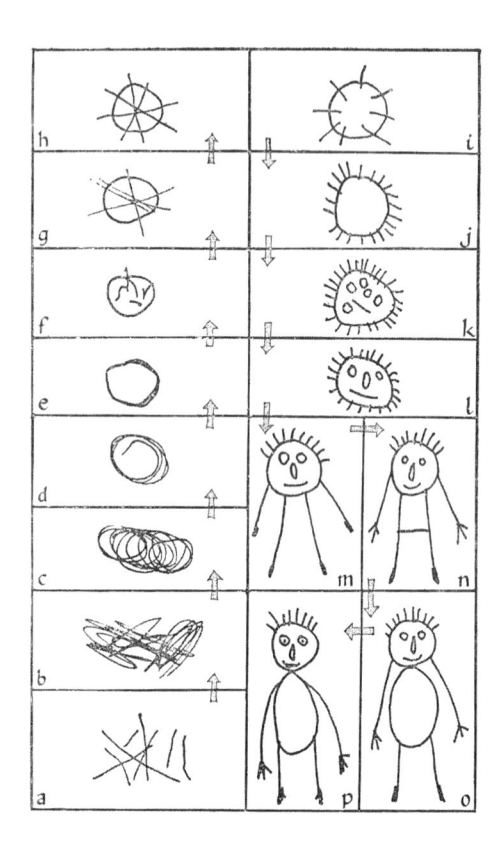

図2-1-4　人間図形描画上の典型的分化段階の図式的表現
(a) 単純ななぐりがき線
(b) 複合なぐりがき
(c) 複合円状なぐりがき
(d) 単一化した円状なぐりがき
(e) 円
(f) 円内のしるし（ここまでは、コンゴ〈注：チンパンジーの名前〉もこの分化路線に沿って進むことができた）
(g) 線と交差した円
(h) 「まんだら」状態
(i) 中心の抜けたまんだら
(j) 「日輪」型状態
(k) しるしづけした日輪型
(l) 最初の具象画──顔
(m) 「頭足類」段階　4本の放射線は両腕両脚としてのびている
(n) 頭＋胴の段階
(o) 胴が頭からはっきりとわかれる
(p) 両腕は、頭から胴へと正しい位置にうつる

　また、児童画の意味を古代人や世界の原住民が描く文様との比較から論じており、その研究の集大成として『Analyzing Children's Art』（National Press Books、1969、日本語版『児童画の発達過程──なぐり描きからピクチュアへ』、p.13参照）を著している。そこでは描画の進歩を図2-1-5のような概念図で示している

　「子どもの造形表現における発達」についての研究は、ここで紹介したもの以外にも数多く発表されているが、指導者として、このような研究結果を理解しさらに調査を行おうとする場合、次のような視点が重要である。
　まず、研究の対象となっている「描く」という行為がどのような環境でなされたものか、また仮に自由に描くとしたとき、表現に用いられた用具はどのようなものであったか、指導者はその場にいたのか、その指導者は描き方や描く対象を示したのか、画面の質や大きさはどのようなものであったかな

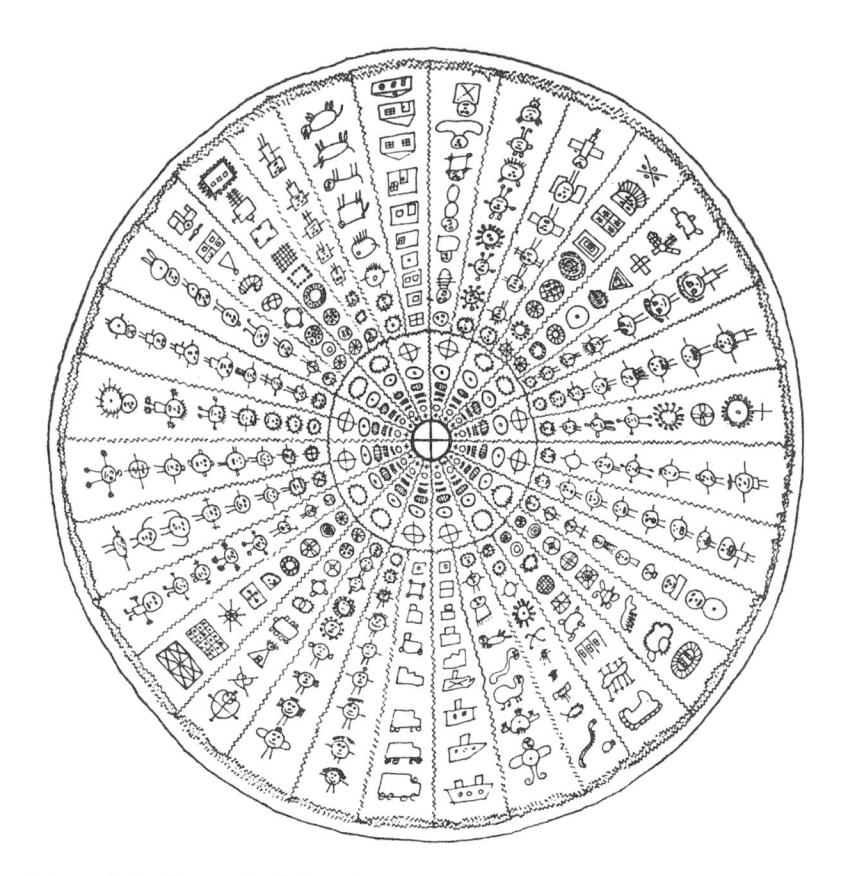

図 2-1-5　初期の絵からの描画作業の進歩図式、中心のまわりに描いた構造から始まって周囲へ伸びて行く。ここには児童画の分類によって見られる共通のものを取り上げたが、他に多くの発達順序があり得る

ど、描画調査における環境や指導方法についての十分な配慮と理解が重要である。
　かつて、道路にチョークなどで描く子どもたちの姿を多く見たが、いまはあまり見かけない。コンピュータを用いて描く時代にあって、子どもたちの描画は変化したのだろうか。教育事情は社会情勢の変化によって変化するものではあるが、常に人間の正常な発達を阻害するものであってはならない。我々は先人の諸研究について実践を通して検討を加えつつ、変化する社会の中で子どもたちの表現について見つめ続け、現代のあるべき教授方法を探究することが重要である。

第 1 節　造形表現における発達　61

第2節　現代の児童画

　児童画の研究は、前述のように1900年前後から盛んになり、描画に関する発達段階の研究は、発達心理学者等の手によって大きな成果を上げてきた。いま、我々は眼前の子どもの表現が前図式期の段階にあること、そしてやがて図式表現から、描写へと関心が移ることを予測することができる。また、その時々に応じた指導方法を考え、適切な描画材料や造形のための環境を準備することができる。
　このような分析や調査の背景には、子どもが本来的に自由に表現することを保障する教育的価値観がある。わが国の歴史を振り返るならば、大正期の「自由画教育運動」（p.301参照）が定着した昭和初期には、子どもの描画に関する研究や出版が盛んになっているし、それらは第二次世界大戦後の新しい図画工作教育の中に生かされてきた。これに対して、大人の美的な価値観を早期に植えつけるための教育においては、児童画の研究は無意味である。
　一方、昨今の映像機器の進歩によって、日常的にさまざまな映像イメージと接し、それらを使いながら生活している現代の子どもたちについて、これまでの児童画研究が示してきた発達や特徴の様相をそのままあてはめてよいのかとの疑問があることも事実である。チゼックは「子どもは何歳で映画に行くべきか」との問いに「できるだけ遅い方がよい」と答えている（p.271参照）。テレビやビデオ、ゲームなどが生活の一部となっている現代の子どもたちにとって、この答えは無意味でさえある。人の成長がもって生まれた資質と成長のための環境や教育によってなされるとするならば、視覚文化の拡大が子どもたちだけでなく人間にどのような影響を与えているか検証する必要がある。そのとき、これまで先人が残してくれた児童画研究は新たな脚光を浴びることになるだろう。
　ここでは、現代の児童画の状況を「描画指導法」「コンクール」「表現から学びを読む」をキーワードに考察する。

描画指導法
　大人が描いたお手本を写す臨画を否定した「自由画教育運動」以来、子どもたちの本来的な表現を教育の重要なファクターとし、その年齢による変化

や発達の様相が明らかになったとき、そこに幼児画に関するプロトタイプ的意識が生まれてくる。すなわち、6歳児ならば6歳児の描く絵の基本形と、その基本形を土台にした大人が納得できる児童画のイメージである。そして、そのような6歳児の絵として大人が満足する絵を描かせるための巧みな指導方法が考案されることになる。

　このような描画指導法による作品は、初等教育段階の作品展などでしばしば目にする。1人の作品を見る限りにおいては、なかなか充実した作品と見えることもあるが、そこには、ほぼ同じような描画作品が集団として展示されることになる。一例として、ある描画指導法による「イモほり」に行った経験を基にした小学校低学年の絵画表現では、そのクラスすべての子どもたちの作品は、画面の4分の1ほどには必ず地中にイモが描かれており、その描き方、場合によってはその本数まで統一されている。そして、その上にはイモを採ろうとする大きな手が描かれ、その両脇には足が描かれる。画面上部には自分の顔が描かれ、その顔と大きな手や足が線で結ばれる。そのようにして描かれたほぼ同じような絵が、クラス全員分30枚も並ぶのである。また、自分の顔を描く場合は、「真上に描かず、左右どちらかにずらす」「鼻から描く」「鼻を傾けて描いて、顔全体が傾くようにする」などの指示を出し、最後に顔の輪郭線を描く前には、適切なあごの位置を示すために指導者が爪で画用紙に印をつけて回ることをしている。

　この描画指導法の場合は「シナリオ」と呼ぶ指導者のマニュアルあるいは台本があり、それぞれの指導場面を「第一幕」「第二幕」のような示し方をして、各場面における指導者の「セリフ」も決まっている。この指導法に従えば、たとえ指導者が造形に関する知識や体験がなかったとしても、大人が、もしくは保護者が納得する小学生らしい作品をつくり上げることができるのである。これは、山本鼎やチゼックが発見し、ピカソなどの多くの作家が憧れ、多くの研究者が教育的価値を指摘した子どもの本来的な創造活動としての描画ではない。我々が造形美術教育によって育てようとする人間の創造性や感性の教育からするならば、無意味であるだけでなく、子どもの健全な成長に歪みすら与えかねない。

　ここに例として取り上げたもの以外にも、大人が納得する児童画らしい児童画を描かせるための指導方法はいくつかあるが、このような指導方法が考案され普及した原因を端的に示すならば、美術教育者が陥りやすい、いわゆる「作品主義」がある。子どもたちの造形活動の中に学びがあり、能力の伸

第2節　現代の児童画　63

長があるとする美術教育は、当然活動の結果としての作品が存在する。多くの場合、その学びは作品を介して分析され、評価されることになる。そこからさらに学習の成果発表としての作品展があり、多くの大人の眼に触れることになると、そこでは本来の学びの評価ではなく、作品の出来栄えとしての評価が一般的になる傾向が生じてくる。結果的に美術教育は造形活動を通しての学びに教育的価値があるのではなく、大人にとってよき作品を制作させることを目的とする過ちが生じることになるのである。

　これが初等教育において多く見られるのは、幼児や児童はその成長の段階から素直に指導者の指示に従いやすいことや、幼稚園や小学校では造形作品展がよく開催されること等があげられる。また、幼稚園や小学校の教員養成課程の内容を見ると、造形美術教育についての学修が十分に保障されているとはいいがたく、一般の教員にとっては、造形や図画工作の授業は自信をもちにくいもののひとつとなっている。すなわち、活気ある自発的行為としての造形活動を授業として成立させるには、かなりの研鑽が必要なことも事実である。それに対して「シナリオ」のようなマニュアルによる描画指導法は、すぐに作品展で他のクラスと比較しても引け目を感じない、保護者も納得しやすい作品を描かせることができるのである。

　多くの親が、わが子を優秀な人材となるように育てたいと思うのは当然である。その熱意は、ときとして教育に対する妄信的な期待を膨らませてしまうこともある。そのひとつが英才教育である。なるべく早期に特殊な教育環境に入れ、他の同年齢の子どもよりも優れた才能や技能を身につけさせたいと考えるのである。実際にさまざまな分野で幼児や児童を対象とする英才教育を謳ったプログラムがあり、その多くは商業的性格をもっている。しかしながら、それらが十分に機能し、期待通りの英才なる人物を多く輩出したという報告は聞かない。前述のチゼックは、なるべくゆっくりと子どもが成長することの重要性を、親に理解させることの難しさと大切さを説いている。そして、そのゆっくりとした成長のスピードは子ども自身が決めることであり、それぞれの成長の過程における創造活動を保障することで、その成長を豊かにすることが本来の美術教育の使命である。

　ここまでは幼児や児童を主として対象とする描画指導法について取り上げたが、次に中学生や高校生、成人を対象とする写実的絵画技法における指導方法について取り上げる。それらは描画技術の習得を目的とするものであり、絵画に対する一般的な評価としてのいわゆる「上手な絵」を描けるようにな

ることを目指すものである。これらは、中学校や高等学校での美術の授業における描画技法修得とも連動する。すなわち、中学校でよく見られる、かばんや上履きなど身近なものをモチーフとする鉛筆デッサンの授業や、高等学校での石膏デッサンの授業などは、美術学習の導入的意味合いの強い題材として、また形を捉え陰影を理解することを目的とする、写実的描画技法の基礎練習として実施されることが多い。そして、それらをさらに詳細なプログラムとして組み立て、誰もが一定程度のレベルの写実的絵画を描くことを目指すものであり、カルチャースクールの絵画教室などでよく見られるものである。

このような描画メソッドとか写実絵画学習方式などと呼ばれるものは、かなり古くより多種多様にあり、絵画技法書や解説書は、世の古今東西に広く見られるものである。現代では、日本語訳本が1981（昭和56）年に出版されたベティ・エドワーズ（米、元カルフォルニア州立大学教授・美術教育）の『脳の右側で描け』（北村孝一訳、マール社）が、「右モード」と「左モード」と名づけた大脳の働きの違いからはじめて、形態や空間、陰影の理解を効率よく体得させ、描写的絵画表現技術についての自己啓発を目指すもので、アメリカや日本を中心として注目を集めた。しかしながら、そこでマスターした技術がどのような場面で必要かについては不明であるし、紹介されている参考作品からは、表現者としての個性はあまり感じられない。何より、普通教育課程にある生徒にとって、精緻な静物デッサンや石膏デッサンの技術は必要なのであろうか。少なくとも小学校図画工作や中学美術、高等学校芸術の学習指導要領は、それを求めてはいない。

一方、優れた発想や構想は具体的な形を得てはじめて意味があるとの考え方もある。すなわち、表現には技術が必要であり、技術が生み出す発想や構想もあり、生徒たちの中にはいわゆる「上手な絵」を描けるようになりたいと願う者も少なくないとの意見である。これらの意見や考え方を俯瞰するならば、限られた時間の中で、普通教育における造形美術教育が技術指導に終始することはあり得ないにしても、自らの表現に必要な技術を学び取ることができるような配慮も必要である。山本鼎は、自ら発見したものが尊いと述べている（p.343参照）。

コンクール

　子どもの絵のコンクールがどれほどの数存在するのかは不明であるが、東京都内の小学校図画工作科専科教諭を主として構成員とする「東京都図画工作研究会」でよく耳にするのは、自治体や民間からの絵画展やポスターコンクールなどへの出品依頼にすべて対応すると、1年間の図工の時間では不足であるとの話である。なぜ、それほどまでに子どもの絵やポスターなどのコンクールや展覧会への出品依頼が数多く寄せられるのか考えてみる必要がある。

　子どもの作品を募集するコンクールや展覧会をその主催別に分けると、次のように分類できる。

①行政機関の主催によるもの

　大きく二つに分けることができる。ひとつは各自治体の教育委員会が主催し、地域の学校の授業成果の発表として行う造形美術教育展と、もうひとつは、国や自治体の各種機関がその取り組みの普及活動及び、啓発活動として開催されるポスターコンクールなどである。中でもよく学校に対して出品依頼がなされる典型的なものとしては、「明るい選挙ポスターコンクール」「交通安全啓発ポスターコンクール」「郷土愛育成絵画展」「消防自動車絵画展（火災予防啓発絵画展）」などがある。これらのほとんどは、教育委員会や地区の学校長会、PTA連絡協議会などの後援を受けており、学校に直接的に出品依頼がなされることになる。また、教育委員会主催の造形美術教育展の多くは、その地域の公立学校を中心とする美術科の教師を構成員とする教育研究組織が、実質的にその運営を担当していることが多い。

②美術教育団体の主催によるもの

　美術教育の振興と研究を目的として開催され、図工美術の教員や研究者がその審査や運営を担当することが多い。また、美術教育段階の中には、造形教材や画材などを生産もしくは販売する企業がスポンサーとなり、教育財団を設立していることもある。このような美術教育研究団体主催の場合は、その審査とともに、展覧会場での研究協議が開催され、教員の研修の場となっているものもある。かつて戦後の民間教育団体をリードした「創造美育協会」（p.191参照）は、公開審査を実施し、新たな美術教育の発展と普及に寄与した。

③民間企業などの主催によるもの

企業の経済活動の一環として商品及び企業活動の宣伝を意図したものから、企業イメージはあまり主張せず、公共性の高いものまでさまざまである。企業のイメージアップを目的とする児童画コンクールやポスター展などでは関連商品が賞品となるなど、教育目的とは程遠いものもある一方、企業メセナのように、芸術文化支援の一環として取り組んでいるケースもある。一般的には、新聞や独自のチラシなどで広報し、応募を呼びかける場合が多いが、公共性のあるものについては、文部科学省や教育委員会などの後援を得て、学校に直接応募案内が届くこともある。

　このように、さまざまな主旨で開催される児童画の展覧会やコンクールであるが、そこには教育的意義とともに、子どもたちの自由な造形表現の中に、人々の感性を豊かにする魅力があることも重要な理由としてあげることができるだろう。場合によっては、それは企業や商品イメージの向上に繋がる可能性もある。しかしながら、そこでは審査という選別が行われることになり、子どもたちすべての造形表現を保障しようとする現代の美術教育とは、相いれない部分もある。たとえば、市や区の教育委員会主催の造形展では、なるべく多くの子どもの作品を展示しようとするが、展示会場の条件から、参加校に対して出品点数の割り当てが行われる。そうすると、展覧会としての審査はないが、その前段階の各学校内で選別が行われ、学校代表として出品展示されることになる。
　優れた表現に対してこれを評価し顕彰することは、子どもの創造活動への意欲を増大させるだけでなく、社会が子どもの造形のすばらしさや大切さを理解するという視点からも、健全な主旨による児童画展のような形で行われるべきである。しかしながら、審査がある以上、選外となるものもあることを理解しなければならない。主催者が審査の公平性やその目的、評価結果の公表などに配慮するとともに、指導者としても展覧会やコンクールに応募する意味を十分考え、子どもや保護者の理解を深めることも大切である。
　このような学校外部での展覧会やコンクール以外に、学内で開催する展覧会がある。これは、まさに学習成果の発表会であり、すべての児童生徒にとって、自らの学習を振り返り、他者の学習を知ることによって、さらなる学習への意欲を育むものでなければならない。

表現から学びを読む

　これまで子どもたちの絵画表現の発達や児童画の意味、現代における児童画の環境などを見てきたが、児童画から我々は何を見出すことができるのだろうか、また見出すべきなのであろうか。児童心理学者は、児童画を子どもたちの心の窓として分析し、知能発達などの研究に生かしている。また、アートセラピー（絵画療法）を目指す人々もいる。それに対して造形美術教育に携わる者は、特に学校の授業を実践する教師としては、まず子どものどこに学びがあったのかを明らかにする必要がある。

　一枚の絵を描く造形活動の中で、その子どもがどこでどのような発見や気づきをし、それをどのように工夫したか、それが作品のどこに表れているかを見出すことが求められる。描かれたりつくられたりする形や色は、子どもの場合であれ、大人の場合であれ時間とともに変化する。その過程の痕跡が残らないことも多い。したがって、指導者はその変化をできるだけ観察し、記録し、あるいは子どもに語りかけ、造形活動としての学習の場に立ち会い、子どもの学びを支えていくことが大切である。そのような経験を多く積むことによって、学習の結果としての作品から子どもの学びを読み取ることが可能になる。

　授業計画を立てる場合、多くの教師はこの題材による学びがどこにあり、どのような成長を期待しているのかを明らかにする。さらに、どのような活動が教室で展開するのか教師は予想をして準備を進めることになる。しかしながら、子どもが低学年であればあるほど、また中学生や高校生でも課題に対する意欲が高ければ高いほど、教師の予想を超えた活動や学びがそこに展開することが常である。また、そのような可塑性と発展性のある授業実践こそが貴重である。そのとき、新たな表現による学びに向かおうとする子どもたちや生徒たちに対して、適切な支援を可能にするのは、日頃からの児童・生徒理解と造形活動におけるその子どもの特性の理解、そしていままさに眼前で展開している形と色による学びを読み取る力である。

　図工美術を専門とする教師は、絶え間なく変化し進行する造形的な学習に対する敏感な感性を必要とする。そのためには、数多くの児童生徒の表現に触れることが何よりの研修である。前述のコンクールや作品展における教師間の作品検討の場は貴重であるし、先にも述べた通り、自らも制作表現する研鑽を積み、絶えず自らの感性を磨き続ける教師こそ、子どもたちの造形の場に立ち会う資格がある。

第3節　思春期の表現

　これまでに紹介した描画を中心とする造形表現の発達の研究は、主として幼児及び小学校児童を対象とするものであった。中学校生徒については、わずかながら1947（昭和22）年『学習指導要領（試案）』（p.348参照）に、「第七、八、九学年生徒の図画工作の学習と発達」が示されているが、高等学校生徒の表現に関する統計的な研究はほとんどないに等しい。その中で以下に紹介するのは、東京大学教育学部附属中・高等学校（現東京大学教育学部附属中等教育学校）文部教官教諭であった筆者が、1996（平成8）年に「東京都高等学校美術工芸教育研究会」の研究プロジェクトに参加し、共同研究として取り組んだものである。この研究のみで、高校生の造形における特徴を完全に理解することは無理であるが、いくつかの傾向を見ることはできるし、統計的な研究方法の事例としても貴重であると考える。

　「東京都高等学校美術工芸教育研究会」は、東京都立高等学校に勤務するすべての美術工芸の専任教員によって構成される研究組織であり、当時は190名を超す会員数であった。略称「都高美工研」は東京都教育委員会のもとに、教員の主体的自主的教育研究及び実践研修を進めるものであり、各種研究会や実技研修会、講演会などを実施しそれらをまとめた研究紀要も毎年刊行している。また、このような各都道府県の高等学校美術教育研究組織の連合組織として「全国高等学校美術工芸教育研究会」があり、毎年各県もち回りで全国大会を開催している。

　本研究プロジェクトは、これまでの研究の中から、高校生の造形に関する体験的な学びや知識が低下してきているのではないかとの危機感からはじまったものである。生徒理解は授業実践においてその基本となるべきものであるが、高等学校における美術工芸の学習に必要な基礎的造形体験の不足と思われる生徒の事例がこれまでも数多く報告されてきた。そのような事態を把握し、これからの研究や研修の方向性を見出すことをねらいとして、「'96研究プロジェクト」に取り組むこととなったのである。

研究の概要

①名称　　　'96研究プロジェクト
　　　　　　現代高校生の基礎的造形能力及びその表現傾向の分析
②主催　　　東京都高等学校美術工芸教育研究会
　　　　　　研究協力　東京大学教育学部附属中・高等学校　大坪圭輔
③研究の目的
　現在の高校生の造形能力と表現傾向を現状調査により統計的に捉え、正確に把握する。また、今後進めるべき教科研究の基礎研究に位置づける。
④調査時期　　1996年4月～6月
⑤調査対象　　東京都立高等学校生徒　981名
⑥調査方法　　質問紙に対する回答の分析
⑦調査項目　　1.描画傾向調査　2.混色理解調査　3.領域志向調査
　　　　　　　4.成績分布調査

調査対象生徒

1.調査協力校及び生徒数（学校名は調査当時のもの）

東京都立芸術高等学校　　　40名（第1学年40）
東京都立松が谷高等学校　　98名（第1学年78、第2学年20）
東京都立雪谷高等学校　　179名（第1学年75、第2学年104）
東京都立練馬高等学校　　162名（第1学年72、第2学年67、第3学年23）
東京都立小松川高等学校　168名（第1学年32、第2学年136）
東京都立深沢高等学校　　 60名（第2学年30、第3学年30）
東京都立城北高等学校　　229名（第1学年76、第2学年99、第3学年54）
東京都立小石川高等学校　 45名（第1学年40、第2学年3、第3学年2）

2.調査対象生徒の男女別及び芸術選択の人数

学年	学年合計	男女別		音楽選択	美術選択	工芸選択	書道選択	選択せず	不明
1	413	男	205	26	138	30	8		3
		女	208	35	142	17	13		1
2	459	男	235	32	180	16	2		5
		女	224	52	152	11	8		1
3	109	男	59		22	1	1	33	2
		女	50		33			15	2
計	981	男	499	58	340	47	11	33	10
		女	482	87	327	28	21	15	4

調査内容

1.描画傾向調査

　この調査は、質問紙によって次のような二つの文章による指示を生徒に与え、それぞれを回答用紙の中につくられた縦10.7cm、横17cmの枠の中に5分間で描かせるものである。まずひとつ目は具体的な事物のイメージを描画表現するもので、質問紙には次のような指示と課題文が示された。

指示1

　次の情景を思い浮かべて、それを回答用紙のワクの中に描いてください。時間は5分間です。

　「日ざしの当たる窓辺のテーブルに、ガラスでできた円柱形のコップが置かれています。コップの中には、水が半分ほど入っています。」

　二つ目は、抽象的な概念をイメージして描画表現するもので、質問紙の指示は次のようなものである。

指示2

　「夢」という言葉をテーマにして、自由に描いてください。
　回答用紙のワクの中に描いてください。時間は5分間です。

　この描画調査によって回答された作品は次のようなものである。各上下の作品は同一生徒のものであり、上が「指示1」によるもの、下が「指示2」によるものである。

生徒1作品 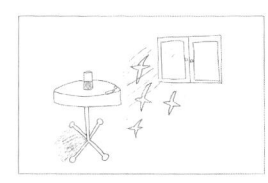　　　生徒2作品　　　生徒3作品

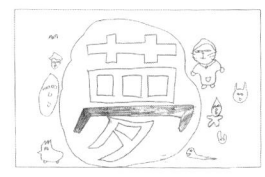

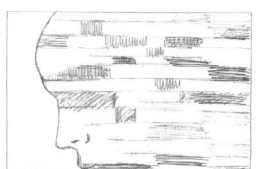

第3節　思春期の表現　71

生徒4作品 　　　　　　生徒5作品 　　　　　　生徒6作品

　これらの描画の傾向をそれぞれ次のような6観点で評価した結果を、美術選択者と他科目選択者及び各男女別で集計をし、傾向の分析を行った。各観点による評価作業では判定の正確さを期して、観点についての共通理解を十分に重ねた評価者でグループをつくり、1枚の作品を3名で観察し、3名の内2名が合意した分析を採用するという方法を用いた。以下にその集計結果と、描画調査後の質問に対する回答の集計を示す。

指示1　　　　　　　　　　　　　　　　　　　　　　　　　　　　単位 %

	分析項目	美術選択 男	美術選択 女	多科目選択 男	多科目選択 女	全体
ア	平面的（図式的）に描かれている	14.9	9.0	37.1	24.2	21.6
イ	立体的（空間を意識して）描かれている	83.3	87.2	61.6	67.7	76.8
ウ	コップの楕円が正確に描かれている	71.8	81.6	49.7	55.9	65.1
エ	陰影を意識して描かれている	74.4	62.0	37.7	46.0	63.3
オ	質感の表現を意識して描かれている	5.5	11.2	8.6	1.9	6.4
カ	細部まで正確に描かれている	1.1	4.4	0	1.2	0.8

指示2　　　　　　　　　　　　　　　　　　　　　　　　　　　　単位 %

	分析項目	美術選択 男	美術選択 女	多科目選択 男	多科目選択 女	全体
ア	具象形のみで描かれている	68.4	63.2	64.9	63.4	65.3
イ	抽象形のみで描かれている	11.2	13.4	6.6	3.7	10.0
ウ	両方を用いて描かれている	8.3	13.4	7.3	9.3	10.0
エ	マンガアニメのキャラクターを用いる	4.3	2.2	7.3	0.6	3.5
オ	文字や数字が用いられている	40.0	36.8	47.0	41.0	40.2
カ	画面全体の構成が意識されている	46.6	56.1	31.1	41.6	46.5

描画調査後の感想　　　　　　　　　　　　　　　　　　　　　　単位 %

	分析項目	美術選択 男	美術選択 女	多科目選択 男	多科目選択 女	全体
A	「窓辺のコップ」の方が描きやすい	40.8	45.8	35.8	41.6	44.3
B	「夢」の方が描きやすい	17.0	18.1	12.6	11.8	15.8
C	両方とも描きやすい	9.8	7.2	12.6	5.6	8.7
D	両方とも描きにくい	12.1	14.0	16.6	22.4	15.1
E	わからない	8.0	10.0	11.9	6.2	9.6
X	無答	5.2	5.0	10.6	12.4	7.1

2. 混色理解調査

　本調査では、描画調査の後に混色についての理解がどの程度なのかを問うている。まず「Aペールグリーン」「B茶色」「C肌色」（現在はペールオレンジなどと称し、肌色は用いないことが多い）、「Dうす紫」の色紙と、「黄」「赤」「青」「白」「黒」の原色の色紙を貼付して作成した下に示すような提示モデルを生徒の前に示し、AからDの色をつくるためにはどの原色を混ぜればよいか、回答用紙の枠に例に倣って○を記入させるようにした。

提示モデル

		黄色	赤色	青色	白色	黒色
例	オレンジ色の色紙	○	○			
A	ペールグリーンの色紙					
B	茶色の色紙					
C	肌色の色紙					
D	うす紫の色紙					

　色名は示さず色紙の色を見て判断する方法を取ったので、色覚特性のある生徒に対する配慮が問題となったが、調査対象となった各クラスの状況を聞き取り、問題なしとの判断を得て実施した。次にその正答率を示す。

混色理解正答率　　　　　　　　　　　　　　　　　　　　　　単位 %

	提示色名	美術選択 男	美術選択 女	他科目選択 男	他科目選択 女	全体
A	ペールグリーン	58.9	72.0	35.8	54.0	58.8
B	茶色	54.6	60.4	45.7	51.6	54.6
C	肌色	73.3	82.2	49.7	70.8	72.2
D	うす紫	48.6	68.5	39.1	52.2	54.2

第3節　思春期の表現　　73

3. 領域志向調査

　幼稚園での表現活動から小学校の図画工作、中学校の美術から高等学校芸術科まで、さまざまな造形活動を経験している高校生であるが、どのような造形表現領域を体験し、また興味をもっているのかをこの志向調査で尋ねている。質問は次のような文章である。

質問文
あなたは次の項目について、どんな印象を持っていますか。
[ア・好きである　イ・嫌いである　ウ・どちらともいえない]の記号で答えてください。

志向調査　　　　　　　　　　　　　　　　　　　　　　　　　　単位 %

			好き	嫌い	どちらでもない	無答
A	鉛筆などのデッサン	美術選択男子	57.2	13.5	28.7	0.6
		美術選択女子	57.6	17.4	24.9	0
		他科目選択男子	38.4	31.8	29.1	0.7
		他科目選択女子	31.1	34.2	32.9	1.9
		全体	50.2	21.0	28.2	0.6
B	絵の具を用いた風景画など	美術選択男子	33.6	29.6	36.2	0.6
		美術選択女子	49.5	18.1	32.4	0
		他科目選択男子	21.2	44.4	33.8	0.7
		他科目選択女子	30.4	34.2	33.5	1.9
		全体	36.4	28.8	34.1	0.6
C	イラストやマンガ	美術選択男子	46.3	21.8	31.3	0.6
		美術選択女子	51.1	19.0	29.9	0
		他科目選択男子	21.2	45.7	32.5	0.7
		他科目選択女子	23.0	41.0	34.2	1.9
		全体	40.2	27.7	31.5	0.6
D	ポスターなどのデザイン	美術選択男子	39.7	24.1	35.6	0.6
		美術選択女子	47.0	18.4	34.6	0
		他科目選択男子	15.9	47.0	35.8	1.3
		他科目選択女子	28.0	34.8	35.4	1.9
		全体	36.5	27.5	35.3	0.7
E	粘土などでの彫刻	美術選択男子	33.6	34.2	31.6	0.6
		美術選択女子	29.3	34.0	36.8	0
		他科目選択男子	34.4	21.9	42.4	1.3
		他科目選択女子	30.4	34.8	32.9	1.9
		全体	31.8	32.3	35.2	0.7

			好き	嫌い	どちらでもない	無答
F	写真	美術選択男子	39.1	17.8	42.5	0.6
		美術選択女子	63.6	5.6	30.8	0
		他科目選択男子	35.8	23.2	39.1	2.0
		他科目選択女子	67.1	3.7	27.3	1.9
		全体	51.2	12.3	35.7	0.8
G	ビデオ	美術選択男子	26.7	21.6	51.1	0.6
		美術選択女子	32.4	15.3	52.3	0
		他科目選択男子	27.8	27.8	43.0	1.3
		他科目選択女子	40.4	13.7	44.1	1.9
		全体	31.0	19.2	49.1	0.7
H	コンピュータ	美術選択男子	42.8	17.8	38.5	0.9
		美術選択女子	40.8	19.0	40.2	0
		他科目選択男子	42.4	20.5	35.8	1.3
		他科目選択女子	34.2	19.3	44.7	1.9
		全体	40.7	18.9	39.7	0.8
I	美術館などでの作品鑑賞	美術選択男子	29.9	34.5	34.8	0.9
		美術選択女子	50.2	13.4	36.4	0
		他科目選択男子	25.2	37.7	35.8	1.3
		他科目選択女子	32.3	21.7	44.1	1.9
		全体	36.2	26.0	37.0	0.8

4.成績分布調査

　最後の調査項目として、小学校図画工作と中学校美術での学びの状況を、端的にその成績の状況から測ろうとするものであるが、中学美術の成績は記憶による回答となっている。

質問1　小学校図画工作、中学校美術について
①小学校の時の「図画工作」科について、あなたの印象として適当なものを下から選び、記号で答えなさい。
②中学校の時の「美術」科について、あなたの印象として適当なものを下から選び、記号で答えなさい。

小学校図画工作、中学校美術について　　　　　　　　　　　　　　　　　　　　　単位 %

			とても好き	好き	ふつう	嫌い	とても嫌い	無答
美術選択	男	図画工作	38.8	35.3	16.7	5.2	3.7	0.3
		中学美術	23.0	34.5	29.9	8.6	3.7	0.3
	女	図画工作	44.2	31.5	16.5	5.3	2.5	0
		中学美術	31.2	44.9	19.9	3.4	0.3	0.3
他科目選択	男	図画工作	29.1	24.5	24.5	11.3	9.9	0.7
		中学美術	11.9	25.8	29.8	15.2	15.9	1.3
	女	図画工作	27.3	29.2	29.2	8.7	4.3	1.2
		中学美術	14.3	31.7	38.5	9.9	4.3	1.2

質問2　中学校美術の成績

中学校の時の「美術」科の成績は5段階でどれくらいでしたか。3年間の平均で近いものを下から選び、記号で答えなさい。

中学校美術の成績　　　　　　　　　　　　　　　　　　　　　　　　　　　　　単位 %

		5.0	4.5	4.0	3.5	3.0	2.5	2.0	1.5	1.0	無答
美術選択	男	7.2	11.8	26.7	19.8	20.7	7.2	4.6	0.9	1.1	0.6
	女	21.8	24.9	22.4	13.1	13.7	2.8	0.9	0	0	0.3
他科目選択	男	6.0	2.6	15.9	17.2	27.2	17.9	7.9	2.6	1.3	1.3
	女	7.5	13.0	25.5	19.9	23.0	5.6	2.5	0	0.6	2.5

質問3

高等学校での芸術選択で美術を選択した人のみ、その成績を5段階で答えてください。平均で近いものを下から選び、記号で答えてください。高校1年生は答える必要はありません。

高校美術の成績　　　　　　　　　　　　　　　　　　　　　　　　　　　　　　単位 %

2,3学年		5.0	4.5	4.0	3.5	3.0	2.5	2.0	1.5	1.0	無答
210名	男	1.9	5.2	27.6	17.1	30.5	6.2	9.5	0.5	0.5	1.0
178名	女	6.7	11.8	28.7	17.4	21.9	5.1	2.2	0.6	0	5.6
388名	計	4.1	8.2	18.1	17.3	26.5	5.7	6.2	0.5	0.3	3.1

質問4

高等学校でのすべての教科の成績は、5段階でどのくらいですか。全員答えてください。大まかな平均として近いものを下から選び、記号で答えてください。高校1年生は答える必要はありません。

高校での全科成績　　　　　　　　　　　　　　　　　　　単位 %

		5.0	4.5	4.0	3.5	3.0	2.5	2.0	1.5	1.0	無答
美術選択	男	1.0	3.4	14.3	35.7	21.9	11.4	5.7	0.5	1.0	4.2
	女	0.6	5.1	15.2	30.3	23.6	10.7	1.1	1.1	0	12.4
他科目選択	男	3.6	6.0	19.0	20.2	26.2	10.7	3.6	0	2.4	8.3
	女	4.2	2.1	16.7	36.5	19.8	5.2	5.2	0	1.0	9.4

傾向分析

　本研究プログラムを計画するに至った背景には、1993（平成5）年頃より高等学校の多様化が推進されはじめた状況がある。すなわち、必修科目の減少と選択科目の増加、総合科の開設、普通科におけるコース制、そして中等教育学校へと続く中高一貫教育の重視などである。その中で高等学校芸術科の教科性も再検討の段階にあるとの認識が広がることになったのである。そしてまた、「高度情報化社会」の言葉が代表するような社会変革の中で、大都市東京に暮らす高校生に、これまでの発達段階を基礎にした考え方では対応できないような変化が起きているのではないか、変化の激しい大都市で、さまざまな流行に直面している高校生は、それらをどのように消化しているのかとの疑問が生じたのである。

　具体的な調査結果を見ていくと、4種の調査の中でも中心となる描画調査からは、遠近法などの理解は不十分ながら、空間を意識して物を立体的に描こうとする一般的な傾向が読み取れる。コップの縁を楕円に描いたり、陰影をつけたりするなどが美術選択者のみならず、他科目選択者にも多く見られる。一方、「夢」を描く調査では、具象系のみで描かれているものが、美術選択、他科目選択、男女の別なく多くあり、これは「窓辺のコップ」の描画調査が影響していることもあると考えられる。

　しかしながら、「窓辺のコップ」における描写的な描き方と比較すると、「夢」で用いられている具象形の描き方には、明らかに違いがあることを分析者の多くが述べている。今回の分析では数値化できないところではあるが、

小学校や中学校での描画学習における遠近法重視の影響や、社会通念としての「うまい絵」が遠近法による描写にあることなどをうかがわせる「窓辺のコップ」に対して、「夢」に描かれた人や物は平面的であったり、構成的であったり、独自の描き方で描いているものが多くあった。また、「夢」には、漫画的な表現もかなりあったが、流行しているキャラクターをそのまま用いたようなものは少なく、高校生が自己表現について何かしら他とは違うもの、独自性を求めていることは、分析者にとって安心できる結果であった。

　また、「夢」の作品に文字や言葉が用いられているものも科目選択、男女の別に関係なく40％ほどあり、その多くは描画内容の説明となっている。自己表現は目指しつつも、それをうまく表現することができない不満やもどかしさを高校生の気持ちとして想像することができる。「窓辺のコップ」と「夢」ではどちらが描きやすかったかの問いに対する回答でも、明らかに「窓辺のコップ」としたものが多くなっている。

　混色の理解については、予想以上の正答率が報告された。取り上げたのは比較的よく目にする中間色4色であるが、どれも60％を超えており、特に女子の高正答率が注目される。小学校以来の色彩学習の成果であると評価すると同時に、フルカラーの時代に育つ高校生にとって、色感は日常的に必要とされるものであり、色彩に対する敏感な感性を常識的に身につけているということも考えられる。

　領域志向調査では、美術科の代表的な領域と1996（平成8）年当時これから多く取り入れられると予想される領域を取り上げ、その志向を尋ねている。この中で、写真の問いについて他科目選択女子の67％あまりが好きと答えているが、この背景に「レンズつきフィルム」の大流行があった。1996年当時は、まだデジタルカメラは一般になく、「使い捨てカメラ」と呼ばれていた「レンズつきフィルム」が便利に使われていた。特に女子高校生の間ではこれが大流行し、お互いを撮り合うような遊びが流行り、カバンの中には必ず「使い捨てカメラ」が入っているという状況にあった。67％の数字の裏にはこのような社会的風潮があった。同じく、ビデオについては、普及は進んでいたが授業などに十分に使用される段階ではなく、そこから「どちらでもない」の回答が増加したと思われる。コンピュータについては全国の学校に配備が進められていた段階である。

　成績分布調査では、小学校図画工作に比べて、中学校美術を「とても好き」と回答したものが、美術選択者においても半減していることと、中学校

美術の成績において明らかな男女差が確認される。理由としては、授業時間数削減に苦しむ中学校美術の題材が十分な学習成果を上げているとはいいがたい。また、その作品も小型化し、表現における評価の比重が、制作の丁寧さや積み上げに移る傾向があり、図画工作における身体性やのびのびとした表現がなかなか保障されにくい状況にあることなどが考えられる。

　学齢が上がれば上がるほど、社会状況や文化状況の影響を受けやすい。思春期の表現傾向を調査分析する場合、生徒の環境に何が起きているのかを把握することが重要である。この調査からは、創造的な意欲や美的な感性をもちながらも、自己表現する術においては戸惑いや不安をもつ高校生の状況を読み取ることができる。

第 3 章　美術教育史

第 1 節　美術教育の変遷

　第 3 章は、美術教育史からの学びを目的としている。どのような分野でもその歴史を振り返り学ぶことは重要であるが、特に教育は社会の有り様やそれぞれの時代の思潮と大きくかかわるだけに、歴史を探り、そこから現在を評価し、未来を紡ぐ研究は必須である。日本の美術教育史を振り返るとき、明治の近代学校教育草創期からはじめることになるが、学校制度の進展とともに発展してきた美術教育の背景や内容、形式、指導方法などについて理解を深めるようにしたい。

　第 1 節では、明治以降の美術教育の変遷を主とした年表を示す。その中の重要事項については、理解を深めることができるような「解説及び資料」を第 2 節として集約して示し、わが国の美術教育史を考える上で、特に重要な事項のひとつとして「教科書の変遷」について第 3 節で図版を中心として示している。また、わが国の美術教育史上、最も影響の大きかった実践事例として「チゼックスクール」を第 4 節で、「自由画教育運動」を第 5 節で扱っている。この二つの事例は歴史的重要事項にとどまらず、美術教育実践という視点からも示唆の多い記録として重要である。

　「学習指導要領の変遷」については、第 4 章の「現代美術教育の諸相」に含め、その第 1 節として示している。これは、戦後の美術教育の流れを理解するだけでなく、現代の各教科の授業実践は「学習指導要領」の十分な理解の上に成立することから、その分析的な読解が必要となる。すなわち、実際の指導計画を念頭に置いた学習及び研究という意味から第 4 章で扱っている。

美術教育史を学ぶ
　ここに掲載する美術教育史年表は、幕末から今日までの日本の美術教育史を中心にして構成している。「日本の状況」の欄は各年を以下の通り区分けしている。
　　第 1 段目「美術教育」
　　第 2 段目「教育一般、教育制度」
　　第 3 段目「社会一般」
　　第 4 段目「芸術・文化」

美術教育に関する歴史的事件や事項が、各時代の教育状況とかかわっているのは当然であるし、それはまた社会状況の反映でもある。そして、美術教育の特性として、芸術や文化の歴史的状況や変化、発展と深く繋がっていることも事実である。それぞれの時代の状況全体を把握した上で、美術教育のそれぞれの時代の実際を研究し、現代の美術教育、未来の美術教育へと発想を広げるようにしたい。

　特に、「芸術・文化」に示した作品は、中学校や高等学校の美術・工芸の教科書に掲載される頻度の高いものを、その作品の発表年を中心にして取り上げている。教科書掲載作品の多くは、中等教育段階での美術科及び芸術科の授業における学習目標をわかりやすく伝えることを目的として作品が選別されており、場合によっては、一般的に名作と評されるものとは異なることもある。中等教育での美術科教師を目指す前提として、これらの作品や作家についての理解と、自らの視点からの解説ができるように学習を深める必要がある。

　また、海外の美術教育に関する重要事項も、各年の「海外の状況」の欄にまとめている。内容は、美術教育に関する事項から社会、芸術文化に関するものまで、わが国との関係が深いものだけでなく、世界的視点から重要事項と思われるものを取り上げている。明治の学校教育制度黎明期や大正時代においては、教育の制度や方法論を海外から学びつつ、先人たちはわが国にふさわしい教育を模索した。また、第二次世界大戦後は海外との積極的な交流の中から、新たな美術教育思潮が育っている。単なる比較ではなく、海外との交流がもたらした美術教育の発展という側面からも、この年表を手掛かりに研究を進めてほしい。

　なお、年表中に登場する国名は一部略称を用いている。使用した略称は以下の通りである。

　　スウェーデン＝典　ロシア＝露　アメリカ＝米
　　ドイツ＝独　スイス＝瑞　オーストリア＝墺
　　フランス＝仏　スペイン＝西　ベルギー＝白
　　イギリス＝英　イタリア＝伊　ギリシャ＝希
　　エジプト＝埃　オランダ＝蘭　ソビエト連邦＝ソ
　　カナダ＝加　ノルウェー＝諾

美術教育史年表

	幕末の状況	
1853	・ペリー来航	
1855	・クールベ「レアリスム宣言」	
1857	・蕃書調所内に絵図調方設置 　川上万之丞（冬崖）、絵図調出役に就任	
1859	・ダーウィン著『種の起源』刊	
1860	・幕府軍艦咸臨丸、遣米使節の随行艦として出発 ・イギリスで小学校図画、必修となる ・モリス、ウエッブ「赤い家」	
1861	・**蕃書調所絵図調方、画学局に改組［解説1］** 　川上万之丞（冬崖）、前田又四郎は画学出役に就任	
1862	・下岡蓮杖が横浜に、上野彦馬が長崎に写真館を開設	
1863	・リンカーン、奴隷解放宣言 ・シグネウス、スロイドシステムを提唱 ・マネ「草上の昼食」スキャンダルとなる	
1866	・高橋由一、横浜でワーグマンに入門 ・フィンランドの小学校、師範学校で手工が必修科目となる	
1867	・大政奉還、王政復古 ・パリ万国博覧会へ開成所より油絵、浮世絵、工芸品などを出品	

	日本の状況	海外の状況
1868 明元	・兵学校で「画学」の指導	・ネースに手工師範学校設立（典） ・デラ・ボス法（露）
	・明治維新 ・「五箇条ノ御誓文」布告 ・戊辰戦争 ・廃仏毀釈	
1869 明2	・兵学寮に図画科を設置（教官に川上冬崖、助教に小山正太郎、近藤正純〔若山〕ら）	・スエズ運河開通（埃）
	・開成学校、大学南校と改称	
	・東京遷都	
	・聴香読画館設立（初の洋画塾、川上冬崖）	
1870 明3	・川上冬崖、図画御用掛となる	・アメリカで小学校図画教育開始（米） ・メトロポリタン美術館開館（米） ・ドガ「オペラ座のオーケストラ」
1871 明4	・川上寛（冬崖）纂訳『西画指南』（前編）文部省より刊行（p.201参照）	

1871 明4	・田中不二麿、欧米の教育事情視察 ・文部省設置	
	・「廃藩置県ノ詔」布告 ・「郵便制度」制定 ・工部省工学寮設置	
1872 明5	・「学制序文（被仰出書）」布告 ・「学制」布告 ・東京に師範学校創立 ・「小学教則」「中学教則略」頒布［解説2］	・ドイツで小学校図画必修（独）
	・太陽暦を採用 ・「徴兵ノ詔」布告 ・鉄道（新橋・横浜間）開通	
	・文部省博物館開館 ・高橋由一「花魁」	
1873 明6	・近藤若山著『泰西画式』刊	・ウィーン万国博覧会（墺） ・モネ「印象－日の出」
	・師範学校案・下等小学規則制定 ・モルレー（米）、文部省最高顧問として来日 ・大学教員は教授、中学教員は教諭、小学教員は訓導とする ・大阪、仙台に官立師範学校創立。東京の師範学校は東京師範学校となる	
	・「徴兵令」布告 ・ウィーン万国博覧会に明治政府として参加 ・征韓論政変	
	・天絵楼設立（洋画塾、高橋由一）	
1874 明7	・ゲリノー（仏）、陸軍士官学校図画科主任に就任、川上冬崖、小山正太郎ら図画教授掛となる	・第1回印象派展（仏）
	・東京女子師範学校創立 ・名古屋、広島、長崎、新潟に師範学校創立 ・師範学校卒業と検定試験により小学教員の資格を授与、教員検定試験および教員免許状制度の開始	
	・彰技堂設立（洋画塾、国沢新九郎）	
1875 明8	・橋爪貫一編『小学色図問答』刊 ・川上寛（冬崖）纂訳『西画指南』（後編）文部省より刊行	・モネ「日傘をさせる女性」
	・文部省布達、小学校の学齢を満6年から14年までとする ・東京師範学校に中学師範学科を設置	

第1節　美術教育の変遷　85

1875 明8	・キヨッソーネ（伊）、紙幣寮の招聘により来日	
1876 明9	・東京女子師範学校附属幼稚園でフレーベル流の保育、日本の手工教育開始［解説3］ ・工部省工学寮に工部美術学校設置［解説4］ 画家フォンタネージ（伊）、彫刻家ラグーザ（伊）、建築家カッペレッティ（伊）を教師として招聘	・フィラデルフィア万国博覧会（米） ・ボストン手工学校創設（米） ・ルノワール「ムーラン・ド・ラ・ギャレット」 ・モロー「出現」
	・東京女子師範学校に附属幼稚園設置	
	・「廃刀令」布告	
	・立石清重「旧開智学校校舎」（洋風建築）	
1877 明10	・三川六郎著『線度形体問答図解』刊 ・河野次郎著『画学楷梯』刊	・ドガ「エトワール」 ・ホイッスラー「ノクターン：青と金　バタシー橋」
	・私立華族学校学習院創立 ・東京開成学校、東京医学校を合併し、東京大学と改称 ・建築家コンドル（英）、工部大学校造家学科教授として来日	
	・西南戦争	
	・内務省主催第1回内国勧業博覧会 ・高橋由一「鮭」	
1878 明11	・中野保著『小学画学教授書』刊 ・宮本三平編『小学普通画学本』刊 ・画家フェレッティ（伊）、フォンタネージの帰国による後任として来日	・パリ万国博覧会（仏） ・ガレ「鯉魚文花瓶」
	・フェノロサ（米）、東京大学文学部教授として来日	
	・浅井忠、小山正太郎、松岡寿ら工部美術学校を退学、十一会設立 ・山本芳翠渡仏、パリ万国博覧会へ松方正義に随行	
1879 明12	・東京師範学校に図画科設置、指導者小山正太郎 ・西欧風図画教科書が多種刊行される（p.201参照）	・アルタミラ洞窟壁画発見（西）
	・「学制」を廃し、「教育令」布告	
	・龍池会設立（佐野常民）日本美術の復興を志向	
1880 明13	・京都府画学校創立 ・画家ジョヴァンニ（伊）、工部美術学校教師として招聘 ・岡倉天心、文部省御用掛就任	・ロダン「考える人」 ・ベックリーン「死の島」

1880 明13	・「教育令」改正布告 　現状適応主義から、国家基準の明示 ・松岡寿イタリアに、五姓田義松フランスに留学	
1881 明14	・「図画」の科目名使用（小学校中等科、高等科） ・**「小学校教則綱領」「中学校教則大綱」「師範学校教則大綱」制定［解説5］** ・「小学校教員心得」 ・「学校教員品行検定規則」 ・東京職工学校創立 ・国会開設	・国立装飾美術学校創立（仏） ・ルノワール「舟遊びをする人々の昼食」
1882 明15	・ビゴー（仏）、陸軍士官学校図画教師として来日 ・日本銀行設立 ・軍人勅諭（陸海軍軍人ニ賜ハリタル勅諭） ・農商務省主催第1回内国絵画共進会、西洋画排斥 ・山本芳翠「西洋婦人像」	・マネ「フォリー・ベルジェールのバー」
1883 明16	・工部美術学校廃止 ・「教科書認可制度」実施 ・鹿鳴館完成	・第1回パリ日本美術縦覧会（龍池会主催、仏） ・ガウディ「サグラダ・ファミリア教会」（〜現在）
1884 明17	・文部省、図画教育調査会設置 ・鑑画会設立（フェノロサ、九鬼隆一、岡倉天心、今泉雄作） ・画学専門美術学校設立（曾山幸彦、松室重剛、堀江正章）	・モリス「木綿布地」
1885 明18	・**図画取調掛設置［解説6］** ・浅井忠著『小学習画帖』刊 ・岡村政子著『普通小学画学楷梯』刊 ・初代文部大臣に森有礼 ・東京女子師範学校、東京師範学校に統合 ・「太政官制」を廃し、「内閣制度」確立	・セザンヌ「松の木のあるサント・ビクトワール山」
1886 明19	・高等師範学校に西洋画に加え毛筆画導入 ・フェノロサ、岡倉天心、図画取調掛委員として欧州出張 ・「小学校令」「中学校令」「師範学校令」「帝国大学令」公布　　　※次頁「海外の状況」欄	・スーラ「グランド・ジャット島の日曜日の午後」

第1節　美術教育の変遷　87

年	事項	備考
1886 明19	・4年制義務教育制度 ・教科用図書検定条例制定、教科書検定制度確立 ・東京師範学校を高等師範学校に改編 ・東京大学、帝国大学と改称 ・造家学会設立 ・原田直次郎「靴屋の親爺」	※「小学校令」によって、「手工」が高等小学校加設科目となる。加設科目は、学校の状況によって設置可能な科目である。
1887 明20	・「東京美術学校設立ノ勅令」発布 ・東京職工学校で手工科の講習会開催 ・文部省、手工教員養成の講習会開催 ・中学校48校、教員数561人、生徒数10,177人 ・金沢工業学校創立（現石川県立工業高等学校、創立者：納富介次郎） ・農商務省に特許局設置 ・生巧館設立（画塾兼彫版工房、合田清、山本芳翠）	・リッチ著『児童の美術』(伊) ・リヒトヴァルク著『学校における芸術』(独) ・ゴッホ「タンギー爺さん」「ジャポネズリー（連作）」
1888 明21	・後藤牧太、野尻精一、スウェーデンのネースで手工講習受講 ・上原六四郎著『手工科講義録：東京府学術講義上』刊（下は1889年刊） ・巨勢小石著『小学毛筆画帖』刊 ・鍾美舘設立（画塾、原田直次郎） ・平井晴二郎「北海道庁旧本庁舎」 ・狩野芳崖「悲母観音像」	・アーツ・アンド・クラフツ展示協会設立（英） ・ゴッホ「夜のカフェテラス」
1889 明22	・東京美術学校創立（日本画、木彫、工芸） ・久保田米僊著『小学毛筆習画帖』刊 ・「大日本帝国憲法」発布 ・明治美術会設立（浅井忠、小山正太郎、山本芳翠、松岡寿ら） ・宮内省帝国博物館設置 ・『国華』創刊	・パリ万国博覧会（仏） ・エッフェル「エッフェル塔」 ・ゴッホ「星月夜」「包帯をしてパイプをくわえた自画像」
1890 明23	・尋常小学校で「手工」加設科目になる ・「教育ニ関スル勅語」発布 ・「小学校令（第二次）」発布 ・職工学校、東京工業学校に改称 ・女子高等師範学校、高等師範学校より分離改組 ・「大日本帝国憲法」施行 ・第1回総選挙、第1回帝国議会開催 ・帝室技芸員任命（橋本雅邦、高村光雲、加納夏雄ら10名） ・浅井忠「収穫」	・アール・ヌーボー運動（仏など） ・アンソール「陰謀」

88　第3章　美術教育史

年		
1891 明24	・図画教員検定試験で鉛筆画と毛筆画選択 ・毛筆画教育隆盛 ・「**小学校教則大綱**」制定［解説7］ ・「御真影ト教育勅語謄本ノ奉置ニ関スル訓令」奉安庫、奉安殿のはじまり ・日本青年絵画協会設立 ・シチュールポフ(露)、コンドル(英)「東京復活大聖堂（ニコライ堂）」 ・黒田清輝「読書」	・モネ「夕日の積み藁」 ・ロートレック「ムーランルージュ」
1892 明25	 ・京都市美術工芸品展覧会 ・青年絵画協会主催、第1回青年絵画共進会展	・セザンヌ「カード遊びの人々」
1893 明26	・東京美術学校、第1回卒業生 ・シカゴ万国博覧会に出品、日本館「鳳凰殿」 ・外光派（久米桂一郎、黒田清輝ら） ・黒田清輝「舞妓」 ・高村光雲「老猿」 ・鈴木長吉「十二の鷹」	・シカゴ万国博覧会（米） ・ムンク「叫び」 ・オルタ「タッセル邸」
1894 明27	・「尋常中学校の学科及其程度」改正 ・「高等学校令」公布、高等中学校を高等学校と改称 ・富山県工芸学校創立（現富山県立高岡工芸高等学校、創立者：納富介次郎） ・大学附属工業教員養成所設立 ・日清戦争（〜 1895） ・ゼール（独）「同志社神学館（クラーク記念館）」 ・片山東熊「帝国奈良博物館」	・セザンヌ「林檎のバスケット」
1895 明28	 ・片山東熊「帝国京都博物館」 ・橋本雅邦「竜虎図屏風」 ・帝国奈良博物館開館	・サリー著『幼児期の研究』（英） ・セザンヌ「赤いチョッキの少年」 ・ミュシャ「ジスモンダ」 ・ムンク「思春期」 ・ノーベル賞創設（典）
1896 明29		・『ユーゲント』創刊（独） ・第1回近代オリンピック、アテネ大会（希）

第1節　美術教育の変遷　89

1896 明29	・辰野金吾「日本銀行本店本館」 ・白馬会（黒田清輝、久米桂一郎、山本芳翠ら）	
1897 明30	・白浜徴著『日本臨画帖』刊 ・大学附属工業教員養成所に工業図案科設置	・ウィーン分離派（セセション）結成（墺） ・ゴーガン「我々はどこから来たのか、我々は何者か、我々はどこに行くのか」 ・ナショナル・ギャラリー分館（テート・ギャラリー）開館（英）
	・道府県地方視学再編設置 ・京都帝国大学を設置 ・帝国大学、東京帝国大学と改称	
	・足尾鉱毒事件	
	・「古社寺保存法」制定 ・帝国京都博物館開館 ・黒田清輝「湖畔」 ・高村光雲「西郷隆盛像」	
1898 明31	・東京高等師範学校に手工科設置 ・東京帝国大学造家学科、同建築学科に改称 ・東京美術学校彫刻科に塑像教室設置 ・香川県工芸学校創立（現香川県立高松工芸高等学校、創立者：納富介次郎）	・ロダン「バルザック記念碑」 ・ラリック「蜻蛉の精」 ・ウィーン分離派展（墺）
	・横山大観「屈原」 ・日本美術院設立（岡倉天心）	
1899 明32	・東京美術学校彫刻科に塑像科設置 ・東京工業学校に工業図案科設置	・ダウ著『構成』（米） ・ゴーガン「乳房と赤い花」
	・「中学校令」改正、尋常中学校を中学校と改称、男子の高等普通教育機関とし、修業年限5年 ・「高等女学校令」発布、女子高等普通教育機関とし、修業年限原則4年 ・「私立学校令」発布	
	・黒田清輝「智・感・情」 ・並河靖之「黒地四季花鳥図花瓶」	
1900 明33	・私立女子美術学校創立 ・「小学校令」改正、尋常小学校4年制、授業料廃止	・パリ万国博覧会（仏） ・**第1回国際美術教育会議（FEA）開催（パリ）正木直彦出席［解説16］**
	・朦朧体（横山大観、菱田春草）	・ケイ著『児童の世紀』（典） ・フロイト著『夢判断』（墺） ・ギマール「ポルト・ドーフィーヌ駅入り口」 ・ガイヤール「食器棚」
1901 明34	・「小学校令施行規則」改正	・ノーベル賞第1回授与式（典）

90　第3章　美術教育史

年		
1901 明34	・「中学校令施行規則」「高等女学校令施行規則」制定 ・浅井忠「グレーの秋」 ・赤松麟作「夜汽車」 ・藤島武二「与謝野晶子著『みだれ髪』装幀」 ・太平洋画会設立	
1902 明35	・普通教育ニ於ケル図画取調委員会設置 ・京都高等工芸学校創立 　浅井忠教授として着任 ・小学校へ就学率90%（通学率68.4%） ・広島高等師範学校設立 ・高等師範学校、東京高等師範学校に改称 ・日英同盟締結	・メリエス「月世界旅行」
1903 明36	・文部省、東京美術学校で図画教授法及び実技夏季講習会開催 ・図画教育会設立、『図画教育』創刊 ・「小学校令」改正 ・「国定教科書制度」成立 ・佐賀県立有田工業学校創立（創立者：納富介次郎）	・第1回サロン・ドートンヌ展（仏） ・マッキントッシュ「ヒルハウスチェア」 ・ライト兄弟初飛行（米）
1904 明37	・**「普通教育ニ於ケル図画取調委員会報告書」発表［解説8］** ・**国定教科書『尋常小学鉛筆画手本』『高等小学鉛筆画手本』『尋常小学毛筆画手本』『高等小学毛筆画手本』刊**（p.213参照） ・太平洋画会研究所設立 ・国定教科書使用開始 ・日露戦争（〜1905） ・青木繁「海の幸」 ・藤島武二「蝶」 ・山本鼎「漁夫」	・セントルイス万国博覧会（米） ・第2回国際美術教育会議（FEA）（ベルン） ・フレーリッヒ、スノー著『Text Books of Art Education』（米） ・マッキントッシュ「ヒルハウス」
1905 明38	・「ポーツマス条約」締結 ・『みずゑ』創刊	・フォービスム（仏） ・ケルシェンシュタイナ著『描画能力の発達』（独） ・ミュンスターベルク著『芸術教育の原理』（米） ・マイヨール「地中海」 ・マチス「帽子の女」

第1節　美術教育の変遷　91

1906 明39	・東京高等師範学校に図画手工専修科設置	・チゼックの私塾をウィーン美術工芸学校に編入（墺）
	・南満州鉄道会社設立	
	・日本美術院第一部（絵画）五浦に移転 ・関西美術院設立（浅井忠） ・岡倉天心著『茶の本』刊	
1907 明40	・東京美術学校に図画師範科設置 ・東京府立工芸学校創立	・「子どもの家」開設（モンテッソーリ、伊） ・ドイツ工作連盟（DWB）結成（独） ・ピカソ「アビニョンの娘たち」 ・ルソー「蛇使い」
	・「小学校令」改正 　尋常科を6年、高等科2年、義務教育年限6年に延長	
	・『方寸』創刊 ・第1回文部省美術展覧会（文展） ・第1回東京府勧業博覧会 ・青木繁「わだつみのいろこの宮」 ・和田三造「南風」 ・荻原守衛「坑夫」 ・下村観山「木の間の秋」	
1908 明41	・奈良女子高等師範学校創立 ・女子高等師範学校、東京女子高等師範学校に改称 ・太平洋画会研究所に塑像部設置	・第3回国際美術教育会議（FEA）開催（ロンドン）、同時に「チゼック児童作品展」開催 ・キュビスム（ブラック、ピカソ） ・ダウ著『美術教授の理論及び実際』（米） ・クリムト「接吻」 ・フォード「T型フォード」
	・片山東熊「東京帝室博物館表慶館」	
1909 明42	・京都市立絵画専門学校創立 ・**国定教科書『尋常小学鉛筆画帖』『尋常小学毛筆画帖』刊**（p.217参照）	・未来派宣言（マリネッティ、伊） ・ミュンヘン新芸術家協会（カンディンスキーら、露、独、仏） ・ブールデル「弓を引くヘラクレス」 ・マチス「ダンスⅠ」
	・『スバル』創刊 ・陶芸家リーチ（英）、来日 ・菱田春草「落葉図屏風」 ・藤島武二「黒扇」 ・片山東熊「東宮御所」	
1910 明43	・**国定教科書『尋常小学新定画帖』刊**（p.221参照） ・「小学校令施行規則」改正	・表現主義（独ほか） ・オーストリア工作連盟（墺）
	・韓国併合 ・大逆事件	

1910 明43	・『白樺』創刊 ・荻原守衛「女」 ・朝倉文夫「墓守」	
1911 明44	・白浜徴著『図画教授の理論及実際』刊 ・『錦巷』創刊（東京美術学校師範科卒業生による美術教育叢書） ・「小学校令」「小学校令施行規則」中改正 ・岡山秀吉、欧米に留学 ・小学校の就学率98％ ・『日本美術年鑑』創刊	・ギマール「メザラ邸」
1912 明45 大元	・**国定教科書『高等小学鉛筆画帖』『高等小学毛筆画帖』『高等小学新定画帖』刊**（p.230参照） ・天皇崩御、大正改元 ・山本鼎、渡仏 ・ヒュウザン会（後フュウザン会）設立（岸田劉生、齋藤与里ら） ・光風会設立（中沢弘光、山本森之助） ・萬鉄五郎「裸体美人」 ・今村紫紅「近江八景図」 ・第6回文展第一部日本画を一科、二科に分割	・モンテッソーリ著『モンテッソーリ法』（伊） ・ルドン「長首の花瓶の草花」 ・デュシャン「階段を降りる裸婦No.2」 ・『青騎士』発刊（カンディンスキー、マルク、独） ・清滅亡
1913 大2	・川端絵画研究所に洋画科設置 ・岡山秀吉、帰国 ・日本水彩画会設立（石井柏亭ら） ・梅原龍三郎「黄金の首飾り」 ・土田麦僊「海女」 ・萬鉄五郎「赤い目の自画像」	・リュケ著『ある児童の描画』（仏） ・デュシャン「自転車の車輪」
1914 大3	・「全国図画手工教員協議会」開催（東京高等師範学校附属小学校初等教育研究会主催） ・ドイツに宣戦布告 ・宝塚少女歌劇はじまる ・二科会設立 ・全国美術工芸博覧会 ・日本美術院再興（横山大観、下村観山ら） ・富岡鉄斎「阿倍仲麻呂明州望月・円通大師呉門隠棲図屛風」 ・中村彝「少女裸像」 ・辰野金吾ら「中央停車場（東京駅）」 ・武田五一「同志社女学校専門学部ジェームス館」	・第一次世界大戦勃発（〜1918）

年	事項	世界の動向
1915 大4	・『中央美術』創刊	・サンフランシスコ万国博覧会（米）
	・白樺主催第7回美術展 　ミケランジェロ、レンブラント、ゴヤなどの素描を展示 ・岸田劉生「切通しの写生」	
1916 大5	・白浜徴著『新定画帖の精神及其利用法』刊［解説9］	・ダダイスム運動 ・アルプ「森」
	・大学4校・7,448人、専門学校90校・25,365人、高校8校・6,289人	
	・河村伊蔵「函館ハリストス正教会主の復活聖堂」 ・川合玉堂「行く春図屏風」 ・建築家ライト（米）、来日 ・山本鼎帰国 ・岸田劉生「壺の上に林檎が載って在る」	
1917 大6	・成城学校に小学校附設、新教育の実験学校	・ロシア革命（露） ・『デ・ステイル』創刊（蘭） ・ロダン「地獄の門」 ・シャガール「ワイングラスを持った二人の肖像」 ・モディリアーニ「白いクッションに横たわる裸婦」 ・デュシャン「泉」 ・「形而上絵画」（キリコ、カッラ）
	・大倉集古館開館 ・村山槐多「湖水と女」 ・萬鉄五郎「もたれて立つ人」	
1918 大7	・**山本鼎、長野県神川小学校で「児童自由画の奨励」講演、自由画教育運動発足（p.301参照）**	・第一次世界大戦終戦 ・ビューラー著『児童の精神発達』（独） ・ピュリスム宣言（コルビュジェ、オザンファン、仏） ・リートフェルト「赤と青の椅子」
	・「大学令」「高等学校令」発布	
	・日本創作版画協会設立（山本鼎、戸張孤雁ら） 　画家による自画、自刻、自摺を主張 ・『赤い鳥』創刊 ・関根正二「信仰の悲しみ」 ・高村光太郎「手」	
1919 大8	・デューイ（米）、来日 ・第1回児童自由画展覧会 ・農民美術練習所設立 ・旭出会（翌年、新図画教育会）設立 ・「小学校令」「中学校令」「帝国大学令」改正	・パリ講和会議（仏） ・バウハウス・ワイマール校創立（独） ・自由ヴァルドルフ学校（シュタイナー学校）創立（独）
	・帝国美術院設立 ・第1回帝国美術院展（帝展）	

1919 大8	・関根正二「子供」 ・竹久夢二「黒船屋」 ・中原悌二郎「若きカフカス人」	
1920 大9	・千葉県師範学校で自由教育の実践 ・クレヨン画流行	・国際連盟成立
	・「高等女学校令」改正、5年制高女、高等科、専攻科設置	
	・第1回未来派美術協会展 ・第1回農民美術展 ・中村彝「エロシェンコ像」 ・速水御舟「京の舞妓」 ・分離派建築会設立	
1921 大10	**山本鼎著『自由画教育』『美術家の欠伸』刊**（p.301、311参照） ・阿部七五三吉著『図画教授の実際的新主張』刊 ・東京高等工芸学校創立、東京高等工業学校工業図案科を継承 ・文化学院創立 ・『芸術自由教育』創刊	・英国美術教育家協会編『美術教育の状況』（英）
	・自由学園創立	
	・メートル法採用	
	・岸田劉生「麗子微笑」 ・ライト「自由学園明日館」	
1922 大11		・パリ日本美術展覧会（仏） ・ミロ「農園」 ・ツタンカーメン王墓発見（埃） ・ソビエト社会主義共和国連邦成立（ソ）
	・春陽会設立（小杉未醒ら） ・アクション成立（浅野孟府、古賀春江ら） ・藤田嗣治「寝室の裸婦キキ」	
1923 大12	・創作手工協会設立 ・「盲学校及聾唖学校令」発布、道府県設置義務化 ・関東大震災 ・ライト「帝国ホテル」 ・横山大観「生々流転」 ・保田龍門「クリスティーヌの首」 ・中村彝「頭蓋骨を持てる自画像」	・ピアジェ著『児童の言語と思想』（瑞） ・パブロフ著『条件反射』（ソ） ・ピカソ「腕を組んで座るサルタンバンク」
1924 大13	 ・第1回明治神宮競技大会開催	・シュルレアリスム宣言 ・ブランクーシ「空間のなかの鳥」

1924 大13	・国民美術協会主催仏蘭西現代美術展（ロダン、ブールデルらの作品公開禁止） ・信濃橋洋画研究所（後に中之島洋画研究所に移転改称）設立 ・『アトリエ』創刊 ・土田麦僊「舞子林泉」 ・竹内栖鳳「斑猫」	・マン・レイ「アングルのヴァイオリン」
1925 大14	**・岸田劉生著『図画教育論』刊［解説10］** ・「治安維持法」制定 ・「普通選挙制度」制定 ・ラジオ放送開始 ・『みづゑ』バウハウスを紹介 ・速水御舟「炎舞」	・第5回国際美術教育会議（FEA）開催（パリ）テーマ「国際語としての図画」 ・バウハウス・デッサウ校開校（グロピウス設計、独） ・ミロ「アルルカンのカーニバル」 ・エイゼンシュテイン「戦艦ポチョムキン」
1926 大15 昭元	・「小学校令施行規則」改正 ・「幼稚園令」発布 ・天皇崩御、昭和改元 ・日本放送協会（NHK）設立 ・民藝運動発足（柳宗悦ら、日本民藝美術館設立趣意書発表） ・東京府美術館開館 ・商業美術協会創立（濱田増治ら） ・日本工芸美術会設立（香取秀真、板谷波山ら） ・東郷青児「サルタンバンク」 ・藤島武二「芳蕙」 ・平福百穂「荒磯」	・ニイル著『問題の子ども』（英） ・グッドイナフ著『図画による知能テスト』（米） ・モネ「睡蓮の部屋」
1927 昭2	・学校美術協会設立 ・図画教育研究会編『小学参考図画』刊 ・「中学校令」改正 ・金融恐慌 ・平凡社、『世界美術全集』刊 ・造形美術家協会設立、無産階級の美術運動 ・土田麦僊「大原女」 ・佐伯祐三「ガス灯と広告」 ・清水多嘉示「マルセル」 ・橋本平八「裸形少年像」 ・内藤春治「壁面への時計」	・リュケ著『子どもの絵』（仏） ・エンク著『最初の線描から8歳の色彩描画までの児童画』（諾） ・キスリング「キキの半身像」 ・エルンスト「大いなる森」

年		
1928 昭3	・**山本鼎著「血気の仕事」（『学校美術』）** 　**自由画運動打ち切り宣言**（p.340参照） ・商工省工芸指導所設立	・第6回国際美術教育会議（FEA）開催（プラハ）岡登貞治、霜田静志ら参加 ・ローエ「バルセロナチェア」
	・第16回総選挙、初の普通選挙 ・国画会設立（梅原龍三郎、川島理一郎ら） ・第1回プロレタリア美術大展覧会 ・前田寛治「棟梁の家族」	
1929 昭4	・帝国美術学校創立 ・太平洋美術学校創立 ・秋田県で北方教育社設立 ・私教科書刊行の動き顕著化	・世界恐慌（～1932） ・ムンロ『フランツ・チゼックとその自由表現法』（米） ・抽象美術国際展（チューリッヒ） ・パリ日本美術展「日本画と工芸」（仏） ・ニューヨーク近代美術館開館（米） ・モンドリアン「コンポジション」
	・文部省に社会教育局設置（思想対策強化） ・玉川学園創立 ・大学卒業者の就職難（東大卒の就職率約30％） ・造形美術研究所設立 ・前田青邨「洞窟の頼朝」	
1930 昭5	・水谷武彦、バウハウスの内容の紹介 ・私教科書『少年少女自習画帖』刊	・ローマ日本美術展 　（横山大観が委員として出席、伊）
	・帝国美術院附属美術研究所設立 ・独立美術協会設立 ・鏑木清方「三遊亭円朝像」 ・古賀春江「窓外の化粧」 ・石井鶴三「俊寛」 ・大原美術館開館	
1931 昭6	・**楢崎浅太郎、上阪雅之助著『子供の絵の観方と育て方』刊〔解説11〕** ・「中学校令施行規則」中改正、作業科が新設 ・文部省、学生思想問題調査委員会設置 ・満州事変勃発	・ショー著『フィンガーペインティング』（米、伊） ・リード著『芸術の意味』（英） ・コルビュジェ「サヴォア邸」 ・ダリ「記憶の固執」
	・日本版画協会設立 ・小林古径「髪」 ・高田博厚「フーロン夫人像」	
1932 昭7	・**国定教科書『尋常小学図画』刊**（p.237参照） 　第1、2学年児童用、同教師用 ・中西良男著『想画による子供の教育』刊	
	・上海事変 ・5・15事件	

第1節　美術教育の変遷　97

年	事項	
1932 昭7	・満州国建国宣言 ・巴里東京新興美術同盟展（東京府美術館）ピカソ以降の絵画を展示 ・福田平八郎「漣」 ・須田国太郎「法観寺塔婆」 ・坂本繁二郎「放牧三馬」 ・板谷波山「彩磁花卉文花瓶」 ・木村伊兵衛「紙芝居」	
1933 昭8	・**国定教科書『尋常小学図画』刊**（p.238参照）第3、4学年児童用、同教師用 ・文部省に臨時教育調査部設置 ・小学校国定教科書刊、サクラ読本、青表紙修身書など ・国際連盟脱退 ・タウト（独）、来日（工芸指導所嘱託） ・宮内省内匠寮工務課設計監理「朝香宮邸」 ・富本憲吉「磁器呉須象嵌絵変り中皿」	・バウハウス閉鎖（独） ・ドイツ工作連盟解散（独） ・ドイツ首相にヒットラー就任（独） ・シカゴ万国博覧会（米）
1934 昭9	・**国定教科書『尋常小学図画』刊**（p.238参照）第5、6学年児童用、同教師用 ・**川喜田煉七郎、武井勝雄著『構成教育大系』刊**〔解説12〕 ・文部省に思想局設置 ・あじあ号運行開始（新京・大連間） ・日本民藝協会設立（会長：柳宗悦） ・川端龍子「愛染」 ・安井曾太郎「金蓉」 ・京都市美術館開館	・トムリンスン著『子供の絵』（英） ・日本現代版画展（ルーヴル美術館、仏）
1935 昭10	・**国定教科書『高等小学図画』刊**（p.242参照）男女各第1、2学年、同教師用 ・青木実三郎著『農山村図画教育の確立』刊 ・東京美術学校に臨時版画教室設置 ・教学刷新評議会設置（文相諮問機関） ・「帝国美術院官制」制定、帝展改組について紛糾 ・海老原喜之助「曲馬」 ・高村光太郎「高村光雲像」 ・河井寬次郎「鉄辰砂草花丸文壺」	・第7回国際美術教育会議（FEA）開催（ブリュッセル）テーマ「児童の発達」 ・カッサンドル「ノルマンディ号」
1936 昭11	・全国図画教育大会開催（名古屋市） ・2・26事件	・ヴィオラ著『子どもの美術とフランツ・チゼック』（英）

年	事項	海外・その他
1936 昭11	・日本民藝館開館 ・新制作派協会設立（猪熊弦一郎ら） ・美術批評家協会設立 ・アヴァン・ガルド芸術家クラブ設立（滝口修造ら） ・一水会設立（石井柏亭、安井曾太郎ら） ・上村松園「序の舞」 ・岡本太郎「傷ましき腕」 ・大蔵省営繕管財局設計「国会議事堂」	・『ライフ』創刊（米） ・キャパ「無名の英雄（崩れ落ちる兵士）」
1937 昭12	・日中戦争 ・「文化勲章令」制定 ・東京帝室博物館復興本館竣工 ・第1回文部省美術展覧会（新文展） ・自由美術家協会設立（村井正誠、山口薫ら） ・山口華楊「洋犬図」 ・北脇昇「空港」 ・里見宗次「日本国有鉄道」	・パリ万国博覧会（仏） ・第8回国際美術教育会議（FEA）開催（パリ） ・ピカソ「ゲルニカ」 ・ローウィ「ペンシルヴァニア鉄道−S1ロコモティブ」 ・アールト「サヴォイ」 ・ワシントンナショナル・ギャラリー開設（米） ・マグリット「赤いモデル」
1938 昭13	・教育審議会答申「国民学校、師範学校及幼稚園ニ関スル件」 ・文部省「集団的勤労作業運動実施ニ関スル件」通達（勤労動員） ・国家総動員法制定 ・大日本陸軍従軍画家協会設立 ・小倉遊亀「浴女その一」 ・靉光「眼のある風景」 ・松田権六「鷺蒔絵棚」	・ローエンフェルド著『創造的活動の本質』（米） ・クレー「ドゥルカマラ島」
1939 昭14	・日本農民美術研究所閉鎖 ・「青少年学徒ニ賜リタル勅語」発布 ・陸軍美術協会設立 ・聖戦美術展 ・棟方志功「二菩薩釈迦十大弟子」	・ニューヨーク万国博覧会（米） ・第二次世界大戦勃発（〜1945）
1940 昭15	・「義務教育費国庫負担法」制定 ・国民学校研究会著『国民学校教科内容の解説』刊 ・日独伊三国同盟締結 ・ペリアン（仏）、商工省装飾美術顧問として来日 ・紀元二千六百年奉祝美術展覧会（文部省主催）	・ローエンフェルド『盲聾の人の創造的活動の意味するもの』（米） ・ラスコー洞窟壁画発見（仏）

| 1940
昭15 | ・安田靫彦「義経参着」
・横山大観「山に因む十題、海に因む十題」
・梅原龍三郎「雲中天壇」
・平櫛田中「鏡獅子」 | |
| --- | --- | --- |
| 1941
昭16 | ・東京高等師範学校に芸能科設置
・**国定教科書『エノホン』刊**（p.245参照）[解説13] 1、2巻は初等科1年用、3、4巻は2年用、同教師用書 | ・ジョンストン著『思春期の美術』（英） |
| | ・「国民学校令」制定 | |
| | ・太平洋戦争勃発（〜1945） | |
| | ・小磯良平「娘子関を征く」
・富本憲吉「染付菱小格子文長手筥」 | |
| 1942
昭17 | ・**国定教科書『初等科図画』刊**（p.245参照）
1巻3年用、2巻4年用、同教師用書 | ・**ヴィオラ著『子どもの美術』（英）**（p.263参照）
・ホッパー「夜の散歩者」 |
| | ・国民勤労報国令施行規則に基づいて学徒出動命令 | |
| | ・大東亜戦争美術展
・宮本三郎「山下・パーシバル両司令官会見図」
・松本俊介「立てる像」
・梅原龍三郎「北京秋天」 | |
| 1943
昭18 | ・**国定教科書『初等科図画』刊**（p.245参照）
3巻5年用、4巻6年用、同教師用書
・**国定教科書『初等科工作』刊**（p.245参照）
3〜6年用、同教師用書 | ・リード著『芸術による教育』（英）（p.20参照） |
| | ・「中等学校令」制定、「中学校令」「高等女学校令」「実業学校令」廃止、修業年限の縮小
・「教育ニ関スル戦時非常措置方策」閣議決定、学生徴兵猶予停止、義務教育8年制無期延期、高等学校文科1/3減、理科増員、勤労動員年間の1/3
・第1回学徒出陣 | |
| | ・東京市と東京府廃止、東京都設置 | |
| | ・国民総力決戦美術展
・第1回新人画会展（松本俊介、大野五郎、井上長三郎、靉光ら）
・須田国太郎「校倉（甲・乙）」
・国吉康雄「誰が私のポスターを破った」
・松田権六「蓬莱之棚」 | |
| 1944
昭19 | ・国定教科書『高等科図画』『高等科工作』刊各1巻 | ・トムリンソン著『藝術家としての子供達』（英） |

1944 昭19	・「国民学校令等戦時特例」発布、就学義務12歳まで ・「学徒勤労令」発布 ・学童集団疎開実施 ・文部省戦時特別美術展 ・各種美術団体の解散多数 ・藤田嗣治「血戦ガダルカナル」	・ケペッシュ著『視覚言語』（米）
1945 昭20	・連合国軍最高司令官総司令部（GHQ）「日本教育制度二対スル管理政策」軍国主義的、超国家主義的教育の禁止 ・広島、長崎に原子爆弾投下 ・日本、「ポツダム宣言」受諾 ・太平洋戦争終結 ・行動美術協会設立（向井潤吉、田中忠雄ら）	・第二次世界大戦終結 ・国際連合設立
1946 昭21	・旧教科書使用禁止通牒 ・第1次米国教育使節団来日、官僚統制の排除6・3制などの民主化を勧告 ・国定教科書『くにのあゆみ』刊 ・「日本国憲法」公布 ・女性参政権が認められて初の総選挙 ・第1回日本美術展覧会（文部省主催、日展） ・女流画家協会設立 ・各種美術団体の再開多数 ・『アトリヱ』『みづゑ』復刊 ・『三彩』創刊	・ユネスコ発足 ・リチャードソン著『子どもと美術』（英）
1947 昭22	・**『学習指導要領　図画工作編（試案）』発行**（p.348参照） ・「教育基本法」「学校教育法」公布、6・3・3・4制を規定、新学制による小学校・中学校発足 ・「日本国憲法」施行 ・国立博物館、奈良分館設置 ・日本アヴァンギャルド美術家クラブ設立（植村鷹千代ら） ・前衛美術協会設立（赤松俊子、井上長三郎ら） ・第1回日本アンデパンダン展 ・東山魁夷「残照」	・ハトウィック他著『子どもの絵と性格』（米） ・**ローエンフェルド著『美術による人間形成』**（米）（p.54参照） ・ポロック「五尋の深み」
1948 昭23	・**第1回全国図画工作教育研究大会（一宮市）「図画工作教育の根本理念の討議と解明」**［解説14］ ・「教科用図書検定規則」制定	・『Art Education』創刊（全米美術教育協会NAEA、米） ・ワイエス「クリスティーナの世界」

第1節　美術教育の変遷　101

年	事項	世界
1948 昭23	・新制高等学校発足 ・「教育委員会法」制定、教育委員会制発足	
	・国際連合「世界人権宣言」	
	・倉敷民藝館開館 ・近代日本美術史総合展 ・『美術手帖』創刊 ・モダンアート展 ・柳宗理「ティーポット」 ・創造美術設立	
1949 昭24	・第2回全国図画工作教育研究大会（京都市） 「図画工作教育振興の具体案如何の協議」 ・久保貞次郎著『児童画の見方』刊 ・東京藝術大学発足 ・京都工芸繊維大学発足	・ポロック「蜘蛛の巣を逃れて」 ・マリーニ「馬と騎手（街の守護神）」 ・ムーア「ファミリー・グループ」 ・**リード著『平和のための教育』（英）（p.24参照）**
	・検定教科書使用開始 ・「教育職員免許法」「教育職員免許法施行法」公布 ・国立新制大学69校設置 ・「私立学校法」公布	
	・湯川秀樹、ノーベル物理学賞受賞	
	・法隆寺金堂火災 ・日本美術家連盟結成 ・第1回アンデパンダン展（読売新聞社主催） ・美術史学会創立 ・美術評論家組合設立 ・山口蓬春「榻上の花」 ・鶴岡政男「重い手」 ・林武「梳る女」 ・北脇昇「クォ・ヴァディス」 ・植田正治「パパとママと子供たち」	
1950 昭25	・第3回全国図画工作教育研究大会（広島市） 「図画工作における評価の実際」 ・京都市立美術大学発足	・朝鮮動乱
	・第2次米国教育使節団来日	
	・金閣寺焼失	
	・「文化財保護法」公布 ・モダンアート協会設立（村井正誠、山口薫ら） ・立軌会創立（牛島憲之、須田寿ら） ・『芸術新潮』創刊 ・東山魁夷「道」 ・丸木位里、俊「原爆の図　第1部　幽霊」 ・須田国太郎「犬」 ・森芳雄「二人」	

1951 昭26	・『小学校学習指導要領　図画工作編（試案）』発行（p.359参照） ・『中学校・高等学校学習指導要領　図画工作編（試案）』発行（p.368参照） ・第4回全国図画工作教育研究大会（福岡市）「鑑賞教育」全国児童図画工作展 ・日本教育版画協会設立	・ユネスコ主催「美術教育ゼミナール」開催（ブリストル、英）
	・『中学校・高等学校評価の基準と手引』文部省刊 ・「児童憲章」制定 ・「産業教育振興法」公布	
	・サンフランシスコ講和条約 ・日米安全保障条約調印	
	・「博物館法」公布、学芸員規定 ・神奈川県立近代美術館開館 ・新制作協会設立 ・日本宣伝美術会設立 ・マチス展（国立博物館） ・第1回日本宣伝美術会展 ・児島善三郎「アルプスへの道」 ・板倉準三「神奈川県立近代美術館」 ・勅使河原蒼風「車（後に機関車）」	
1952 昭27	・中学校・高等学校図画工作科検定教科書使用開始 ・第5回全国図画工作教育研究大会（金沢市）「生活と美術」全国児童生徒図画工作展同時開催 ・全国高等学校美術工芸教育研究会設立 ・新しい画の会設立 ・**創造美育協会設立〔解説15〕** ・北川民次著『絵を描く子供たち——メキシコの思い出』刊	
	・中央教育審議会設置 ・日本PTA全国協議会設立	
	・サンフランシスコ講和条約発効、日本の主権回復	
	・東京国立博物館、京都国立博物館、奈良国立博物館開館 ・東京、奈良国立文化財研究所設置 ・国立近代美術館開館 ・ブリヂストン美術館開館 ・第1回全国美術館会議開催 ・ブラック展（東京国立博物館） ・『美術批評』創刊 ・日本インダストリアルデザイナー協会設立（剣持勇、柳宗理ら）	

第1節　美術教育の変遷　103

年		
1952 昭27	・横山大観「或る日の太平洋」 ・須田国太郎「鵜」 ・佐藤忠良「群馬の人」 ・ローウィ「ピース（たばこ）」	
1953 昭28	・**小学校図画工作科教科書検定制度** ・文部省『教育白書 わが国の教育の現状』刊 ・第6回全国図画工作教育研究大会（大阪市）「指導要領の検討」 ・**日本美術教育連合設立** ・多摩美術大学発足 ・「学校教育法施行令」公布 ・日本放送協会（NHK）テレビ本放送開始 ・国際電信電話株式会社設立 ・ルオー展（東京国立博物館） ・福田平八郎「雨」	
1954 昭29	・世界の児童画展開催（国立近代美術館） ・第7回全国図画工作教育研究大会（仙台市）「指導要領並びに指導内容の検討」 ・桑沢デザイン研究所設立 ・「へき地教育振興法」公布 ・中央教育審議会答申「教育の政治的中立性維持に関する答申」 ・ビキニ環礁水爆実験で第五福龍丸被災 ・「文化財保護法」改正 ・建築家グロピウス（独）、来日 ・日本美術評論家連盟設立（会長：土方定一） ・具体美術協会設立（吉原治良ら） ・フランス美術展（東京国立博物館） ・加山又造「悲しき鹿」 ・海老原喜之助「船を造る人」 ・浜田知明「初年兵哀歌」 ・柳宗理「バタフライスツール」	・国際美術教育学会（INSEA）設立会議開催（第1回世界会議、パリ） ・ロスコ「赤の上のオーカーと赤」 ・コルビュジェ「ロンシャンの礼拝堂」
1955 昭30	・**小学校図画工作科検定教科書使用開始** ・造形教育センター設立 ・第8回全国図画工作教育研究大会（東京都）「現下の図画工作教育を阻むものは何か」改善策について ・**『高等学校学習指導要領 一般編』発行** ・第1回原水爆禁止世界大会（広島） ・「重要無形文化財保持者（人間国宝）」認定開始 ・愛知県文化会館美術館開館	・第9回国際美術教育会議（FEA）開催（ルンド） ・ウルム造形大学創立（独） ・**ケロッグ著『児童は何をスクリブルするのか、それは何故か』（米）**（p.59参照） ・ジョーンズ「石膏型のある標的」

年		
1955 昭30	・一陽会設立（鈴木信太郎、野間仁根ら） ・日本工芸会設立 ・第1回毎日産業デザイン賞 ・山本丘人「北濤」 ・山口長男「構成」 ・山城隆一「森・林」 ・清水六兵衛「玄窯叢花瓶」 ・丹下健三「広島平和会館・原爆記念陳列館」	
1956 昭31	・**高等学校教育課程改訂により、高等学校「芸能科図画」は「芸術科美術」、「芸能科工作」は「芸術科工芸」になる**（p.372参照） ・第9回全国図画工作教育研究大会（札幌市）「造形教育において、つくりだす力を養うにはどうすればよいか」 ・映画「絵を描く子どもたち」羽仁進監督 ・**高等学校教育課程改訂**（p.372参照） ・**「幼稚園教育要領」制定** ・国際連合加盟 ・三種の神器 　（電気冷蔵庫、電気洗濯機、白黒テレビ） ・石橋美術館開館 ・第1回シェル美術賞 ・世界―今日の美術展(アンフォルメル作品展示) ・岡鹿之助「雪の発電所」 ・麻生三郎「赤い空」 ・金重陶陽「備前灯篭」	・第28回ヴェネチア・ビエンナーレ（日本館開館、棟方志功「二菩薩釈迦十大弟子」版画部門グランプリ受賞、伊）
1957 昭32	・第10回全国図画工作教育研究大会（松山市）「現代日本の図画工作教育の反省と今後の方向」 ・全国図画工作教育振興総決起大会（東京・永田町小学校）美術科時間削減反対運動 ・**NHK全国図画コンクール開始** ・文部大臣「道徳教育の時間特設」を表明 ・文部省「勤務評定実施」通達 ・小中学校教頭を職制化 ・日本原子力研究所（東海村）で初の原子炉臨界 ・第1回東京国際版画ビエンナーレ展 ・第1回安井曾太郎記念賞 ・「G」マーク制度(グッドデザイン商品選定事業)発足 ・加山又造「冬」 ・横山操「塔」 ・十二代酒井田柿右衛門「色絵草花文食籠」	・第2回国際美術教育学会（INSEA）世界会議開催（ハーグ）テーマ「思春期の美術教育」 ・ソ連人工衛星（スプートニク1号）打ち上げ成功（ソ） ・スーラージュ「絵画1957年」

1958 昭33	・第11回全国図画工作教育研究大会（長野市）「図画工作科の本質を検討し今後の対策をたてる」 ・**「中学校学習指導要領」告示により、「図画工作科」を「美術科」に、「職業・家庭科」を「技術・家庭科」に再編**（p.376参照）	・ブリュッセル万国博覧会開催（白） ・アメリカ、人工衛星打ち上げに成功（米） ・モスクワ現代日本工芸美術展（ソ） ・ジョーンズ「3つの旗」 ・キュビー著『神経症と創造性』（米）
	・「学校教育法施行規則」改正 ・**「小学校・中学校学習指導要領」改訂告示**（p.376参照） 小学校は昭和36年度より、中学校は昭和37年度より完全実施、法的拘束力 ・「学校保健安全法」公布	
	・東京タワー竣工	
	・碌山美術館開館 ・草月会館（草月アートセンター）開館 ・秋田市立美術館開館 ・ゴッホ展（東京国立博物館） ・剣持勇「ラウンジチェア」 ・森正洋「G型醤油さし」 ・富士重工「スバル360」	
1959 昭34	・文部省『中学校美術指導書』刊 ・第12回全国図画工作教育研究大会（神戸市）「図画教育の実情を明らかにし、その新しい建設へ」 ・美術教育を進める会設立 ・新しい絵の会設立	・第10回国際美術教育会議（FEA）開催（バーゼル） ・ステラ「理性と卑俗の結合Ⅱ」 ・ロスコ「シーグラム壁画」
	・『文部省教育白書　わが国の教育水準』刊	
	・日本放送協会（NHK）教育テレビ本放送開始 ・皇太子御成婚 ・「改正意匠法」公布	
	・国立西洋美術館開館 ・石川県美術館開館 ・『デザイン』創刊 ・本郷新「哭」 ・土門拳『筑豊のこどもたち』 ・『少年マガジン』『少年サンデー』創刊	
1960 昭35	・第13回全国図画工作教育研究大会（神奈川県）「生きる喜びの基を作り出す造形教育」 ・**「高等学校学習指導要領」改訂告示**（p.386参照） 昭和38年度より学年進行で実施	・第3回国際美術教育学会（INSEA）会議開（マニラ） ・ブルーナー著『教育の過程』（米） ・ジャコメッティ「歩く男」
	・日米安全保障条約調印、同反対運動激化 ・国民所得倍増計画	

年		
1960 昭35	・五島美術館開館 ・大和文華館開館 ・世界デザイン会議（WoDeCo）開催 ・富本憲吉「色絵金彩羊歯模様大飾壺」 ・野田哲也「日記：68年8月22日」	
1961 昭36	・文部省編『小学校デザイン学習の手びき』刊 ・第14回全国図画工作教育研究大会（別府市） 「いきいきとした生活をつくりだす造形教育」 ・全国一斉学力調査実施 ・サントリー美術館開館 ・第1回グッドデザイン展（グッドデザイン審査会） ・宇部市野外彫刻展 ・徳岡神泉「仔鹿」 ・森芳雄「人──母と子」 ・前川國男「東京文化会館」	・ベルリンの壁設置 ・ガガーリン、ポストーク1号で有人宇宙飛行（ソ） ・マックフィー著『美術の準備』（米） ・イッテン著『色彩と芸術』（瑞）
1962 昭37	・第15回全国造形教育研究大会（富山市） 「人間づくりの造形教育を確立するために」本大会より、教科名との整合性から「全国造形教育連盟」となる ・武蔵野美術大学発足 ・「義務教育諸学校の教科用図書の無償に関する法律」公布 ・ピカソ展（国立西洋美術館） ・横山操「ウォール街」 ・白髪一雄「弐（天巧星浪子）」 ・亀倉雄策「第18回オリンピック競技大会（東京）のためのポスター」のためのピクトグラム」 ・山下芳郎「第18回オリンピック競技大会（東京）のためのピクトグラム」 ・濱田庄司「海鼠釉黒流描大鉢」 ・日本航空機製造「YS-11」	・モリス著『美術の発生──類人猿の画かき行動』（英）（p.58参照） ・第11回国際美術教育会議（FEA）開催（ベルリン） ・ウォーホル「200個のキャンベル・スープ缶」 ・コールダー「ロンドン」
1963 昭38	・倉田三郎・手塚又四郎編訳『世界の美術教育』刊 ・第16回全国造形教育研究大会（東京都） 「科学と美術教育、伝統と美術教育、原理と方法」 ・幼年美術の会設立 ・「公立義務教育諸学校の学級編制及び教職員定数の標準に関する法律」一部改正 小中学校の1学級児童生徒数最高45人	・第4回国際美術教育学会（INSEA）世界会議開催（モントリオール）国際美術教育会議（FEA）との合同を決定 ・ケネディ大統領暗殺（米） ・ティンゲリー「火喰い鳥」

1963昭38	・国際テレビ衛星中継開始 ・国立近代美術館京都分館開館 ・田口善国「蒔絵飾箱日蝕」	
1964昭39	・第17回全国造形教育研究大会（宇都宮市）「造形教育の実践をとおして、豊かな個性を育てる」	・第16回国際美術教育学会（INSEA）世界会議開催（パリ）、国際美術教育会議（FEA）との合同のため、大会回数を合算して第16回となる ・グリーン著『創作版画』（英）
	・「幼稚園教育要領」改訂告示	
	・東海道新幹線開通 ・東京オリンピック開催	
	・主体美術協会設立（森芳雄ら） ・ピカソ展（国立近代美術館） ・菅井汲「赤と黒」 ・向井良吉「勝利者の椅子」 ・池田満寿夫「化粧する女」 ・黒田辰秋「拭漆欅透彫文飾棚」 ・丹下健三「国立代々木屋内総合競技場」	
1965昭40	・第17回国際美術教育学会会議（INSEA・東京）テーマ「科学と美術教育」［解説16］ ・第18回全国造形教育研究大会（東京都）国際美術教育会議に内包 ・リード（英）、来日	・「日本の新しい絵画と彫刻展」（サンフランシスコ美術館、米） ・「池田満寿夫版画展」（ニューヨーク近代美術館、米） ・リキテンシュタイン「た、たぶん」
	・中央教育審議会「期待される人間像」発表 ・家永三郎、第1次教科書裁判 ・高校進学率、全国平均70%を超える、最高東京86.8%、最低青森54.3%	
	・朝永振一郎、ノーベル物理学賞受賞 ・三種の神器 　（自動車、カラーテレビ、クーラー）	
	・博物館明治村開村 ・『スペースデザイン』創刊 ・『現代美術』創刊 ・片岡球子「火山（浅間山）」 ・香月泰男「朝陽」 ・浜口陽三「静物」 ・三木富雄「Ear」	
1966昭41	・文部省編『中学校美術指導事例集デザイン指導』刊 ・倉田三郎、国際美術教育学会（INSEA）会長就任 ・第19回全国造形教育研究大会（盛岡市）「たくましい創造力を育てる造形教育の実践」 ・東京造形大学創立 ・愛知県立芸術大学創立	・第18回国際美術教育学会（INSEA）世界大会開催（プラハ）テーマ「美術教育・未来の教育」 ・第33回ヴェネチア・ビエンナーレ、池田満寿夫「Spring and Springs」が版画部門グランプリ（伊）
	・中央教育審議会答申「後期中等教育拡充整備について」	

108　第3章　美術教育史

年		
1966 昭41	・山種美術館開館 ・出光美術館開館 ・現代アメリカ絵画展（国立近代美術館） ・元永定正「作品66-1」 ・日産自動車「サニー」 ・トヨタ自動車「カローラ」	・シーガル「簡易食堂」
1967 昭42	・第20回全国造形教育研究大会（新潟市）「人間形成をめざす造形教育の現実的課題と解決策」 ・第1回美術教育研究発表大会開催（東京都）日本美術教育連合主催 ・山形寛著『日本美術教育史』刊 ・本多勝一著『極限の民族』刊 ・京都国立近代美術館開館 ・北海道立美術館（三岸好太郎記念室）開館 ・第1回文部省芸術家在外研修員派遣 ・朝倉彫塑館開館 ・吉原治良「白い円」 ・タカラ「リカちゃん」 ・白井晟一「親和銀行本店」	・文化大革命（中） ・モントリオール万国博覧会開催、テーマ「人間とその環境」（加） ・フォンタナ「空間概念」
1968 昭43	・第21回全国造形教育研究大会（高知市）「造形教育の今日的課題を究明し、ゆたかな感性とたくましい表現力を育てよう」 ・九州芸術工科大学創立 ・**「小学校学習指導要領」改訂告示**（p.390参照）昭和46年度より完全実施 ・文化庁設置 ・GNP世界第2位 ・大学紛争 ・東京国立博物館東洋館開館 ・第1回神戸須磨離宮公園現代彫刻展 ・日本芸術大賞設立（新潮文芸振興会） ・関根伸夫「位相－大地」 ・山下設計事務所「霞ヶ関ビル」（最初の超高層ビル）	・ウルム造形大学閉校（独）
1969 昭44	・文部省編『小学校指導書図画工作編』刊 ・第22回全国造形教育研究大会（那覇市）「造形教育を風土の中でどのようにいかすか」 ・京都市立芸術大学発足 ・**「中学校学習指導要領」改訂告示**（p.390参照）昭和47年度より完全実施	・第19回国際美術教育学会（INSEA）世界大会開催（ニューヨーク）テーマ「美術による人間形成－科学技術時代における人間主義」

1969 昭44	・川端康成、ノーベル文学賞受賞 ・東大安田講堂事件 ・東大等入学試験中止	・アポロ11号、人類初の月面着陸（米） **・ケロッグ著『児童画の発達過程──なぐり描きからピクチュアへ』**（p.13、60参照） ・クロース「フィル」 ・ヴァザルリ「ヴェガ・ペル」
	・東京国立近代美術館新館開館 ・箱根彫刻の森美術館開館 ・日本産業デザイン振興会設立 ・堀内正和「円筒の二等分」 ・松田権六「赤とんぼ螺鈿蒔絵飾箱」	
1970 昭45	・第23回全国造形教育研究大会（秋田市）「ほんとうの美しさをつくりだす授業を求めて」	・国際教育年（国際連合） ・ジャッド「無題」 ・スミッソン「螺旋形の突堤」
	・「高等学校学習指導要領」改訂告示（p.390参照） 昭和48年度より学年進行で実施 ・中央教育審議会中間答申「高等教育の改革に関する基本構想（中間報告）」「初等中等教育の改革に関する基本構想（中間報告）」	
	・環境保護庁（仮称、後に環境庁）設置 ・日本初の人工衛星打ち上げ成功 ・大阪万国博覧会 ・人口1億人突破	
	・第1回中原悌二郎賞 ・調和の発見展（大阪万国博覧会美術館） ・日本宣伝美術会解散 ・兵庫県立近代美術館開館 ・東京国立博物館フィルムセンター開館 ・靉嘔「レインボー北斎（ポジションA）」 ・倉俣史朗「Side2」	
1971 昭46	・バウハウス展（東京国立近代美術館） ・開隆堂『造形教育大系』刊 **・第1回世界児童画展（美育文化協会）** ・第24回全国造形教育研究大会（静岡市）「たくましい創造力を育てる造形教育」	・第2回アジア地区国際美術教育学会（INSEA）会議開催（ソウル） ・ニクソンショック（ドルと金の兌換停止）
	・「盲学校、聾学校、養護学校小学部・中学部学習指導要領」告示 ・中央教育審議会答申「今後における学校教育の総合的な拡充整備のための基本的施策について」	
	・東京セントラル美術館開館 ・片岡球子「面構　葛飾北斎」 ・舟越保武「原の城」 ・日本設計「京王プラザホテル」（新宿高層ビル第1号）	

1972 昭47	・文部省編『中学校美術指導資料第1集彫塑の指導』刊 ・第25回全国造形教育研究大会（東京都）「未来を指向する美術教育は何か」 ・芸術教育研究所訳『ソヴエト図工教科書低学年編、高学年編』刊 ・文部省「学習指導要領の弾力的取り扱い」通達、詰めこみ教育是正 ・日本列島改造論 ・札幌冬季オリンピック開催 ・高松塚古墳壁画発見 ・沖縄返還 ・上野の森美術館開館 ・栃木県立美術館開館 ・リッカー美術館開館 ・奥村土牛「醍醐」 ・佐藤忠良「帽子－夏」	・第20回国際美術教育学会（INSEA）世界大会開催（ザグレブ）テーマ「視覚芸術と個性の発達」 ・スペースシャトル計画開始（米） ・**アイスナー著『美術教育と子どもの知的発達』（米）（p.27参照）**
1973 昭48	・第26回全国造形教育研究大会（京都市）「わが国の造形教育の今日的課題は何か」 ・円変動相場制へ移行 ・第1次石油危機 ・江崎玲於奈、ノーベル物理学賞受賞 ・河井寛次郎記念館開館 ・奈良県立美術館開館 ・世界インダストリアルデザイン会議（京都） ・第1回彫刻の森美術館大賞	
1974 昭49	・文部省編『中学校美術指導資料第2集工芸の指導』刊 ・第27回全国造形教育研究大会（和歌山市）「子どもと共にあゆむ造形－ゆたかな発想をもとめて－」 ・「学校教育の水準の維持向上のための義務教育諸学校の教育職員の人材確保に関する特別措置法」公布 ・高校進学率90.8％ ・佐藤栄作、ノーベル平和賞受賞 ・セブンイレブン1号店 ・群馬県立近代美術館開館 ・千葉県立美術館開館 ・富本憲吉記念館開館 ・創画会設立	・SIGGRAPHはじまる（CG作品発表）

第1節　美術教育の変遷

年		
1974 昭49	・モナ・リザ展（東京国立博物館） ・小磯良平「絵画」	
1975 昭50	・第28回全国造形教育研究大会（山形市） 「ゆたかな心情とたくましい創造力を育てる造形教育」	・第21回国際美術教育学会（INSEA）大会開催（セーヴル）テーマ「余暇利用と創造性について」
	・「学校教育法施行規則」一部改正、主任制度法制化	
	・沖縄国際海洋博覧会開催	
	・東京都美術館新館開館 ・西武美術館開館 ・池田20世紀美術館開館 ・伝統的工芸品産業振興協会設立 ・東山魁夷「山雲」「濤声」 ・國領經郎「若い群像」 ・福田繁雄「Victory」 ・清水九兵衛「AFFINITY.D」	
1976 昭51	・第29回全国造形教育研究大会（東京都） 「緊迫した教育課程改訂にどう対処するか」	・第4回アジア地区国際美術教育学会（INSEA）会議開催（香港） ・「芹沢銈介展」（グラン・パレ、仏） ・クリスト＆ジャン＝クロード「ランニング・フェンス」 ・オルデンバーグ「洗濯バサミ」
	・教育課程審議会「教育課程の改善策」発表 ・日本教職員組合（日教組）「教育課程改革試案」発表	
	・熊本県立美術館開館 ・横山大観記念館開館 ・上田薫「なま玉子C」 ・伊藤隆道「廻るリング」	
1977 昭52	・第30回全国造形教育研究大会（札幌市） 「みずみずしい中身でしなやかな子どもを育てる造形実践」	・ロックフェラーリポート『Coming to our senses』刊 ・ルーカス「スター・ウォーズ」
	・**「小学校・中学校学習指導要領」改訂告示**（p.393参照）小学校は昭和55年度より、中学校は昭和56年度より完全実施	
	・北海道立三岸好太郎美術館開館 ・北海道立近代美術館開館 ・国立国際美術館開館 ・東京国立近代美術館工芸館開館 ・髙山辰雄「いだく」 ・黒川紀章「国立民族学博物館」	
1978 昭53	・第31回全国造形教育研究大会（埼玉県） 「造形教育の本質にせまる実践はどうあるべきか」	

1978 昭53	・文部省編『中学校指導書美術編』刊 ・**「高等学校学習指導要領」改訂告示**(p.393参照) 　昭和57年度より学年進行で実施 ・中央教育審議会答申「教員の資質能力の向上について」 ・新東京国際空港（成田国際空港）開港 ・日本グラフィックデザイナー協会設立 ・山梨県立美術館開館 ・ひろしま美術館開館 ・八木一夫「円」	・第23回国際美術教育学会（INSEA）会議開催（アデレード）テーマ「多様な文化と芸術」 ・「日本の時空間－間展」（仏）
1979 昭54	・第32回全国造形教育研究大会（仙台市）「豊かな創造力を育てる 造形活動を求めて」 ・国公立大学共通第一次学力試験（共通一次試験）開始 ・中央教育審議会答申「地域社会と文化について」 ・第2次石油危機 ・板橋区立美術館開館 ・山口県立美術館開館 ・福岡市美術館開館 ・国立西洋美術館新館開館 ・伊勢丹美術館開館 ・信濃デッサン館開館 ・第1回ヘンリームーア大賞 ・第1回サントリー学芸賞 ・岩橋英遠「彩雲」 ・多田美波「極」 ・ソニー「ウォークマン」	・文部省編『中学校指導書美術編』刊
1980 昭55	・第33回全国造形教育研究大会（愛知県）「自らつくりだす喜びを育てる造形教育」 ・文部省「指導要録」改正、到達度評価を導入 ・アジア平和研究国際会議開催（横浜市） ・太田記念美術館開館 ・大阪府立現代美術センター開館 ・第1回高村光太郎大賞 ・東山魁夷「黄山暁雲」「揚州薫風」「桂林月宵」 ・李禹煥「From line」	・イラン・イラク戦争
1981 昭56	・第34回全国造形教育研究大会（長岡市）「生きているあかしの表現」 ・美術教育学者アイスナー（米）、来日、講演 ・中央教育審議会答申「生涯教育について」	・第24回国際美術教育学会（INSEA）世界大会開催（ロッテルダム）テーマ「過程と成果」

第1節　美術教育の変遷　113

1981 昭56	・神戸ポートアイランド博覧会、「ポートピア'81」開催 ・福井謙一、ノーベル化学賞受賞	・「佐藤忠良彫刻展」（ロダン美術館、仏）
	・富山県立近代美術館開館 ・渋谷区立松濤美術館開館 ・宮城県美術館開館 ・『アクシス』創刊 ・宮脇愛子「うつろひ」 ・新宮晋「時の旅人」 ・土谷武「歩く鉄」 ・田中一光「日本の古典芸能　日本舞踊」	
1982 昭57	・第35回全国造形教育研究大会（佐賀県） 「創り出すよろこびを求めて－日々の実践の中で、今日的課題を探る－」 ・開隆堂『実践造形教育大系』刊	・ガードナー著『芸術、精神そして頭脳』（米） ・ゲッティ・センター設立（米）
	・東北・上越新幹線開通 ・MOA美術館開館 ・北海道立旭川美術館開館 ・三重県立美術館開館 ・岐阜県美術館開館 ・埼玉県立近代美術館開館 ・美術館連絡協議会設立	
1983 昭58	・第36回全国造形教育研究大会（東京都） 「独自性を見なおす－国際的視野に立った発展する美術教育の今日的課題－」	
	・中央教育審議会総会「高校入試の改善、中学校習熟度別指導、徳性の滴養」など了承 ・中央教育審議会答申「教科書のあり方について」	
	・東京ディズニーランド開園	
	・下関市立美術館開館 ・第1回上野の森美術館絵画大賞 ・上村松篁「孔雀」 ・大江宏「国立能楽堂」 ・任天堂「ファミリーコンピュータ」	
1984 昭59	・文部省編『中学校美術指導資料　鑑賞の指導』刊 ・第37回全国造形教育研究大会（長野県） 「心おどらせてとりくむ造形」	・第25回国際美術教育学会（INSEA）世界大会開催（リオ）テーマ「21世紀の教育の在り方について」 ・アップル社「マッキントッシュ」
	・坂村健「TORONプロジェクト」 ・いわき市立美術館開館	

年		
1984 昭59	・福島県立美術館開館 ・滋賀県立近代美術館開館 ・青梅市立美術館開館 ・『デザインの現場』創刊 ・草間彌生「南瓜」	
1985 昭60	・第38回全国造形教育研究大会（奈良県） 「明日に生きる創造力の開発をめざして」	
	・臨時教育審議会答申「教育改革に関する第一次答申」	
	・国際科学技術博覧会「つくば'85」開催 ・男女雇用機会均等法	
	・石井鶴三美術館開館 ・練馬区立美術館開館 ・鹿児島市立美術館開館 ・福岡県立美術館開館	
1986 昭61	・第39回全国造形教育研究大会（旭川市） 「子どもの心をゆり動かす造形教育－つくる心の拡がりと深まりを求めて－」	・「前衛芸術の日本1910－1970展」（ポンピドーセンター、仏） ・チェルノブイリ原発事故（ソ）
	・臨時教育審議会答申「教育改革に関する第二次答申」	
	・世田谷美術館開館 ・静岡県立美術館開館 ・北海道立函館美術館開館 ・京都国立近代美術館新館開館	
1987 昭62	・美術教育関係者・団体、教育課程改善案の中の中学校美術科必修時間半減に反対し、抗議活動を広げる ・第40回全国造形教育研究大会（千葉県） 「子どもの心を掘り起こす造形教育」	・第26回国際美術教育学会（INSEA）世界大会開催（ハンブルグ）テーマ「諸イメージの研究」
	・臨時教育審議会答申「教育改革に関する第三次答申」「教育改革に関する第四次答申」（最終答申）	
	・国鉄分割民営化、JR各社発足 ・利根川進、ノーベル医学生理学賞受賞	
	・O美術館開館 ・町田市立国際版画美術館開館 ・伊丹市立美術館開館 ・目黒区美術館開館 ・『日経デザイン』創刊 ・宮崎駿「となりのトトロ」	

1988 昭63	・第41回全国造形教育研究大会（愛媛県） 「心ときめき、ひびきあう美術教育」	・「ジャポニズム展－19世紀西洋美術日本の影響」（グラン・パレ、仏）
	・「教育公務員特例法及び地方教育行政の組織及び運営に関する法律の一部を改正する法律」公布、初任者研修制度化	
	・瀬戸大橋開通	
	・岡山県立美術館開館 ・名古屋市美術館開館 ・茨城県近代美術館開館 ・川崎市市民ミュージアム開館 ・ふくやま美術館開館 ・高松市美術館開館 ・東京ドーム（初のドーム型野球場）	
1989 昭64 平元	・第42回全国造形教育研究大会（青森市） 「子供の心に創るよろこびをひきおこす造形教育－豊かな感性と、うるおいのある表現活動を求めて－」	・ベルリンの壁崩壊（独） ・デザイン・ミュージアム開館（英）
	・**学習指導要領改訂**（p.395参照）により小学校図画工作科の「造形あそび」を4年生まで延長、中学校美術科第2学年の時間数1〜2、高等学校美術科・工芸科にCGの導入を示唆	
	・**「小学校学習指導要領」「中学校学習指導要領」「高等学校学習指導要領」改訂告示**（p.395参照） 小学校は平成4年度より、中学校は平成5年度より完全実施、高等学校は平成6年度より学年進行で実施	
	・天皇崩御、平成改元 ・バブル経済絶頂 ・消費税導入、税率3%	
	・横浜美術館開館 ・広島市立現代美術館開館 ・Bunkamura開館 ・飯田市美術博物館開館 ・セゾン美術館開館 ・秋田市立千秋美術館開館 ・東京デザインセンター設立 ・世界デザイン博覧会（名古屋市） ・三宅一生「プリーツプリーズ」 ・森村泰昌「肖像（9つの顔）」	
1990 平2	・「**フランツ・チゼック展**」（こどもの城、渋谷） **武蔵野美術大学・こどもの城共催**［解説17］ シンポジウムを開催	

年		
1990 平2	・第43回全国造形教育研究大会（熊本県）「よろこび・いきいき造形教育－自己表現に心ふるわせる子どもを求めて－」 ・大学入試センター試験開始、共通一次試験からの移行 ・中央教育審議会答申「生涯学習の基盤整備について」	・国際美術教育学会(INSEA)、フィリピンで世界大会を予定していたが政情不安のため中止 ・ユネスコ国際識字年 ・東西ドイツ統一 ・ユニバーサルデザインセンター設立（米）
	・浦添市美術館開館 ・水戸芸術館開館 ・日本芸術文化振興基金設立 ・川村記念美術館開館 ・札幌芸術の森美術館開館 ・徳島県立近代美術館開館 ・ワタリウム美術館開館 ・日本国宝展（東京国立博物館、入場者70万人超）	
1991 平3	・第44回全国造形教育研究大会（東京都、武蔵野美術大学で開催）「審美教育と英知」 ・中央教育審議会答申「新しい時代に対応する教育諸制度の改革について」 ・学校週5日制段階的導入決定	・イラク湾岸戦争勃発 ・ソビエト連邦崩壊 ・南アフリカ共和国、アパルトヘイト終結宣言
	・バブル経済崩壊	
	・芦屋市立美術博物館開館 ・平塚市美術館開館 ・丸亀市猪熊弦一郎現代美術館開館 ・第1回メセナ大賞 ・戸谷成雄「森Ⅳ」 ・宮島達男「Counter Three Thousand」 ・丹下健三「東京都新庁舎」	
1992 平4	・第45回全国造形教育研究大会（京都市）「新たな時代を切り拓く造形教育」 ・学校週5日制（毎月第二土曜日を休日とする）、国公立幼稚園、小・中・高校、盲・聾・養護学校で開始	・国際美術教育学会(INSEA)アジア地区会議（南昌市） ・EC統合 ・国際連合「環境と開発に関する国際会議（地球サミット）」開催
	・静嘉堂文庫美術館開館 ・豊科近代美術館開館 ・奈良市写真美術館開館 ・愛知芸術文化センター開館 ・郡山市立美術館開館 ・東武美術館開館 ・『みづゑ』休刊（963号）	

第1節 美術教育の変遷　117

1992 平4	・草間彌生「ミラー・ルーム（かぼちゃ）」 ・鹿目尚志「MOLD PACKO」	
1993 平5	・第46回全国造形教育研究大会（沖縄県） 「21世紀に向けての造形教育」	・第28回国際美術教育学会（INSEA）世界大会（モントリオール）テーマ「美術教育のルーツ、現在、未来」
	・単位制高等学校設置	
	・皇太子御成婚	
	・平木浮世絵美術館開館 ・江戸東京博物館開館 ・新潟県立近代美術館開館 ・宮内庁三の丸尚蔵館開館 ・高知県立美術館開館 ・MOMAニューヨーク近代美術館展（上野の森美術館、入場者50万人超） ・河口洋一郎「Artificial Life Metropolis "Cell"」	
1994 平6	・第47回全国造形教育研究大会（横浜市） 「いま、さらに豊かな感性・創造のよろこびを」	・マンデラ、南アフリカ共和国大統領就任
	・高等学校に総合学科設置 ・「児童の権利に関する条約」批准	
	・大江健三郎、ノーベル文学賞受賞 ・インターネットはじまる	
	・バーンズコレクション展（国立西洋美術館、入場者100万人超） ・足利市立美術館開館 ・秋田県立近代美術館開館 ・高岡市美術館開館 ・サントリーミュージアム天保山開館 ・佐倉市立美術館開館 ・伊藤誠「無題」 ・新宮晋「太陽の神話」	
1995 平7	・第48回全国造形教育研究大会（長野県） 「いのちにふれる造形活動－つくるよろこび自分らしさの表現を求めて－」 ・全日本造形美術教育者会議設立総会（国立教育会館）同会議は、西日本教育美術連盟、日本美術教育連合、全国造形教育連盟、全国高等学校美術工芸教育研究会、各都道府県造形教育連盟に民間教育団体が加わり合計36団体の参加と49団体からの委任状によって設立。学校週5日制導入による教科再編の動きに対応し、全国規模の運動を展開することを目的とする ・第2、第4週の学校週5日制導入	・クリスト＆ジャン=クロード「梱包されたライヒスターク、ベルリン、1971-95」

1995 平7	・阪神淡路大震災 ・東京地下鉄サリン事件	
	・東京都現代美術館開館 ・東京国立近代美術館フィルムセンター新館開館 ・宮崎県立美術館開館 ・千葉市美術館開館 ・豊田市美術館開館	
1996 平8	・第49回全国造形教育研究大会（東京都）「人間・表現・環境」 ・第18回美術科教育学会東京大会、武蔵野美術大学で開催	・第29回国際美術教育学会（InSEA）世界大会（リール）諸事情により中止
	・中央教育審議会答申「21世紀を展望した我が国の教育の在り方について（第一次答申）」、「ゆとり」と「生きる力」 ・平成14年度からの学校完全週5日制導入決定	
	・薬害エイズ問題	
	・岡崎市美術博物館開館 ・山口県立萩美術館開館 ・浜田市世界こども美術館開館 ・田辺市立美術館開館	
1997 平9	・第50回全国造形教育研究大会（東京都）「造形美術教育の再創造」	・「百済観音展」（ルーヴル美術館、仏） ・香港、イギリスから中国へ返還
	・中央教育審議会第二次答申、「飛び入学」や「中高一貫教育」を提言 ・「学校図書館法」改正、平成15年度までに司書教諭全校配置へ ・「教員免許特例法」制定、小中教員免許取得に介護等体験義務化	
	・消費税5％ ・神戸小学生連続殺傷事件で中学3年生逮捕 ・北海道拓殖銀行、山一証券破綻	
	・東京国際フォーラム開館 ・宇都宮美術館開館 ・神戸ファッション美術館開館 ・無言館（信濃デッサン館別館）開館 ・新津市美術館開館 ・酒田市美術館開館 ・平山郁夫美術館開館 ・小杉放菴記念日光美術館開館 ・安井賞展終了（第40回） ・ヤマハデザイン研究所「サイレントバイオリンSV-100」 ・トヨタ「プリウス」	

1998 平10	・国際美術教育学会（InSEA）アジア地区会議東京大会、テーマ「人間・造形美術・教育－アジアからの発信－」[解説16] 青山学院大学国際会議場、青山学院女子短期大学、こどもの城を会場に開催 ・第51回全国造形教育研究大会（東京都）「人間・造形美術・教育－造形美術教育の再創造－」InSEAアジア地区東京大会と同時開催 ・学習指導要領改訂により、中学校美術の学習内容に漫画及び映像メディアが登場	・ユネスコ世界高等教育会議、「21世紀の高等教育世界宣言」
	・「幼稚園教育要領」「小学校学習指導要領」「中学校学習指導要領」改訂告示（p.400参照）幼稚園、小学校、中学校とも平成14年度より完全実施「総合的な学習の時間」設定、ゆとり目指し授業内容3割削減、学力低下問題再燃 ・中等教育学校設置 ・大学への飛び入学制度（千葉大学工学部に高校2年生3人が合格） ・中央教育審議会答申「今後の地方教育行政の在り方について」小中学校の学級編成の弾力化、教育長の任命承認制度の廃止 ・黒磯市中学校1年生、女性教諭を刺殺、学校での刃物の扱いに物議	
	・長野冬季オリンピック開催	
	・天竜市立秋野不矩美術館開館 ・茅ケ崎市美術館開館 ・小諸市立小諸高原美術館開館 ・尾西市三岸節子記念美術館開館 ・北海道立釧路芸術館開館	
1999 平11	・第52回全国造形教育研究大会（埼玉県）「自分"彩"発見－『自分探しの旅』をしつづける子どもの造形活動－」 ・学習指導要領改訂により、高等学校芸術は必修2単位	・第30回国際美術教育学会（InSEA）世界大会開催（ブリスベーン）テーマ「文化と伝統」 ・マカオ、ポルトガルから中国へ返還
	・「高等学校学習指導要領」改訂告示（p.400参照）平成15年度より学年進行で実施 ・中央教育審議会答申「初等中等教育と高等教育との接続の改善について」	
	・国旗及び国歌に関する法律公布、即日施行	
	・ソニー「AIBO ERS-110」	
2000 平12	・第53回全国造形教育研究大会（静岡県）「開く造形教育－生き生き交流－」	

2000 平12	・教育改革国民会議最終報告、教育基本法の見直しを示唆 ・「学校教育法施行規則等の一部を改正する省令」交付、学校評議員制度の導入、校長・教頭の資格要件の緩和、職員会議の位置付けの明確化 ・**教育課程審議会答申「児童生徒の学習と教育課程の実施状況の評価の在り方について」目標に準拠した評価（絶対評価）と個人内評価**	
	・白川英樹、ノーベル化学賞受賞	
	・印刷博物館開館 ・本田技研「ASIMO」	
2001 平13	・第54回全国造形教育研究大会（北海道）「〈いま〉〈ここ〉〈わたし〉を基軸にして造形の未来を創る」	・ニューヨーク同時多発テロ発生（米） ・アメリカ、アフガニスタン攻撃（米）
	・中央省庁の再編整備により、文部省と科学技術庁が統合され、文部科学省となる ・新中央教育審議会発足 ・大阪教育大学附属池田小学校殺傷事件発生、学校の安全管理問題が注目される ・「文化芸術振興基本法」公布	
	・野依良治、ノーベル化学賞受賞	
2002 平14	・第55回全国造形教育研究大会（沖縄県）「南風(うまんちゅ)にのせ！ 手・目・心の万人の造形教育」	・欧州単一通貨「ユーロ」が流通開始 ・第31回国際美術教育学会（InSEA）世界大会開催（ニューヨーク）テーマ「伝統、美学、精神、メディアと意味、芸術研究の再考」
	・学校完全週5日制開始 ・中央教育審議会答申「新しい時代における共用教育の在り方について」「今後の教員免許制度の在り方について」「大学等における社会人受入れの推進方策について」 ・文部科学省『心のノート』を全国の小・中学生に配付 ・文化審議会答申「文化を大切にする社会の構築について－一人一人が心豊かに生きる社会を目指して－」 ・中央教育審議会答申「子どもの体力向上のための総合的な方策について」	
	・小柴昌俊がノーベル物理学賞、田中耕一がノーベル化学賞受賞 ・FIFAワールドカップ日韓共同開催	

2003 平15	・第56回全国造形教育研究大会（東京都） 「人間・造形・成長－造形美術教育を問い直す－」	
	・「国立大学法人法」制定	
	・特別支援教育の在り方に関する調査研究協力者会議提言「今後の特別支援教育の在り方について（最終報告）」特別支援教育の基本的な考え方、盲・聾・養護学校から特別支援学校の制度へ、小・中学校の在り方、特殊学級から総合的な体制へ	
	・宮城県北部地震	
	・森美術館開館	
2004 平16	・第57回全国造形教育研究大会（福島県） 「ほんとうの空のもと、ほんものに出合う瞬間－自分いろの造形活動を求めて－」	
	・中央教育審議会答申「食に関する指導体制の整備について」栄養教諭制度の創設	
	・中央教育審議会答申「今後の学校の管理運営の在り方について」地域運営参画する新しいタイプの公立学校運営等	
	・「地方教育行政の組織及び運営に関する法律」改正、学校運営協議会の設置	
	・「PISA2003」調査結果、前回調査（2000年実施）より後退し、学力低下傾向を指摘	
	・佐世保市の小学校6年女児、同級生殺害	
	・新潟県中越地震	
2005 平17	・第58回全国造形教育研究大会（神奈川県） 「つくり続けるよろこび、それは生きるよろこび－色と形のメッセージIからWEから－」	
	・大学入学資格検定を廃止し、高等学校卒業程度認定試験を実施	
	・中央教育審議会答申「新しい時代の義務教育を創造する」	
	・寝屋川市立中央小学校事件	
2006 平18	・第59回全国造形教育研究大会（長野県） 「私っていいな!!"いろ・かたち"生きあい学びあい」	
	・「教育基本法」改正	
	・就学前保育等推進法制定、認定こども園制度開始	

年		
2006 平18	・「学校教育法等の一部を改正する法律」公布 　特殊教育から特別支援教育への移行 ・中央教育審議会答申「今後の教員養成・免許制度の在り方について」 ・高等学校必修科目未履修問題	
2007 平19	・第60回全国造形教育研究大会（熊本県） 　「夢と勇気と感性と－未来を拓く造形教育の可能性を求めて－」 ・教育三法「学校教育法」「地方教育行政の組織及び運営に関する法律」「教育職員免許法及び教育公務員特例法」改正、教員免許更新講習制導入決定 ・全国学力・学習状況調査開始 ・中央教育審議会答申「次代を担う自立した青少年の育成に向けて」 ・「PISA2006」調査結果、57か国・地域約40万人の15歳児対象、日本は科学的リテラシーが6位、数学的リテラシーは10位、読解力は15位 ・高校野球、スポーツ特待生問題 ・国立新美術館開館	
2008 平20	・**第32回国際美術教育学会（InSEA）世界大会開催（大阪）テーマ「こころ＋メディア＋伝統」**［解説16］ ・第61回全国造形教育研究大会（大阪府） 　「こころの歓びを広げる美術教育のこれから－変えるもの・変えざるもの・教育原理の再構築へ－」 ・中央教育審議会答申「幼稚園、小学校、中学校、高等学校及び特別支援学校の学習指導要領等の改善について」 ・**「幼稚園教育要領」「小学校学習指導要領」「中学校学習指導要領」改訂告示**（p.406参照） 　幼稚園、小学校は平成23年度より、中学校は平成24年度より完全実施 ・教職大学院設置、17大学院 ・大分県、教員採用不正問題 ・小林誠、益川敏英、南部陽一郎がノーベル物理学賞、下村脩がノーベル化学賞受賞 ・日本の人口の継続的減少がはじまる	

第1節　美術教育の変遷　123

2009 平21	・第62回全国造形教育研究大会（千葉県） 「きらめく感性 ときめく思い うみだせアート」 ・文部科学省通知「学校における携帯電話等の取扱い等について」 ・教員免許更新講習開始 ・**「高等学校学習指導要領」改訂告示**（p.406参照） 平成25年度より学年進行で実施	
2010 平22	・第63回全国造形教育研究大会（福島県） 「つくる喜び、みる感動!! 子どもの今と未来をつなぐ造形教育〜連携を大切にしたこれからの造形教育をもとめて〜」 ・公立高等学校授業料無償制開始 ・「PISA2009」調査結果、2006年調査に比較し向上 ・小惑星探査機「はやぶさ」帰還 ・鈴木章、根岸英一、ノーベル化学賞受賞	
2011 平23	・第64回全国造形教育研究大会（北海道） 「"わたし"を創る－自立と共生の造形教育をめざして－」 ・東日本大震災	・第33回国際美術教育学会（InSEA）世界大会開催（ブタペスト）テーマ「芸術・場所・教育」
2012 平24	・第65回全国造形教育研究大会（沖縄県） 「太陽（ティーダ）の島から発信する造形教育」 ・滋賀県大津市中学校いじめ自殺問題 ・山中伸弥、ノーベル医学生理学賞受賞 ・東京スカイツリー竣工、高さ634m	・コネチカット州ニュータウンの小学校で銃乱射事件、子どもら26人死亡（米）
2013 平25	・第66回全国造形教育研究大会（東京都） 「造形美術教育のダイナミズム」	

第2節　解説及び資料

　本節は、第1節の「美術教育の変遷」の年表の中で、重要な事項もしくはわが国の美術教育の流れを理解するうえで大きな影響があった事項を取り上げ解説している。さまざまな資料を掲載しているが、これらはほとんど抜粋であり、あくまでも学習や研究の糸口とするものである。これらを基に原文を精読するなど、さらなる研究に取り組むことを期待する。

　なお、旧字体の漢字は新字体に改めたが、仮名づかいは旧仮名づかいのままとした。

［解説1］
1861（文久元）年　蕃書調所絵図調方、画学局に改組

　わが国の本格的な洋画研究は江戸時代末期から盛んになるが、中でも江戸幕府の蕃書調所や画学局の洋画研究と教育は、後の図画教育へ繋がるものとして重要である。江戸幕府は1857（安政4）年に洋書の翻訳や研究、教育を目的とする蕃書調所を開設している。同年には絵図調方が設置され、川上万之丞（冬崖）が絵図調出役を命ぜられ、洋画研究に取り組んでいる。その後、前田又四郎や宮本元道（三平）も絵図調出役となっている。

　そして、次第に画学を学ぼうとする者が増加し、1861（文久元）年には絵図調方を拡充するべく蕃書調所の頭取である古賀謹一郎と頭取助の勝麟太郎（海舟）が、老中に対して伺いをたてている。その際、勘定奉行と外国掛大目付目付、外国奉行の間で洋画についての論争が起こっているが、その記録からは、洋画を実用の学として考えていたことが読み取れる。

　当時の外国掛大目付目付小笠原長常の老中に対する答申には、次のような一文がある。

　別紙西洋画学教授方之儀、御勘定方評議之趣ニテハ端芸ト心得、且学問所オイテ唐画書無之候テモ差支無之段、見合ニイタシ申立候得共、右トハ天淵之相違有之、本邦ト唐トノ画学ハ畢竟玩弄物ニテ、実用之品ニ無御座、西洋画之儀ハ、実用ヲ主トイタシ候ニ付、彼国学校之一学科ニ相立、中々以端芸トイタシ候筋柄ニハ無御座、凡測量図を始悉く法則有之、其他写真之法ハ物産学之階梯トモ相成、又究

理啓蒙トモ相成、兵学之目的トモ相成、造船学之規則トモ相成、右法則ヲ不心得モノハ、縦令彼方之写取写真ヲ一覧イタシ候トモ、其意ヲ用ヒ候廉相知不申、右故画学究理学ハ諸学之階梯ト致シ、幼年之モノ始テ学校ニ入、此両科ヲ相学由承オヨヒ候、右之次第二候得ハ、伺之趣尤之儀ト奉存候間、書面伺之通可丁取斗旨、被仰渡可然奉存候、別紙返上私共同役一統評議仕、此段申上候以上

　このような答申を受けて老中は、同年に画学局設置を決定し、川上万之丞（冬崖）と前田又四郎が画学出役となり、画学の教導にあたることとなった。画学局での研究や教育がどのようなものであったかは不明であるが、この後、蕃書調所は1862（文久2）年には洋書調所、1863（文久3）年には開成所となる。その中で、高橋由一や狩野友信、山岡成章らが、画学局で川上の教導を受けている。期間は短いが幕府機関の中で、洋学のひとつとして画学が研究されたことの意味は大きく、この流れは明治政府へと受け継がれていく。

［解説2］
1872（明治5）年　「小学教則」「中学教則略」頒布
　1871（明治4）年7月に文部省が設置され、翌1872（明治5）年8月に「学制」を布告した。学制では8年制の小学と6年制の中学を各上等と下等に分け、その中の上等小学には「幾何学・罫画大意」があり、その他事情によって授けてもよい学科に「画学」が示されている。また、中学では、下等中学に「画学」があり、上等中学に「罫画」がある。それらを基にして、同年9月8日には文部省布達番外により「小学教則」を公布し、小学における教科課程及び教授方法や基本方針を提示している（p.18参照）。
　小学教則は、学制の規定した初等教育の大綱に基づいて上下二等の小学を各八級に分け、下等八級より上等一級までの各級の授業期間を6か月とし、毎週日曜日を除いて週6日、30時の課程となっている。また、学制に掲げた教科を各級に配当し、各教科で使用する教科書の基準を示してその程度を明らかにし、さらに教授方法の大要を示している。その全体像は、p.128に示す「小学教則概表」に整理されている。
　「小学教則」における「罫画」の内容は次のようなものであった。

第六級　一週二時　南校板罫画本ヲ用イテ点線正形ノ類ヲ学ハシムル事習字ノ法
　　　　ノ如シ

126　第3章　美術教育史

第五級　一週二時　机案ノ類ヲ画カシムルコト前級ノ如シ
第四級　一週二時　西画指南等ヲ用イテ平面直線体ノ類ヲ画カシム
第三級　一週二時　平面直線体ニ陰影アルモノヲ画カシム
第二級　一週三時　孤線体ヲ画カシム
第一級　一週四時　地図ヲ画カシメ其他種々アルヘシ

　全課程8年制において、第六級は6年生前期（11歳）にあたり、第一級は8年生後期（13歳半）にあたる。また、第五級にある「机案」とは「器具」のことである。
　「中学教則略」では、6年制の中学を上下二等に分け、これを各六級にし、各級を6か月としている。また、学制を基にした教科名は示されているが、内容や配当時間は示されていない。学制における中学の教科は次の通りである。

・下等中学
国語学　数学　習字　地学　史学　外国語学　理学　畫学　古言学　幾何学　記簿法　博物学　化学　修身学　測量学　奏楽　政体大意　国勢学大意

・上等中学
国語学　数学　習字　外国語学　理学　罫画　古言学　幾何代数学　記簿法　化学　修身学　測量学　経済学　重学　動植地質鉱山学　性理学　星学

　このうち、下等中学の政体大意と国勢学大意、上等中学の性理学、星学は「中学教則略」によって加えられたものである。

小学教則概表（明治五年十一月十日　文部省布達番外）

小学	毎六ヶ月	年齢	一週間三十時	綴字	習字	単語読方	単語諳誦	修身口授	洋法算術	会話読方	単語書取	読本読方	会話諳誦	地理読方	養生口授	読本輪講	文法	地理学輪講	究理学輪講	書牘	各科習字	細字習字	書牘作文	史学輪講	細字連写	罫画	幾何	博物	化学	生理
下等八級	六歳	時	六	六	六	六	三	四																						
下等七級	六歳半	時	六	四	六	六	二	二	四																				
下等六級	七歳	時	六		六		二		六	四	六																	
下等五級	七歳半	時	六		六		一		二	四	六	三	二															
下等四級	八歳	時	六		六				六	二	四	六	欠															
下等三級	八歳半	時	六		六				二		六	欠	六	二	二													
下等二級	九歳	時	四		六				六		六	欠	六	四	四													
下等一級	九歳半	時	四		六				四		六	欠	四	六	六	二												
上等八級	十歳	時	二		六						欠	六	六		二	六												
上等七級	十歳半	時			六						欠	六	六		二	六	四											
上等六級	十一歳	時			六						欠	四	六		六	四	二											
上等五級	十一歳半	時			六						欠	二	四		六	二	二	四										
上等四級	十二歳	時			六						欠	二	四		四	二	二	四										
上等三級	十二歳半	時			六						欠	二	二		四	二	二	二	四	二	四							
上等二級	十三歳	時			六						欠	二	二		三	二	二	二	三	三	三							
上等一級	十三歳半	時			六						欠	二	二			二	二	四	六	二	一	二	三	四	六	二	一	

[解説3]

1876（明治9）年　東京女子師範学校附属幼稚園でフレーベル流の保育、日本の手工教育開始

　1873（明治6）年に文部省最高顧問として来日したアメリカ人教育者D・モルレー（1830-1905）の女子教師養成に関する進言によって、1874（明治7）年11月、御茶ノ水に開設された東京女子師範学校には、以後附属の幼稚園、小学校、高等女学校などが併設されていった。中でも、1876（明治9）年に開設された附属幼稚園では、ドイツ人松野クララ（1853-1941）が主席保母となり、フレーベル恩物（教育的遊具）を教材として用いた教育が行われた。これをもって、日本の手工教育元年とするのが一般的な見解である。

　ドイツ人教育学者で、幼児教育の父とも称されるF・フレーベル（1782-1852）は、ペスタロッチの直観教育に学び、幼年期の遊びを通して人間の本質を育て、事物の本質を体得する教育の重要性を主張した。したがって、フレーベル恩物も子どもの主体的な活動を促すような材料を提供するよう構成されている。第1恩物から第20恩物まで20種類があるが、日本の場合第11恩物から第20恩物を「手技工作」として区別することが多い。

第1恩物	六球	第11恩物	穴あけ
第2恩物	三体	第12恩物	縫う
第3恩物	立方体の積み木	第13恩物	描く
第4恩物	直方体の積み木	第14恩物	組む・編む・織る
第5恩物	立方体と三角柱の積み木	第15恩物	紙を折る
第6恩物	立方体と直方体の積み木	第16恩物	紙を切る
第7恩物	正方形と三角形の色板	第17恩物	豆細工
第8恩物	5種類の木の棒	第18恩物	厚紙細工
第9恩物	金属製の鐶	第19恩物	砂遊び
第10恩物	豆または小石の粒	第20恩物	粘土遊び

[解説4]
1876（明治9）年　工部省工学寮に工部美術学校設置

　1871（明治4）年、工部省直轄の工学を中心とする教育機関として工部省工学寮が設置され、1877（明治10）年には工部大学校に改称された。その附属機関として1876（明治9）年、赤坂工部省敷地内に初の官立美術学校である工部美術学校が設置され、「画学科」と「彫刻科」が開設された。しかしながら、その設立趣意書には、その教育目的に殖産興業が明示され、芸術的表現の教育研究機関としての後の美術大学とは性格的に異なるものであった。教師としてイタリアからアントニオ・フォンタネージ（画学、1818-1882）、ヴィンチェンツォ・ラグーザ（彫刻学、1841-1927）、ジョバンニ・ヴィンチェンツォ・カペレッティ（建築装飾学、不明-1887）の3人が招聘され、石膏像をはじめとして粘土や絵の具などもすべて海外から取り寄せられた。

　画学科の入学生には松岡寿（1862-1944）、小山正太郎（1857-1916）、山本芳翠（1850-1906）、五姓田義松（1855-1915）、山下りん（1857-1939）、浅井忠（1856-1907）、高橋源吉（1858-1913）、西敬（1855-不明）らの名前があるが、1878（明治11）年にフォンタネージが病により帰国し、後任のプロスペロ・フェレッティ（伊、生没年不明）の指導に不満をもった松岡や小山、浅井ら優秀な学生が連帯退学している。さらにフェレッティの後任として、サン・ジョバンニ（伊、生没年不明）が着任し、新入生として大野幸彦（1857-1892）、松室重剛（1850-1929）、太田七郎（1863-1944）、藤雅三（1853-1916）、上杉熊松（1858-不明）らがあり、後に全国の学校の指導者となるものが多かった。彫刻科は、ラグーザが終始指導にあたり、その卒業生には内藤陽三（1860-1889）、寺内信一（1863-1945）、菊池鋳太郎（1859-1944）、大熊氏広（1856-1934）、佐野昭（1865-1955）、藤田文蔵（1861-1934）らの名前がある。

　本格的な西洋美術への扉を開いた工部美術学校ではあったが、設置後わずか6年の1883（明治16）年に廃校となる。その理由としては、1877（明治10）年の西南戦争などへの出費による政府の財政難とともに、岡倉天心やフェノロサらを代表とする日本美術復興運動など国粋主義の興隆がある。

[解説5]
1881（明治14）年　「小学校教則綱領」「中学校教則大綱」
　　　　　　　　　　「師範学校教則大綱」制定

これまでに定められた「学制」「教育令」「改正教育令」などでは、学校教育の大綱を定めただけであったので、文部省はここで「小学校教則綱領」「中学校教則大綱」「師範学校教則大綱」を定め、具体的な制度の整備を進めることとした。
〇「小学校教則綱領」
　小学校を初等（1年生～3年生）、中等（4年生～6年生）、高等（現行の中学1・2年）に分け、その中等科と高等科の学科の中に「図画」（従来の罫画や図学の学科名は以後使用されなくなる）を示した。第三章には「小学校各等科程度」があり、第十六条には次のような指示がある。

　図画ハ中等科ニ至テ之ヲ課シ直線・曲線及其単形ヨリ始メ漸次紋画・器具・花葉・家屋ニ及フヘシ高等科ニ至リテハ草木・禽獣・虫魚ヨリ漸次山水等ニ及ヒ兼テ幾何画法ヲ授クヘシ凡図画ヲ授クルニハ眼及手ノ練習ヲ主トシテ初歩ハ輪郭ヲ画カシメ漸ク進テ陰影ヲ画カシムヘシ

　さらに第二十七条には各学年の授業時間数と大まかな内容が示されている。

4年	週2回2時間	直線・曲線及単形ヲ描ク
5年	週2回2時間	前期　紋画／後期　前期ノ続及器具・花菜等
6年	週3回3時間	器具・花葉・家具等
高等科1年	週2回2時間	前期ノ続及草木禽獣等／後期　前期ノ続及山水等
高等科2年	週1回1時間	前後期共　幾何画法

〇「中学校教則大綱」
　中学校を初等と高等に分け、初等科を4年制、高等科を2年制としている。「中学校教則大綱」には、各科の内容や各学年の教授内容は示されず、第十三条に各科の授業時数のみが示されている。初等中学科（現行中学1年～高校1年）は週28時間を、高等中学科（現行高校2年～高校3年）は週26時間を標準とし、初等中学科1年から高等中学科1年までに週2時間の図画をあて、高等中学科2年の図画には週3時間が配当されている。
〇「師範学校教則大綱」
　師範学校は初等・中等・高等に分かれ、高等師範学校卒業の者は小学校各等課の教員、中等師範学科卒業の者は小学校中等及び初等科教員、初等師範

学科卒業の者は小学校初等科の教員となる者を養成することとなった。修業年限は、初等師範学科1年、中等師範学科2年、高等師範学科4年である。中等師範学科と高等師範学科の学科目の中に「図画」が示されているが、配当時間数や内容は不明である。図画の学科のない小学校初等科を担当する教員の育成を行う初等師範学校には「図画」はない。

［解説6］
1885（明治18）年　図画取調掛設置

　急激な西洋化に対する反動として、全国的な国粋主義や伝統的日本美術再興に関する機運が高まる中、文部省専門学務局に「図画取調掛（ずがとりしらべがかり）」が設置され、岡倉覚三（天心）、フェノロサ、狩野芳崖、今泉雄作、上原六四郎、狩野友信、小山正太郎（後に辞任）らが掛（かかり）となった。この取調掛の調査事項は普通教育における図画教育にも及んでいるが、後の美術学校設立へと続くことから、むしろ専門教育に重点があった。また、この取調掛は西洋画に対して日本画の推進を主張する立場であることから、その対比を西洋画の鉛筆やクレヨンと日本画の筆とするなど、国粋主義的美術教育論の理念構築を試みている。下記に示すのは、その「調査趣意書」の抜粋である。この後、岡倉とフェノロサはヨーロッパ図画教育視察に出発し、間もなく図画取調係を東京美術学校へと改編していく。

我国ノ図画ガ美トシテ如何ナルモノナリヤヲ今此ニ論ズルヲ要セズト雖其実用ノ点ニ於テハ疑ヲ抱ケル人多カリシ。蓋シ図画ハ啻ニ学術上必要ナルノミナラズ工芸上ニ於テ最モ欠クベカラザルモノナルガ故ニ我国ノ如ク風俗習慣上工芸ニ適当セル所ニアリテハ一層深ク図画ノ適否ヲ調査スルノ必要アルナリ。是ニ於テ速カニ我国ノ図画ニツキ調査スベキモノナルガ思フニ図画ノ実用ニ供スベキモノニアリ。曰ク写生画（デッサンイミテチブ）曰ク装飾画（デッサンオルナメンタル）（但シ幾何画法モ実用ニ属スト雖其性質美術ヨリハ寧ロ理学的ナルヲ以テ本論ニハ省ク）是レナリ。

写生画
　凡ソ実物ノ形体ヲ留メ言語ノ及バザル処ヲ補ヒ理会力ヲ助スルハ主トシテ写生画ノ効用ニシテ其目的トスル所ハ実物ノ形状色彩ヲ写シ実物ノ思想ヲ喚起スルニアリ。而シテ此目的ヲ達スル手段ハ種々アルベシト雖要スルニ実物ノ思想ヲ喚起シ得ル以上ハ其目的ヲ達セルモノトイフベシ。本邦ノ画ハ西画ト手段ヲ異ニスレドモ実物ノ思想ヲ喚起スルニ至リテハ毫モ西画ニ譲ルコトナシ。人或ハ

邦画ヲ疎笨ニシテ真ノ写生ヲナス能ハズトナスモノアランサレドモ這ハ我画派ノ全局ヲ詳知セザルノ説ナリ。

装飾画

装飾画ハ工芸ニ直接ノ裨益アルモノニシテ本邦ハ由来装飾的絵画ニ富ムガ故ニ狩野派ノ彫刻陶器ニ於ケル土佐派ノ染物織物ニ於ケル皆其精巧ヲ極ム蓋シ我国ノ美術品ガ欧米ノ市場ニ声価ヲ占ムル所以ノモノ実ニ是ニ存ス然ルニ我長所タル日本画ヲ棄テ西洋ニ取ルノ利益ハ果シテ如何。

1　美術思想ハ各国ノ風俗習慣ニ因リテ異ナリ。且ツ一国ニ於テモ其ノ時勢ニ随ツテ変遷スルモノニシテ我東洋ト西洋トノ如キニ在リテハ其ノ懸隔最モ甚シトス。今西画ヲ採用スルニ於テハ西洋美術思想ノ輸入ハ到底免レ難キ所ニシテ我固有ノ美術思想ヲ破壊スルコト覩易キ理ナリ。英敏ナル少年子弟ガ次第ニ西画ノ風致ニ感染セバ欧米人ガ目シテ天下ノ活美術トナセル我固有美術ノ思想ハ勿論絵画ハ地ヲ払ツテ去ラン。此ノ弊及ボス所豈鮮少ナランヤ。

2　絵画ニハ最モ線ノ微妙ヲ得ルヲ尚ブ。而シテ之レハ軟弱ナル筆ニ非レバ得難シトス。既ニ費府大博覧会ニ仏国ノ教育部審査委員ハ合衆国ノ学校図画ニ就キ痛ク堅キ鉛筆ヲ用フルノ害ヲ説キタリ。本邦人ハ従来手指ノ運動ニ熟シ且ツ習字ヲナスニ軟弱ナル筆ヲ使用スルニ慣レ西人ニ比スレバ殆ンド天賦ノ性ト云フベキナリ。共他便利ヨリ論ズルモ経費上ヨリ論ズルモ邦画ヲ採用スルノ必要ニシテ有益ナルヲ知ル。

其実施方法ハ第一其教授法ヲ整理セザルベカラズ。最モ邦画ノ諸派其趣ヲ異ニシテ教授法一定セザルヲ以テ何ノ派ニ拠リテ教授法ヲ定ム可キヤニ苦シムト雖教育上ニ要スル絵画ハ実用ヲ主トスルヲ以テ此ノ点ヨリ諸派ニ就イテ参酌取捨セバ偏倚ノ弊ヲ免ガルベシ。

普通学校教科用図画調査

1　図画ヲ課スル目的
2　之レヲ達スベキ手段
3　教授ノ順序

目的

普通学校ニ図画ヲ設クルノ目的ハ固ヨリ実利ヲ計ルニアリト雖図画ノ実用ハ多岐ニシテ性質ヲ異ニスルモノ少カラズ。故ニ単ニ実用ト称スルトキハ意味分明ナラザルヲ以テ諸種ノ実用ヲ挙ゲ各自ニ適切ナル画法ヲ示サザルベカラズ。ソノ種類概ネ12種アリ。

1　精確ナル数学上ノ比例ヲ要スル下図ヲ作ルコト。

数学上ノ精確ヲ要スル図画（例ヘバ地図、建築図、器械図等ノ如キモノ）ハ器械ヲ以テ画カザルヲ得ズ。用器画法是レナリ。此ノ画法ハ一種ノ専修ヲ要シ且ツ之レノミヲ学ブモノハ他ノ画法二適セザルモノナリ。

2　幾何学ノ説明ニ供スル図ヲ作ルコト。

幾何学ノ説明ニ供スル図ハ数学的ノ精確ヲ要セズ。又陰影ヲ用ヒズ、唯簡単ナル線画ニテ足レリ。故ニ一個ノ画法ヲナサズ。各画法ノ線画二属スルヲ得ベシ。

3　光学ノ理ヲ説明スルコト。

光学ヲ説明スルニハ寧ロ光線ノ実験ヲ宜シトストモ雖又図画ニ由リテ光線ヲ研究シ以テ紙面ニ物ノ起伏、向背、遠近ノ況ヲ明示スルヲ要スルコトアリ。陰影画法是レナリ此画法ニ於テハ専ラ陰影ノ理ニ依リテ物ノ形状ヲ学バシムルヲ以テ其結果タル諸物表面ノ質ヲ省キ正確ナル数学的ノ陰影ノミヲ画クニ至リ一切ノ美術的及ビ通常ノ理学的ノ主旨卜並行スルヲ得ズ。故二陰影画法ノ用ハ陰影ノ理ヲ教ヘ且ツ第1及ビ第4種ノ実用ノ補助タルニ過ギズ。

4　模型及ビ彫刻下図ヲ作ルコト。

此ニ所謂模型及ビ彫刻術中トハ時ニ一切ノ美術的ノモノヲ除キタル者ナリ。蓋シ真ノ美術的ノ模型彫刻ハ図画ニ依ラズシテ直ニ実形ニ就イテ考案セザルベカラザルヲ以テナリ。此ニ所謂模型彫刻ハ概ネ器械的ノモノニシテ陰影画法ヲ顕ハスベキモノナリ此等ノ効用ハ主トシテ職工ヲシテ模型図案ヲ理解セシムルニアリ。

5　学理ノ説明ニ供スルコト。

此ノ実用ヲ達スルニハ数学上ノ精確ヲ要セズ又陰影ヲ画カズ其主旨ハ実物ノ要点ヲ画クニアリ。理学画法是レナリ。然レドモ其要点ナルモノハ理学上ノ事実ニ外ナラザルヲ以テ専門家ヲ除キテハ要用ナラザルノミナラズ他ノ画法卜並行シ難シ。

6　諸寄品ノ模図ヲ作ルコト。

諸寄品ノ模図ヲ作ルノ主旨ハ物体ヲ保存スルニアリテ諸物ノ形状ニヨリテ異ナリト雖概シテ云ヘバ理学画法ニ属スルモノナリ。

7　書籍ノ挿図ヲ作ルコト。

書籍ノ挿図ハ書籍ノ性質ニヨリテ異ナリ理学的ノ事実ヲ説明スル書ニハ理学画法ヲ用フルノ類ナリ。其他ハ概ネ美術画法ニ属ス。

8　人ノ思想ヲ現ハシ言語ノ及バザル所ヲ補フコト。

是等思想ノ性質ニ由リテ画法ヲ異ニシ陰影ヲ現ハスニハ陰影画法ヲ用ヒ理学的ノモノヲ現ハスニハ理学画法ヲ用ヒ美術思想ヲ現ハスニハ美術画法ヲ用フ。

9　彫刻師石版師ノ技備ヲ助クルタメニ画ヲ学ブコト。

彫刻師石版師タルニ先チ手指ノ運用ヲ活発ナラシムルタメ図画ヲ教フルハ各画法ニヨリ成シ得。

10　美術図案家ニナルベキ予備ヲ為スコト。

11　美術家ヲ養成スル予備ヲ為スコト。

12　美術上及ビ社会上ニ一般ノ風趣ヲ増スコト。

10、11、12ノ3項ノ目的ヲ達スルニハ精密ニ諸種ノ美ヲ画クヲ要ス。美術画法是レナリ。

以上論ズル如ク第1ノ実用ハ用器画法ニヨリ、第3第6ハ理学画法ニヨリ、第2第7第8第9ハ1個ノ画法ニヨルモノニアラズ。而シテ用器画法及理学画法ハ専門家ノ学ブベキモノニシテ効用ノ範囲ハ広大ナラズト雖美術画法ノ効用ハ第1社会一般ノ精神上ノ進歩ヲ幇助シ高尚優美ノ風ヲ醸シ第2諸種ノ工芸ヲ補益シ加之美術画法ヲ能クスルモノハ容易ニ他ノ画法ヲ修ムベキヲ以テ画法中最モ重要広大ノ実用ヲ達ルモノト謂フベシ。故ニ普通教育ニ設クル図画ハ美術画法ニヨラザルベカラズ。欧米諸邦ニ在リテハ図画ヲ普通教育ニ課スルノ日猶浅キヲ以テ図画教授ノ方法未ダ完全ナラズト雖要スルニ陰影画法、理学画法ヲ課スルノ弊害ヲ認メ美術画法ヲ採用スルノ傾向ナリ。論者或ハ美術画法ハ唯風韻ヲ主トシ実物ノ形状ニ切ナラズト誤解スベシト雖真ノ美術画法ハ最モ精密ノ写生ヲ要スルモノナリ。

手段

1　鉛筆ヲ以テ画ク線ハ繊細ニシテ美ヲ顕ハス能ハズ。濃淡ノ度浅薄ニシテ且ツ潤色ナシ。

2　クレイヨンハ鉛筆ニ比スレバ線並ニ浪淡ノ美ヲ得ベシト錐雖微細ノ画ニ適セズ。潤沢ナル面ヲ表ハスヲ得ズ。且ツ潤色ナシ。

3　筆ハ線ノ肥痩ヲ自由ニ現ハシ且ツ墨ノ清潤ナルハ鉛筆クレイヨンノ及ブ所ニ非ズ。是レ従来本邦人ノ慣熟スル者ニシテ美術画法ニ適良ナル者ナリ。

以上ノ理由ニヨリテ筆ハ最モ美術ノ画法ニ適切ノモノニシテ且ツ我普通教育上習字其ノ他ニ於テ運筆ヲ教フルヲ以テ本邦ノ美術画法ハ筆ヲ使用スルヲ最モ便ナリトス。

教授順序

教授ノ順序ハ別表ニ示シタル如ク線、濃淡、色ヨリ教授シ古大家ノ名画ニヨリ其応用ヲ学バシメ終ニ天然ノ事物ニツキ思想ヲ自在ナラシム。蓋シ先ヅ抽象的ニ学バシムルヲ可トス。最初ヨリ古画ヲ教フルトキハ古人ノ筆意形状ニ拘泥ス

ルノ弊ヲ生ジ其範囲外ニ出ヅルコト難ク又直チニ実物ヲ描写セシムルニハ筆法自由ナラザルヲ以テナリ。但シ此ノ順序ハ教育上ニ用フベキ一般ノ美術画法ヲ示スモノニシテ学校ノ程度ニヨリ斟酌スベシ。

［解説7］
1891（明治24）年　「小学校教則大綱」制定
　明治20年代は図画教育における鉛筆画毛筆画論争が最も活発であり、また毛筆画論が優勢な時期でもある。この時期に制定された「小学校教則大綱」では、各教科の目標や内容が規定され、図画と手工もその教科性が明らかにされているが、特に図画に関しては毛筆画論からの影響を読み取ることができる。以下は同大綱の図画及び手工部分の抜粋である。

第一条　小学校ニ於テハ小学校令第一条ノ要趣ヲ遵守シテ児童ヲ教育スヘシ徳性ノ涵養ハ教育上最モ意ヲ用フヘキナリ故ニ何レノ教科目ニ於テモ道徳教育国民教育ニ関連スル事項ハ特ニ留意シテ教授センコトヲ要ス知識技能ハ確実ニシテ実用ニ適センコトヲ要ス故ニ常ニ生活ニ必須ナル事項ヲ撰ヒテ之ヲ教授シ反覆練習シテ応用自在ナラシメンコトヲ努ムヘシ各教科目ノ教授ハ其目的及方法ヲ誤ルコトナク互ニ相連絡シテ補益センコトヲ要ス

第九条　図画ハ眼及手ヲ練習シテ通常ノ形体ヲ看取シ正シク之ヲ画クノ能ヲ養ヒ兼ネテ意匠ヲ練リ形体ノ美ヲ弁知セシムルヲ以テ要旨トス
　尋常小学校ノ教科ニ図画ヲ加フルトキハ直線曲線及其単形ヨリ始メ時々直線曲線ニ基キタル諸形ヲ工夫シテ之ヲ画カシメ漸ク進ミテ簡単ナル形体ヲ画カシムヘシ
　高等小学校ニ於テハ初メハ前項ニ準ス漸ク進ミテハ諸般ノ形体ニ移リ実物若クハ手本ニ就ニテ画カシメ又時々自己ノ工夫ヲ以テ図案セシメ兼ネテ簡易ナル用器画ヲ授クヘシ
　尚図画ヲ授クルニハ他ノ学科目ニ於テ授ケタル物体及児童ノ日常目撃セル物体中ニ就キテ之ヲ画カシメ兼ネテ清潔ヲ好ミ綿密ヲ尚フノ習慣ヲ養ハン事ヲ要ス

第十三条　手工ハ眼及手ヲ練習シテ簡易ナル物品ヲ製作スルノ能ヲ養ヒ勤労ヲ好ムノ習慣ヲ長スルヲ以テ要旨トス
　尋常小学校ノ教科ニ手工ヲ加フルトキハ紙、糸、粘土、麦藁等ヲ用ヒテ簡易ナ

ル細工ヲ授クヘシ
高等小学校ノ教科ニ手工ヲ加フルトキハ紙、粘土、木、竹、銅線、鉄葉、鉛等ヲ用ヒテ簡易ナル細工ヲ授クヘシ
手工ノ品類ハ成ルヘク有用ナルノヲ撰ヒ之ヲ授クル際其材料及用具ノ種類等ヲ教示シ常ニ節約利用ノ習慣ヲ養ハンコトヲ要ス

［解説8］
1904（明治37）年 「普通教育ニ於ケル図画取調委員会報告書」発表

　明治30年代に入ると、それまで主流となっていた「教授は知識を伝授する作用」とするヘルバルト学派への批判が高まり、自学自習を旨とする教育論が盛んになってきた。また、図画教育において長年の課題であった鉛筆画毛筆画論争についても、教育的見地から建設的に考えるべきであるとの一応の結論を見るに至った。さらに、［解説9］に示す1900（明治33）年の第1回国際美術教育会議（FEA）での報告もあり、図画教育は転換期にあった。

　文部省は、1902（明治35）年に正木直彦、上原六四郎、黒田清輝、白浜徴らを委員とする「普通教育ニ於ケル図画取調委員会」を設置する。委員会は欧米諸国の図画教育の状況を調査し、それらを踏まえて普通教育における図画教育についての検討を行い、下記のような報告書を提出している。この報告書から、次の『新定画帖』を中心とする図画教育が展開していくことになる。

〇普通教育ニ於ケル図画取調委員会調査事項
曩ニ本省ニ於テ普通教育ニ於ケル図画取調ノタメ東京美術学校長正木直彦ニ委員長ヲ命シ東京高等師範学校教授上原六四郎、東京美術学校教授黒田清輝、同白浜徴ニ委員ヲ命シ小山正太郎、滝精一、溝口禎二郎、鵜川俊二郎ニ委員ヲ嘱託シテ調査セシメタルニ左記ノ通報告シタリ該報告ノ要旨ハ直ニ実行スヘキモノニアラス更ニ研究スヘシト雖モ図画教授上ノ参考ト為ルヘキモノモ亦尠シトセス依テ今茲ニ之ヲ公ニス
（文部省）
普通教育ニ於ケル図画取調委員会調査事項
目次
一　普通教育ニ於ケル図画ノ目的
一　小学校図画科教授要目改正案
一　師範学校図画科教授要目改正案

- 一　女子師範学校図画科教授要目改正案
- 一　中学校図画科教授要目改正案
- 一　高等女学校図画科教授要目改正案
- 一　普通教育図画教員養成法
- 一　図画教室設備方法

普通教育ニ於ケル図画ノ目的
○普通教育ニ於ケル図画ハ物ノ形相ヲ正確ニ看取シ且之ヲ自由ニ描写スルノ能ヲ得シメ兼テ美感ヲ養フヲ以テ目的トス
図画ヲ普通教育ノ一科目トナスノ理由
（甲）精神上ヨリ見タル理由
- 一　凡ソ普通教育ニ於ケル学科ハ精神的ナル手段ヲ以テスルモノト形体的ナル手段ヲ以テスルモノトノ外ニ尚ホ直接ニ心身両者ノ働ヲ結合スル所ノモノアルニアラスンハ決シテ完全ナリト云フヘカラス而シテ図画ハ実ニ此ノ如キ性質ノ学科トシテ適当ナルモノナリ何トナラハ是レ精神ニ基キ且眼トテトヲ聯繋シテ働カシムレハナリ
- 一　図内ハ想像力ヲ養成スルノ効力アリ蓋シ図画ニ於テ養ハルル想像ハ徒ニ感情的ニ流ルルノ恐ナク必ス客観ノ実物知覚ヲ離レサルモノニシテ正確ナル観察ヲ伴フヲ得ヘシ
- 一　図画ハ主トシテ抽象的知識ヲ増進セスト雖モ直覚的判断力ヲ養成スルニ於テ他ノ学科ノ及ハサル所アリ
- 一　図画ハ児童カ模倣セントスル天賦ノ欲望ヲ利導シテ原造力ヲ発達セシムルカ故ニ意育上ニ重大ノ効果アリ
- 一　図画ハ自然ヲ実写スルノミナラス考案ノ鍛練ヲナスモノナルカ故ニ遂ニ能ク発明的能力ヲ催進スヘシ
- 一　知覚シ理解シ而シテ判断スルハ心意発展ノ順序ナリ視官ハ形ト色トヲ知覚シテ自己ト外界トノ関係ヲ生セシム然レトモ物ノ形状構造性質ヲ速ニ了解シ且之ヲ判断センカ為ニハ単ニ其ノ物ヲ見ルノミニテハ足レリトセス必ス一層ノ注意ヲ以テ其ノ物ノ全体及其ノ部分ニ就キ又其ノ物ト之ヲ囲繞スル諸物トノ関係ニ就キテ理解セサルヘカラス図画ハ実ニ此ノ如キ心意ノ作用ヲナサシム故ニ図画ハ
　　（イ）周到ナル観察　（ロ）明瞭ナル理解　（ハ）正確ナル判断ヲ為スヘキ習慣ヲ養成スル上ニ入ナル関係アリ

一　無形ノ美ノ趣味ハ詩文ト音楽トニ依テ養ハレ得ヘシト雖有形ノ美ノ趣味ハ主トシテ図画ニ依テ養ハレサルヘカラス
一　図画ノ学習ハ客観ノ物象ニ対スルニ心身一致ノ働ヲ以テスルモノナルカ故ニ心意集中ノ習慣ヲ養ハシムルニ於テ著シキ効果アリ
（乙）実用上ヨリ見タル理由
一　図画ハ物ノ形象ヲ何人ニモ直ニ理解セシムルカ如ク複写スルモノニシテ世界ノ通語トモ云フヘキモノナルカ故ニ之ヲ学フノ必要ナルコト猶ホ文字ヲ学フノ必要ナルカ如シ
一　凡ソ家屋器械具ヲ作ルノ類ヨリ百般工芸ニ至ルマテ先ツ之ヲ図案ニ試ミ而シテ後実地ニ施スヲ常ノ法則トス故ニ図画ハ有形的製作ノ基本トシテ欠クヘカラサルモノナリ
一　図画ハ有形ヲ表示スルコト文字ヨリモ優レルカ故ニ物理学、化学、数学、博物学、地理学、歴史学等ヲ学習スルニ於テハ図画ノ力ヲ籍ルニ非サレハ記憶ヲ牢固ニシテ観念ヲ緻密ナラシムルコト難シ
一　其ノ他図画ヲ学習スルニ因テ目測ヲ容易ナラシメ手指ノ運用ヲ巧ニシ又ハ事物整頓ノ習慣ヲ得シムル等人生日常ノ便宜ニ資スルコト少カラサルナリ

小学校図画科教授要目
尋常小学校
第1学年　毎週3時
　随意画　別ニ範本ヲ用ヒス児童ノ欲スル如ク随意ノ形相ヲ描写セシム
　臨画　簡易ナル線画ニシテ図画学習ノ基本トナルヘキモノ
　手工　豆細工、粘土細工、但シ手工ヲ別ニ一科トシテ設クル場合ニハ之ヲ除クヘシ而シテ此ノ場合ニ於テハ毎週教授時数ヲ2時トス以下之ニ準ス
第2学年　毎週3時
　臨画　前学年ニ準ス
　記憶画　臨画ニテ習得シタルモノヲ再写セシム
　書取画　口授ニ依リテ簡易ナル形体ヲ構成セシム
　手工　前学年ニ準ス
第3学年　毎週3時
　臨画　前学年ニ準ス
　写生及看取画　簡易ナル形体
　記憶画　臨画写生ニ依リテ習得シタルモノヲ再写セシムルカ又ハ特ニ熟視シタ

　　　　　　ル実物ヲ追想シテ描カシム
　　書取画　　前学年ニ準ス
　　手工　　　粘土細工、切貫細工
第4学年　毎週3時
　　臨画　　　前学年ニ準ス
　　写生及看取画　前学年ニ準ス
　　記憶画　　全学年ニ準ス
　　考案画　　簡易ナル平面模様
　　手工　　　粘土細工、切貫細工、厚紙細工
高等小学校
第1学年　毎週3時
　　臨画　　　簡易ナル線画
　　写生　　　幾何形体器具但シ描法ハ臨画ノ程度ニ準ス
　　看取画　　簡易ナル形体
　　記憶画　　臨画写生ニ於テ習得シタルモノヲ再写セシムカ又ハ特ニ熟視シタル実
　　　　　　物ヲ追想シテ描カシム
　　考案画　　平面模様
　　手工　　　粘土細工、切貫細工、厚紙細工
第2学年　毎週3時
　　臨画　　　前学年ニ準シ又陰影濃淡ノ初歩ヲ加ヘ授ク
　　写生　　　幾何形体、器具、植物、但シ描法ハ臨画ノ程度ニ準ス
　　看取画　　前学年ニ準ス
　　記憶画　　前学年ニ準ス
　　考案画　　前学年ニ準ス
　　手工　　　前学年ニ準ス
第3学年　毎週3時
　　臨画　　　前学年ニ準ス
　　写生　　　植物、模型
　　看取画　　諸般ノ形体、景色
　　幾何図　　平面図法
　　考案図　　平面模様、立体図案
　　手工　　　粘土細工、厚紙細工
第4学年　毎週3時

写生　　模型、剥製標本
　　看取画　前学年ニ準ス
　　幾何図　平面図法、立体図法の初歩
　　考案画　平面模様、立体図案、作画
　　手工　　前学年ニ準ス

教授上ノ注意
1　随意画
随意画ハ児童ヲシテ模倣ノ慾望ヲ旺盛ナラシメ深ク図面ノ興味ヲ覚エシムルニ適スルカ故ニ図画科入門ノ手段トシテ最初ニ之ヲ課スルコト必要ナリ随意画ハ未タ法則ナキ自由ノ描写ヲ目的トスルモノナリト雖モ遂ニハ之ヲ導キテ正式ノ学習ニ聯繫スルヲ要スルカ故ニ教員ハ其修正ヲナスニ当リテ成ルヘク児童ヲシテ秩序アル学習ノ必要ヲ感スルニ至ラシムルカ如クセサルヘカラス
2　臨画
臨画ハ教授ノ際成ルヘク実物若クハ模型ヲ示シテ範本ト対照シ児童ヲシテ画中形相ノ意義ヲ十分ニ理解セシメタル後其ノ布置描法ヲ授クヘシ但シ始ハ掛図又ハ教員ノ描写スル塗板画ヲ以テ範本トナシ後漸ク机上ノ手本ニ就ニテ描カシムヘシ
3　記憶画及書取画
記憶画及書取画ノ練習ハ図画ヲ実際ニ応用スルノ準備トシテ且考案画ノ階梯トシテ欠クヘカラサルモノナリ記憶画ハ始ハ児童自身ノタヒ学習シタル図画ヲ憶起シテ之ヲ描カシメ後ニハ未タ描写セサル実物ヲ一定時間内熟視シ然ル後記憶ニ依リ之ヲ写出セシムルニ至ルヘシ
書取画ハ重ニ簡易ナル幾何形体若ハ模様ノ類ヲ口授シテ構成シムヘキモノナレト時トシテハ又児童ノ想像シ易キ事実ヲ語リテ其ノ概要ヲ描カシムルコトアルヘシ
4　写生及看取画
写生及看取画ハ共ニ実物ヲ模写スルモノナリト雖モ所謂写生ノ方ハ物ノ形相ヲ成ルヘク正確ニ描写スルヲ以テ目的トナスカ故ニ之ヲ教ユルニハ先ツ児童ヲシテ物体ノ位置、距離及光線ノ関係ニヨリテ形相ニ変化アル所以ヲ明ニセシメ然ル後之ヲ描写スルニ至ラシムヘシ然ルニ看取画ハ物ノ要点ヲ抄写スヘキ性質ノモノナルカ故ニ其ノ学習ノ方法ハ所謂写生トハ趣ヲ異ニシ必ス一定時間ヲ限リテ其ノ間ニ写了スル如クナササルヘカラス
5　幾何図
幾何図ヲ授クルニハ実際ノ応用ヲ主トシテ理論ニ偏セサルコトヲ務ムヘシ又ソノ

程度ハ重ニ平面図法ヲ授ケ投影図法及透視図法ノ初歩ハ自在画及手工ト連関シ成ルヘク実物ニ照シテ説明スルヲ要ス

6　考案図

考案図ハ児童ヲシテ自己ノ創作力ヲ養ハシムル所以ノモノニシテ其ノ種類2アリ曰ク

(甲) 図案 (乙) 作画之ナリ

(甲) 図案　図案ハ最初ニ線ヲ以テ分量方向位置等ノ如何ニヨレル配合ノ変化ヲ教ヘ次ニ諸般幾何的形状ノ応用ヲ以テシ遂ニ進ンテ簡易ナル天然物象ヲ用フルモノニ至ルヘシ

(乙) 作画　作画ハ或ハ簡単ナル課題ニヨリテ行ハシムルコトアリ或ハ一文章ノ特ニ図画ニ表サレ易キ事実ヲ叙スルモノヲ示シテ之ヲ描カシムルコトアリ

7　手工

手工ヲ授クルニハ予メ工作図ヲ与ヘテ之ヲ写サシメ又ハ標本ヲ与フル場合ニハ之カ看取図ヲ作ラシメ之ニ依リテ実習ヲナサシムヘシ

8　教授時数

教授特数ハ大略次ノ如キ割合ヲ以テス但シ実際教授ノ場合ニハ必スシモ1時間ヲ単位トナサス科目ノ種類ニヨリテハ1時間ヲ分割シテ数科ヲ教授スヘシ

尋常小学校

	第1学年	第2学年	第3学年	第4学年
随意画	50	—	—	—
臨　画	30	50	30	25
写　生	—	—	—	—
看取画	—	—	25	15
書取画	—	20	15	15
記憶画	—	10	10	10
幾何図	—	—	—	—
考案図	—	—	—	15
手　工	40	40	40	40
計	120	120	120	120

高等小学校

	第1学年	第2学年	第3学年	第4学年
随意画	—	—	—	—
臨　画	20	20	10	—
写　生	25	25	25	25
看取画	10	10	10	10
書取画	—	—	—	—
記憶画	10	10	—	—
幾何図	—	—	20	25
考案図	15	15	15	20
手　工	40	40	40	40
計	120	120	120	120

本表ハ1学年ノ教授時数ヲ120時ト見做シテ調製シタルモノナリ

9　教授科目ノ聯絡

各教授科目ハ区分シテ之ヲ設クト雖モ教員ハ常ニ其ノ統一ニ就キ明晰ナル概念ヲ有センコトヲ要ス殊ニ図画ト手工トノ関係ハ極メテ密接ニシテ恰モ唇歯輔車ノ関係ヲナスモノナレハ教員ハ其聯絡ヲ保ツコトニ注意スヘシ例ヘハ手工ニ於テ課シタルモノハ之ヲ図画ノ材料ニ供シ又図画ニ於テ習ハシメタルモノハ之ヲ手工ノ材料ニ資スト云フカ如シ蓋シ此ノ如クスル時ハ児童ハ能ク物ニ於ケル形ト質トノ関係ヲ明ニシテ遂ニ図画ノ健全ナル学習ヲ得ルニ庶幾カランカ

10　用具ノ種類

尋常小学校第1、第2学年ノ図画ハ主トシテ鉛筆ヲ以テ紙上ニ描写セシムト雖モ第3学年以上ニ於テハ教授スヘキ図画ノ程度ニ準シテ便宜用具ヲ異ニスルヲ得ヘシ

11　図引器械ノ使用

尋常小学校ノ全学年及高等小学校ノ第1、第2ノ2学年ニ於テハ特ニ幾何図ノ科ヲ設ケスト雖モ考案中ノ図案ヤ手工中ノ工作図ヲ作ルニ幾何図ヲ要スルコト尠ラサレハ此両科ニ於テ便宜之ニ要スル図法ヲ予習セシメ且成ルヘク図引器械ノ使用ニ慣熟セシムルヲ要ス然レトモ臨画及写生ノ場合ニ於テハ画引器械其ノ他補助ノ器械ノ使用ヲ禁スヘシ

12　色彩ノ識別及著色

凡ソ児童ノ色彩ニ於ケルヤ先ツ之ヲ識別スルコトヲ習フニアラスンハ之ヲ使用スルニ於テ困難ナルコトアルヘシ故ニ著色ノ練習ニ先チテ色ノ名称配列等ノ事ヲ実物ニ照シテ説明シ以テ児童ヲシテ一般色彩ノ性質ヲ了解シ得ルニ至ラシムヘシ

然レトモ初等ノ学級ヨリ色鉛筆ヲ用ヒテ簡略ナル著色ヲナサシムルハ必シモ不可ナラス但シ水彩ヲ以テ著色スルハ尋常小学校第3学年以上ニ限ルヘシ

13　美術作品ノ閲覧及講話

凡ソ図画科ニ於テハ教員ハ成ルヘク多クノ機会ヲ利用シ児童ヲシテ美術及工芸ニ関スル作品若ハ其ノ正確ナル複製物ヲ閲覧セシメ又ハ美術ニ関スル極テ平易ナル講話ヲナスコト必要ナリ

14　成績品ノ保存

凡ソ児童ノ成績品ヲ保存スルノ趣意ハ教授上参考ニ資スルニ在ルカ故ニ教員ハ単ニ優等ナルモノノミヲ撰ハス劣等ナルモノ又ハ特ニ注意スヘキ偏癖アルモノモ併セテ之ヲ撰フ等常ニ其ノ保存ニ就キテ適当ノ方法ヲ立ツルヲ要ス

[解説9]

1916（大正5）年　白浜徴著『新定画帖の精神及其利用法』刊

　[解説8] の1904（明治37）年「普通教育ニ於ケル図画取調委員会報告書」を受けて、1910（明治43）年に発行されたのが国定教科書『新定画帖』（p.221参照）である。『新定画帖』は1932（昭和7）年の『小学校図画』発行まで20数年にわたって使用された図画教科書であるが、現場教師たちからの批判も多くあった。その批判に対して、編集責任者の1人であった白浜 徴（東京美術学校教授、1866-1928）が、その編集主旨や背景、指導方法などを示したのが『新定画帖の精神及其利用法』である。本書には『新定画帖』編集に大きな影響があったとされる白浜の絵画視察の状況が詳しく記されているとともに、毛筆画と鉛筆画の変化についても述べられている。ここでは、「第一章　新定画帖の起因」の一部と「第四章　新定画帖と毛筆画帖及鉛筆画帖との比較」を掲載する。

第一章　新定画帖の起因

　新定両帖の生れて出てきたといふ事に付ては、教育社会では余程違ったものが、出て来たやうに思って居るようだけれども、図画教育の発達した順序として、新定画帖のやうな組立の画手本が出て来るといふ事は全く当然のことである。そこで何う云ふ原因からして此の如き手本が出て来たかといふことを穿鑿するには其以前に遡って外国に於ける図画教授の沿革といふものと、我国に於ける図画教授の沿革といふものを対照して見る必要が有る。就中この新定画帖の仕組といふものは、欧羅巴に行はれて居る図画教授の傾向と、殆ど一致して居るのであって、詰り我国の図画教授は外国の図画教授と併行して行かんければならぬ。寧ろ望みを言へば、その以上にも行かんければならぬといふことからして、此新定画帖といふものが生れ来たものであると思ふ。

　それで、我国に国定画帖の出来た時に、独り新定画帖のみが出て来たのでは無くして、其当時に毛筆画帖といふものと鉛筆画帖といふものと詰り三つの種類が出来た、何故に此の如く三つの種類が出来たかといふこと、及此三つの種類は如何なる点に於て違つたところがあるか、といふ事を究めんければならぬ。此事は後になって話をしやうと思ふが、兎に角此新定画帖の生れ出たことを知る為に、外国の図画教授の沿革を知る必要が有るので、是から外国に於ける図画教授の実際に説き及ぼそうと思ふ。

第一節　外国に於ける図画教授
（甲）欧州に於ける沿革

　普通教育の必修科として、小学校に図画といふものを入れたことは、外国に於ても左程古いことでは無い。英吉利では1860年であつて、独逸では1871年、亜米利加では1870年に必修科となつて居る。我国では、1871年、即ち明治5年に小学校に図画が這入つて居る。そこで英吉利か一番古いのであるれども、独逸、亜米利加の如き殆ど我国と同時代に小学校の教育に這入つて来た。是は偶然の出来事であるが、併ながら今日までその発達の有様といふものは、大分違つて居るやうに思はれる。

　それから仏蘭西の如きも、無論図画教育といふものには骨を折つて居るが、併し仏蘭西は所謂美術国であつて、専門の美術教育といふことには、大変骨を折つて居るけれども、普通教育の図画といふことに付ては、矢張り専門的の美術教育といふものに傾いて居る嫌があるので、先づ欧羅巴で教育的に図画を実施して居るところと言つたならば、英吉利、及、独逸の沿革を話すことにすれば、それにて欧羅巴を代表し得ると言つても差支なからうと思ふ。それから又、米国の教育といふことに付て、話をすることが必要であると思ふ、何故ならば、米国では欧羅巴の良い点を総て採り、又、欧羅巴の教育のみならず、日本の美術教育の美点を採つて教育上に採用して居るといふことからして、密接な関係を生じて居ると言ひ得るのである。

　然るに一番初といふものは、如何なる事業も同じことで、英吉利なり、独逸なり、亜米利加なり、又、我国に於ても図画を入れた始といふものは、実に幼稚なものであつて、到底今それを知つてどれ丈けの利益が有るといふことは、殆どわからぬ位で一口に中したならば単に画といふものは形を見て、平面的に描いたものを、後、写すものであり、見て習ふものであるといふやうなことに過ぎない。所謂手本を見て、その通りに唯、機械的に写して居つたといふ位に止まる。教育上の効果といふものは今から考へたならば、殆ど無い位のものである。それが段々と他の教育の進歩に連れて、発達して来て、今日の隆盛を来したといふことになるのである。

　そこで、先づ欧羅巴では、何時頃その改革運動といふものが起つたかといふと、1885年以後のことであつて、彼のスツールマン博士が、図画教授の事に付て、意見を発表したのも1887年であつて、当時大に教育社会の注意を引いたのである。そのス氏の教授法といふものはどう云ふものであつたかといふと、図画教授といふものは、眼を鋭敏にしなければならぬ。又想像力を活溌にしなければならぬ

第2節　解説及び資料　　145

といふやうな事柄、及、手の練習といふものはそれを結付けて、図画を描かせるといふことになつたので、其ス氏の教授の順序は先づ三つの段階に分たれてある。第1は網画、第2、平面形自在画、第3、立体形自在画である。此網画といふのはどう云ふ物であるかといふと、是は1センチメートルの広さに、或方形の網線を印刷してある紙の上に画を描くのであつて、詰り、網の目のやうに線を引た紙の上に画を描くといふことから、網画と名づけたのである。何故かといふと、何にも無い白い紙の上に初て物の形を描くといふことは、六つかしいものである。それからして、児童に画を学ばせる最初は、さう云ふ網の線の中に描いてあるものを見て、その網線に交差して居る点を取つてたどつて画者の紙面（此紙面にも網線を引きたるもの）に写すといふやうなことから、さう云ふ名称が出てきたものと思ふ、然るに斯う云ふ風で初から終りまで描かせるといふものでは無い、初て描くから用いるので、段々網の目を使はないで、自由に描くことが出来るやうに熟練させるといふことが、目的であつたのである。

　此網画の遣り方が済んでからは、第2の平面形の自在画に移すのである、是は普通の白い画用紙に描かせるので、初には皆、団体の教授であつて、詰り一つの大きな手本を黒板の上に出して、さうして、それの描方を説明して、児童がその説明の下に、それを習ふといふやうな方法である。この方法が段々進んで来てから、所謂個人的になつて、銘々手本を持つて居つて、さうしてその手本を写し取るといふやうな遣り方であつた、そしてその平面の形を描くことが済んで後は、所謂、第3の立体形自在画の課程に進んで行くので、或物の遠近を見て、正しく描き出す能力を養ふ。斯う云ふ風になるといふと、各種の石膏模型を光線に照してさうして陰影を附けて描くといふやうになつて来るのである。

　この方法の外に、スツールマン博士の遣り方は、一度描いた物体を、記憶に依りて描くといふこともやつた、即ち、之を記憶画と名づけることが出来る。又は、実物を写取る、即ち写生画といふものも無論やつたのであるか、その外に新たに図画といふものを創作する画、即ち考案画といふものを課したといふことである。が、併し要するに物の形を見て、機械的に精密に写取るといふことが主であつたのである。この遣り方は、是までただ手本を見て、描いて居つたといふことに比較して見ると、余程、進歩した説であるからして、大に教育社会の注意を惹起すといふことであつたが、さう云ふ説が出ると、又、色々の説を出す人が出て来て、成程、比較的良い教授法である。けれども、其ス氏の教授法の中の網画法といふものは非常な不都合なものである。何故ならば、網の目を数えて、さうして画を描くといふやうなことは、第1、子供の目の衛生上に害がある、或は、其運筆とい

ふものは、機械的になつて非常な弊害があるといふやうなことが、攻撃の種となつた。又、ス氏の教授法は、余り機械的になつて、定規などを自在画に用ゐるといふやうなことが、非常に悪いといふ説が出て来た。この後フリンチエルといふ人か、図画教授に就て又一つの説を出したが、この人の説も、非常に教育社会の注意を惹いた、それではどう云ふことであるかといふと第1、図画教育といふものは目を練習する、即ち意識的に観察する力を養はなければならぬ、而して手の練習といふものは、左程教育上重んすべき価値のあるものでは無い即ち目の練習といふものが主であるので、手の練習といふことは其次の目的になるのである。それから2番目論理的作用、即ち創作といふ力を養成し、判断力といふものを養はなければならぬ。此判断力を養ふには、児童をして正しく視るといふことに熟練させることに努めなければならぬ。斯う云ふ土主義からして、フ氏の教授法は直線から平面の物に進ませ、それから平面形に於て、三角形と四角形、五角形から段々進んで行つて、楕円とか渦線とかいふものに及ぼし、終りにはそれを組合はしたやうな形、即ち装飾的の画を学ばせるやうにして、次第に立体の物に移るといふやうな方法であつた、其間には絶えず、創作的の力を養ふといふことに注意して居つて、さうして器械詰り定規などを用ゐるやうなことは一切之をやらせないといふやうな趣意であつた、此フ氏の説を前に述べたス氏の説と対照して、其違ひを言つて見ると、スツールマン博士の方は技術を重んずるといふ風に幾分か傾いて居つたが、フリンチエル博士の方は判断力を養成するといふやうに傾いて居つたのである。丁度此の図画教授の一つの変動が来た時は我が国では丁度明治18、9年の頃であつた。彼のフエノロサ氏が日本美術を保護しなければならぬ。日本の教育には西洋の鉛筆画を入れて教授して居るけれども、日本の小学校教育には日本の在来の毛筆画といふものを教へるといふことが一番適当して居るといふことを唱導した時で、所謂鉛筆画に対する毛筆画の勃興といふことの説を丁度出した時と同時である。

　以上の説を斟酌して図画教授を改良した教授法といふものは次の如くになつたのである。

それは

（一）図画教授は他の科学的学科と同じく精神上に基づきたる一般教化をなす目的とする。

（二）図画教授は左の如き要求を充さなければならぬ。

　（イ）総て物体には、形状の均合、明暗、及、色彩の点に於て一定の規則があるといふことを知らしむること。

（ロ）形状、及、色彩の点よりして成る可く美しき形体を知らしめ、之を図画の目的に適するやうに描写せしむること。
　（ハ）描写の力を養ひ、与へられたる形体を正確に写さしめてさうして目と手との練習をなすこと。
　（ニ）技術、及、実業に関係する基本的知識を与へること。
（三）教材は主として幾何的のもので、又、其形は美なる形でなければならぬ。そうして児童が確かに了解し得るもので、さうして之を描くには特に手腕の技巧を要せざるものでなければならぬ。若し其技巧を要しなければ、其図画面を描くことが出来ないといふことであつたならば、其教材は学校教育の図画の目的に副はないものであるとしなければならぬ。
（四）教材は主として装飾に関するものであつて、次の順序に依る。
　（イ）平面の形態、平面的の装飾の図画。
　（ロ）簡単なる幾何形体。
　（ハ）建築的装飾に関するもの、及、実用的のもの。
以上の教授法は比較的、其当時には立派なものであつたと言い得るかも知れぬ。けれ共それを実施するに当つて其結果からして、又斯う云ふ非難が出て来たのである。如斯教授法は児童の興味を惹くに足らないといふやうな点か起つたのである。又小学教育の趣意に適合して居るや否といふ疑が有るといふことであるし其訳は此教授法では初年級から装飾的幾何形体を写生するといふことになつて居るけれ共、趣味も何にも無いものを初年級から無理に写させるといふことは人に児童の興味を減殺するといふ処がある。
　元来児童の特質とする処は有らゆる方面に向つて能く発達して印象することが趣意であつて心に深く刻み得らる可き時期である。即ち新陳代謝が激しい時期であつて、所謂発達の時代である。それであるのに此時期に於て幾何的のもののみを課して居つて、自然物に遠ざかるといふやうなことは如何にも誤りであるといふやうな非難が出て来たのである。
　斯う云ふ事から段々研究して、1893年には、ランゲ氏の意見が出て来た。其の意見としては図画教授なるものは、美術教育の一般の要求に応じなければならぬといふことである。一般の要求といふものはどう云ふ事かといふと、目と手との練習、形と色との記憶練習、それから想像力の養成を主とするので、之が為には児童をして書かしむるのみならず、大家の製作した美術上の製品を教授上に利用するといふことも亦大切なことである。全体是までの図画教授の根本的欠点は、所謂技術的に傾いて居る、余り数学的である。全体図画教授なるものは、直

接に感情を発表するものであるのに、自然界の物に触れずして、それを引離して、さうして器械的に教材を整列するやうな形式に片寄つたといふことが非常に悪い事である。どうしても自然界の物を取って教材としなければならぬ。即ち是までの形式的に配列することを避けて、児童の興味を惹くものを教材としなければならぬ。さうして其教材は手で描き現はすことが六つかしいものであつてはならぬ、即ち簡易なものでなければならぬ。装飾的の画といふものは寧ろ上級に課すべきものであつて、矢張り専門的に傾いたものである。又児童の描く画は純粋の遠近的画法に叶つたもので無ければならぬといふことは要らない。唯々感じた儘を描かせるといふことで差支ないのである。それで成るべく自然物に近寄らして、さうして景色なり人物なり、初年級より始めてさうして又初年級より彩色せしめるといる様にするのが自然である。斯う云ふ風に図画教育が変つて来た。

　それから1897年になつてはヒルトといふ人が又非常に有益な説を出した、さうして是等は又教育社会に持囃されるやうになつた。其人の説に図画と云ふものは実用という点も能く注意しなければならぬ。けれども、亦、人の知識といふものを、どう云ふ風にして開発させるものであるかといふやうな事を考へなければならぬ。即ち図画と知識を授ける、例へば無形の事柄は口で話して出来るけれ共、有形の物即ち形あり色ある物は口で言つてはどうしても分らぬからして、それはどうしても図画に描かなければならぬといふ事から、子供の知識といふものを確かにする為に図画を使ふのである。夫故に未だ手も腕も充分動かない児童に在りて、必ずしも筆に描かしめなくても宜しい。寧ろ正しく視て、さうして図画に写し取つて感じた儘の印象を筆に現はすといふことであればそれで宜いのである。さうして其描方は少しも苦まないで実物を見るなり或は記憶の上からして形を現はすといふことで充分である。そこで同氏の説を掻摘んで見ると斯う云ふ事になる。
(一) 各学年に於ける、児童の興味を失はぬやうに深く注意すること。
(二) 物体の特徴といふものを認識せしめて、さうして之を記憶に止めて、記憶より描写せしむること。
(三) 初学年より色彩を教へること。
(四) 色彩に富んで居る自然界に児童を導きて趣味の向上よりことを図ること。
(五) 大家の製作した作品其ものを教授上に利用して、さうして趣味教育の材料に供すること。

　そこで斯う云ふ事からして、此時も我国と比較して見ると、我国の丁度明治30年頃に当る、此時は既に鉛筆画に代へて毛筆画を教科書に入れたのであるけれども、段々研究の結果、鉛筆画といふものはどう云ふ処が悪い、どう云ふ処が良いか、

毛筆画といふものは如何なる点が教授上美なる点であつて、如何なる点が悪い点であるとかいふやうな、所謂鉛筆画、毛筆画の得失論といふことが非常に喧しく水と油の如く教育社会に戦つたもので、新聞に、雑誌に非常に花を咲した時代である。さう云ふ事からして遂に文部省は明治34年に図画調査委員といふ者を設けて、図画教育を如何にすべきやを精査せしめ遂に今日の教科書となつた次第であるが欧羅巴でも此14、5年前から図画教授の方法が完備して、さうして現在如何なる有様になつて居るかといふことを見る為に英吉利の小学校、独逸の小学校、及、米国の小学校の現在に就て教授の要領を話したいと思ふ。

（一）英国小学校図画教授案　（略）
（二）独国小学校図画教授案　（略）
（三）米国小学校図画教授案　（略）

第二節　我国に於ける図画教授　（略）

第四章　新定画帖と毛筆画帖及び鉛筆画帖との比較

　新定画帖の生れ出る前には、毛筆画手本と鉛筆画手本とが国定教科書であつたのであるが、新定画帖が出ると同時に毛筆画手本を改正して毛筆画帖となし、鉛筆画手本を改正して鉛筆画帖としたので、謂はば新定画帖のやり方が従来の物と余程違つて居るからして、それに成るべく近寄せて改正すると云ふ趣意で改正したものである。それ故に或点は同じ様な事があり、或点は違つた点がある、其同じ様な点と云ふやうなことは、幾何形体を基として、例へば三角形とか、或は四角を基として書物のやうな物を描くとか、立方体を基として火鉢を描くとか、楕円の形を描いて風船玉を描くとか云ふやうに基本になる形を練習さして、それから物の形をそれに結着けて習はせると云つたやうなことは、是は図画の形式の順序としてズツと旧くからやつて居る方法であつて、此方法は捨てない方が宜いので、さう云ふことは新定画帖にも採用してあるし、又在来の手本にはさう云ふやり方でやつて居るのであつて、其点は能く一致して居る。又尋常5年から色を入れて、鉛筆画帖は水彩画となり、毛筆画帖は彩色画となると云ふやうなことは、新定画帖も同様に能く一致して居る。又植物、昆虫の如き物から考案をして模様を工夫さして、それに理想的な配色をさせると云つたやうな点も能く一致して居る。それから又鉛筆画と毛筆画の似た点もある。それはどう云ふことかと云ふと鉛筆で描いても、毛筆で描いても、初めは主に器物を多く授けると云ふやうなことになつて居る。それから植物、動物、人物、景色と云ふやうな大体の順序になつて

居る。又其描方も初めは簡単な線を練習させて、其線に依つて物の形を形造ると云ふやうな方法でやつて居る。それから其次は線で囲まれた形を更に完全な形にする為めに、鉛筆画で陰影を施し、毛筆画では濃淡を施して、何れも黒色の一色で暈すことを教へてある。それから終りの学年では彩色を施すと云ふやうな点である。又毛筆画と云ふものは在来の日本画であるからして、其日本画と云ふものは光線にて照してさうして画を描くと云ふやうな、陰影と云ふやうなことはないので、単に濃淡と云つて、濃と淡い所を造つて物の凹凸を現はすと云ふやうなやり方である。併ながら斯様なる事は教授上非常な困難を感ずるので、矢張り鉛筆画の方法の如く光線に向いた方は総ての色が淡く、影になつた所は暗くなると云ふやうなことが説明をしても分るし、習ふ児童も了解すると云ふことから、日本画の濃淡と云ふものが余程鉛筆画の陰影に近く描いてあると云ふ点は、両方を結着けやうとした点が能く分つて居る。又線で囲まれた物体でも、日に面した方の線は細く描き、影の方の線は太く描くと云つたやうなことも鉛筆と一致した点を見ることが出来る。勿論教材の種類と云ふものはイロイロに変つて居る。鉛筆画に適当した物は、毛筆画に不適当な物があると云ふことから、教材の選択は変つて居るけれども、其方法に於ては余程一致して居るやうである。此一致した２ツを又新定画帖に一致するやうに努めて改正した点が見えるのである。併ながら毛筆画帖と云ひ、鉛筆画帖と云ひ、皆図画の形式と云ふものを本体として、簡より繁に入り、易より難に赴くと云ふやうなやり方で、児童に習はせると云ふことを何所までも主として居つたので、所謂手本として描いた物である。然るに新定画帖なるものは、最初に教師用と云ふものを作つて、さうして其教師用には独り児童に習はせると云ふものばかりでなく、写生の方法を説明し、又考案の方法を説明し、或は其例を示し、又参考になる図を現はし、応用になる図を示すと云つたやうに、イロイロに順序を立てて複雑して居るが、兎に角此次には之をやる、其次には斯う云ふ方法でやると云ふやうに毎学年の毎週に割当て、教師用と云ふものを最初に造つたものである。それが総て出来上つた後に、児童用書と云ふものを其中から児童に必要なる物のみを引用して、さうして編纂したものである。それ故に毛筆画帖も新定画帖も共に教師用書と云ふものはあるけれども、其成立ちが全く違つて居るのである。即ち新定画帖は教師用書が出来て後に児童用書が出て来たのであるが、毛筆画と鉛筆画とは児童用書と云ふものが先に出来て居るので、それを新定画帖の児童用書に合ふやうに造つたので、従つて其教師用書は毛筆川も鉛筆画も、其児童用書をどう云ふ風にして教へるかと云ふことを説明したに止まるのである。そこで其出来上がつた物を比較して見ても、土台が違つて居るの

であるからして、イロイロの点が違つた所がある。例へば新定画帖は、児童心理を重んずると云ふ点からして、初めの学年から景色のやうなものを大分練習させると云ふやうにしてある。是等は他の２つの画帖に見ることの出来ないものである。又鉛筆画帖と毛筆画帖は教材の編成の仕方が詰り順進教案即ち段階的教授に傾いて居るが、新定画帖の方は、順進教案もあるけれども、円周的教案即ち併進教案が主になつて居る。例へば景色の如きものも１年でも描かせ２年でも描かせ３年にも描かせると云ふやうなことになつて居る。是等が余程違ふ点である。又新定画帖では景色のやうなものでも２・３課続いて居る。又植物を授けるのにも其植物の課が２・３課続いて居る。是はどう云ふ訳かと云ふと、只一度教へて其儘にして置くと其知識が確かにならない。それ故に一度教へたものを其次に授くる課業の予備になるやうにして教へ、それが２・３課続くと云ふと其教授が確かに児童の頭の中に這入つて来る。所が鉛筆画帖及び毛筆画帖の方は一課にして止めたものが沢山ある。斯う云ふやうなやり方は其物を確かに知識とならしめると云ふ点に幾らかの不足を感ずるやうなことがあるのである。以上述べたような次第であるからして、新定画帖は教師用に依つて教授して行けば、先づ誰がやつても大体其通りに行くのであるが、毛筆画及び鉛筆画を教授するに当つては、教授者が余程注意をしなければならぬ。即ち之を教授するに当つては、之を基として写生の教材なり、考案の教材なりを附加へなければならぬ。又新定画帖はイロイロの道具を要し、又イロイロの画の方面がある為めに、教授上非常に困難であると云ふことを言つて居る人があるが、併し努力しないで総ての効果を挙げると云ふことは、誠に出来ないだらうと思ふ。それ故に必ず此新定画帖は教師用に依つて教師が努力して行けば、必ずそれだけの効果を挙げることが出来ると云ふことを信じて疑はないのである。若し鉛筆画及び毛筆画を採用する教師が、此手本は非常に易いものであると言つて、唯々それを臨図的に授けて、其外に努力と云ふことをしなかつたならば、それは教育上充分の価値と云ふものを発揮することは出来ないであらうと云ふことを恐れるのである。

[解説10]
1925（大正14）年　岸田劉生著『図画教育論』刊
　大正期になると、さまざまな私的学術論や芸術論が数多く出版されるようになる。本書も岸田劉生（1891-1929）が画家の立場から図画教育に対する私見を述べたものであるが、図画教育を徳育として捉え、情操の言葉を用いてその目的を論じている点は、現代の学習指導要領にも通じる面がある。

内容は、まず徳育としての図画教育の理念、方法などを説いている。そして、それらの発想の基となる劉生の絵のモデルとして有名な劉生の娘、麗子（1914-1962）自身の描画を中心とする成長を画家の目で観察し、麗子の描画の変化を多くの図版で紹介している。本書の副題として「我子への図画教育」を付していることからも、本論の発想の第一に麗子への愛情があったことが想像される。また、付録として「慶應義塾幼稚舎に於ける図画教育」を作品図版とともに掲載している。本書は、改造社より発行された。
　ここでは、「第一章　図画教育私見」の「一　図画教育の目的」と、麗子の作品とその解説の一部を示す。

第一章　図画教育私見
一　図画教育の目的
イ　徳育としての図画教育
　近来芸術教育等の問題が相当真面目に考究され、実に一つの新傾向として流行してゐる事は事実である。この事は旧来の唯物的児童教育、実用主義の教育から新しい境地に一歩踏み出した事であつて先づ慶とせねばならぬ事の様に見える。
　しかし乍ら、今日流行してゐる芸術教育といふものは、可なり上すべりのした概念的のものであつて、趣味も悪く堅実な考究を欠く嫌があり、従つて、児童の感情又は情操の教育法としてはむしろ不健全なところ多く、有害の結果を生みはしないかといふ疑を起さしめる。しかしこれ等の問題に就ては次の項にゆづるとして、私は自分の図画教育見解を述べる順として先づはじめに図画教育の目的に関する私見を述べねばならない。
　図画教育の目的は何にあるか、一言に云へば、児童の感情の美化にある。児童の感情の美化は何にあるかと云へば、児童の心に内から有識的に「善」を植えつける事にある。かくて図画教育の第一の目的は必ずしも美術や絵を教へる事ではなく、美術や絵によつて真の徳育を施さんとする事であると云ひ得る。勿論常識教育として、手工能力の練磨、一般形象に対する注意、等も疎外する事は出来ない。しかし、これ迄の教育法だと先づ第一に図画教育の目的を、形象描写の能力即ち智育の一つとして見た。そして、情操の教育としての目的は第二に置かれてあつた。この事は今日もまだ文部省の図画教育に関する定義に明示されてある。のみならず、従来の図画教育法である臨画法、又は美の意識を全然欠如せる形体写生法（三角形、四角形等から石膏写生にいたる迄）等が雄弁にこれを語つてゐる。石膏写生などといふものは美術学校の入学試験の予習としてなら意味もあらうが、美育

とは何の関係もないものである。

　かくの如く、図画教育は智育又は常識教育の一つとして、即ち、実用教育の一つとして考へられて来た。図画教育がともすれば、他の科目よりも軽んぜられ、蔑視されて来たのはこの理である。何となれば、単に智育、又は実用教育としてこれを見るならば、何も画が下手だからとて、立身出世するにさしたる不便はなく、むしろ画など小器用に描く人物に大出世する人間はないとも云へる。智育としては、第一に算術、英語、理科、等の大切なものあり、図画や唱歌などは遊び半分のことにて、教師も、家族も、更に生徒自身も何となくこれを軽視するのは又当然と云はねばならぬのである。

　しかし、もう一歩進んで考へるならば、これは単に国家教育のみの問題ではなく、我国の教育全体が唯物的傾向にあつたからの結果であつて、図画教育の目的なり効用なりが、児童の徳育にあるのだといふ事を気付くにしてはこれ迄の日本の教育界なり家庭なりは徳育といふ事を深く考へなさすぎるのである。事実これは単に教育界のみの問題ではなく、我国民は幕末より明治以来、西欧の所謂先進国の物質文明に脅威される一方人口増加、経済問題などの脅威により、著しき唯物論者となり、発明讃美者となり、現実尊重主義者となつた。これは必ずしも悪い事ではない。我国民性の一つの欠点として、科学的な綿密な頭脳力を持たぬ事は決して誇る可き事ではなく、今後の文明なり社会の幸福なりが、さういふ物質文明によつて持ち来される事の多い事は論を待たない。これ等の事は後項にゆづるとして、とも角も我国民は明治以後物質文明の追従に急であつて、意識の上では多少それが過重せられた、少くとも、それと対立す可きものを軽視し、又は忘却したといふ事はこれも事実である。

　教育の根本殊に児童教育の根本が、智より徳にあり、人格にあるといふ事は昔から人々のよく云ふところであり、今日でも、「心」の事などよく分りさうもない教育家などが、ともすればこれを口ぐせの様に云ふのを聞く。しかし、それ等は、真に内からさう感ぜられて云ふのではなく、只尤もらしい言を用ふるだけであつて、要するに概念的な空言にすぎず、従つて何等さういふ問題に就いて深い考究もされず如何にしたら真の「心」の教育が出来るかも工夫されてはゐない。

　今日、芸術教育等の問題が起り、いかがはしい、ダンスや俄作りの趣味の悪い唱歌学校芝居等が流行する一方ではやはり依然として、物質主義の修身教授が行はれる。学校の先生はダンスをおどり乍ら、皆立身出世をせよ、偉いものになれ、と云ひ、太閤秀吉や徳川家康、ナポレオン等を世界一等の偉い人の如くに教へる。

　「身を立て名をあぐ是孝の終り也」といふのは我国の道徳教育の可なり重な要点

であつて、つまり、金持になり、名声を博さなくては真の善人とは云へない事になつてゐるのである。真の善なり、真理なりのために、世に容れられず、名も挙らぬ底の人格は、むしろ不孝の事とされるのである。

今日の世の中は優勝劣敗の世であるといふ事は何の反省もなく修身の先生の口から教へられるが、その「優」の意味、「劣」の意味が人格にあらずして、功利主義的毛色を帯びてゐるのは否む事が出来ない。

しかし、これは或る点迄それでいいのである、私は何も決して、理想論をふりまわすものではない。今日のこの現象はやはり、今日の人間全体の精神能力の具象なのであつて、今日の人間の精神力でもつて、さう俄に沢山の超現実的の人格者が生れやう筈もなく、従つて、世間は当分まだまだ物質的に優勝劣敗の世の中であらう。現実を超えられぬものに真に生きる道を教へる事は出来ないし、又それよりも、悪人にならぬ程度で弱い人間を作り個人個人が出来る丈け幸福になる様に仕立ててやらねばならぬ事は決して今日として、間違つた事とのみは云へないのである。

事実今日センチメンタルな現実主義を以て、幼い頭に、「家や親などよりも、もつと大切なものがある、富や名誉は何だ」等を教へ込まれては少々危険である。力のある頭ならいいが、そんな事を只外から聞かす事は、忠孝の話を只外から聞かすよりもつと愚な事で、安つぽい芸術家や働きぎらひのなまけものを沢山作る事に結局なるであらう。私はこの例を信州の或る一部の自由教育法の中に見て寒心を覚へた事がある。これ等についてはしかし後項に詳しく批評しやう。

しかし、要するにそれはそれである。それとともにここに寒心す可き事がこの在来の唯物的教育法の中にある事は又動かし難い事実である。

今日の世相を見るものの等しく感ずる所として、人情日に軽薄となり、粗悪となり、人々の感情荒み、世の中に潤ひといふものがなくなつて行く、皆は何だかいらいらした気持で暮して行くといふ事は否み難い事実である。これは昔もさうであつたと云へない事もなからうがしかし、私の覚えてゐる範囲にあつても、私の幼少時代と今日では世相の感じがまるでちがふ、昔は治まる御代と云ふ様な感じが何となくしたものだ。

この現象の理由の一つとしては、人口の増加と物質の関係等の経済問題が重大なる役目を持つてゐる事であらう。国が豊であれば自然と民の心も豊かになるともいひ得る。しかし、もし一面から考へる時、今日の人心の荒廃、焦燥は物資の不足からのみではなく、又実に物質の豊飽なる享楽より生ずる、物質讃美、物質万能からも生じ得る事を忘れてはならないのである。物質の享楽の豊飽はやがて、

物質過重、現実実利等を生み、又更に強き利己主義を生む。
　更に又、今日の物資の欠乏は、無論人口の過増にもよるだらうけれど、一面物質享楽の質量二つながらの増加にもよる。電車や汽車は便利で結構なものではあるが、それ等の無かつた時代の方がたしかに呑気であつた。電車や汽車にはたしかに、人の心を騒がしくし、落ち着かせない物質文明的要素がたしかに存する。
　竹の柱に茅の屋根のこもだれよりは鉄筋コンクリートの方が丈夫で健康にもよいにはちがひない。しかし、住ふ事、食ふ事、等に、それ程に心をつかはなかつた昔の方が人は「心」のことを考へる時間と問題とを持てたであらう。今日物質は欠乏してゐると云はれ乍ら、昔からみると、物質的享楽をうけるものは何十倍に殖へてゐる事か。
　私は決して、物質文明を排斥するものではないが只それを用ふる「心」の用意がない時、人々は何時までも、物質の窮乏を感じ焦燥し、我欲を張り、不幸であるよりあるまいといふのである。
　汽車は便利であり電話も電信も讃美す可きである。飛行機も用ひ様によつては野蛮の道具ではなくならう。
　物質を豊富にし、様々な物質文明の利益を生み出す事はたしかに大切な事で、この方面からも今日の世相が潤はされる事は否まないがそれ以上に、人の「心」をもう一段高尚に、物質以上のものに喜びを知る様に育てる事は、又更に大切で、この事はやがて、今日人々のなやんでゐる多くの問題を解決する唯一の鍵となるかもしれないのである。
　経済問題の解決はこれを経済問題にまかせる。そして教育に於てはこれは智育の領域である。しかし、それ以上の大切な問題を忘れてはならない。人の心に、潤ひと、やさしさと思ひやりを生ましめる事、物質以上のもののある事を知らしめる事、真の人としての、楽しみを知らしめる事、肉身以上のものを覚らしめる事、これが今日の教育に最も大切であり、又最も欠如してゐるものではなからうか。
　明治以後我国経済界の膨張は、物質殖、乏二つの意義によりて我国の人心を極端に物質文明主義者となした。殊に西欧諸国の物質文明に対する強迫観念及び、実際に必要なる競争心は、我が学校教育、殊に児童教育を一層、物質文明主義と為した事は先に述べた通りである。
　今日と雖も、物質文明ではまだ中々日本は所謂先進国に及ぬらしい。だからまたまた一方に於て、児童の頭を学術的な組織立つた頭にする様な教育法は必要である。否それは永久に必要かもしれない。又或る程度迄、物質文明を尊ぶ事を教へる事も、（そんな事は教へなくても、独りでに覚へるが）別に悪い事ではない

かもしれない。少くとも、西洋の発明家や、理学者の偉さを教へ、我国のその点の貧弱さをよく覚らしめる事は強ち不必要の事ではあるまい。

　しかし、間違つても、児童を物質主義者にする様な教育は困る。先にも述べた通り今日児童をつかまへて、外から子供の心にむつかしい超現実的な概念を説いたり、弱々しいセンチメンタルな、愛を説く様なキザな教育は又困るが、しかし今日の修身では児童の心を内から美くしいものにする事は出来ない。児童に、内から物質以上のもののあることを知らす事は出来ない。

　或る程度迄は教育は常識的である事を私はむしろ喜ぶ。徒らに理想家らしい事を子供の頭に注ぐ事は、キザなばかりでなく、第一子供の頭を変態にするものである。旧弊の様だが私は淳風美俗と云つた様なものも相当に尊重する。殊に、今日凡ての人を超現実の深い理想人にするといふ事は出来ない事だし、いろいろの仕事に適した人を生み、いろいろの仕事をする事を世界は要求してゐるのだから、児童の持つ、いろいろの知能、いろいろの本能を偏する事なく発育せしめる事は最も大切なる事である。

　彼の軍事教育の問題は、多少、乃木大将式頑固な武士道主義の味があり、賛成出来ないが、しかし、児童がセンチメンタルになり、柔弱になるといふ事はいい事ではない。必ずしも軍事教育には限るまいが、とも角も児童の心に「強」「勇」といふ感じを一面に於て育てる事は必要の事である。

　しかし乍ら、もし、児童教育が、児童の心を、唯物的にし、美や、柔しさをいやしめ、殺伐、残酷、冷酷、粗野、粗暴等の感じを助長するが如き事があつたらそれは更に悪い事である。

　今日の世相の殺伐、非礼、焦燥、利己、軽薄等の感じは、主として、今働きざかりの青年中年たちの発酵してゐる空気である。老人にも勿論貧富ともにさういふ感じの人々があらう。物質の乏、豊二様ともこの感じを人々に持たせる。しかし、今日の若い男たちの持つてゐる様な${}^{\bullet\bullet\bullet}$がさつな唯物的な感じは一寸前代にはない味の様にみへる。何と云つても義理人情は一時代昔のものとなつた様である。この事を考へてみる時、明治以後今日迄の児童教育がこれ等の現象と何等かの関係があると考へる事は決して牽強の説ではないと思へるのである。

　今日の世相の荒廃にはたしかに明治後の唯物的児童教育の結果がある。これを只ひたすらに学校教育にのみ攻めるのは当を得てはゐまい。家庭教育、世態の影響等も可なり大なる関係があらう。しかし、もし家庭に於て、世間に於てさうであるなら猶更学校では、それを排し、それから児童の心を守る様にす可きであつた。学校が、実利教育をする一面に於て、更に強き熱心を以て、児童の「心」の教育、

人格の薫育をしなかつた事はたしかに責める事である。それは時代の罪で仕方がない事ではあるが、それだからとて、正しい事ではなく、今後はこの点に深く心を用ふ可き事である。

人々は、修身の教授がこれを為したといふかもしれないが、先にも一寸述べた通り、これ迄の修身の教授は一般的又は概念的な道徳を外から、大した熱もなく、智育的に教へたものである。のみならずその、道徳は、功成り名遂げる事を理想とする、現実主義に立脚したものであつて、現実以上のもの、精神的なる実感は全くと云へる程欠除したものである。

かくの如き道徳が、正直なる児童の心に何等の反響を起さないのは当然の事である。耶蘇教の日曜学校に行く子供が往々にして、あたたかき「心」を持つのは、何と云つても此処に、現実以上のものの実感が潜在するからに外ならない。

更に又、学校の修身は只に、実感的なる「善」に立脚してゐるのみならず、往々にして甚だしき物質讃詠主義に傾く事が多い。

試みに今日各小学校に於て用ひてゐる教科の掛図を見る時、学校に於て、偉い人、善い人、としてゐるところの人物は、精神界に於けるそれではなく、太閤秀吉や織田信長である。二宮尊徳や、中江藤樹等もあるかもしれないが第一義的の偉人とはされない様である。

勿論、其処には、児童の英雄崇拝の真理を薫育するものであつて、これ等の戦勝者等は殺伐にして、老獪な、利己主義者としてではなく、一つの偶像となり、その行為も立派なる理想人となつて語られるのではあるが、それにしても、さういふ人をさう思はしめる又は教育者自身が思ひ込む事の根底には、精神的なるもの、物質以上の世界に対する実感の甚だしき欠如を示すもので、それ等の人の精神生活が、現実主義、巧利主義、唯物主義に立脚してゐる事を語るものである。

今日の世界の状態では、かかる英雄崇拝や唯物的教育を全然排除することは尚早であらうし、又唐突であらう。しかし、それはそれとして、一方に、児童の内部が暖く美しい心を芽ぐましめ、愛から出発した自然なる忠、孝、仁、義、礼、智、信を生かす事は、もういい加減に気がついていい時期に達してゐると思ふ。（私のかかる言説は甚だしく妥協的に一部の急進的の人々にはみえるだらう。しかし私は教育の理想を説いてゐるのではなく、今日の教育界なり、今日の民衆なりを土台として、それを徒らにこわさず、それ以上のものをかへる事によつて、それをも次第によくして行ける道を考へるのである。）

今日の世の中に一番欠如してゐると強く感ぜられるのは「礼」といふことである。礼といふものは、半可通な自然主義者の思ふ如く、外面的なものではなく、心に

潤ひが生ずれば自然に生ずるものである。礼は世の中を住み心地よくする。礼や、義や、信、といふものは、世の中の不平を消すもの争ひを少くするものである。かかる事は外から教ふ可きものではない。何等かの方法によつて子供の時より有機的に内に芽へさせなければならないのである。

　この事は「善」を児童の心に有機的に植へつけるより外ない。「善」は外から教へる時、堅い氷の様なものになつてしまつて、枯れてしまふ。子供の心はそれを容れる事は出来ない。そして「善」は感じられなければならない。さもなければそれは有識的に、生きる事は出来ない。そして善を感覚的に触れさすのは、「美」によるのが一番である。

　美は善ではない。しかし、美化され、美を知る心は、殺伐、利己、軽薄、等を嫌ふ力を持つに至る。美を知る事は醜を知る事である。

　今日の教育に於て最も欠如せるもので、而も人間として最も大切なものは善と悪との感じに対する神経への教育である。これは美的感情教育に依るのが一番だと思ふ。

　善や悪は、外からだけで教へられるものでなく、又区別されるものではない、時代時代によつてもその標準は異る。しかし、真の善悪の感じはそれを知る神経さへ持つてゐればすぐに感じられる。その鍵を得れば掴む事が出来る。

　勿論一方に於て修身の教授もよろしからう。但しもう少し、実感からの「善悪」を知つた人があの教科書を造りかへる必要はある。今日の教科書では寧ろない方がいいとさへ云ひ度くなる。しかしまあそれはそれとしても、とも角も、児童の心を、もつと「美」と親しいものにする事は一層大切である。

　図画教育は従来は智育の一つであるけれども、かく述べる時は、唯一の徳育の機関となつた。それは実にその通りである。

　後にくわしく述べるが、かつて図画教育は必ずしも画を描く事を教へる教育ではない。画を描く事によつて、自然、「形美」を幼き心に経験さす教育である。だから、或る時は必ずしも絵を描かせず、美しい芸術品をとりかこんで先生と絵の御話をするのもいい、又は充分に考究された美術読本の編輯も望ましい。そして、他の学課の時間をたとへ割いても、図画の時間をせめてもう1時間はふやしたいものだ。

　よき美術に触れる国民の心は幸福である。さういふ、環境にある児童の心は幸福である。家庭に於ては仕方がない、何となれば各家庭は貧富様々であり又家庭によつてその風を異にしてゐるから。しかしせめて学校に於て、「美」といふものがどの位子供の人格的薫育に効果のあるものかを、明確に知つたなら、今後の児

童は誠に幸福である。

　今日自由画其他の問題が興隆し、以前よりこの問題が注目される様になり、公園、境内郊外に至れば可愛らしき児童が喜ばしい顔をして自然と画筆に親しんでゐるのを見るのは誠に幸である。これ等児童はたしかに一と昔前の子供より只単に画もうまいし、それだけ美や自然といふものに親しい間柄となつてゐるのである。

　この事は誠に結構な事であるが、しかし動ともするとそれ等の事は、その進路なり立場なりの反省を欠き、盲目的になるのきらいがある。私は教育者ではないが、一個の画工として、又一個の父兄として、考へた私の徳育としての図画教育観を述べる因縁である。

（中略）

第二章　我子への図画教育
（以下抜粋）

　第一図はお姫様の図であるが、その中の一人がトランプの様な事をしてゐるのは時代錯誤で子供らしい想像の発露したもので面白い。この絵は中々美くしい。右端に立つてゐるお姫様の顔の如きは決して偶然に出た美しさとのみは云へない。又、髪飾りピラピラした前ざしなどにもとも角も描写の片影がありそれが顔の美しさと相助けてゐる。もとより、線の一種の強さ形の味ひ等には稚拙味から来る偶然的な味があるが、それ等を省いてしまつても、猶其処に或る美の発芽を見出せる。これは子供の「内」から生れ出てゐるものである。ことに中央の顔だけかいてある御姫様の顔などには、一種の表現の苦心がみへ、そしてそのエフェクトとしてそれが可なりよく出てゐる。とも角これ等の御姫様の顔の美しさは偶然に出たものではなく、苦心して描出されたる「美」である、もとより、幼稚なものではあるが、しかし中に美くしいといふ事は否み得ない。

　第二図も殆ど同時位に描かれた鉛筆の素描であるが、これが又中々美くしい。これは御姫様ではなく、七八歳の少女の坐像である。例によつて顔が中々美くしい。六歳位の幼女のかく顔としては第一図といひこれといひ中々美くしい。これ等が偶然の味でないといふ事は七歳の頃かいた後図の女の顔など参照してみる時一層肯かれる事である。

第一図（右上）、第二図（左上）、
第三図（下）

160　第3章　美術教育史

がこの絵に於て注意すべきは、顔よりも衣服である。これは第三図、第四図、第五図等皆然りである。（第四、五図略、麗子6歳）

　第十一図は自画像の写生である。一月二十九日と日づけがあるが、衣裳は赤い疋田の着つけで、その美が相当に出てゐる。顔などもへんに美くしい。風邪を引いてゐたか布を首に巻いてゐるのが写してある。勿論私の作る、麗子像からヒントを得て、自分も造つてみたものである。（麗子8歳）

第十一図

　第二十六図は、一種の現代風俗浮世絵とも云ふ可きもので又一種の漫画（カリカツール）である。これは実に麗子の不思議な想像の発露であるとともに、彼女の中のユーモワがおのづと生れ出てゐる中々の逸品である、本人はこれは人にみせるといふと泣き顔をして弱るが麗子にな．い．し．よ．でここにのせる。銀座通りに於て田舎者が、ウ．ン．チ．をしてゐるのを巡査が叱つてゐると、紳士、夫人、町の子たちが鼻をつまんでみてゐる図で、巡査の顔と云ひ、田舎者のまのぬけた顔と云ひ誠によく描写されてある。町の遠近法も面白く、又店々の描写も面白い。特におかしやとかいた看板をあげ、瓶の中にキヤラメル様のものに入つたところを描いたのは如何にも子供らしくて面白い。かつぶしや、きくや、（銀座の菊屋といふ言をよく耳にはさんでゐる故ならん）等の看板がかいてある。かういふ作品は子供の想像力を強くするのみならず、物事に対して、注意が微妙となり、愛情を持つ様になるところのものである。ここに出てゐる、一種のユーモワは誠に彼女のやさしい、そして機智ある心情の発露である。

　私はよく子供に、わざと、滑稽なるお化けの図や、ウ．ン．チ．の図や、さういふ多少卑近なおどけたものを想像を逞しうして話をしながらかいてやる様にしてゐる。これ等もその影響が幾分ないとは云へないものである。（年齢不明）

第二十六図

第2節　解説及び資料　161

第三十一図、第三十二図は同日に造られたもので、十一歳の四月十六日の作であるが、これは私が東京へ旅行して、骨董集（古い本や）や、浮世絵の初期肉筆時代の画集や、初期肉筆時代の作品を買つて帰つて来たのを見て作つたものである。
　二図とも、実によく、慶長、寛永頃の浮世絵人物の形なり味なりを生かしてゐる。衣裳の模様等は皆創作であるが、それがやはり寛永頃の味をよく生かしてゐる、丸紋の中に大小のひらかなを描いてあるのは、骨董集中にさういふ衣裳をうつしてあるのをみてそれを思ひ出して描いたものである。第三十一図は有名な彦根屏風辺からもそのヒントを得てゐる。左端の三味ひく女の形など誠にいい、右から二番目の少女などはへんにミスチツクで正に彦根屏風の味をうつしてゐる。
　この二図は赤と黒とを以て描かれてあるが、その彩色は丹絵あたりから学んでゐる。単純な二色が誠によく錯綜して生きてゐる。これ等は正に自力で生んだ美であつて、鑑賞教育のよき現れであると云ひ得る。
　一体私は、いい絵を求めた時とか何かさういふ機会があるごとに、麗子に示し強ひない程度で実にいいと賞めて聞かせる様にしてゐる。それが決して外面的に云ふのでなく、自分も感心のあまりに発する嘆声なのだから子供の心にそれが適ふものと思つてゐる。

（第三十二図略、麗子11歳）

第三十一図

　第四十四図は最近の写生画である。これは私の写生材料をそのまま写したものであるが、この絵に於て麗子の写生画は一段の進歩を示した。もう描写も大分たしかになり、一個の美術的作品として見らる可きも遠きでない事を示してゐる。色の渋い美しさ、ぶとうのつるの不思議な感じ、苺の実に打たれた点々の味等中々あなどり難い。

（麗子12歳）

第四十四図

162　第3章　美術教育史

［解説11］

1931（昭和6）年　楢崎浅太郎・上阪雅之助著『子供の絵の観方と育て方』刊

　昭和初期あたりから、児童画の分析的研究に取り組む風潮が生まれてくる。
　［解説10］の岸田劉生による『図画教育論』においても、わが子麗子の成長を描画の変化を通して見据えようとしている。しかしながら、高名なる画家を父とする家庭で、画材などが豊富にあり、父親の積極的な指導関与の下での6歳から12歳までの成長記録である。これに対し、楢崎と上阪の研究は、一般的家庭環境下に置くことに留意した1歳半から6歳に至るまでの描画に関する成長記録となっている。また、普遍性を求めようとする学究的視点からの記録や分析であることも劉生の姿勢とは大きく違うところである。
　このような研究は戦時下において途絶えてしまうが、その成果は1947（昭和22）年の「学習指導要領　図画工作編（試案）、第二章図画工作の学習と児童・生徒の発達」（p.41参照）に見ることができるし、戦後紹介されたシリル・バート（p.20参照）やローエンフェルド（p.54参照）らの研究をいち早く取り入れる土台となった。
　楢崎浅太郎（1881-1974）は教育心理学者であり、東京高等師範学校や東京文理大学で教鞭を執り、子どもの個性や資質の研究に取り組んでいる。また、上阪雅之助（1877-1953）は「雅人」を画号とする木版画家であり、日本創作版画協会展などで活躍した。本書は上阪の子ども「建」の1歳半から6歳までの描画をすべて記録観察したものであり、藤井書店より発行された。ここでは、二人の研究の全体像を述べている序文と、「一　本書の性質」「二　材料の蒐集法」及び「健」の各年齢の作品とその解説の抜粋を示す。

序

一

　子供を教育するには、多方面から鍛へ上げねばならない。図画教育も又其の一面である。絵を育てることによつて、個性を生かし、強め、饒かにし、深めるのである。
　子供の絵を育てるには、その絵を観るの道を、先づ確立しなくてはならない。絵を観る道が定まつたら、之に基づいて、絵の生れる過程を探らねばならない。画識を突き止めねばならない。其の発達を明らかにしなくてはならない。
　我が国の図画教育は、最近著しい発達を遂げた。著者等の小学校時代に比べると、隔世の感がある。こは斯道の大家並に中、小学校、美術学校の教師諸君の誘

導の賜物である。今日の子供は、戯々として、画面に臨んで居る。美しい作品を創つて居る。然し翻って反省すると、図画教育の目的、教法、指導の諸領域に於て、猶幾多の難問題が、横つて居る。中には根本的に改革を要するものすらある。

　本来図画は内なるものを、如実に画面に色形の形式に於て描き現す仕業である。この仕業の中でも、特に美を造り描くことが、その生命である。かかる貴い仕業の教育に就ては学者及び教師の真剣に調査研究せねばならないことが澤山ある。解決しなくてはならない宿題が数多く遺されて居る。何が故に明治以来図画教育が、斯の如くに、多くの宿題を遺したか。図画教育界には、理論と実技の教師が、従来互に孤立し、両者相携へて統一ある研究を行ふ機会が乏しかつたが、これはその一因であらう。

　其の上に図画教育の現実の出発点、遂行の過程の規範の暗示ともなるべき子供の絵、子供の画識の起源及び本質とその発達の研究せられなかつたことも重大なる原因である。

　楢崎は思ふ。子供は自然の画家である。彼は教へないのに終日描く。その作品は至純である。この至純なるものにも、一人一人各その特色がある。それに個性の萌芽が察せられる。然らば至純なる絵とは、どんなものか。その至純な絵を通して、如何にして個性の萌芽が見つけられるか。その萌芽を、絵を通して、どんなに育てて行つたら、独自の個性にまで、高め得らるるか。

　本書は、かかる教育上の中心問題に答へんと試みたものである。その材料は上阪の一人の子供「建」の約一歳半より六歳に達する迄、六年間家庭に於て描いた数百枚の絵の中から、約二百枚を選択した。

　而して父としての上阪が物心一如の見地から、最初之に説明を加へ、図画教育の意見を附した。楢崎が心理学の立場から、之に解釈を試み、教育法を設定した。それから又両人で、互に話し合つて、短時期であつたが出来るだけ、稿を練り遂に本書を成した。夫故に本書は全く建と上阪と楢崎との一如の働きの結果である。

　本書に於て示した、この二百種の絵を見ると、子供の本来持つ絵の先験性に、何人でもビツクリする。更に又六年の間に現した彼の自発的創作、自発的発展の偉大さには、驚嘆せざるを得ない。併しこは、この子にのみ限るのでは無い。全国の全児童は、多少の相違こそあれ、この子と等しく或はこの子以上に、絵の素質を豊かに、生れながらに持つて居るのである。然しこの素質は唯地金にも比すべきもの、この地金を、名刀たらしむると否とは、一に懸つて、父兄及び子弟の一如の働きにある。

　子供の絵は、絵として特殊の味ひがある。子供の世界は、子供の創造した美し

い神の世界である。我等は、唯絵を通してのみ、之に接し得らるる。又其の囚はれない画因、囚はれない構図、囚はれない色彩、囚はれない描法、是等は美術家の常に求めて、容易に発見し得難いものであらう。子供の絵は、往々之を率直に偶然暗示することがある。

　今や我が国の絵画は、欧洲に進出して、霊感を誘致し、その真価が世界によつて認識せられ、大和民族独自の芸術が、世界を浄化せんとするに際し、又我が国の工芸品が、世界各地の市場に歓迎せられんとする曙光あるに当たり、家庭、幼稚園より、小、中学校に於て、我が国独自の図画教育の根源を養ふことは、洵に目下の重要事ではあるまいか。

二

　今この書を世に送らんとするに際し、上阪はふと思ふ。この書は楢崎の暗示と好意の賜である。而して余の子供、建が、一歳半より六年の間、朝夕描いてくれた其の功績、父雅之助は、暗涙に咽ぶ。「能くも描いてくれた。建お前が描いてくれねば、この父は何時迄も空論家であり、狂人であり、何事をもなし得ない人間であると、世の人々に罵られて来た過去の嫌さを、今後も背負つて、一生涯を送らねばならなかつたのだ。能く描いてくれた。これで、多年の父の言が嘘でなかつた事が、実証されたのだ。之と同時に、多年行はれて来た図画教育が、正道をはづして居た事が、無言の裡に立証されたのだ。今後父も、命の続く限りは、努力をするが、人間は老少不定であり、又順を言へば父は寄る年である。万一父亡き後は、兄弟力を協せて、未だ混然たる図画教育の為めに尽して呉れ。目下の急務は、図画教育の規範定立にある。而してこの定立は、至純である児童の絵を、理論付け、それを根底に置かねばならぬ」と。

三

　この上阪の語は、純真の父として、図画教育改革の熱情画家としての人間の肺肝から出て居る。建君の短くない六ケ年の、この天分の豊かな、創作が無かつたら私も亦子供の絵の本質について、深く識ることができなかつたであらう。上阪と共に、楢崎も建君に感謝を捧げる。本書にして、若し生命あらば、建君の純なる魂の動きその者である。余等の試みたる説明や解釈は、寧ろ蛇足に過ぎ無いでもあらう。是等の記述は、やがて用なきものとなる時あらんも、この絵のみは、価値的存在として、今後に意味を持つであらう。是等の原画は、当分我が心理学研究室に陳列して、衆覧に供し、行く行くは適当の場所を選び、永久に保存する

積である。又本書で試みなかつた他の見地に基づく研究も、暇あらばこの原画に就き、更に試みたいと思つて居る。

　我が国の図画教育には、為さねばならぬことが、後から後からと逐ひ迫つて来る。志を抱きながら、微弱なる我々の為し得たことは、図画教育の本城に入る最初の単なる小手調べにも及ばなかつた。希くは将来識者の批正と指導と鞭撻とを得て、益々子供の絵の研究を試み、図画教育の学理の建設に努力したい。近き内に同学田中博士も図画に関する研究を発表せらるる筈である。畏友菅原教授も又名著の執筆中と聞く。かくして昭和六年は図画に関する諸書の続出し、図画教育の革新に、一新紀元を開くのではあるまいかと思はれて、心強い次第である。

四

　本書を読まるる方は、先づ第一図より第百七十四図までの、子供の絵を順次によく眺められよ。然らば、子供の絵その者が、幾分如実にわかるであらう。

　次ぎに「十」の結語を、大ザツパに一読して置いて、「三」を熟読せられよ。

　それから「四」を読まれたい。「五」から「九」までは順次に読まれても、又任意にどこから読まれても宜い。

　然し何時でも、絵その者をよく観て、よく考へ、よく味ははれよ。子供の絵の観方と育て方は、そこから生れる。私達の説明や解釈や、学説は、そこへの手引きに過ぎない。この書の子供の絵を見て、こんな絵がよいと思ひ、この通りの絵を描かせうなどと、決して思つてはならない。外よりの規範は、子供の心を殺す。形を見ずに、構図を見ずに、精神を掴んで欲しい。各児は独自の個性の萌芽を持つ。これを育てるのが、絵の教育の極意である。

　昭和六年四月

楢崎浅太郎
上阪雅之助　　識

一　本書の性質

　本書は次ぎの如くにして出来上つた。先づ上阪は自己の一男児の絵の発達を物心一如の見地より、直接に直覚した。続いて該児の描きたる絵を考察し、時時教育法をも攻究して、一文を綴つた。楢崎が之を熟読した。そして心理学的教育学的見地より補充し、改正し、解釈を加へ、順序を著しく変更して、楢崎が書き変えた。この書き変えたものを、上阪が又熟読し、更に両人で訂正してこの拙稿を作つた。急に纏めたものであるから、ほんの筋書に過ぎない。而して本書の目的

とする所は、将来の児童の絵の発達、絵の教育の研究に、従来多く試みられたる一時的、集団的方法の外に、更に個別的、連続的方法の広く採用せられんことを切望するにある。本材料も、この点より見れば、極めて不完全なるものではあるが、我国には未だかくの如き種類の著作が、全く欠けて居るから、茲に発表する次発である。世の多くの父兄又は識者或は保母、教師の中には、一児童の描きたる絵を、その幼時期より順次に保存して居らるる方が多いであらう。そは児童の絵、児童の心理、児童の絵の教育、並に一般の絵画の研究に対して、真に貴重の資料である。その資料だけにても、発表せらるるならば、洵に児童のため、学界の為め、芸術のために仕合である。本書はかかる方面に於ける最初の捨石に過ぎない。

二　材料の蒐集法

　児童の絵の発達を研究するに当つては、児童が現に絵を描き居る、その現実を先づ観察しなくてはならない。ボールドウィンの子供の積木の観察の記述、畏友医学博士、文学士宮田君の児童の絵の完成せらるる順序に関する談話などは、上の語の然る所以を証するに足るであらう。児童画を研究するには、描画の現実を観察して、更に疑問あらば、児童に之を質し、児童の意図、児童のその絵に対する感想も、記述し置くべきである、然るに従来の児童画の多くの研究は、之に留意せずして、絵のみを多く蒐集した。

　絵の研究の材料蒐集に二種の方法がある。其の一は比較的に同時に、年齢の異なる多くの児童より、一枚乃至数葉の該児童の描きたる絵を蒐集し、之を年齢及び性別に分類して、同性、同年齢の者の描きたる絵画の特徴を研究し、之を年齢の順序に連結して、その発達を推定するの方法である。この方法は従来日、欧米に於て最も広く用ひられたる方法である。其の二は、同一児童の描きたる多くの絵を蒐集し、之をその制作の順序に配列して、発達の特徴を研究するの法である。若し多数の児童につきて、この第二の方法が適用出来たならばその研究の結果は、到底前者の及ぶ所で無い。けれども普通には、第二の方法によつては、容易に短日月に、その材料を得ることが頗る困難であるから、学者ほその易に就き多く第一の方法を使用した。拙稿に利用せられたる材料蒐集法は、この第二である。この児童は上阪の子にして、大正十三年一月一日生れの男子である。最初から、この子の絵をかかる研究に利用せんとの意図が無かつたから、残念ながら、一、二、三歳時代の絵は、甚だ少いが四、五、六歳の幼稚園期並に小学一年生期のものは、可なり多くある。今かくの如き材料に基づき、この一幼児の絵の発達を考察し、之に基づいて、子供の絵の一般の教育法をも考へて見る。

四　一、二歳時代の絵
(1) 一歳半頃の絵
(前略)
　第二図（下図参照）を描く以前、即ち一歳半頃より、上阪の子供は父の画室に来つて、鉛筆、木炭若くは画筆等を手当り次第に握つて壁、襖、障子に楽書を始めた。今それ等の楽書を一々保存して置いたならば、子供の絵の発達の研究の貴重なる資料であつたのであるが、皆失つた。唯第二図が一枚保存せられて居る。この絵が満何歳頃描かれたのか、明白な記録が無いが、第一図より稍後にして、多分一歳十、十一ケ月頃であつたかと思ふ。が、確実なことは断言出来ない。
　今この第二図を子供が描いた当時の状況を略述せう。不図一日子供が半紙に木炭を以て、何か人の形の様なものを描き出した。それを側で見てゐた上阪は「ゴーゴー」と声を出して描いてゐるのを聞いた。上阪が凝視を続くると、子供は尚ほ「ゴーゴー」と声を立てて、この絵の中の人の形の如きものから下から上へ、斜に線を引いて居る。まだこの子供は充分に発音のできぬ時であつた然るに「ゴーゴー」と発音しながら描くのを見た瞬間、上阪は我が子のこの創作活動に対し「余の多年の疑問に能くも暗示を与へてくれた。未だ充分に口もきけぬ子供が描くと共に声を出して、見せてくれた。この子供の態度を思はず拝まんとした」の如き感激を感じた。上阪はこれによつて多年の疑問たる子供が絵を描く時の心持ちの一部を体認し得た。
　生れて未だ七百日に足らない子供の絵が、人間の形らしきもの、即ち人物であることは、洋の東西に亙つて略ぼ同一の普遍的現象である。子供は筆を採つて先づ人を描く。而して、この人とは普通名詞としての人では無く、特殊の具体的なる人、恐らくこの場合にありては、上阪か、上阪の妻か、女中か、書生か或は市街又は郊外の人の群か、兎も角、この子供の深い興味を感じてゐる具体的な人々に相違無い。子供の心の内に活きて動いて居る特殊の具体的な人々である。この子供の心の内の人々が絵の主観的の因となつて、絵の内容形成の素地となつて居る。第二図の下部に居並ぶ八人の人々には、未だ眼、鼻、口等は明かに描出せられて居ないが、然し是等の器官を表徴化したのでは無いかと

思はるる様な線、円、又は点の痕跡が見られる。恐らく子供は、眼面の諸器官をこの線又は円、点等にて描かんとし、之を描くことによつて、生きて動く眼、歓声を発する口、或は鼻、耳等を実感したことであらう。顔面部の頭と思はるる部に、毛髪を暗示せるにはあらざるかと思はるる線を六人に見る。首、手、胴、股、脚、足、指等の区別は無いが、是等を代表せしめたものとしてか、顔面部の下に、二本乃至四本の縦線が描かれて居る。四本あるものの中にては、その内の二本は或は手を意味するものか。（後略）

五　三歳時代の絵
（1）三歳の前期
（前略）

　第八図「子供の群」（左）子供が連れ立つて遊んでゐる所であるが、しかし何をしてゐるか、それはわからない。又下部の赤色で描かれてゐるものも、今は思ひ出されない。楢崎の想像するに、この赤く描かれたものの横線は大地を示し、その上に立てるは樹木であつて、樹木のある野原の子供の群遊の様である。
（中略）
　第十三図「一人の子供が歩いて居る」（右）子供が歩いてゐる姿である。口と手が誇張せられて居る。怒つて居るのか、笑つて居るのか、或はしやべつて歩いて居る姿かを表現せんと欲したのではあるまいか。（後略）

六　四歳時代の絵
（1）四歳の前期
（前略）
　第二十二、二十三（次頁、上）、二十四（次頁、下）図共に文字を描いたものである。其の他原稿用紙に何んだかわからないが文字様のものを記入したことがあつた。この文字の表現が幼児の真の創造か、又は模倣かわからない。上阪は創造ならんと推定する楢崎は模倣だらうと思ふ。即ち過去に文字を見てゐた、その

第2節　解説及び資料　169

記憶印象に導かれて、描いたものであらう。若し上阪の意見の如くに、子供が生れながらに文字を創造する可能性があるならば、今後の図画教育には文字の図案的変化を工夫せしめて見ることも、面白いことと思ふ。
(第22図略、後略)

七　五歳時代の絵
(1) 五歳の前期の毛筆
(前略)
　第五十三図「泥棒が両手を挙げて降参をした」(左) これはお巡りさんに泥棒が降参をした所の表現だ相です。この表現は、前の鉛筆やクレイヨンの者に比し表現味が幾分変つて居る。
　第五十四図「帽子を冠ぶる男の子」(右) 帽子を冠ぶる男の子供が、両手を広げてゐる表現だ相です。子供は太い毛筆で自分の内なる内容を表現して見ると、鉛筆とは違つて、異なる表現を第五十三図で感じた。この感じに基づき、之に興味を覚え、之に指導せられて、又描いて見た。そして第五十四図は、第五十三図よりも毛筆より来る固有の表現味を一層よく現はした。強く豊かに、迫らない日本画風の味の一端を描出し得た。この創作感が彼を誘導して、この毛筆画の趣味が、これより段々と伸びて行く。
(後略)

八　六歳時代の絵
(前略)
　第百十九図「学校の生徒」(次頁、左) この絵を一見すると、何人にも雄大観が起きるであらう。これがこの絵の最も優秀なる特長である。これは女の子が学校で、勉強をしてゐるのだ相です。ところがこの絵を見ると、子供が学校で何か

習ふてゐると言ふ表現が全然見えない。これは本人がまだ学校の経験がないから、写生風の学校の感じがないのは、寧ろ当然である。そして本人が創造した学校の観が出て居るならば、まだ学校に行かぬ子供の絵としては、それが当然である。

　この絵に対し描画上から一言を加へて置く。この種の絵も又今日まで、成人から批難を受け易い絵である。この批難は印象派式の調和釣合である。この鋳型の見本を根本から論定するには、今の成人が子供の絵を見るに当つては、総てを遠近法に固定する病的傾向があるが、之を評論しなくてはならぬ。これは之で簡単に論せられないから、この際は省略する。何れ又改めてこれを詳論する時があらう。（後略）

［解説12］
1934（昭和9）年　川喜田煉七郎・武井勝雄著『構成教育大系』刊
　「デザイン」の言葉が日本社会において一般的に認知され市民権を得るのは戦後のことである。しかしながら、そのデザインの活動が大きく展開するのは、関東大震災以降、昭和初期における新しい建築デザインの動きであり、バウハウスなどでデザインを学んだ人々の活躍であった。一方、普通学における図画教育や工作教育におけるいわゆる「図案」には、デザイン的な発想はなく、この構成教育の提案はその先鞭をつけるものとして、大きな反響を呼んだ。なお本書は、学校美術協会出版部より発行された。
　川喜田煉七郎（1902-1975）は、建築家、インテリアデザイナーであり、独自にバウハウスを研究したデザイン教育者でもあった。また、作曲も行うなど多芸の人である。東京高等工業学校（現東京工業大学）附設工業教員養成所建築科を卒業している。また、武井勝雄（1898-1979）は東京美術学校を卒業後、熊本及び東京で教員を務め小学校校長、文部省教科研究委員などを歴任している。
　二人が構成教育で育むべきものとして示した「シュパンヌンク」（独Spannung、シュパンヌグ）とは、川喜田のバウハウス研究から生まれたものであり、一般的には「緊張」や「注意」などと訳されるが、ここでは主として造形的な

関係によって生じる感覚的で内的な緊張感や力関係を意味している。
　ここでは、本書の序文にあたる「構成教育とは」を示す。

●構成教育とは
　構成教育とは丸や、四角や、三角をならべる事ではない。所謂構成派模様を描くことでもない。絵や彫刻や建築にめんどうな理屈をつけることでもない。我々の日常の生活の極くありふれた、極く卑近な事を充分とり出して見て、それを新しい目で見なほして、それを鑑賞したり、作つたりする上のコ・ツ・を掴みとるところの教育、それが構成教育である。構成教育をとても抽象的な、わかりにくい学問の様に心得てゐる人があるが、それは極めて具体的な実際である。
　人が生まれながらにして―大人も勿論子供も―持つてゐるところの能力を、一寸したコツでもつてそばからグングン発展させてゆく極めて実践的な教育である。
　この能力は最も純真な子供の生活に、最もしばしば我々の見るところである。静かな水がたたへられた池。そこに石をポチヤンと投げ入れる子供達……長いトタンの塀がある。そこを指先でこすつて通つてバランバランと音をたてる子供達……ポー、ポーガチャン・ガチャンといひながら、汽車を描いたりする子供達……彼等は自分の身のまわりのものを大人の様にだまつて見てゐるわけにはゆかない。彼等は水なりトタンなりの相手の性質―材料を子供ながらに知つてゐて、それに直ちに積極的に働きかけようとするのだ。
　この本能は大人の世界にも勿論あることで、殊に自分の身が危険にさらされたり、所謂非常時の場合に無意識的に行はれる彼等の行動によく現はれてゐる。火事の時、普段ではとても持てない重い荷物を夢中で運び出したり、震災直後風雨をさけるために妻子を保護するために、焼トタンで夢中で造つたバラックに、建築家のくわだてがたい機能的な美しい作品が出来たりする。これこそ大人にも小人にも構成教育的な能力が生れながらに与へられてゐる証拠に他ならない。
　今まで教師達は、子供が太い木や細い木をかくといちいち手を入れて、丁度いい位の木になほしてしまひたくなるものだつた。子供の描く軍艦の絵は船そのものよりも、煙突やマストをとても大きく描くのが普通である。又壺の写生の時に極く小さなキ・ズ・などを数倍の大きさにしてしまふ。
　左図（次頁図参照）は木の葉をつかつて尋常一年生に作らせた自由画で、上図は男児、下図は女児のものである。この二つを比較しながらよく見ると、そこには明らかに男女の性質の異つたところがわかる。手をひろげて足をふんばつた木の葉のダンス、そこに男の児の踊りがあり、気持があり、生活がある。つつまし

く菊の花びらの一つをとつて見てゐる女の児、そこに彼女の生活があり、憧憬がある。この自由な表現が次に現実な生活へと発展して、ケンゲキとなりママゴトになるのである。教師はこの子供達の本能——能力を決して忘れてはいけない。そして構成教育はここにその源泉を見出すのである。

　今、我々は男の児の絵、女の児の絵と云つた。ここに彼等の個性があると云へよう。だがこの個性をはきちがへてはいけない。ここに云ふ個性とは一人一人の子供に見出されるものよりも、むしろ男の児全体、女の児全体、ひいては子供全体に表はれるところの最も普遍的な個性を云ふのである。この普遍性を見出すところに構成教育の特性があるのである。

　煙突やマストを長く大きくかいた船や、壺のきづを大きくかく事は、今まで子供の観察の不充分、或ひはあやまりとまで考へられたものである。たとへ進歩的な教育者でも、こうしたことは一種の子供の癖であつてどうにも発展しない——いつかはやめさせて終はねばならないことの様に、考へてゐたものだ。

　しかし構成教育では全く逆にこれを認めてこれを創作的な作業に導こうとするものである。

　大人の目から見てまちがつたと考へられ、不充分と思はれるものも、子供にとつては真実であり、生活である。大人が自分の持つてゐる絵に対する態度を、その儘子供の生活に強ひる事は、反つてその方があやまりである。

　ここでもつて図画教育に於ける目的観が二つに別れるわけである。一方は一つの固定した規範を以て指導して行くから、そのやり方はたとへ自由画であつても、写生であつても、それが臨画的となり、その規範に違つたものは、すべていけないとされる。一方は個々別々な規範がなく、子供の生活の中から生れた規範——といふよりも一つの見通しがある。

　だからたとへ、実際より太すぎる木をかいたり、大きすぎるきづをかいても、それによつて子供の気持——個性を認識して、その気持を生かし、次から次へと生活として発展させる事が出来る。

　今まであまりかへりみられなかつたかかる一面を、敢へて強調して進むところ

第2節　解説及び資料　　173

に構成教育の役目があるのである。

　今迄は子供の作つた作品そのものに、あまり重きをおきすぎた。子供の絵の中に大人の予期した規範が偶然見出されたので、それを丁度大人の絵画展覧会の作品の様にとり上げて珍重した。しかしこれは正しい図画教育ではない。構成教育では、それを単なる標石として子供の生活を発展飛躍させる為に利用するのである。

　標石の役目がすめば、それは一片の紙屑に過ぎない。子供自身にとつてその絵が、単なる紙片であると同様にである。

　絵を描く、手工で何かを作る、といふ事は、出来上つた絵や細工に目的をおかないで、そのものを作り、又は描く間に、子供達が色々な経験をし、物の考へ方や見方を学ぶのである。この学ぶ事自身に、構成教育は目的をおいてゐる。

　構成教育には、何か特別な、細部までの規範や理屈があつて、この理屈を記憶することによつて何か今迄にない突拍子もないものが出来ると、若し考へてゐる人があつたら、今からそれを訂正していただきたい。

　構成教育は、云はば形や色のある物質、材料に触れて、これを色々に処理してゆく方法である。例へば、紙と鉛筆とクレイオンがあれば、紙の上に色々な物をかいて見る。木片があれば、これを積みかさねたりくつけ合つたり、又ブリキや粘土があれば、これを押して見たり曲げて見たりひねつたりして見る。

　この間に色々な事を見たり、触れたり、考へたりする。この経験は前の子供の絵の処でも云つた様に結局、一つの標石である。単に路傍にあつた物を、この経験によつて新しく見なほし、別な新しい標石を発見し、前の標石を一つづつ捨て去つて、どこまでも新しく水の流れる様に進む筈のものである。

　一つの発見から一つの発見へ、一つの生活経験を更に新しい生活経験に進ませる事、それ自身が構成教育なのである。

　しかし、むづかしい理論や理屈がないと云つたが、といつて、ゆきあたり、ばつたりに、手段も方法も選ばないで、又技術も知らないでやれるものではない。

　技術をつかむには、一つの標石から他の標石を順々発見する様に、ある段階がなければならない。

　この段階は、決して、単なる思ひつきやでたらめではない。

　我々が前にかいた様に、子供の作品の中から、構成教育的な方向を発見すると同時に、教師は指導の間に、自らその方法をも経験しなければならない。

　その経験の方法とは、勿論絶対的なシステムがあるといふ訳ではないが、何等かの段階的な方法で自分から技術をつけ、方法を考へて行かなければ、結局、生徒の作品の間に発見した大切な萌芽も、なんにもならなくなつてしまふ。

我々が、この本を書く理由は、かかるシステムの発見の為の単なる参考として、今迄我々が経験して来た事を書きつらねたに過ぎない。結局この本は明日の構成教育のキリストが生れる為の単なるヨハネ的な捨て石だと、我々は自認して居る。
　構成教育とは、単なる図画的な作品、手工的な工作物を作るのが目的でないと前に云つたが、これを別の方向から云へば、それは技術と知識のつめ込みの教育ではないといふことだ。
　今迄の教育では、教師は知識と技術の問屋からごく゚コ゚ダ゚シに、知識や技術を卸して来て生徒にうけ売りをする商人の様なものであつた。生徒の技術や知識は、はじめからないものと見なされ、この何にもないところに、教師はその仕入品を、だんだんと売りさばき、生徒もこの技術や知識を商品を買ふ様に、単におぼえてゆくだけであつた。これは丁度お茶や生花や音曲の教授の様なものであつて、結局、生徒を小さな画家や、小さな大工に仕立てるばかりで、そこから決してしつかりとした創作力と、正しい批判力を得ることが出来ない。教師はいつでも、教室内の唯一の゚英゚雄であり、゚ス゚ターでありながら、実は知識の倉といふ問屋と、生徒といふ買手の間にはさまつてゐる小売屋──ブローカーに過ぎないのだ。
　構成教育では、こうした教育の方法を、はつきりと精算してかからねばならぬ。
　この場合、教師はよき羊飼ひである。彼は多数の羊の群を引きつれて、緑草（材料）のあるところへつれてゆく。草を食べるのは羊である。しかし草を食べてゐる間、羊飼ひは漫然と休んではいられない。その羊が一匹でも群れから迷ひ出さない様に、又悪ひ犬や、悪童にいぢめられない様に、見張つてゐなければならない。
　又、教師は生徒の頭を、からつぽとは見ないで、従つてそれに外から色んなものを持つて来てつめ込むかはりに、彼らの生来の能力、感覚をはつきりと認めて、それをどう育てるかを考へる。生徒の中には、たとへ年齢に於て相違があらうとも、教師以上の経験や、能力（感覚）をもつてゐるものもある。かういふ生徒が数人集まつてゐるクラスは、それ自体が一つの大きな力となる。それは貧弱な一人の゚教゚師゚の゚力の到底及ぶところではない。──たとへ尋常一年のクラスであつても゚幼゚稚゚園に於てもそうだ。──
　よい教師は、この事をよく自覚し、自分もこのクラスメートのやや年長者位の気持で、一緒に見たり考へたりして、勉強してゆかねばならない。教師の役目は、生徒の持つてゐる能力──感覚に常に軽い刺激や、暗示を与へて、その目覚めた感覚を大きな武器として──知識や材料の切売りはしないで、──しかも生活からもつて来た色んな材料をつかつて生徒の創作力、批判力をたへず発展させなければならない。この場合の材料は、クレオンでも、紙でも、ブリキでも粘土でも、

或ひは音でも、身体の身振りでもいいわけであつて、生徒は教師からの刺激によつて、自発的に団結して、寧ろ、そのいろんな材料の中から、色んなものをひろひ上げ、次から次へと限りなく発展させてゆくようでなければならない。

今迄の図画や手工を考へて見るに、その目的に於て、尚、考ふべき点があると思ふが、かりに目的はそのままよいものとしても、現在までの方法は必らずしもこの目的とは一致してゐない。

その作業は、一挙手、一投足が、一々教師の指図によつてなされる。だから、その間に生徒が自覚的に考へ、工夫するところが少なくなつてしまふ。

だから自分の作つたものに対して、はつきりした自覚がなく、従つて、批判力を持つてゐない。

たとへば、キビガラ細工をするにしても、先づ人、馬、豚の様な題目を一定して、それから、そのキビガラの切り方、曲げ方、つぶし方、或ひはヒゴのさし方、キビガラとキビガラの附け方、等をいちいちくわしく説明して、しかる後に製作にとりかからせてゐる。この方法によると、生徒はその与へられた人や、馬や、豚の形を、どんなに上手に作るかといふだけであつて、キビガラそのものの発する新しい技術や方法を発見したり、創作する点がいたつて少ない。又技術そのものも、教師から与へられただけのものであつて、それよりも微塵も多くはならない。

しかるに構成教育では、紙なら紙をつかつて何かを作らうとする場合に、先づ、紙の材料の性質を生徒に、自発的に発見させる事から出発する。

この場合前のキビガラ細工の様に、人や、馬や、豚が必ずしも対照ではなくて、紙そのものの材料が大きな問題となる。

馬や人や車を五週間乃至十週間続けるうちに、キビガラといふ材料を、どの適度まで生徒が認識するであらうか。しかるに、この紙の練習は、ホンの二時間乃至三時間のうちに、例へば五十人の生徒が同時に紙といふ同じ材料を、各自で研究する事になるので、一人の人が、五十通りの研究を永い間にするのと同じ結果になる。この場合、紙を星形に切抜いたり、犬の形に切抜いたり、花の絵を描いたりするのではなくて、最も簡単な手段で、最も近道を通つた形なり、力なりを、

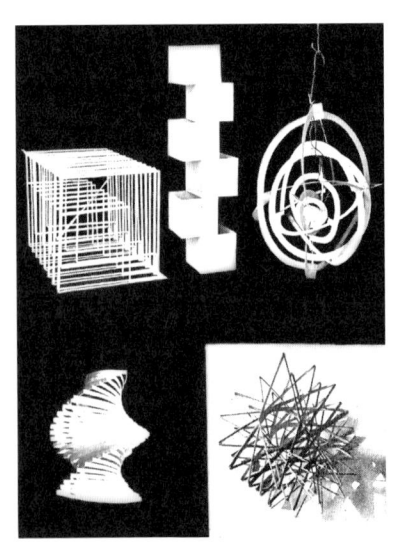

176　第3章　美術教育史

創作させる。

　生徒はこの場合、非常な興味と、熱心で、材料に積極的にぶつかり、極めて短時間のうちに、もりもりと全部違つた作品が出来上つてゆくのである。

　左図（前頁図参照）の作品は、三時間のうちに六年生の児童が作つたものであるが、紙を横に連続して鋏を入れることだけでかように違つた飛躍的な形が出来上るのである。

　いつたい、図画、手工の目的とするところは、物を我々が消費し、鑑賞する立場から、そのものが如何に美しいか、如何によいか、といふ事が批判出来る事と、その反対に、物を生産し、創り出す為の立場から、積極的に材料を認識し、それに対する最もフレッシュな技術を持つ事、の二つになると思ふ。

　しかし今迄の様なやり方では、結局この二つの目的を完全に満たすことは出来ないであらう。一つ一つの題目がひろはれて、あれもかき、これもかき、あれも作り、これも作るといふ様に、表面は如何にもきやびやかで、立派である様に見えるが、結局どれもこれも教師の与へた半ば模倣的な表現や、作業に終始一貫してゐる。

　前の作業と後の作業との段階的な関係がなく、切れぎれに行はれるから、一定の期間に飛躍発展の跡が極めて少ない。一つの作業は、その前とあととにつながる大切な一段階である。しかもそのうちには生徒の感覚、知識、思考が自発的に活動し、前より際立つて進展してゆかねばならないものである。この進展し流動する感覚、知識、思考こそ、積極的に新しい技術をつくり出すと同時に、すべてのものを批判、観賞する力にそのまま転化するところのものである。

　今までの技術といふものは昔からあるもので、少なくとも生徒に授けるものは教師の持つてゐるものだけである。教師の持つてゐるものはすべて古いものだから、新しい技術や鑑賞の力をそこから一歩でも発展させることは、全く困難なわけである。

　ここに構成教育の登場の責任があり、構成教育の目を持つて、在来の図画・手工教育を見なほすべき必要に迫られたわけである。

　構成教育に見なほすといふ事は、云はば、細い木の柱のバラツクを、鉄骨・鉄筋の本建築に建てなほすことになるが、中の生活をまるで変へてしまふわけではない。

　しかし図画・手工教育をそのまま改造することのみが、構成教育の役目ではない。それを打つて一丸とすると同時に、更に我々の見、聞き、触れ味ふすべての世界にまでとけ込ませて、或ひは我々のそうした生活に於ける感覚を、図画・手工に

までも反映させて、それを完全な生活そのものにしてしまふといふところまで考へなければならない。
　例へば、音を聞くといふことによつて物を描いたり、音から色を暗示したり、身体を動かすと同時に物を描いたり、作つたり、歌ひながら踊り、踊りながら描いたり、周囲の形の異るに従つて、身体の運動をかへたり、形と言葉の関係を明瞭にして、極めてわかり易い文句を書いたり、文を作りながら絵を描いたり、文を作りながら身振りをしたりする様な事まで発展させなければならない。
　学校教育では、よく各学科相互の連絡・統一といふ事はやかましくいはれて居るのに、実際は極く表面の名前や、題目位のものを互につかつてすましてゐる。
　これは決して連絡でも、統一でもない。真の連絡統一といふ事は前に述べた様に、あらゆる感覚、身体の活動により、あらゆる材料を処理してゆくことである。
　又合科教授といつて、音楽や、作文、算術、手工図画等が一つの教材のうちに雑然と、混在させて居るものがあるが、構成教育では、これが内部的、必然的な力によつて互にとけ合つて一つのものになり切つてゐるから、混在ではなくて、全く融合、渾一なものとして存在する。これこそ、正しい意味の理想的な合科教育である。
　言葉をかへて云ふと、構成教育は、造型的な学科例へば、図画、手工、裁縫、手芸等にのみ関係するものではなく、音楽、舞踏、体操、作文等にも密接に関係して、しかもその内的な必然性によつて、これ等を完全に合一する為の教育であると云へるのである。
　又、構成教育は、学校で取り上げられてゐる所謂、教育の問題に関係すると同時に、更に、生活を処理し、社会を進展させる為の色々な技術の訓練に直接働きかけるものである。
　前に子供の生活そのものが、既に、はじめから構成教育的であることをのべた。例へば、路傍の小商店をかかる目をもつて観察すると、物を売つて生活するといふ切実なその努力のうちに、同じ様な構成教育の要素を見出すのである。
　それは前にかいた、危険に頻した人々が日常の思ひも及ばぬ力や技を生み出すのと同じ様に、日常のせつぱつまつた彼等の生活のうちに、すばらしく飛躍的な、物を処理する技術の一端を我々は発見するのである。商店の主人が、たとへ教育のない人であつても、老人であつても、若くても、女でもあつても、そこには必ずくひ入る様な商売への努力のあとが、商品の配列のうちに、ウヰンドの飾り方のうちに、陳列台や、ケースの置き方や、構造の工夫のうちに、或ひは一枚の広告のビラの文句や、レイアウトのうちに、見出されるのである。

勿論かかるすぐれた技術は、全体から見れば、ほんの一部分にしか過ぎない事が多いが、如何なる小部分と云へども綿密に観察して、そこから現実的なコツを総合的にひき出すところに構成教育の立場があるのを忘れてはならない。

　我々がかつて、子供の最も自然な作品のうちに、新しい教育の必然の方向を見出したと同様に、かかる発生的技術や知識の萌芽を観察することによつて現実の社会に処して、生活自身を切開いてゆく為の新しい見方、新しい批判眼を、同時に新しい創作力、生産者の工夫の仕方を見出すのである。

　著者の一人は、常にかかる見方でもつて商店に於ける設備や、配列のコツを学びとり、それを構成教育的に批判し綜合することによつて、他の小商店や、人々を盛んに救助するといふ現実的仕事をしてゐる実際家である。

　しかしこれは唯に、著者一人の専売であつてよいものであらうか。すべての人々はかかる生活的技術の修練を構成教育によつて得らるべく、そのあらゆる専門専門の立場に従つて、巧みにこれを進展し、発展させるべきであらう。

　これこそ、非常時日本に処する技術家の一大任務であり、新興日本を救ふところの文化的闘争の一端たることを自負する。

　換言すれば、構成教育は結局、教育的方法と、生活技術の訓練といふ二つの方法を持つて、我々人間の生活に、最も積極的に働きかけるものであるといへるのである。

[解説13]
1941（昭和16）年　国定教科書『エノホン』刊

　1941（昭和16）年、小学校令を改正して「国民学校令」を公布し、次いで小学校令施行規則を改正して「国民学校令施行規則」が公布された。その目的は、国民学校令第一条の「国民学校ハ皇国ノ道ニ則リテ初等普通教育ヲ施シ国民ノ基礎的錬成ヲ為スヲ以テ目的トス」に示されている。文中の「皇国ノ道」とは、教育勅語に示された「国体の精華と臣民の守るべき道との全体」をさしている。即ち、1938（昭和13）年の「国家総動員法」による総力戦遂行末期における皇国教育体制強化が、主たる目的であったといえる。

　これを受けて編集された図画教科書が『エノホン』であるが、ここでは、教師用書に記された「芸能科図画」の解説を取り上げる。国定教科書『エノホン』そのものについては、本書「第3章　美術教育史、第3節　図工美術教科書の変遷」を参照すること（p.245参照）。

　国民学校の教科構成は次頁の図のように示されているが、敗戦色が強まる

中、これらの教科指導はほとんど実践されなかった。しかしながら、「芸能科」における図画や工作という考え方は、戦後の図画工作科、美術科、芸術科という現在の教科構成の先駆けとなるものである。『エノホン』の教師用書には、「教材解説」の前頁に「芸能科」及び「芸能科図画」、「芸能科工作」の主旨が示されている。ここにはその抜粋を掲載する。

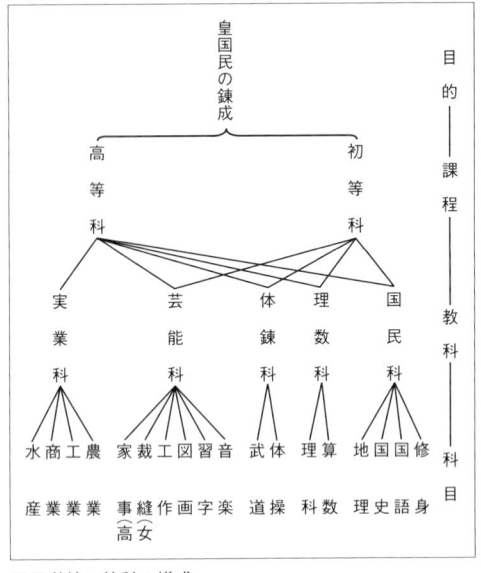

国民学校の教科の構成

エノホン　教師用
第一　芸能科指導の精神
(一) 要旨
一　皇国の道の修練

　芸能科教育の要旨は先づ第一に皇国の道に則つて初等普通教育を施し国民の基礎的錬成をなすにある。これは言ふまでもなく国民学校教育の一般の原則であるが、特に芸能科の教育に当るものの銘記しておく必要のあることである。

　吾々は悠久の昔から吾々の祖先が修練し創造してきた歴史的国民的な芸能文化の中に養はれ育てられてゐる。そこには祖先が吾々に遺した伝統的な物の見方、感じ方、考へ方があり、遺訓があり、遺風があり、道がある。さうしてそれ等のものの帰結するところは、芸能文化の面を通しての皇運の扶翼といふことにある。それが皇国の道である。吾々はこの皇国の道に於て現に生かされてゐると共に、将来益々之を発揚して行かねばならぬのである。即ち芸術・技能を修練することを通してこの皇国の道に参じ、自分に於て皇国の道を自証し、皇国の遂に於て自分を自覚し、皇国の道の使徒として、之を紹述し之を顕彰し以て国運の発展に貢献して行かねばならぬのである。

　それは第一に修練である。故に行と行得とを忘れた観念や観想のみであつてはならないのである。又、それは道の修練である。故に単なる技能や知識の伝習の

みに止らず、道を修め道を求める心がなくてはならないのである。又、それは皇国の道の修練である。故に我が国の伝統を忘れた外国の芸能への心酔や、国家を超えた芸術至上主義とか美の為の美とかいふやうなものであつてはならないのである。あくまでも我が国芸術技能の実修を通して皇国の道を体得せしめることであらねばならないのである。

　次に芸能科は国民錬成の為の教科である。故に抽象的な個人の人格の完成とか、自我の実現の為の教育ではなく、具体的に忠良な皇国臣民を錬成する為の芸能教育であり、又、国境を超えた単なる人間性の教養ではなく、歴史的な日本国民性の錬成の為の芸能教育であらねばならないのである。

　更にそれは基礎的錬成の為の教科である。故に児童将来の多様なる発展の自つて出るその基礎に培へばよいのであつて、専門じみた純粋美術の教育とか、小芸術家を育てるかのやうな教育に流れてはならないのである。

二　国民生活の充実

　抽象的な個人といふやうなものは現実には存在しない。吾々は根本的に歴史的・社会的な存在である。故に現実の吾々の生活はすべて当然に歴史的社会的な国民生活であるのである。さうして本来吾々はかかる国民生活によつて形成せられ、又国民生活を形成して行くべき存在である。従つてかやうな生活を営む吾々には、内にある国民的・情操的なものを、具体的な客観的なものにまで表現し形成してゆくことによつて、どこまでも自分を見て行き自覚してゆかうとする芸能的表現の要求がある。さうして之を果すことに於て、深い底からの満足と歓びがあり、又それによつて吾々の国民生括は豊醇にされ、潤沢にされ、生きがひのある生活をなし得るのである。そこに吾々の国民生活の充実がある。芸能科はかやうな意味に於て国民生活の充実を目的とするのである。

三　芸術と技能

　国民学校教育の一分節として、芸能科の分担する部面は、芸術と技能の修練であり、要するに情操の醇化といふことにある。芸術は主として美的な価値の表現活動であり、技能は広い意味では芸術を含むが、どちらかと云へば実用的・実際的な価値の表現活動である。しかし、芸能科の中にこの二つが二元的に併立するのではなく、又、芸術と技能とが別々に先づあつて、之を組合せて芸能科ができるのでもなく、本来一体である芸能的活動の両極をなすにすぎないのである。即ち芸術は技能を反極としてもち、技能は芸術を反極としてもち、共に情操を基調とした生活態度の現れであり、共に行動を通し、物を素材として、合理的に形成してゆく表現の活動を中心とするものである。

あくまでも実際生活を離れず、実際生活に即してゆかうとする芸能科に於ては、美と実用とを一如の姿で生活に具現してゆくことを理想とする。加之、本来美と実用とは必ずしも矛盾するものではないのみならず、却つてこの両者を巧に相即融合せしめることこそ、我が国芸能のすぐれた伝統の一つであるのである。

　芸術技能の修練に於ては、どこまでも身を以て行じ、身に訴へて知り、身についたものとせねばならない。芸能科には各科目とも表現・鑑賞・理解等の諸方面があるが、作ることと、見ることと、知ることとは本来離るべからざるものであるから、これ等は相互に密接な関係を保ちつつ、すべてこの精神をもつて貫かれ、且、常に反復練習と苦心推敲とのうちに百錬自得せしめることが大切である。

(二)　芸能科指導の方針
一　精神の訓練
　芸能科の指導に於ては技巧に流れず精神の訓練を重んぜねばならない。古来、我が国民は技巧に於てすぐれてゐるに拘らず、技巧の末梢にのみ偏することを深く戒め、術を超えて道を求め、技巧を通して精神をねり、心身一体、心技一致のところに、道を修めて人間をつくるといふことを重んじたものである。我が国芸道のかやうな伝統は芸能科に於ても益々維持発揚せねばならない。

　所謂、技巧に流れずとは、かやうな心技一致の具体的な創造から抽象された単なる技巧を偏重して、手先きの器用さなどのみを追ふ流弊を戒めたのであつて、決して技巧を無視する意味ではない。本来技術の修練を外にして精神の訓練のあらうはずもなく、精神は技術を通してのみ磨かれ、技術は精神によつてのみ輝くものであることは言ふまでもない。

　精神の訓練は、修練の過程に於てこそ行はれる。故に芸能科に於ては製作・実習の過程を重視して、単に結果や成績のみを偏重してはならない。又、この過程に於ける修練には興味や歓びがなくてはならぬと共に、刻苦して製作し、久しきに堪えて完成するといふ真剣な心構へや、作品に於て自らを省み、過程そのものに自ら楽しむといふやうな真摯な態度を養ふことも忘れてはならない。芸能科をもつて単に興味中心の遊びごととのみ観ずるやうな考へ方は深く戒める必要がある。

二　我が国芸術技能の特質
　芸能科に於ては我が国芸術技能の特質を知らしめねばならない。祖先の遺産としての歴史的な芸能的作品は、国民精神や国民的情操の最も具象的な現れであり、大きな陶冶力をもつものである。従つて児童を之にふれしめることによつて、最も有効に端的に国民的情操を陶冶することができるのである。特に各科目ともそ

の鑑賞の教育に於ては此の点に留意せねばならぬ。

我が国民の芸能的な天分や個性や伝統、及び外来文化摂取醇化の精神・態度等を理解せしめ、これ等のものが今後の我が国芸能文化創造の根幹となるべきものであることを、児童の程度に応じて知らしめることが必要である。

我が国の芸能文化を尊重することが決して退嬰的な尚古主義や、外国文化の排斥を意味するものでないことは言ふ必要もないことである。

三　工夫創造力の養成

芸能科に於ては工夫創造力の養成に力めねばならぬ。従つて自発と個性を重んじ、表現の意欲を鼓舞し、発明創案に力めしめねばならぬ。特に芸術的・技術的良心を養ひ、小成に安んずることなく、推敲改良して已まない態度を養ふことが大切である。

我が国芸能の伝統を尊重することと創造力の養成とは決して相反するものではない。偉大なる伝統こそ真に創造するものである。それと共に今後の芸能科教育に於ては、従来よりも一層科学的・合理的なものの参加が必要とせられる。我が国芸能のすぐれた伝統であるところの勘とか妙とかいふ直感的なものは、近代の科学的な知性と相俟つて更に一層創造的になるであらう。科学的な知性を離れた芸能は秘伝的・個人的になつて停滞しがちである。芸能科に於て知性的なものが重視せられてゐる所以である。

(三)　教材の選択排列

教材は、我が国の芸能文化につき、芸能科の目的を達するに必要なものを、国民生活及び学校行事の実際に即し、児童の心身及び技能の発達に留意して精選すべきである。又、かやうな教材は、之を発生的に展開せしめると共に、他の教科との作業的な関連を考慮して教材を定位せしめることに留意すべきである。

以上の趣旨に従つて教材の体系は次の四段階に分つて排列する。

第一期　初等科　第一学年・第二学年

児童の思想感情の拡充と表現意欲の自由伸達とを主眼とし、特に児童の主体的情動、遊戯的態度に即して表現の豊富を期し表現の歓びを感得させることに留意する。

第二期　初等科　第三学年

前期の主体的な遊戯的な表現を次第に自覚的な又目的的な表現に導き、観照的な写実的な態度への円滑な誘導に力める。

第三期　初等科　第四学年・第五学年・第六学年

観照的な態度を確立し、対象の理性的な認識を修練させ、芸術的規範や自然の理法に随順せしめつつ創造する精神を養ひ、技能を修練させる。
第四期　高等科　第一学年・第二学年
　第三期の総合的応用を徹底し、之を生活に具現することに留意すると共に、我が国芸能の伝統に関する理解と鑑賞とを深め、以て国民的芸能創造の素地に培ふことに留意する。
尚、教材を具体化・実際化する為に児童の家庭や郷土の生活に即せしめ、学校の儀式行事とも関連せしめることが必要である。又、此の趣意から、農山漁村の教育が徒らに都市の教育に追随する弊などは芸能科に於て特に深く戒めねばならぬ。又、教科書に於ける教材選定排列の精神を体し、之に則つて適宜地方の代用教材や補充教材を発見し考案することの必要な場合が、芸能科に於ては特に多いであらう。併し、普通教育として陶冶価値の乏しい稀有特異の地方的資料に偏することは慎まねばならぬ。
（中略）

第二　芸能科図画指導の精神

（一）芸能科図画の目的
　芸能科図画は、形象を看取し、表現し、且、作品を鑑賞するの能力を養ひ、国民的情操を醇化し、創造力を涵養することを目的とする。

（二）芸能科図画の指導方針
一　教材の取扱ひに関しては常に国民的情操の陶冶に留意すること。
二　学習は力めて生活の実際に即せしめ、且、之を日常生活に具現せしめること。
三　確実なる技能の修練に力めしめること。
四　創作態度の育成に力め、個性の伸長に留意すること。
五　表現に於ては東西の様式に拘泥することなく、其の目的に応じて適切なる技法によらしめること。
六　躾を重んじ、姿勢に留意し、且、真摯なる態度を養ふこと。

（三）芸能科図画の教材
一　初等科第一・二学年に於ては、図画・工作を児童生活に統合し、思想的表現を主とし写生的表現及び図案的表現を加へること。

二　初等科第三学年以上に於ては、写生画・思想画・図案を主とし、臨画・用器画を併せ課すること。
三　高等科に於ては、写生画・図案・用器画を主とし臨画及び思想画を加へ、絵画其の他の美術を鑑賞せしめること。
四　初等科・高等科を通じて、形体・色彩に関する基礎的知識を授けること。

(四) 芸能科図画指導の体系
　芸能科図書指導の目的に鑑み、児童心身の発達に基き、凡そ左の四期に分つて指導する。
第一期　初等科　第一・二単年
　この期に於ては、児童の思想を拡充し、情操を深め、その表現意欲の自由伸達を主眼とし、特に児童の主観的遊戯的態度に即して表現の豊富と表現の愉悦とを促進する。
　図画・工作教材を児童生活に統合して指導する。
第二期　初等科　第三学年
　この期に於ては、前期の主観的遊戯的表現を漸く自覚的・客観的表現に導き、写実的合理的態度へ円滑に推移誘導する。
　図画と工作とを分離する。
第三期　初等科　第四・五・六学年
　この期に於ては、理知的批判力の発達に伴ひ、客観的態度を確立し、合理的表現に熟せしめ、芸術的技術的規範と自然の理法とに随順しつつ創造する精神を涵養する。
第四期　高等科　第一・二学年
　この期に於ては、前期の客観的合理的表現を徹底し、実際生活への応用的具現に力め、産業的基礎陶冶をなし、時に我が国芸術技能の伝統に関する理解と鑑賞を深め以て国民的芸術技能創造の素地に培ふ。

(五) 芸能科図画と他の教科・科目との関連
一　芸能科工作とは常に密接なる関連のもとに指導すること。
二　色彩・図案・鑑賞等の指導は、芸能科家事・裁縫との連絡に留意すること。
三　形体・色彩・図法等は、理数科と関連して指導すること。
四　鑑賞教材は、適宜国民科国語及び国史と関連して指導すること。

第三　芸能科工作指導の精神

（一）芸能科工作の目的
　芸能科工作は、物品の製作に関する普通の知識技能を得しめ、機械の取扱ひに関する常識を養ひ、工夫考案の力に培ふことを目的とする。

（二）芸能科工作の指導方針
一　科学的態度を重んじ、正確精密なる技能の養成に力めること。
二　考案・製図・製作の学習過程を重視すると共に、適宜批判・鑑賞につき指導すること。
三　持久的に製作完成するの態度を養ひ、実践的性格の錬成に力めること。
四　伝統的技法を重んずると共に、常に新時代の技術の進歩に留意し、適宜之を指導の上に活用すること。
五　既習の知識技能は力めて日常生活の実際に応用し、其の合理化・美化に力めるやう指導すること。
六　適宜共同製作を課すること。
七　材料・用具に対する理解を与え、之を尊重する習慣を養ふこと。
八　躾を重んじ、姿勢・態度に留意すること。
九　芸能科図画と関連して情操の醇化に力めること。

（三）芸能科工作の教材
一　初等科第一・二学年に於ては、図画・工作を児童生活に統合し、思想的表現を主とし模作的・写生的表現等を加へること。
二　初等科第三学年以上にありては、紙・糸・布・粘土・セメント・竹・木・金属等の材料を用ひ、思想作・写生作・臨図作・模作及び製図を課すること。
三　高等科に於ては、木材・金属・セメント等の材料を用ひ、図案・製図及び臨図作・模作等を課すること。
　　必要に応じ其の他の材料による工作を加へること。
　　女児にありては手芸を加へること。
四　初等科高等科を通じて、機械器具の操作及び分解・組立・修理等につきて指導すること。
五　材料・工具・工作法等に関する知識か大要を授けること。
六　形体及び造形機能に関する知識を授けること。

（四）芸範科工作指導の体系

　芸能科工作指導の目的に鑑み、児童心身の発達に基き、凡そ左の四期に分つて指導する。

第一期　初等科、第一・二学年

　この期に於ては、児童の思想を拡充し、情操を深め、その表現意欲を啓培することを旨とし、特に児童の主観的遊戯的態度に即して表現の豊富と表現の愉悦とを促進する。

　図画・工作教材を児童生活に統合して指導する。

第二期　初等科　第三学年

　この期に於ては、主観的表現から客観的表現へ誘導し、漸く合理的なる機能の表現へ導入し、用具・材料に関する注意を喚起する。

　図画と工作とを分離する。

第三期　初等科　第四・五・六学年

　この期に於ては、理知的批判の発達に伴ひ、合理的機能の表現を鍛錬し、工具・材料の処理に習熟させ、創造的活動力を養ひ、表現技術の修練に留意する。

第四期　高等科　第一・二学年

　この期に於ては、前期の客観的合理的表現を徹底し、生産的基礎陶冶をなし、特に我が国技術文化の伝統に関する理解を深め、材料技法の進歩に留意し、機械操作・考案設計・発明創造の力を練り、以て科学的精神を養ひ工業的技術修練の素地に培ふ。

（五）画能科工作と他の教科・科目との関連

　（一）芸能科図画とは密接なる関連のもとに指導すること。

　（二）女児にありては芸能科家事・裁縫との関連に留意すること。

　（三）高等科に於て実業科工業を課する場合は、適宜之と併合して課することを得ること。

　（四）材料・工具・機械・製図等に関する事項は、特に理数科と関連して指導すること。

（後略）

[解説14]

1948（昭和23）年　第1回全国図画工作教育研究大会開催

　戦後の混乱の中、新しい教育の在り方を模索する研究協議会が全国に生まれ、大小さまざまな研究大会が開催されている。その中で全国規模の研究大会を計画したのが、愛知県美術教育協会を中心とする近畿東海地区の組織であった。当時は、占領下にあり、交通事情も食料状況も困難な中、1948（昭和23）年10月に一宮市で全国図画工作教育研究大会が開催され、1000名からの参加者があったとされる。

　この大会において、図画工作教育の振興を目的とする全国組織が必要との決議がなされ、設立委員会が設置された。翌1949（昭和24）年の京都大会で委員会案が修正承認され、「全国図画工作連盟」が成立した。その後もさまざまな検討が加えられ、1958（昭和33）年の教育課程改正で中学校図画工作科が美術科となったことなどから、全国大会を「全国造形教育研究大会」とし、その主催団体名を「全国造形教育連盟」（全造連）として、今日まで活動を継続、展開している。

　「全国造形教育研究大会」は、「全国造形教育連盟」加盟の各都道府県の造形美術教育団体によって毎年もち回りで開催されている。また、その特色は公開授業の実施とその検討協議及び授業実践研究の発表討議であり、学校現場教員の自主的な授業研究の場となっていることである。また、各都道府県の造形美術教育団体は、公立学校及び教育委員会傘下の教育研究団体を母体とするところが多く、［解説15］に示す民間教育団体とは性格が異なる面もある。

　現在は事務局を東京に置くこととし、幼稚園部会、小学校部会、中学校部会、高等学校部会、特別支援部会、大学部会、美術館部会を含め、全国的な図画工作美術教師のネットワークを展開している。以下はこれまでの「全国造形教育研究大会」の開催地と大会主題の一覧である。

回	期日	開催地	大会主題
1	1948年10月	一宮市	図画工作教育の根本理念の討議と解明
2	1949年10月	京都市	図画工作教育振興の具体案如何の協議
3	1950年9月	広島市	図画工作における評価の実際
4	1951年10月	福岡市	鑑賞教育、全国児童図画工作展
5	1952年10月	金沢市	生活と美術、全国児童生徒図画工作・作品展
6	1953年11月	大阪市	指導要領の検討

回	期日	開催地	大会主題
7	1954年8月	仙台市	指導要領並びに指導内容の検討
8	1955年11月	東京都	現下の図画工作教育を阻むものは何か、改善策
9	1956年8月	札幌市	造形教育において、つくりだす力を養うにはどうすればよいのか
10	1957年10月	松山市	現代日本の図画工作教育の反省と今後の方向
11	1958年10月	長野市	図画工作科の本質を再検討し今後の対策をたてる
12	1959年10月	神戸市	図画教育の実情を明らかにし、その新しい建設へ
13	1960年8月	神奈川県	生きる喜びの基をつくり出す造形教育
14	1961年11月	別府市	いきいきとした生活をつくりだす造形教育
15	1962年10月	富山市	人間づくりの造形教育を確立するために
16	1963年8月	東京都	科学と美術教育、伝統と美術教育、原理と方法
17	1964年11月	宇都宮市	造形教育の実践をとおして、豊かな個性を育てる
18	1965年8月	東京都	(第17回国際美術教育学会会議〈INSEA・東京〉の内容に包含されて行われた)
19	1966年10月	盛岡市	たくましい創造力を育てる造形教育の実践
20	1967年10月	新潟市	人間形成をめざす造形教育の現実的課題と解決策
21	1968年8月	高知市	造形教育の今日的課題を究明し、ゆたかな感性とたくましい表現力を育てよう
22	1969年8月	那覇市	造形教育を風土の中でどのようにいかすか
23	1970年10月	秋田市	ほんとうの美しさをつくりだす授業を求めて
24	1971年10月	静岡市	たくましい創造力を育てる造形教育
25	1972年11月	東京都	未来を指向する美術教育は何か
26	1973年10月	京都市	わが国の造形教育の今日的課題は何か
27	1974年10月	和歌山市	子どもと共にあゆむ造形 〜ゆたかな発想をもとめて〜
28	1975年10月	山形市	ゆたかな心情とたくましい創造力を育てる造形教育
29	1976年6月	東京都	緊迫した教育課程改訂にどう対処するか
30	1977年7月	札幌市	みずみずしい中身でしなやかな子どもを育てる造形実践
31	1978年10月	埼玉県	造形教育の本質にせまる実践はどうあるべきか
32	1979年10月	仙台市	豊かな創造力を育てる造形活動を求めて
33	1980年7月	愛知県	自らつくりだす喜びを育てる造形教育
34	1981年6月	長岡市	生きているあかしの表現
35	1982年11月	佐賀県	創り出すよろこびを求めて 〜日々の実践の中で、今日的課題を探る〜
36	1983年11月	東京都	独自性を見なおす〜国際的視野に立った発展する美術教育の今日的課題〜
37	1984年10月	長野県	心おどらせてとりくむ造形

回	期日	開催地	大会主題
38	1985年10月	奈良県	明日に生きる創造力の開発をめざして
39	1986年8月	旭川市	子どもの心をゆり動かす造形教育 ～つくる心の拡がりと深まりを求めて～
40	1987年10月	千葉県	子どもの心を掘り起こす造形教育
41	1988年11月	愛媛県	心ときめき、ひびきあう美術教育
42	1989年8月	青森県	子どもの心に創るよろこびをひきおこす造形教育 ～豊かな感性と、うるおいのある表現活動を求めて～
43	1990年11月	熊本県	よろこび・いきいき造形教育 ～自己表現に心ふるわせる子どもを求めて～
44	1991年7月	東京都	審美教育と英知
45	1992年11月	京都府	新たな時代を切り拓く造形教育
46	1993年8月	沖縄県	21世紀に向けての造形教育
47	1994年11月	神奈川県	いま、さらに豊かな感性・創造のよろこびを
48	1995年11月	長野県	いのちにふれる造形活動 ～つくるよろこび自分らしさの表現を求めて～
49	1996年10月	東京都	人間・表現・環境
50	1997年7月	東京都	造形美術教育の再創造
51	1998年8月	東京都	人間・造形美術・教育
52	1999年8月	埼玉県	自分"彩"発見 「自分探しの旅」をしつづける子どもの造形活動
53	2000年8月	静岡県	開く造形教育～生き生き交流～
54	2001年9月	北海道	〈いま〉〈ここ〉〈わたし〉を基軸にして 造形の未来を創る
55	2002年8月	沖縄県	南風にのせ！ 手・目・心の万人(うまんちゅ)の造形教育
56	2003年11月	東京都	「人間・造形・成長」～造形美術教育を問い直す～
57	2004年8月	福島県	「ほんとうの空のもと、ほんものに出合う瞬間」 ～自分いろの造形活動を求めて～
58	2005年11月	神奈川県	つくり続けるよろこび、それは生きるよろこび ～色と形のメッセージからＷＥから～
59	2006年11月	長野県	私っていいな!! "いろ・かたち"生きあい学びあい
60	2007年11月	熊本県	夢と勇気と感性と ～未来を拓く造形教育の可能性を求めて～
61	2008年8月	大阪府	こころの歓びを広げる教育美術のこれから～変えるもの・変えざるもの・教育原理の再構築へ～
62	2009年11月	千葉県	きらめく感性　ときめく思い　うみだせアート
63	2010年8月	福島県	「つくる喜び、みる感動!!　子どもの今と未来をつなぐ造形教育」 ～連携を大切にしたこれからの造形教育を求めて～

回	期日	開催地	大会主題
64	2011年7月	北海道	"わたし"を創る 〜自立と共生の造形教育をめざして〜
65	2012年8月	沖縄県	太陽（ティーダ）の島から発信する造形教育
66	2013年11月	東京都	造形美術教育のダイナミズム

[解説15]

1952（昭和27）年　創造美育協会設立

　戦後の美術教育は、民間美術教育団体がリードしてきたといっても過言ではない。数多くの団体がそれぞれの見地からの主張を展開し、研究会には多くの参加者が集まった。

　民間美術教育運動の流れをたどるならば、大正期の「自由画教育運動」(p.301参照)をはじめとして、同じく大正期の「新図画教育会」や昭和初期の青木実三郎を中心とする「農山村図画教育」の活動などがあげられる。また、工作デザイン教育に対する「構成教育」(p.171参照)などもあったが、これらのほとんどは戦時体制の中で活動を中止もしくは終息している。戦後は、国家主義的教育からの解放を受け、教師たちの自主的自発的な実践的研究が盛んとなり、サークル活動的なものから教育研究団体として、全国的広がりをもつものまで、数多くの組織が誕生した。

　その中でも、創造美育協会は1938（昭和13）年に久保貞次郎（1909-1996）らが、栃木県真岡市の小学校で児童画の公開審査を行ったことにはじまる。久保貞次郎はチゼックスクールを日本に紹介した人物であり、欧米の児童画研究を戦前より進めていた。子どもを抑圧から解放することによって、その創造性を伸ばすことがよりよき人格形成に繋がるとするこの「創美の会」の全国ゼミには千数百人が集まった。以下に示すのは1952（昭和27）年の協会設立時に発表された宣言と綱領である。

宣言

　自由画運動が大正八年、山本鼎らによっておこされた。自由画の精神はそのころの図画教育界に新鮮な気風を吹きこんだ。それから三十余年もすぎた今日、わたしたちの国の美術教育はどんな進歩をしたろうか。欧米では、このあいだに、新しい心理学の光をてらしつつ美術教育はたえず前進し、大きな発達をとげている。日本ではさいきん全国あるいは地方児童画展など、華かな脚光をあびうわべ

では躍進をとげたようにさえみえた。

　しかしじっさいは、欧米の進んだ国では常識となっている児童の生れつきの創造力を励まして育てるという原則でさえも、確立どころかまだ一般に知られてないありさまではないか、児童の創造力をのばすことは児童の個性をきたえる。児童の個性の伸張こそ新しい教育の目標だ。

　わたしたちは、いまから旧いやりかたに根本的な反省を加え、新しい美術教育を築きあげようと決心した。全国の考えを同じくする諸君、一緒に手をとって、困難とたたかい、より自由な美術教育の大道をきりひらこうではないか。…………

1952年5月

綱領
わたくしたちは子供の創造力を尊び、美術を通して、それを健全に育てることを目的とする。
わたくしたちは旧い教育を打破り、新しい考え方と新しい方法とを探求し、進歩した美術教育を確立する。
わたくしたちはあらゆる権威から自由であり、日本と世界の同じ考えのものと励まし協力しあう。

発起人
池田栄　嘉門安雄　木下繁　久保貞次郎　角尾稔　田近憲三　宗像誠也
瑛九　岡弘子　川村浩葦　北川民次　木水育男　桑原実　佐波甫　周郷博
高橋俊磨　滝口修造　藤沢典明　宮脇公夫　室靖　湯川尚文

［解説16］
1900（明治33）年　パリ万国博覧会／第1回国際美術教育会議（FEA）開催
1965（昭和40）年　第17回国際美術教育学会会議（INSEA・東京）開催
1998（平成10）年　国際美術教育学会（InSEA）アジア地区会議東京大会開催
2008（平成20）年　第32回国際美術教育学会（InSEA）世界大会2008 in 大阪開催

　FEA（International Federation for Art Education, Drawing and Art Applied to lndustries、国際美術教育会議）は、パリ万国博覧会が開催された際に設立され、「第1回万国美術教育者会議（第1回国際美術教育会議）」を博覧会場にて開催し、日本からも正木直彦（美術行政官、後に東京美術学校長、1862-1940）が出席している。以来、FEAは4年ごとに国際会議を開催することになり、日本も引き続き出席しているが、1937（昭和12）年パリ会議以降、

1955（昭和30）年のルンド（スウェーデン）会議までの18年間は、第二次世界大戦等の国際関係の緊張や混乱があって会議を開催することができなかった。
　再開されたルンド会議には日本から手塚又四郎他4名が参加しているが、議論はFEAとInSEAの関係に集中した。以来、度重なる会議を経て、1963（昭和38）年に両者はひとつの組織体となる。
　InSEA（International Society for Education through Art、国際美術教育学会）は、1951（昭和26）年、英国ブリストルで開催されたUNESCO（United Nations Educational Scientific and Cultural Organization、国際連合教育科学文化機関）の美術教育研究セミナーからはじまる。「普通教育における美術による教育」をテーマとするそのセミナーには20か国の研究者が集まり、国際的美術教育研究組織の必要性が語られ、InSEA（1990年代まではINSEAと表記）設立へと展開していく。日本からは室靖が参加している。その性格は民間非政治団体であるが、UNESCO総会への代表者出席が認められるなど、美術教育の国際学会としては最大の組織である。また、その設立にはH・リード（p.20参照）や初代会長を務めたE・ジーグフェルド（米）の存在が大きく、InSEAの名称もリードの著作『Education Through Art』による。
　日本では、1965（昭和40）年8月2日から9日に第17回国際美術教育学会会議が「科学と美術教育」をテーマに、東京で開催されている。実行委員長は倉田三郎（画家、1902-1992）で、主催はINSEA、社団法人日本美術教育連合、東京都となっている。また、後援には文部省、日本ユネスコ委員会、NHK、京都市が名を連ねている。主会場は、東京文化会館及び国立教育会館で、東京文化会館での開会式には常陸宮、文部大臣中村梅吉、国務大臣藤山愛一郎、東京都知事東龍太郎も出席している。参加者は同会議の報告書に残る海外からの参加者が約200名、国内参加者が約1500名であった。まさに官民一体となった国際会議は、実行委員長倉田三郎、INSEA会長ヨゼフ・ゾイカ（独）の挨拶にはじまり、次のような宣言を残している。

宣言
　われわれは第17回国際美術教育東京会議の名において、次の宣言をする。
　われわれは美術教育を通して、科学時代における人間疎外の事実の解消につとめるとともに、科学と芸術教育の総合によって新しい時代を建設し、平和な世界を築くために、ともに手をたずさえてあらゆる努力を続けることを誓う。
　　　　　　第17回INSEA・東京会議　宣言文朗読　実行委員長　倉田三郎

倉田三郎はその後、1966（昭和41）年から1969（昭和44）年までINSEA会長を務めた。
　1998（平成10）年には国際美術教育学会（InSEA）アジア地区会議が東京で開催された。8月20日から24日にかけての大会テーマを「人間・造形美術・教育—アジアからの発信—」として、青山学院女子短期大学及びこどもの城が主会場となった。参加者は海外参加者110名を含めて750名を超える規模となり、研究発表も国内外をあわせて107件に及んでいる。大会会長を長谷喜久一、実行委員長を仲瀬律久が務め、共催に東京都教育委員会が名前を連ねるとともに、協賛団体には日本美術教育連合をはじめとして全国造形教育連盟・西日本教育美術連盟（現日本美術教育連盟）など多くの学会や団体が参加している。
　2008（平成20）年には第32回国際美術教育学会（InSEA）世界大会2008 in 大阪が開催された、1965（昭和40）年に東京で開催された第17回国際美術教育会議から43年ぶりの世界会議となった。8月5日より9日の日程による大会は、大阪国際交流センターを会場とし、「こころ＋メディア＋伝統」をテーマに、参加47か国、参加総数が海外参加者約400名を含む約1500名の盛況となった。大会会長は平山郁夫（1930-2009）、大会実行委員長は福本謹一が務め、研究発表などのプログラムは500件に及んだ。また、社団法人日本美術教育連合　日本教育美術連盟、美術科教育学会、日本美術教育学会、全国造形教育連盟の5団体の共催という形で実行された。

［解説17］
1990（平成2）年　「フランツ・チゼック展」開催
　この展覧会は、武蔵野美術大学創立60周年の記念展であり、（財）日本児童手当協会こどもの城との共催として開催された。チゼックスクールの美術教育については、久保貞次郎（p.191参照）による紹介にはじまり、戦後美術教育の主流のひとつである創造主義、児童中心主義教育として広く知られていたが、その作品を体系的に見る機会はこれまでなく、ヴィオラ著『子どもの美術』（p.263参照）の巻末に掲載されているモノクロームの写真程度であった。

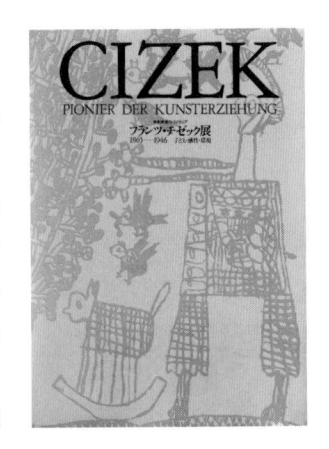

村上暁郎（1932-2009）は、1981（昭和56）年のヨーロッパ遊学中にチゼックの指導による子どもの作品と出会い、それらがウィーン市立博物館に保管されていることを確認している。また、1985（昭和60）年にウィーンで開催された「美術教育のパイオニア　フランツ・チゼック展」を見学し、これを日本に誘致することを計画し、本展が開催されることになった。
　次の文章はそれらの経緯も含めた村上暁郎によるものであり、同展カタログ（前頁図参照）に掲載されている。

チゼックの自由画と美術教育
村上暁郎
武蔵野美術大学教授
　1966年私はヨーロッパの美術教育調査の仕事でパリを中心に滞在していた。そんな或る日、アルノ・シュテルン氏の『アカデミー・ジュディ（木曜日造形美術教室）』を見学した。子どもたちが三三五五やってきて、助手と一緒に描く準備をして、誰もが立ったままで自由に描いては帰っていく。その作品のほとんどが明るい色で、伸び伸びしていて自信に満ちているようであった。表現用具や材料は日本のものとほとんど変わらないのに、このように描けるのはなぜか。ここでの指導はチゼックの理念によるものだと聞いたものの、当時私はチゼックについて無知であった。ただできることならば彼にあってみたい、彼の指導した作品を見たいと思ったものであった。モデルなしに何でやすやすとこの様な作品が描けるのだろうか。とにかく、ここで、はじめてヨーロッパの自由画と出会った。そしてなんともいえない興奮が残った。
　1981年チゼックの指導による子どもの絵画を初めて見た。ロッテルダムで行われた国際美術教育会議の展示室でのことであった。そこには今世紀初頭から現在までの子どもの作品が展示されており、そのそばのステッカーに『子ども自らの力で成長させ成熟させよ』のチゼックの言葉が書かれていた。いろいろな大きさの画面、写生によらない表現、或る作品は伸び伸びと大胆で、また或る作品はしみじみと丁寧に彩色されていた。
　なぜこのように大きな作品が描けるのか？子どもたちが勝手に描く主題を決めて授業は成立するのだろうか。なぜ写生の作品は無いのか。その時、W．ヴィオラの"Child Art"の訳書によってチゼックの美術教育を理解していたつもりであったけれども、私は未だチゼックの指導の実践については分かっていなかった。中学校の美術教師であった時に「どのような主題でもよいから自由に描くように」

と指示したこともあるが、画用紙の大きさも画材も殆んど一律に行っていたことや、自由な表現は画用紙と粘土、軟石程度の材料で、授業はその中の一材料に限って行っていたことを振り返って、チゼックの自由な造形教育とは幅広く、しかも子どもたちの興味や意欲を巧みに生かして、一人一人の個性を創造に移行させている姿をまざまざと知らされたのだった。

　なぜ写生を子どもたちにさせなかったのか。ヴィオラの著書の問答にもその理由は示されてはいるが、理解し難いことだった。

　「樹木」を見て描くことと、そうでない場合の違いは何なのだろう。写生の場合、描く人は観察する目と手を連動させて対象を紙に定着させようとする。見ないで描く時には、過去の体験や記憶の中に「樹木」を探し、その中の気に入ったものを選び出して描くだろう。写生とちがうことは選び出すことや想像や思いつきで「樹木」の形や色を発明（創造）して、写生程には細部に拘わることなく自分自身のイメージを表出するのではないか。描く主題を話や記憶、想像で表わすことは個性や想像力を活性させるには確かによい方法である。その力は幼児のなぐりがきの段階を経て徐々に具象的イメージの数を増してゆく、そのことは誰でもよく知っている。その創造力を彼は精神のダイナミズムの表出と言っているが、そのダイナミズムを子ども自身に発揮させてやがて成熟させようとするのが彼の指導法であり、それが彼の言う「有機的成長」なのであろう。そのような具体的な指導はどのような様子であったのか、私はチゼックの青少年絵画クラスに通った３人の方々に尋ねる機会があった。その中の一人ヘルミーネ・ドゥンゲル夫人は、当時を次のように回想する。『チゼック教室へそっと入りますと、低い音で古典音楽が流れていました。今日はどのような図案を描こうかと思いながら材料を探しました。音楽と材料のおかげで図案のイメージがスーッと浮かんできます。私はそれを素直に丁寧に描きました。先生は暖かくそれを見て褒めてくれました。私は器用であったのですが描いた作品は特に良いとは思っていませんでした。でも褒められたことが嬉しくて休むこと無く通ったのです。この教室ではこうせねばならぬ（must）ということはなく、絵画、版画、織り、刺繍、粘土細工、焼ものなど、誰でもが自由に好きなように造形を楽しむことができたのです。ただいつまでも同じような作業や、他人の模倣など続けて、先生のお話も指導も受け付けない人は以後教室には来ないようにといっておられました。先生はドクターのような風貌の方でしたが、実は物静かで優しく、私たちを"Sie"とはいわず"Du"と呼び誰にでも親身になって相手をしてくださるクラス全員の父親のような方でした』。1917年から３年間チゼック教室で指導を受けた、現在ウィーンで美術事

業をおこなっているクリスチャン・M・ネベハイ博士も、子どもの頃の彼の絵を示しながらドゥンゲル夫人とほとんど同じ話を懐かしんでおられた。

クリスチャン・M・ネベハイ博士は尚当時の社会情況についてつぎのように話をした。「私の父は偶々ウィーン分離派の作家と交遊があり、特にG・クリムトやE・シーレと親しかった。誰もが自由で楽しい人たちでチゼックも又そのような方であった。ただ第一次世界大戦の頃は生活は苦しく、青少年美術クラスへ行くにも電車の便が少なくなって大変でした…」。今回のチゼック展の中に1914年に描かれた子どもの「戦争画」がある。子どもたちの自由な表現の中には身近に起ったことや体験したことなどが素直に表現されている。そのことはウィーンに限ったことではなく世界のどこでも表現の条件さえあれば見られることと思うが、日本で戦時中に絵画教室に通っていた子ども、或いは自己の信念をどのようにひもじくとも曲げることなく美術教育を持続させていたという指導者はいただろうか。

チゼックはウィーンの美術アカデミー入学以前に、自然や子どもの造形に法則性のあることを知っていたが、アカデミーでは絵画一般と歴史画を９年間履修している。その間に子どもの自由な表現（落書き）に個性と創造性を認め、子どもたちを相手に美術教育を開始した。その仕事に一生専心したのはどのような理由からなのだろうか。

「チゼック自身は絵を描くのか」という質問に「チゼックは画家であった。しかし私の知っている限りでは、過去30年間、一度も筆をとらなかった。世の中には画家が多すぎると彼は言う。多分あまりにも多すぎる。子どもたちが創造することの方がはるかに重要である。」とヴィオラは答えている。（"Child Art"問答の９）

チゼックは画家が画業で一生を送るように美術教師として生涯を生き抜いたのだった。

その彼の美術教育の信念の一つに民族性の強調がある。彼の育った家庭には民族工芸品が数々蒐集されていて、彼はその中に民族毎に独自の美があることを熟知しており、旅の折にも土地ごとにその独自の実のある美術を鑑賞している。その観点からすると、欧州で開催された国際会議に出品された日本の子どもの絵に対して、それらは余りにもフランスの印象主義の影響が強いと指摘し、なぜ日本民族独自のものが生かされていないのか、との疑問を提示している。この問題は明治初期のE・フェノロサの日本の図画教育に対する批判を思い起こさせる。日本独自のものとは一体何なのだろう。日本人は海外の文化を移入して巧みに日本化する能力を持っていることと、そのことによって成立した形を指すのだろうか。誰の目にも見えない日本人の心のエネルギーが造形物の中に溶け込んで、それが

顕現した時の形を指すのだろうか、それは特に確定した様式を持ってはいないのだが。チゼックの民族性についての見方には傾聴すべきことが多いと思うが、現実の世界の人々の移動、産業や科学の発達、人類の生態学観等々の事情は19世紀末とは違った20世紀末の現状がある。今はその相違と相違を超えた美術教育の理念とその実践方策の研究が求められている筈である。教育実践は学校教育制度の中にあって、従来よりも子どもの主体を認める人間教育へ重点を移行しつつある。美術教育の場にあっては許されるだけの材料用具を備えて、時々落書きにみられる自由な表現を許す場を与えて、そこで見出された子どもたちの表現のよい点を認めて創造への意欲をかきたてることを配慮しなければなるまい。

　子どもたちの日々の生活を見ると、余りにも知的学習に多くの時間が費やされているように感じられる。図画工作、美術の時間に子どもたち一人一人のもつ能力を具体的事物を介して、自由で、主体的で創造的学習を通して知性、感性の調和した発達をはかることが現在の教育課題である。

　チゼックの美術教育は子どもたちを対象とした優れた実践で知られている。そこには6歳から14歳の子どもたちが参加していたといわれているが（実際には6歳以下、14歳以上の子どもたちがいたこともある）、彼はその外に実科学校、図画教師志望者のためのコース、教員研修のための夏季講座、ウィーン美術工芸学校の装飾図画、装飾構成コースの指導にも当たっていた。彼は子どもは14歳頃になると幼児から示した創造的力を失うとして絵画教室では指導対象としなかった。ではその上の年齢の生徒たちにはどのように指導したのか。その事例は今回のチゼック展（カタログの作品番号No.218〜258で凡その輪郭がつかめる。具体的作品はNo.259にある）で知ることが出来るが、その方法には2つの形があったと考えられる。

1.「自由に描く」"Das Freie Zeichnen"（カタログNo.219）の方法に関する解説にあるように、或るモデルを記憶によって描くこと。より正確に表現したい時にはそのモデルを観察して、その後モデルを見ずに描くという方法を通しての写生をすることがある。そこで得た表現を単純化したり、版画や彫刻に展開させる方法。

2. 現代作家の展覧会（当時の表現主義、立体主義、未来主義などの作品展）の見学を通して、当時の美術家のスピリットの表現を学ばせて、より創造的且つ個性的な作品の制作に向かわせる方法。（この方法による学習活動はやがてウィーン・キネティスムの誕生となる。1920年〜1924年）。

　この方法による美術の学習によって後に作家となった者たちがいた。このよう

な彼の実践活動についてはこれまで日本では余り知られていなかった。これらの作品を見るとチゼックの創造的美術教育に賭けた信念とそれに答える学生たちの熱意が伝わってくる。

チゼックの晩年とその後のこと
　チゼックは1937年頃から視力障害が進み、ウィーンの美術工芸学校での教育活動を終えた。72歳の時である。その翌年、美術工芸学校の閉鎖にともなってチゼックの青少年美術教室も閉鎖されたが、彼は従来からの活動に対する情熱を私設教室として継続した。彼の助手Ａ・シミチェック女史がその仕事を継承した。（正式には1946年、チゼックの没年後のことである。）
　ここでの具体的活動情況については不明だが。（注１）この活動は1955年まで続けられその後はルードビッヒ・ホフマン博士、カルロッテ・ヒューバ博士、アンナ・マリナ・アンゲレル女史、エリザベート・サファー女史らの協力を得て持続され、現在は、ウィーン市青少年局の管轄の下で発展的に活動が展開されている。チゼックの指導に関わる９万点に及ぶ造形美術作品は1975年にウィーン青少年局からウィーン市博物館に移管されて現在に至っている。移管収納後かなりの修復を要したが、1985年にはそれらの中から約300点が選ばれ、チゼック個人に関わる資料を含めて"美術教育のパイオニア、フランツ・チゼック展"に展示された。

（注１）この頃の事情については彼の口述草稿「表出としての造形」の巻末に記述がある。この記述の中に「1939年11月20日青少年美術教室の備品はヘンスラー通りからシュヴィンテ通り17番地に移された。フィヒテ通りからヘンスラー通り、そこから更にシュヴィンテ通りへという二度にわたる引っ越しは膨大な費用を要しただけでなく、それに伴う物的な損害による犠牲も余儀なくされた。シュヴィンテ通りの部屋は目的に沿うように手入れしなければならなかった。」とある。この手入れについてチゼックは、図⑦のように自らデザインしている。その後美術工芸学校で教室を開いてから36周年の記念日に授業を再開した。ここでの授業は暖房用の燃料不足から冬の授業は３日に制限しなければならなかった。その上11歳以上の生徒たちは青少年支部の制度によって大部分が授業に参加できなかった。つまり10歳以下の子どもたちを主な対象としての授業が再開されたのであった。
（図⑦省略）

第3節　図工美術教科書の変遷

　明治のはじめよりこれまでさまざまな図工美術の教科書がつくられてきたが、それらは当時の教育の在り方や考え方を端的に示す資料として貴重である。特に、図工美術は美的な感性や造形的能力を土台とする教育であるだけに、教科書に示されている図版から直接知り得る内容は重要である。
　本節では、教科書出版に関する各時代の制度や状況を勘案し、下記の時代区分ごとに主要な教科書を図版とともに解説する。

	1872（明治5）年　学制布告
1. 無検定自由採択時代	|
	1886（明治19）年　教科書検定制度確立
2. 第1期検定教科書時代	|
	1904（明治37）年　国定教科書刊行
3. 第1期国定教科書時代	|
	1909（明治42）年　新国定教科書刊行
4. 第2期国定教科書時代	|
	1929（昭和4）年　私教科書刊行
5. 第3期国定教科書時代	|
	1932（昭和7）年　新国定教科書刊行
6. 第4期国定教科書時代	|
	1941（昭和16）年　国民学校令制定
7. 第5期国定教科書時代	|
	1946（昭和21）年　旧教科書使用禁止通牒
8. 無教科書時代	|
	1955（昭和30）年　検定教科書使用開始
9. 第2期検定教科時代	|
	現在

1. 無検定自由採択時代

1872（明治5）年「学制布告」から
1886（明治19）年「教科書検定制度確立」まで

1872（明治5）年の「学制」では、小学校に上等小学校と下等小学校、中学校にも上等中学校と下等中学校が示され、上等小学校には「幾何学罫画大意」と「画学」、下等中学校には「画学」、上等中学校には「罫画」が置かれた。その後、同年布達の「小学教則」(p.126参照)にはそれらの時間数も示され、これをもってわが国の学校教育における図画教育のはじめとする。その内容は、臨画による指導方法を用いた実利主義、技法主義なものであり、詳細は、以下に示す『西画指南』などの教科書から読み取ることができる。この時期の教科書は、欧米の図画指導書を翻訳したものや、それらを土台にしたものが多い。最初は描く題材も西洋の文物をそのまま用いているが、やがて日本的なものも扱われるようになる。教科書制度としては、文部省が指定もしくは編集したものもあったが、その採択は各地方長官の裁量であった。山形寛（1888-1972）著『日本美術教育史』（黎明書房、1967）によれば、公私合わせて90種近くの図画関係教科書が出版されたとある。

『西画指南』
　　前編上下　1871（明治4）年
　　後編上下　1875（明治8）年
　　川上寛（冬崖）纂訳、文部省
　　ロバート・スコットボーン（英、生没年不明）の『The Illustrations Drawing Book』(1852)を纂訳し、木版により和装本として刊行したものである。内容は階梯式に絵図の描き方を示す技法書的なものとなっている。以下の図版は、前編上下巻の中から、特徴的なものを抜粋したものである。

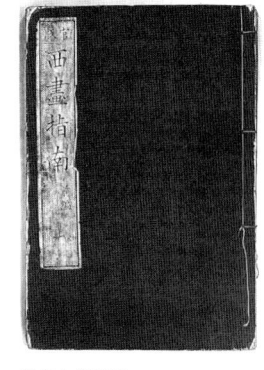

　　　　　　前編上巻表紙　　　　　本扉

第3節　図工美術教科書の変遷　201

生徒塗版上ニ向テ線画ヲ習フ図　　　　第1図

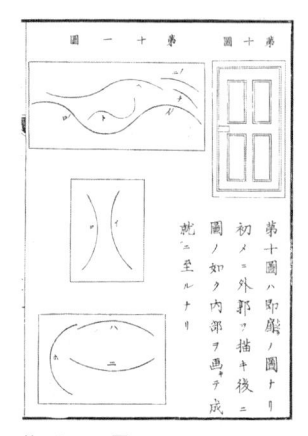

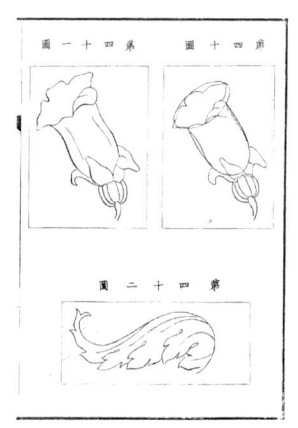

第10、11図　　　　第40、41、42図

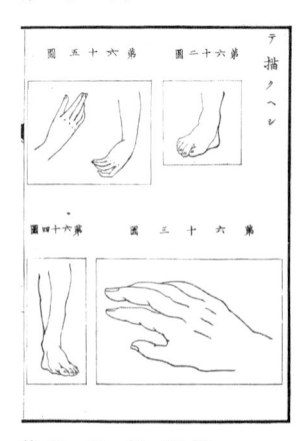

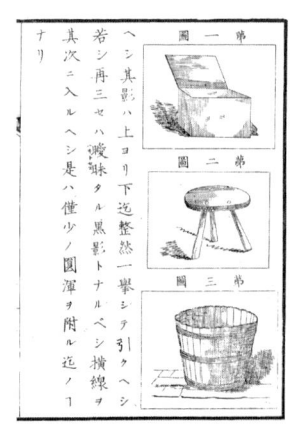

第62、63、64、65図　　　　下巻、第1、2、3図

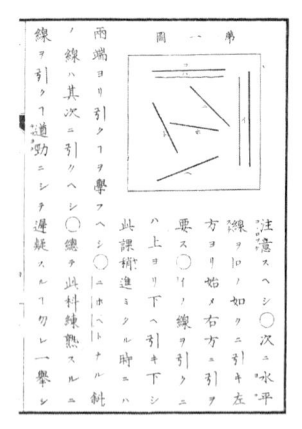

第 12 図

毛筆或ハ灰筆ヲ以テ臨画スル図

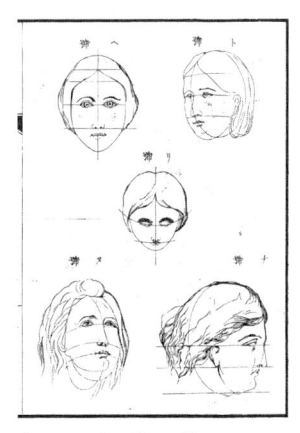

ト、ヘ、チ、リ、ヌ号

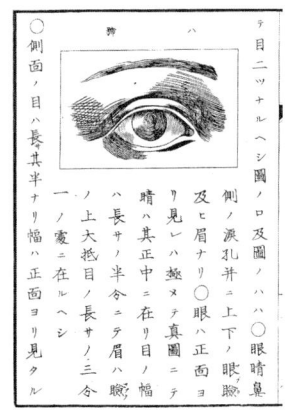

ハ号

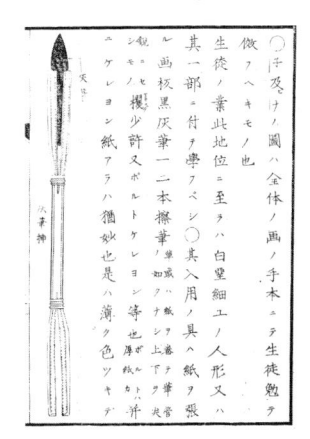

灰筆挿

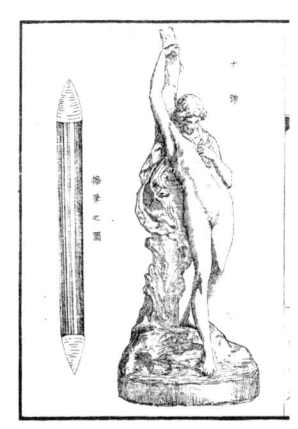

ナ号、擦筆之図

第 3 節　図工美術教科書の変遷

『図法階梯』
　1872（明治5）年
　1〜8号、宮本三平・狩野友信・山岡成章纂訳、開成学校
　『西画指南』と同じく、欧米の教科書をそのまま模倣したものであり、絵図の描き方の指導書となっている。美術的要素は少ない。

『小学画学書』
　1873（明治6）年
　全1冊、山岡成章纂訳、文部省文書局
　欧米教科書模倣本のひとつである。板目木版の和装本であるが、題材の器具や家具、家などは西洋風のものとなっている。本書を手本として書き写すことを想定している。

『小学普通画学本』
　1878（明治11）年
　甲之部10冊、乙之部12冊、宮本三平編、文部省
　翻訳本の性格をもっているが、題材にはわが国の日常生活で用いるものも取り上げている。内容は階梯式で基本から応用へ進む技術指導となっている。
　本来は洋装本であるが、翻刻版も多く、和装本もある。
　以下の図版は、1882（明治15）年に翻刻の届をし、翌年に刊行された「東京書林」版の『甲之部第三』及び『乙之部第三』の抜粋である。なお、体裁は洋装本となっている。

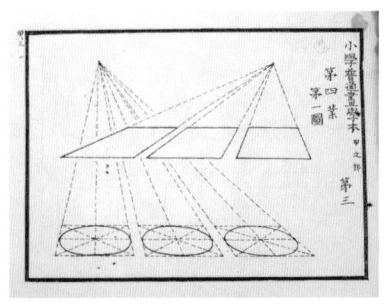

甲之部第三　表紙　　　　　　　　第四業第一図　一頁

204　第3章　美術教育史

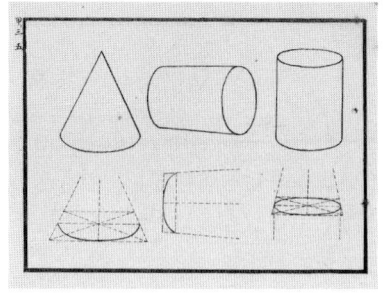

第四業第一図　五頁 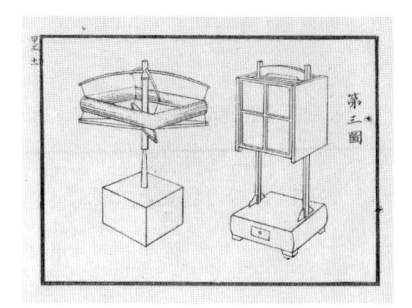　　　　　　　　第三図　十一頁

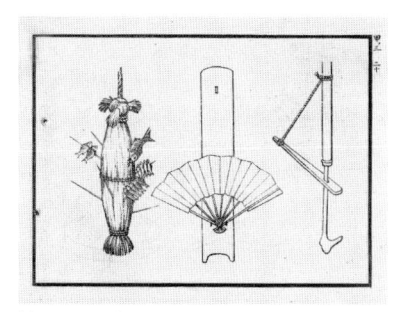

第三図　二十頁 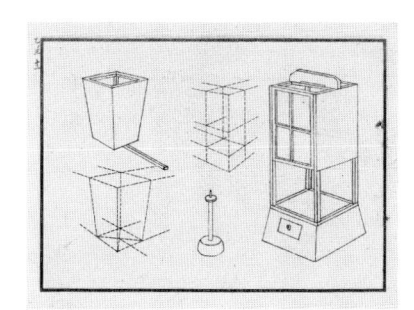　　　　　　　　　　乙之部第三図　十一頁

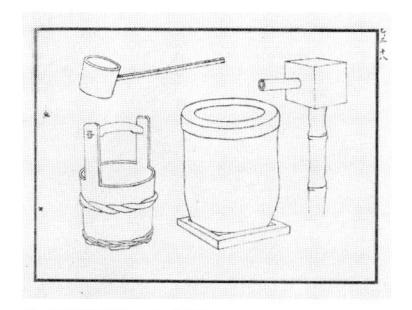

乙之部第三図　十八頁 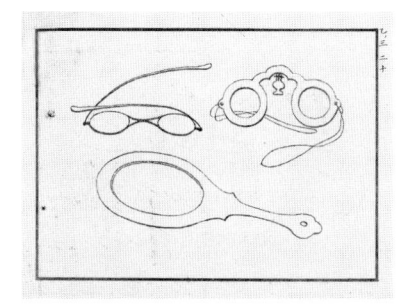　　　　　　　乙之部第三図　二十頁

第3節　図工美術教科書の変遷

『小学習画帖』
　1885（明治18）年
　全8冊、文部省編輯局（浅井忠）
　小学校師範学校教科用図書として編纂されたもので、全国的に広く使用された。これまでの翻訳本とは違い、日本の植物や事物を題材とし、絵も新しく描かれたものである。指導方法としては臨画によるもので、臨画をする場合は原本より小さくしてはいけないなどの描き方の注意を示している。
　以下に示す図版は、第一、第四、第七編の抜粋である。

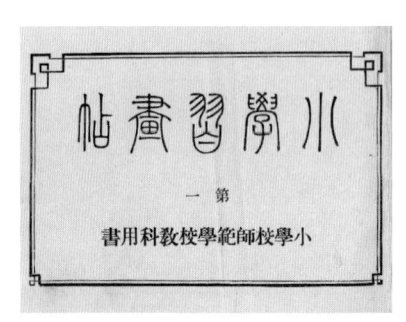

第一編　表紙

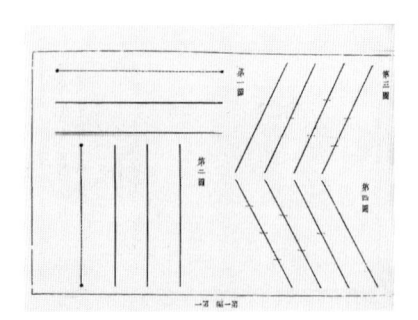

第一編　第一図

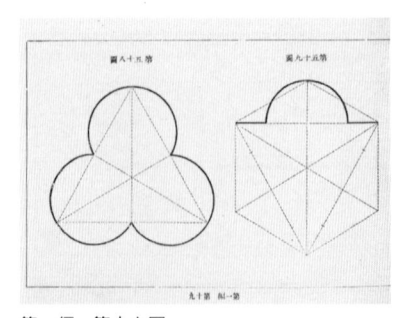

第一編　第十九図

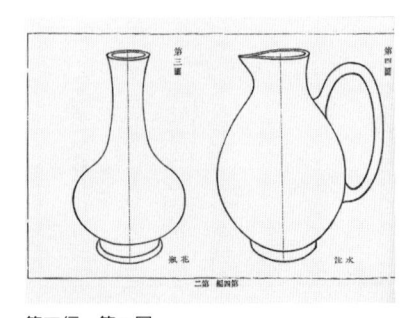

第四編　第二図

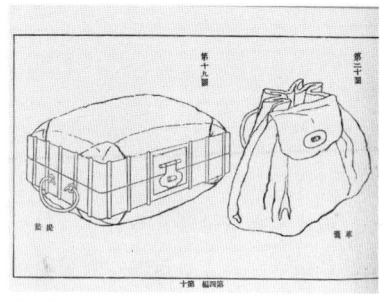

第四編　第十図 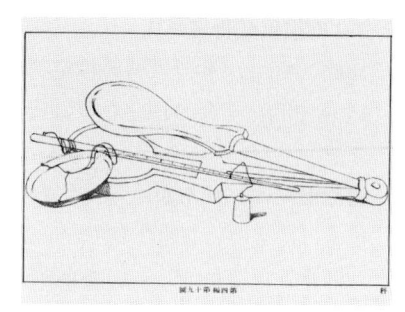　　　　　　　　　　第四編　第十九図

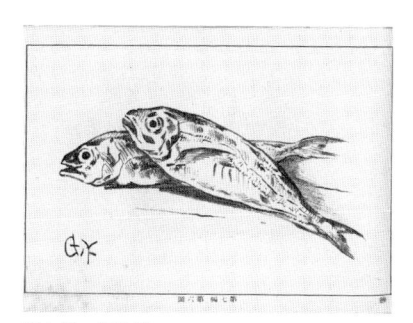

第七編　第六図 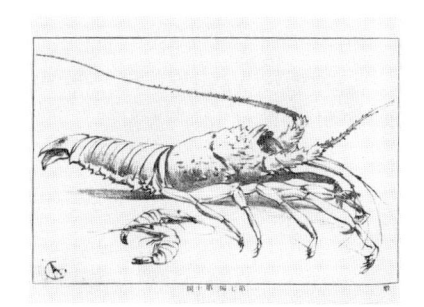　　　　　　　　　　第七編　第十図

第七編　第十一図 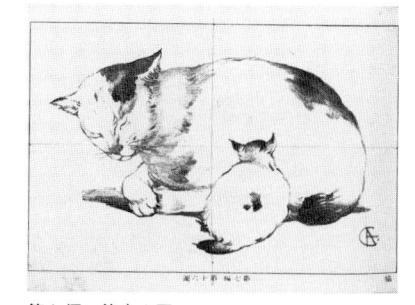　　　　　　　　　第七編　第十六図

第3節　図工美術教科書の変遷

2. 第1期検定教科書時代

1886（明治19）年「教科書検定制度確立」から
1904（明治37）年「国定教科書刊行」まで

　明治前期は、日本が欧米文化の吸収に努めた時期であったが、明治10年代後半にはその急進的な変革の反動として、国粋主義が叫ばれるようになった。図画教育においても、毛筆画による指導と鉛筆画による指導の両論の対立が激しくなった。いわゆる「鉛筆画毛筆画論争」である。岡倉天心やフェノロサ等による「図画取調掛」(p.132参照) の結論は、合理的実利的立場から西洋画より日本画の優位性を示すものであった。
　教科書制度としては、1886（明治19）年に「教科用図書検定条例」が制定され、検定の上適切なものには5年間有効な許可証を出している。この時期には毛筆画によるもの、鉛筆画によるものなど多種多様な教科書が出版され、前述の山形寛著『日本美術教育史』によれば、244種があったとされる。

『小学画手本』
　1886（明治19）年
　全16冊、本多錦吉郎著、團々社書店
　前期と同じよう臨画に絵図作成の技法を学ぶ教科書であるが、日本的題材を導入している。第七編までが木版で、第八編以降が石版印刷となっている。以下の図版は第五編、第九編、第十四編からの抜粋である。

第五編　表紙　　　　　　　　　第五編　第四図

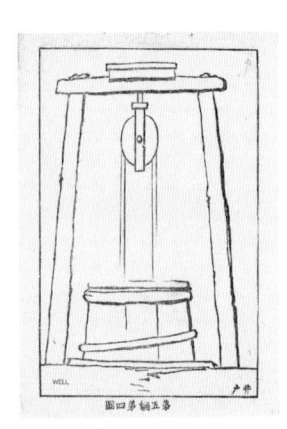

208　第3章　美術教育史

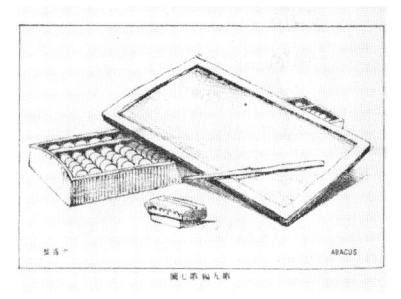

第九編　第七図 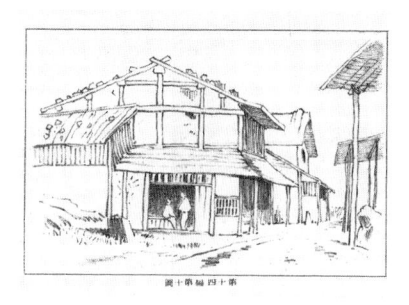　　　　　　　　　第十四編　第十図

『帝国毛筆新画帖』
　1894（明治27）年
　全16冊、岡倉覚三賛助、川端玉章編画、三省堂
　国粋主義、臨画主義の代表的な教科書である。運筆から入り、毛筆による線の練習から次第に筆法を学ぶよう、詳細に画題が構成されている。前編8巻が尋常小学校用、後編8巻が高等小学校用であり、1学年に2冊が割り当てられている。
　以下の図版は、前編第五巻、前編第六巻、後編第三巻からの抜粋である。

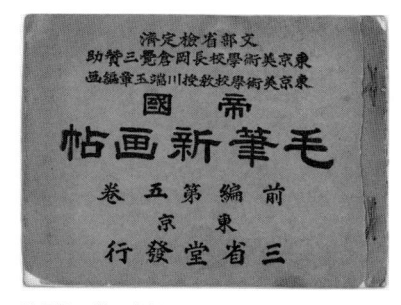

前編第五巻　表紙 　　　　　　　　前編第五巻　枇杷

第3節　図工美術教科書の変遷　　209

前編第五巻　釣灯籠 　　　　　　　　前編第六巻　牽牛花

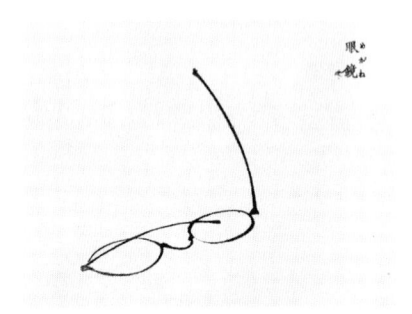

前編第六巻　眼鏡 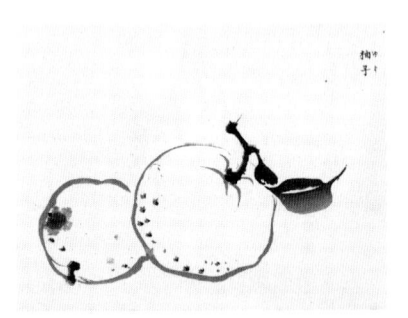　　　　　　　　　後編第三巻　柚子

後編第三巻　丁斑魚 　　　　　　　　後編第三巻　五條橋

『新案小学画手本』
　1896（明治29）年
　全13編、浅井忠選、金港堂書籍
　明治20年代中ごろから30年代はじめは毛筆画の普及が進み、鉛筆画は採用が少なかったが、鉛筆も国内で生産されるようになり、子どもの描画材として適しているとの声もあった。毛筆画全盛の中でも、本書のような鉛筆画による教科書も一定程度出版されていた。尋常小学校用に4冊、高等小学校用の9冊がある。
　図版は、第二編、第四編上、第七編からの抜粋である。

第二編　表紙

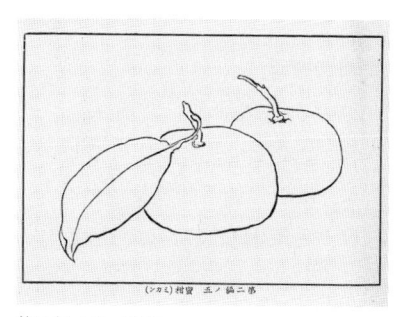

第二編ノ五　蜜柑

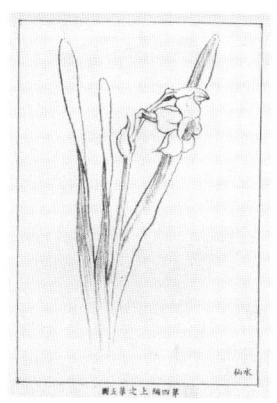

第四編上之第五図　水仙

第四編上之第二十図　栄螺

第3節　図工美術教科書の変遷　211

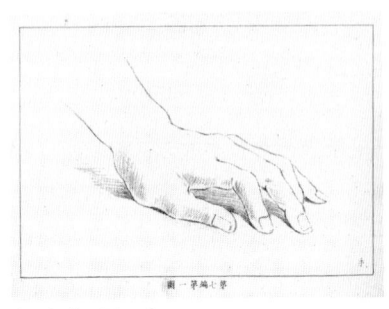

第七編第一図　手

第七編第十一図

『中学習画帖』
　1900（明治33）年
　全7巻、浅井忠著、吉川半七
　本書は中学校、師範学校、高等女学校等の生徒用として編集されたものである。毛筆画全盛時代の鉛筆画が前述の『新案小学習画帖』（p.206参照）を経て、上級学校段階ではどのような描画を目指していたのか、両方の著者である浅井忠の考え方を見てみる必要がある。
　図版は1901（明治34）年の第四版、第六巻の抜粋である。

第六巻　表紙

第六巻第五図　馬

第六巻第七図　農夫

第六巻第九図　坂路

3. 第1期国定教科書時代

　1904（明治37）年「国定教科書刊行」から
　1909（明治42）年「新国定教科書刊行」まで

　1904（明治37）〜 1905（明治38）年の日露戦争を契機に国力が伸長し、教育制度も各拡充整備が進んだ。図画教育では、「普通教育ニ於ケル図画取調委員会」(p.137参照) によって、欧米の図画教育の状況が報告され、普通教育における図画教育の理由及び授業要目も示された。これは前期以来の「鉛筆画毛筆画論争」終結へ大きな影響を与えた。

　教科書制度としては、1902（明治35）年に教科書採択に関する贈収賄事件が発覚したこともあり、1903（明治36）年に「小学校令」及び「同施行規則」を改正し、国定教科書制度が制定された。翌1904（明治37）年には、初の国定教科書が刊行され、国定教科書制度は1945（昭和20）年まで続くことになる。

『尋常小学毛筆画手本』
『高等小学毛筆画手本』
　1904（明治37）年
　　尋常小学校二、三、四学年
　　高等小学校一、二、三、四学年
　　文部省著作、白浜徴画

初の国定教科書として刊行された。毛筆と鉛筆の二本立てでの刊行であったが、両方を児童に課すものではなく、一方を選択して系統的に学習するものとなっている。高等小学校一、二年用は男生用と女生用があり、甲種は高等科ではじめて学習する者用、乙種は尋常科より学習している者用となっている。また、カラー図版が一部用いられている。

尋常第二学年用　表紙

尋常第二学年用　ダイ二十一　ユキダルマ

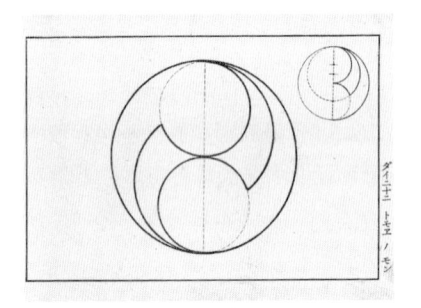

尋常第二学年用　ダイ二十二　トモエノモン

高等男生用第二学年甲種　第三図　筍

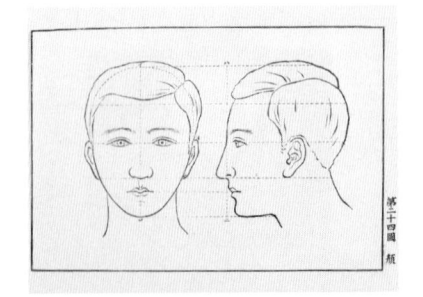

高等男生用第二学年甲種　第二十四図　顔

高等男生用第三学年甲種　第二十二図　菅公

高等男生用第二学年甲種
第十二図　犬

高等女生用第二学年甲種　第六図　椿

高等女生用第二学年甲種　第十二図　梅ニ鶯

高等女生用第二学年甲種　第十四図
模様（雪月花）

『尋常小学鉛筆画手本』
『高等小学鉛筆画手本』
　1904（明治37）年
　尋常小学校二、三、四学年
　高等小学校一、二、三、四学年
　文部省著作、小山正太郎画
　前述の『小学毛筆画手本』と合わせる形で刊行されたものであり、その構成も同じで高等小学校一、二年用は男生用と女生用があり、甲種は高等科ではじめて学習する者用、乙種は尋常科より学習している者用となっている。題材は異なっているが、その指導に違いがあるものではなく、基本的には毛筆で描くか鉛筆で描くのかの差がある程度である。

尋常第四学年用　ダイ一　エンピツノツカイカタ

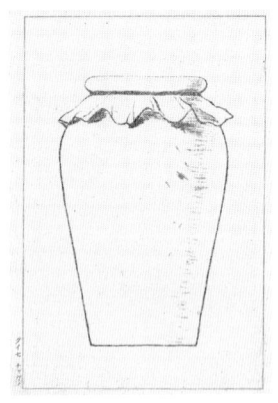

尋常第四学年用　ダイ七　チャガメ

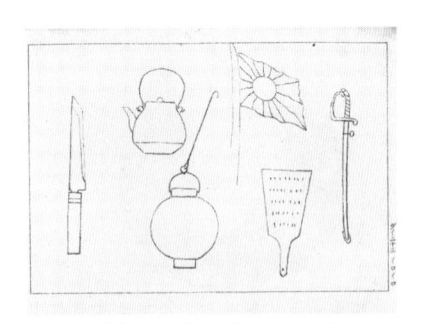

尋常第四学年用　ダイ二十三　イロイロ

高等男生用第一学年甲種　表紙

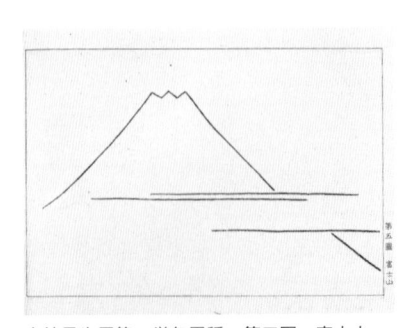

高等男生用第一学年甲種　第五図　富士山

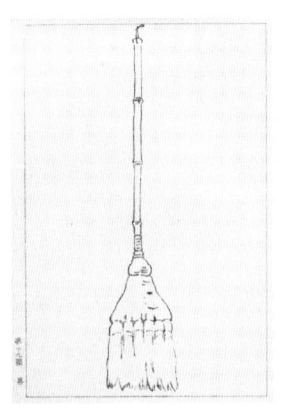

高等男生用第一学年甲種　第十九図　箒

4. 第2期国定教科書時代

1909（明治42）年「新国定教科書刊行」から
1929（昭和4）年「私教科書刊行」まで

　前述の「普通教育ニ於ケル図画取調委員会」(p.137参照)報告書を受け、新国定図画教科書が刊行されることになった。この背景については、1916（大正5）年の白浜徴著『新定画帖の精神及其利用法』(p.144参照)に詳しい。

『尋常小学毛筆画帖』
『尋常小学鉛筆画帖』
　1909（明治42）年〜1910（明治43）年
　第三学年、四学年、五学年男生用、同女生用、
　第六学年男生用、同女生用
　文部省著作、白浜徴画（毛筆）、小山正太郎画（鉛筆）
　日本書籍株式会社（毛筆）、大阪書籍株式会社（鉛筆）
　1908（明治41）年の「小学校令」の改正により、義務教育が6年となった。これを受けて、前述の『尋常小学毛筆画手本』及び『尋常小学鉛筆画手本』を改訂したものである。内容の変化としては、臨画を中心としながらも、写生、記憶画、考案画を組み入れようとしている。また、カラー図版が増加している。

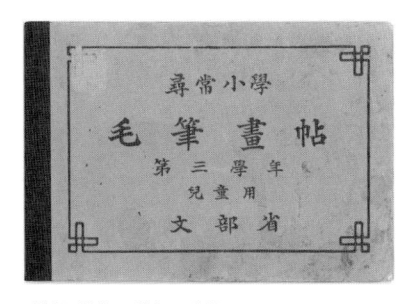

毛筆画帖第三学年　表紙

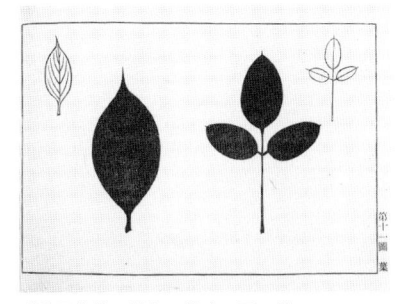

毛筆画帖第三学年　第十一図　葉

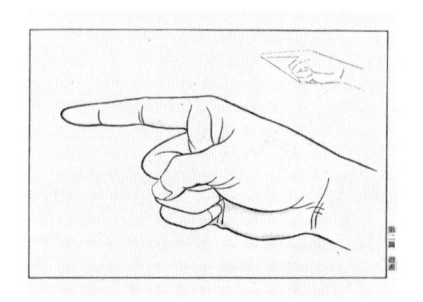

毛筆画帖第六学年男生用　第二図　指差

毛筆画帖第六学年女生用　第四図　金魚

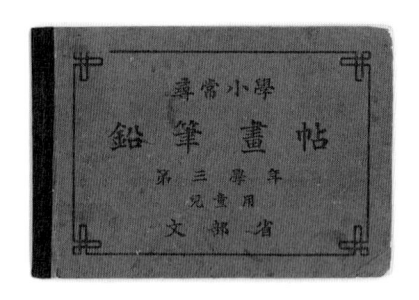

鉛筆画帖第三学年　表紙

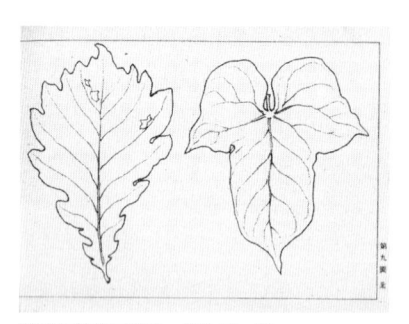

鉛筆画帖第三学年　第九図　葉

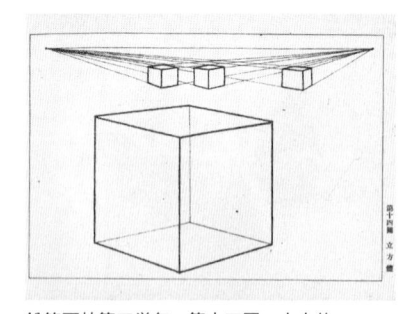

鉛筆画帖第四学年　第十四図　立方体

鉛筆画帖第四学年　第十九図　種種の略画

218　第3章　美術教育史

『高等小学毛筆画帖』
『高等小学鉛筆画帖』
　1912（明治45／大正元）年
　第一学年男生用、同女生用、男女生共用
　第二学年男生用、同女生用、男女生共用
　文部省著作、白浜徴画（毛筆）、小山正太郎画（鉛筆）
　東京書籍株式会社（毛筆）、日本書籍株式会社（鉛筆）
　前述の『尋常小学毛筆画帖』及び『尋常小学鉛筆画帖』の改訂主旨と同じである。

毛筆画第一学年男女生共用　表紙

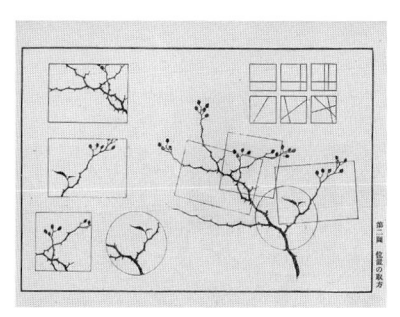

毛筆画第一学年男女生共用
第二図　位置の取方

毛筆画第一学年男女生共用
第七図　桔梗

毛筆画第一学年男女生共用
第四図　位置の取方

第3節　図工美術教科書の変遷　219

毛筆画第二学年男女生共用
第十一図　男児

毛筆画第二学年男女生共用　第十二図　運動

鉛筆画第一学年男女生共用　表紙

鉛筆画第一学年男女生共用　第五図　金魚

鉛筆画第一学年男女生共用　第十三図
人の姿勢

鉛筆画第一学年男女生共用　第十四図　家

『尋常小学新定画帖』
　1910（明治43）年
　尋常小学第三学年、四学年、五学年男生用、同女生用、
　第六学年男生用、同女生用、文部省著作
　『新定画帖』は、前述の『尋常小学毛筆画帖』及び『尋常小学鉛筆画帖』と同期に刊行されるが、これらが「鉛筆画毛筆画論争」を受けたものであるのに対して、『新定画帖』は表現材料の違いこそあれ、美術教育の本質的問題ではないとの立場をとっている。編修は、正木直彦、上原六四郎、小山正太郎、白浜徴、阿部七五三吉があたっているが、阿部を除く4人は「普通教育ニ於ケル図画取調委員会」(p.137参照)の委員であり、この報告書が大きく影響している。また、白浜徴の海外視察での見聞も反映し、アメリカの美術教科書『Text Books of Art Education』（Hugo B. Froehlich /Bonnie E. Snow共著、The Prang educational company、1904）がその種本とされる。
　『新定画帖』は教師用書が最初につくられ、それに応じた児童用教科書が発行されている。すなわち、指導方法や使用方法の綿密な計画の上に成立している。臨画、写生、記憶画、考案画などの配分が示され、コンパスや定規を用いるところの容器画とそれらを用いない自在画の各学年における割合も示されている。写生や考案画に関しては、児童用教科書には掲載がなく、教師用図書に示されている。改正された「小学校令」では、尋常小学第一、二学年の図画科は選択で、第三学年より必修となっているが、教師用書は全ての学年にわたって編集されている。これらの詳細は、教師用書の最初に「凡例」として示されている。以下はその全文である。

『新定画帖　教師用書』
凡例
一。本書は尋常小学校図画科の教科書に充つるため編纂したるものにして、分ちて教師用書と児童用書との二種となす。教師用書は第一学年より第六学年まで各学年用の六冊に分ち、児童用書は第一・第二の両学年には之を作らず、第三学年以上に於て各学年とも一冊とし、第五・第六の両学年は更に之を男性用と女性用とに区別したり。
二。本書は各学年とも一学年間の教授週数を四十週とし毎週教授時間を第一学年より第四学年までは一時間、第五・第六の両学年は男生二時間、女生一時間として教材を選択し、教師用書には総べて之を掲げ、児童用書には其の中に

第3節　図工美術教科書の変遷　221

つきて必要なる僅少の教材を選出して之を掲げたり。

三。本書は鉛筆画・毛筆画てふ用具上よりの区別を廃し、児童発育の程度に応じて鉛筆・毛筆の何れをも使用せしむるものとす。大体上より言へば初歩の程度に於ては鉛筆を多く使用せしめ、程度の進むに随ひて次第に毛筆を多く使用せしむることとしたり。

四。自在画の教授を完全にせんには、時時尺度・三角定規・コンパス等を用ひて正確なる形態を画かしむることも亦必要なるを認め、左表（次頁、表 1）の如き配当によりて是等の器具の使用には慣れしめんことを期したり。

器具を用ひて画かしむる画と自在画との教授時間の割合は凡そ左表（次頁、表 2）の如し。

五。土地の情況によりては、初歩の程度より色を用ひしむることを得せしめ、第一学年より第四学年に至る四学年間は、普通の鉛筆・毛筆の外に色鉛筆をも使用せしむることとなしたり。更に第五学年以上に於ては、絵具をも使用して色彩を施さしむこととせり。但し色鉛筆並びに絵具を用ひざる土地にありては、線描のみにて画かしめ、或は黒色の濃淡にて色彩の明暗を区別して画かしむべし。紫色鉛筆中「コピールビオレット」、「リラビオレット」、「ヨハン・コピール」、「ハ・ツェ・クルツ・コピール」等の印のあるものは必ず之を児童に使せしむべからず。（明治三十七年文部省訓令第八号参照）

六。教師用書に掲ぐる画中、第一・第二・第三学年用のものは比較的複雑にして程度高きが如く、又其れより学年の進みたる第四学年に於て程度を低くし、更に第五・第六の学年に進むに随い程度を高めたる観あり。是初歩の程度に於ては自然界に対する児童相応の思想を図に表さしめ、斯くして略々描写上の練習をなしたる上、更に正確なる画方若しくは美的画方等をも教へんとするに由るなり。

七。本書は図画の種類を臨画・写生・記憶画・考案画の四種とし、其の授業時間は凡そ左表（次頁、表 3）の如き割合によりて各学年の授業細目を選択したり。

八。本書に選択したる写生材料は各地方にて成るべく実行し易きものを標準として選択したり。然れども土地によりては尚得難きものもあるべければ便宜之を変更するも可なり。

九。本書中季節と関係ある教材は十分に注意して之を排列したれども地方によりては尚変更すべき必要あるべければ、適切の時期において便宜之を教授すべし。

十。本書の教師用書にありては教授上の便を計りて、各課とも、要旨・準備・教授の三項目に分ちて記述し、教授の一項は更に又観察・説明・問答・画方・

注意等の小項目を掲げ、観察・説明・問答等の要点並びに画方の方法を述べ、注意の項に於ては、描写の際児童が陥り易き弊、並びに将来心得置くべき必要条件等を記したり。各項共記述事項を一括して記したるが故に教授者は之を分割して便宜の教授案となすべし。

十一、本書の教師用書準備の項に記したる画用紙は西洋画用紙を用ふるものとす。然れども日本紙の礬水引き、其の他の紙を使用するも可なり。

十二、本書教師用書準備の項に記したる画用紙には十六枚切、八枚切等の大いさ〔原文ママ〕を示したり。是は普通に使用せらるる西洋画用紙を十六枚、或は八枚切等となしたる広さを示したるものなり。本書に示したる広さは、各課に記したる教授の予定時間中に、描写すべきものとして示したるものなり。教授時間長きか又は用筆に大なるものを使用する場合には便宜紙を広くするも可なり。

十三、本書には毛筆若しくは鉛筆のみにて画きたる画を掲げたれども、便宜木炭、其の他の材料を使用せしむるも可なり。

十四、児童用書の画は、説明用に供するもの、彩色練習に用ふるもの、考案画資料とすべきもの、或は全く模写を目的とするものの四種を集めたり、されば児童用書に集めたる画の全部を臨画せしむるものにあらず。

十五、本書の第五・第六学年用の教師用書は男性の教授時数を標準として、教材の数を選択して之を掲げたり、されば同学年に於ける女性にたいしては、倍数の教材を有するものなれば、女性には女性の児童用書中に掲げたるものの外は適宜に之を取捨して教授すべし。

（表1）

第一学年	ナシ
第二学年	尺度
第三学年	三尺角定度規
第四学年	三尺角定度規 コンパス
第五学年	同上
第六学年	同上

（表2）

	自在画	用器具	合計
第一学年	一〇〇		一〇〇
第二学年	九〇	一〇	一〇〇
第三学年	八五	一五	一〇〇
第四学年	八五	一五	一〇〇
第五学年	八五	一五	一〇〇
第六学年	八五	一五	一〇〇

（表3）

	臨画	写生	記憶画	考案画	合計
第一学年	二五	二五		五〇	一〇〇
第二学年	二五	三五		四〇	一〇〇
第三学年	三五	四〇		二五	一〇〇
第四学年	三五	四〇		二五	一〇〇
第五学年	三〇	五〇		二〇	一〇〇
第六学年	二〇	五〇		三〇	一〇〇

第一学年及び第二学年は、児童用教科書はなく、教師用書に記載されている授業案を実施することになる。その中で、実際の臨画、写生、記憶画、考案画による授業はどのようなものであったのか、『第一学年教師用』を例に次に示す。

　第一学年の第一学期第一課は、「野辺」と題する臨画の課題が、次のような挿絵とともに示されている。

尋常小学新定画帖第一学年教師用　表紙　　　尋常小学新定画帖第一学年教師用　一の一

第一課　野辺　臨画　一時間
要旨　春の野と空との色を授けて、天と地とを画しめ、鉛筆を横に使用する練習をなす。
準備　青緑の色紙。草木の葉。用紙葉書形大。
教授
一。観察
　教室内より室外を眺めしめ、空と地との区別を明瞭にして春の地上は緑色をなせることを知らしめ、次に晴朗なる空は青色なれども、通常淡青色（水色）に見ゆることを知らしむべし。
二。画方
　黒板上に長方形を画き、其の内に挿絵の如き範画を画きて示すべし。
　用紙の両短辺の中央より稍低き所に点を求め、其の二点間を結合し、天地の区画をなさしめ、地面を緑色、空を青色にて淡く横に塗らしむべし。
三。注意
　空の色は画面の上方を濃く塗り、地色もまた画面の上方即ち遠方を濃く塗ることに注意せしむべし。

児童は最初の間は鉛筆を強く圧して使用するものなれば、軽使用することに注意せしむべし。

初の間は画の良否よりも姿勢・執筆、手の動方につきて批正すべし。

児童は青色と緑色を大抵混同するものなれば、両者の区別を明瞭に知らしむべし。

　第一学期第七課には「海に船」と題する課題が、考案画一時間の授業として、次の挿絵と課題文で示されている

第七課　海に船　考案画　一時間

要旨　船の画方を授けて、鉛筆を横に使用する練習をなす。

準備　色白墨にて画きたる船の範画、用紙十六枚切。

教授

一。問答

　川と海との関係を説明し、海の名称と観念とを与へ、平地にある大川と穏やかなる海上とは平坦なる水面をなすことを知らしむべし。

二。画方

　用紙の中央より稍下方に空と海面との境界線を定め、青色鉛筆にて平に淡く水を画かしむべし。

　船の名称と観念とを授け、船の形状、帆掛船、帆柱のみを立てたる船等につきて問答して思想を整頓し、考案せしめて後、海の上に船を画き添へしむべし。

　但し船を見ざる地方の児童には、挿絵の如き範画を示して臨画せしむべし。

三。注意

　水面の画方と船の形とにつきて批正すべし．空に鳥の飛べる処など附加せしむるも可なり。

常小学新定画帖第一学年教師用一の七

第3節　図工美術教科書の変遷　225

第二学期第十六課には、「月」と題する課題が、記憶画一時間として、次の挿絵と課題文で示されている。

第十六課　月　記憶画　一時間
要旨　月の画方を授けて、鉛筆を斜に使用する
　　　こと並びに思想発表の練習をなす。
準備　厚紙にて作りたる直径一寸許りの円板（成
　　　るべく児童数）。用紙葉書形大。
教授
一。問答
　月の形状と色、並びに晴れたる月夜の空色に
　つきて問答し、月は淡黄色、空色は青色をなせることを知らしむべし。
二。画方
　円板を用紙の上方に置きて円周を画き、円内を黄色にて淡く彩色せしめ、其の
　周囲に空を青色に塗らしむべし。但し、円板の準備なき場合は、月の中心より
　塗始め、次第に外方に塗広げて円形を画き、月を表さしむべし。
三。注意
　本学期に於ても姿勢・執筆等の批正をなすべきこと前学期と同様なり。特に本
　課に於ては月に空色のかからざるやう塗ることに注意せしむべし。
　雁の形及び並び方につきて注意せしむべし。

尋常小学新定画帖第一学年教師用　一の一六

　第二学期第二十三課には、「菊」と題する課題が、写生一時間として、次の挿絵と課題文で示されている。

第二十三課　菊　写生　一時間
要旨　菊の花を画かしめて、花及び葉の大体の画方練習をなす。
準備　菊の折枝。用紙十六枚切。
教授
一。観察
　菊の折枝を示して花と葉との形状・色彩並びに附方につきて観察せしめ、各部
　の形状・色彩の観念を確実にすべし。

226　第3章　美術教育史

二。画方

　色白墨にて黒板上に範画を画きて示し、花と葉との画方を知らしめ、用紙の中央に先づ茎の位置と長さとを定め、葉の位置を取り、花と葉との大体の趣を色鉛筆にて写生せしむべし。

三。注意

　児童は花を総苞の所に集合したる如く画くことを最も困難とするものなれば注意すべし。
　写生材料は成るべく数本を準備するを可とす。

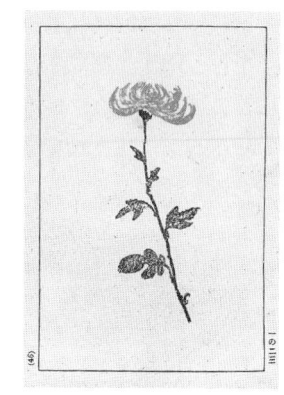

尋常小学新定画帖第一学年教師用　一の二三

　また、同書の最後は、第三学期第四十課となっているが、「縄飛び」と題する記憶画一時間が設定され、次のような課題文と挿絵が示されている。

第四十課　縄飛び　記憶画　一時間
要旨　縄飛びの有様を画かしめて、思想発表の練習をなす。
準備　範画。用紙八枚切。

尋常小学新定画帖第一学年教師用　一の四〇

教授

一。問答

　縄飛びの際には一脚を上げて他の一脚を地につけ、左右の手を広げて縄を半円形に動かし、体は傾斜したる姿勢を執ることを問答して、観念を確実にすべし。

二。観察

　範画を示して暫時観察せしめ、問答せし事項と比較考察せしむべし。

三。画方

　問答せし事項及び範画にて観察せる有様を随意に画かしむべし。

四。注意

　問答せし要点を画かしむることに注意し、成るべく干渉することなく随意に思想を発表せしむべし。

第3節　図工美術教科書の変遷　227

次に示す図版は、第三学年の児童用教科書を用いて、実際に臨画による授業を行った作品例である。岩崎五郎の名前が作品に記載されているが、何年にどこで描かれたかは不明である。しかし、作品が第三学年児童用書の該当するページに挟まれて発見された状況などから、当時の臨画による授業作品であると判断できる。作品は、あまり発色のよくない色鉛筆で描かれているが、熱心に写し取ろうとする意識が見て取れる。また、お手本である教科書とほぼ同じ大きさの画用紙を用いており、臨画による授業の様子をうかがい知ることができる。

左：尋常小学新定画帖第三学年
　　第一図　櫻
右：岩崎五郎　臨画作品
　　（四月十七日の日付あり）

左：尋常小学新定画帖第三学年
　　第四図　薔薇
右：岩崎五郎　臨画作品
　　（六月四日の日付あり）

228　第3章　美術教育史

以下に示す図版は、児童用書の内、第四学年、第五学年からの抜粋である。児童用書に掲載されているのは、臨画と説明の課題のためのもののみであり、写生と考案画については、教師用書にのみ掲載されている。すなわち、新定画帖は教師用書が本体であり、児童用書は授業ための補助的性質をもったものである。ただし、児童用書には、臨画や説明の指示はない。また、第五学年と第六学年には男生用と女生用があるが、女生用は男生用に掲載された臨画と説明の課題の中から抜粋されたものが掲載されている。

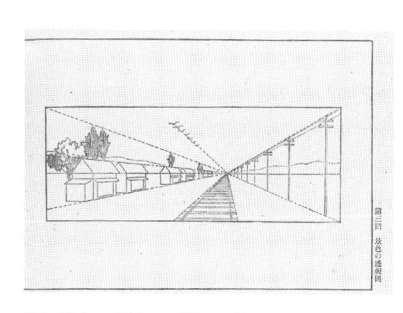

第四学年　景色の透視図（説明、一時間）

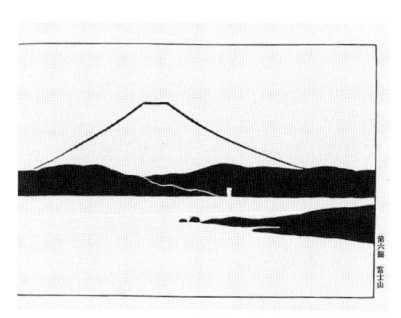

第四学年　富士山（臨画、一時間）

第四学年　紅葉（臨画、一時間）

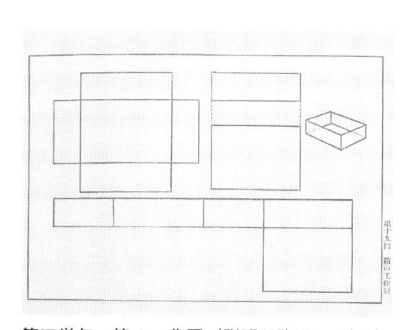

第四学年　箱の工作図（説明と臨画、一時間）

第3節　図工美術教科書の変遷　229

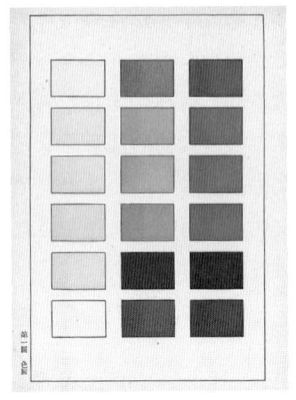

第五学年　色図
(説明、一時間、男女)

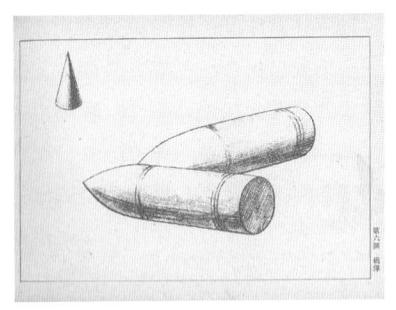

第五学年　砲弾（臨画、二時間、男）

第五学年　配色図（説明、男三十分、女一時間）

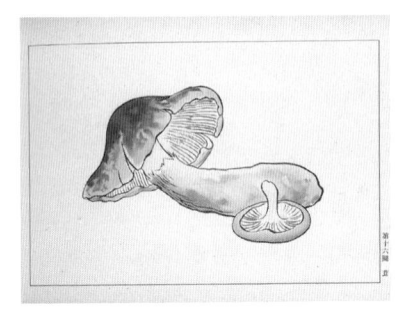

第五学年　茸（臨画、二時間、男女）

『高等小学新定画帖』
　1912（明治45／大正元）年〜1913（大正2）年
　高等小学第一学年男生用、同女生用、男女生共用
　高等小学第二学年男生用、同女生用、男女生共用
　高等小学第三学年男生用、同女生用、男女生共用
　文部省著作
　『尋常小学校新定画帖』との繋がりを意識して編集されたものであり、教師用書を本体とし、臨画のための範図及び写生と考案画の参考資料として必要な図版を児童用として構成している。以下に示す図版は、『高等小学新定画帖』のうち、第一学年男女生共用と第二学年男女生共用からの抜粋である。

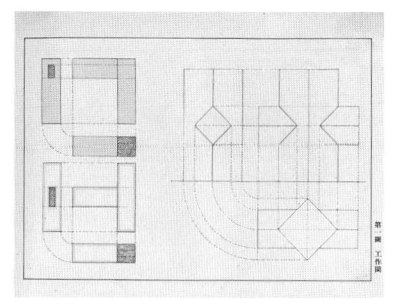

第一学年　工作図（説明と臨画）　　第一学年　野菜類（写生）

第一学年　鳩（写生）　　第二学年　模様（考案画）

第二学年　花（写生）　　第二学年　人物（臨画と説明）

第3節　図工美術教科書の変遷　231

『尋常小学新定画帖』も『高等小学新定画帖』も綿密に計画された課題構成となっており、約20年の長きにわたって使用されることになる。しかしながら新たな教育理念や方法論が広まる時代にあって、より充実した図画教育を目指す教師たちの独自の研究や工夫も行われた。以下に示す図版はその一例である。

　本書は、学校名や場所、年代は不明であるが、某高等小学校の柴原訓導（教諭）が高等小学校第二学年の図画の授業のためにつくり上げた教授細目である。表題を「新定画帖に基く　図画科教授細目　高等第二学年　柴原編」とし、「本細目編纂上特に留意せし点」、「高等第二学年の概観」を示し、以下の図版に示すような授業計画案をつくり上げている。また、臨画のための範画や写生、考案画などに必要な図版は、『小学新定画帖』や『小学毛筆画帖』等のものを用いる他に、自らが描いたものを加えている。さらに、各課題には自らが考案した細目が詳細に記入されている。

柴原訓導教授細目　表題

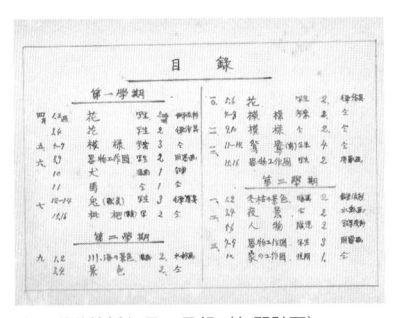

柴原訓導教授細目　目録（年間計画）

柴原訓導教授細目　一学期1、2週
花　写生　教授細目

一学期1、2週
花　写生　高等小学新定画帖図版

232　第3章　美術教育史

一学期1、2週
花　写生　高等小学新定画帖図版

柴原訓導教授細目　三学期1、2週
冬枯の景色　臨画　教授細目

三学期1、2週
冬枯の景色　高等小学新定画帖図版

柴原訓導教授細目　三学期1、2週
冬枯の景色　参考図（柴原訓導画）

柴原訓導教授細目　三学期1、2週
冬枯の景色　参考図（柴原訓導画）

第3節　図工美術教科書の変遷　233

5. 第3期国定教科書時代

　1929（昭和4）年「私教科書刊行」から
　1932（昭和7）年「新国定教科書刊行」まで

　この時期は、文部省の教科書制度に大きな変更はない。また国定教科書も前述のものに変化はない。しかしながらこの前期には、マサチューセッツ州の個性尊重教育「ドルトンプラン」や、自主的学習方式を提唱するキルパトリック（米、教育学者、1871-1965）の「プロジェクト・メソッド」などが紹介され、大正の新教育運動が展開される。図画教育界では、1918（大正7）年にはじまる「自由画教育運動」が普及定着している。

　そのような中で、1909（明治42）年から改訂されない『新定画帖』などに対する教育現場からの不満や、さまざまな美術教育についての主張や実践的な研究などが発表されるようになってきた。また、そのための私的な教科書も多数刊行され、『新定画帖』の傍らで使用されるようになってきた。教科書制度上の変化はない時代であるが、教育的視点が発展した時期として、ここではこれを「第3期国定教科書時代」とし、私教科書と検定制度を続けてきた中等教育での図画教科書を紹介する。

　昭和に入るとカラー印刷技術が一段と進歩し、多くの図画教科書がカラー印刷の参考画を掲載している。しかしそれらの参考画は子どもが描いたものは少なく、多くは画家や著作者が描いたものである。また、クレヨンの普及により、低学年ではクレヨンを用いた参考画が多い。代表的なものとして、『少年少女自習画帖』、その高等小学校版の『高等科用自習画帖』の抜粋図版を示す。

　また、1886（明治19）年以来の検定制度を維持してきた中学校では、著作者の意思がかなり明確な教科書がつくられてきた。ここではそのひとつとして、『改版標準図画』を図版の抜粋によって示す。

『少年少女自習画帖』
　1930（昭和5）年
　板倉賛治・山本鼎・後藤福次郎共編、大日本雄弁会講談社

尋常小学校第四学年用　表紙

尋常小学校第四学年用　二重橋　山本鼎画

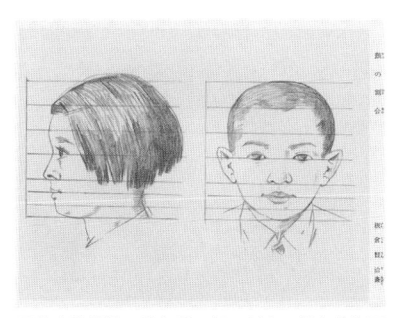

尋常小学校第四学年用　顔の割合　板倉賛治画

尋常小学校第四学年用　級友　尋四児童画

高等科用2　ポスター図案
杉浦非水案

高等科用2　西瓜と梨　板倉賛治画

第3節　図工美術教科書の変遷　235

高等科用2　テーブル掛・風呂敷其他
山本鼎案

高等科用2　家具の意匠　後藤福次郎選

『改版標準図画』

　1935（昭和10）年

　　和田三造・石井柏亭共編、帝国書院

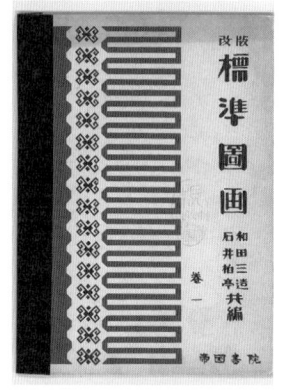

中学第一学年用　表紙

中学第一学年用　枇杷（写生画）　和田三造

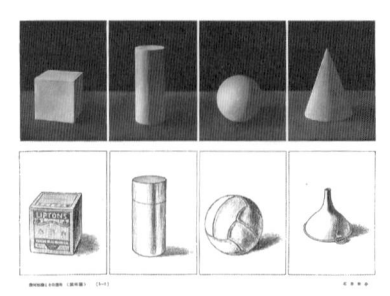

中学第一学年用　幾何形体とその応用
（説明図）

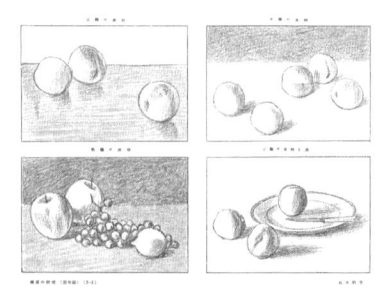

中学第二学年用　構図の研究（説明図）
石井柏亭

中学第二学年用　建物の一部
（臨画）　小林萬吾

中学第二学年用　あさがほ（臨画）
吉田秋光

中学校第三学年用　ポスター（考案画）
和田三造編

中学校第三学年用　雪景色（松本市外）
（写生画）　石井柏亭

6. 第4期国定教科書時代

1932（昭和7）年「新国定教科書刊行」から
1941（昭和16）年「国民学校令制定」まで

『新定画帖』に対する批判や新たな図画教育を模索する動きを受けて、文部省は新国定教科書を刊行する。しかしながら、すでに多種の私教科書が出回っている状況の中での刊行であり、当初はさまざまな方面からの批判にさらされた。

『尋常小学図画』
　1932（昭和7）年〜1934（昭和9）年
　第一学年〜第四学年、各1冊
　第五学年〜第六学年、各男児用、女児用
　文部省著作、日本書籍株式会社

　自由画運動をはじめとして、さまざまな図画教育論が展開される中で、編集委員として石井柏亭、和田三造、平田松堂、板倉賛治、伊藤信一郎、山形寛、水平譲が任命され、後に平福百穂が加わり、検討が進められた。したがって、本書はさまざまな教育論の最大公約数的な性格をもつといえる。
　教師用書の巻頭に記されている編纂趣旨には、次のように記されている。

編纂趣旨
総説
1. 尋常小学図画は、児童の観察・表現・鑑賞等の能力を育成し、生活に適切な美的陶冶をなすことを以て要旨とする。
2. 尋常小学図画は、教材の選択に留意し、表現に特に和洋の様式にこだわることなく、専ら児童の性能を自由に伸ばすことに力めた。
3. 各学年の教授週数を四十とし、毎週所定の時数に応じて教材を配当した。
4. 尋常小学図画は、これを教師用と児童用とに分けた。教師用は各学年一冊づつ、合計六冊とし、児童用は第一学年から第四学年まで各学年一冊づつ、第五学年及第六学年は更に男児用女児用に分ち、それぞれ一冊づつ、合計八冊とした。
5. 教師用は、各学年に於ける指導の要領並びに全教材の取扱方を説明し、且力めて多く参考の図画を掲げた。
6. 児童用は、図画科の指導上特に必要なもののみを揚げたものであるから、教師用の活用によって、始めて其の機能を完うすべきものである。

教材
1. 教材は、児童の趣味と理解とを考へ、美的要素に富み、且実際生活に関係の深いものを、出来るだけ広い範囲から選んだ。
2. 教材の種類を次の如く分けた。

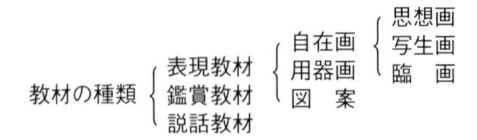

教材の種類 ｛ 表現教材 ｛ 自在画 ｛ 思想画／写生画／臨画　　用器画　　図案　　　　　　　　　　　鑑賞教材　　説話教材

3. 児童の発達の程度に応じ、第一・二学年に於ては思想画に重きを置き、これに写生画と図案とを加へ、漸次学年の進むに随って、思想画を減じ、写生画と図案を増し、且臨画と用器画とを加へた。鑑賞と説話とは、表現と関連して各学年を通じこれを課することとしたが、特に重要な事項に就いては、別に課を設けた。
4. 教材は力めて各地方に共通なものを採り、実施の容易を期したが、土地の情況によっては、適宜これを変更しても妨げない。但し其の場合には、教師用に示した該課の目的に副ふものたるべきである。又季節に関係ある教材で、地方により変更の必要ある時は、適宜これを繰替へてよい。

材料・用具
1. 用紙は画用紙を本体とするが、高学年に於ては、日本紙其の他適当なものを用ひさせてもよい。紙の大きさは児童の能力、教材の如何等によって定めらるべきものであるが、教師用には大体の標準を示して置いた。
2. 第一学年から第四学年までは、主としてクレヨンを用ひさせ、第五学年からは、主として水絵の具、墨及び毛筆を用ひさせ、鉛筆は各学年を通じて適宜これを用ひさせる。
3. クレヨンは、第一学年及び第二学年に於ては、赤色・青色・空色・黄色・緑色・カーキ色・茶色・黒の八色を、第三学年及び第四学年に於ては、これに草色・橙色・藍色・焦茶色・鼠色の五色を加へた十色を用ひさせる。
4. 水絵の具は、朱色（バーミリオン）・紅色（クリムソン　レーキ）・空色（コバルト　ブリユー）・藍色（インヂゴー）・黄色（クローム　エロー）・淡黄色（レモン　エロー）・黄土色（エロー　オーカー）・緑色（ビリヂャン）・代赭色（ライト　レッド）・鳶色（バーント　シエンナ）・黒色（アイボリー　ブラック）・白色（チャイニーズ　ホワイト）の十二色を用ひさせる。但土地の情況によって、適宜色数を減じてもよい。
5. 第三学年から尺度及び三角定規を、第四学年からこれにコンパスを加へ用ひさせる。

指導
1. 教科書の活用に力め、個人指導に重きを置き、児童の性能を自由に発揮せしむべきである。但し徒に放任に流れてはならない。
2. 各学年に於て指導上力を注ぐべき点は、大体次の通りである。
　第一学年　思想を豊かにし、自由表現を尊び、描写の趣味を養ふことに力める。
　第二学年　一層描写の趣味を高め、豊富に表現させる。

第三学年　概念的な描写から次第に具体的な描写に導き、観察の指導をする。
第四学年　形及び明暗に対する観察を深め、合理的な表現の指導をする。
第五学年　水絵の具の扱方を知らせ、色彩に対する観念を確実にする。
第六学年　観察・表現・鑑賞等の能力を高め、美的で確実な表現を重んじ、実生活との関係を一層密接ならしめる。

以下に、第三学年児童用、第四学年児童用、第六学年男児用、同女児用教科書の図版を抜粋して示す。

第一学年　表紙

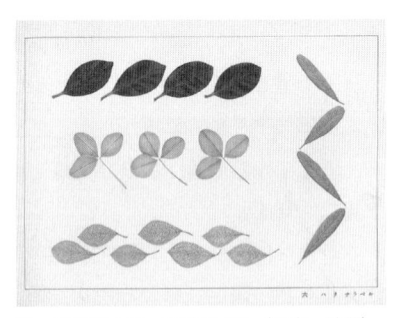

第一学年第十課　葉を並べる（図案一時間）

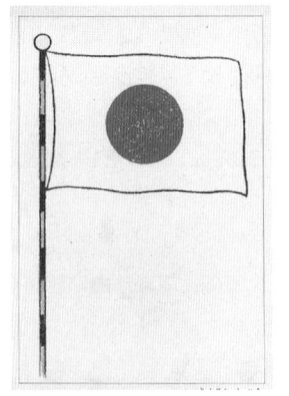

第一学年第二課　日の丸の旗
（思想画一時間）

第一学年第三十六課　雪達磨
（思想画一時間）

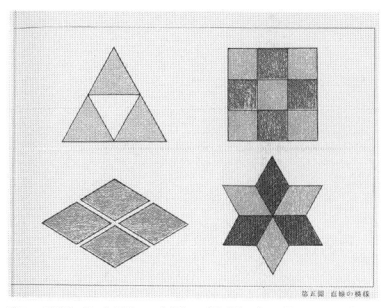

第四学年第九課　直線の模様（図案一時間）

第四学年三十四課　戦争（思想画一時間）

第六学年　6　びんに果物（写生画、男女、二時間）

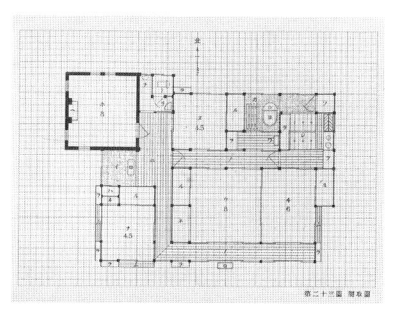

第六学年　25　間取図（用器画、男四時間、女二時間）

第六学年　昔の人物（女児用）（臨画、男二時間、女一時間）

第六学年　羽子板（図案、女二時間）

『高等小学図画』
　1935（昭和10）年〜1936（昭和11）年
　第一、二学年、各男児用、女児用
　文部省著作、日本書籍株式会社
　編集委員は『尋常小学図画』と同じであるが、平福百穂は死亡して参加していない。編纂趣旨については、同じく各学年一冊の教師用書の巻頭に示されている。

編纂趣旨　高等科
総説
1. 高等小学図画は、尋常小学図画に連続して、観察・表現・鑑賞等の能力を高め、実生活に適切な美的陶冶をなすことを以て要旨とする。
2. 高等小学図画は、教材の選択に留意し、表現に於ては特に和洋の様式にこだはることなく、専ら児童の性能を自由に伸ばすことに力めた。
3. 各学年の教授週数を四十とし、毎週の教授時数を一時間として、これに相当する分量の教材を配当した。
4. 高等小学図画は、これを教師用と児童用とに分けた。教師用は、各学年一冊づつ、合計二冊とし、児童用は各学年共男児用と女児用に分け、各一冊づつ、合計四冊とした。第三学年用は、別にこれを編纂する。
5. 教師用は各学年に於ける指導の要領、並びに教材の取扱方を説き、更にこれに参考の図画を掲げた。
6. 児童用は、教師用の活用によって、始めてその機能を完うするものである。
教材
1. 教材は、専ら児童の趣味と理解に準拠して、美的要素に富み、実生活に適切で、且国民性の涵養に資するものを、出来るだけ広い範囲から選んだ。
2. 教材を、表現・鑑賞・説話の三つに分けた。鑑賞と説話とは、表現に関連して課すのを本体とするが、特に重要な事項に就ては、別に課を設けた。
3. 指導の便宜上、図画を思想面・写生画・臨画・図案・用器画に分けた。各学年ともに写生画・図案・用器画に重きを置き、これに若干の思想画と臨画を加へた。
4. 教材は、力めて各地方に共通のものを採り、実施の容易を期したが、土地の状況によっては、便宜これを変更し、又その排列を繰替へてもよい。

材料・用具
1. 用紙は、画用紙を本体とするが、日本紙その他適当なものを用ひさせてもよい。紙の大きさは、主として教材の如何によって定めらるべきものである。教師用にはただ大体の標準を示して置いた。
2. 描写には、主として鉛筆、水絵の具、墨及び毛筆を使はせるが、適宜、クレヨン類、インキ及びペン等を用ひさせてよい。
3. 水絵の具は、朱色（バーミリオン）・紅色（クリムソン　レーキ）・空色（コバルト　ブリュー）・藍色（インヂゴー）・黄色（クローム　エロー）・淡黄色（レモン　エロー）・黄土色（エロー　オーカー）・緑色（ビリヂャン）・代赭色（ライト　レッド）・鳶色（バーント　シエンナ）・黒色（アイボリー　ブラック）・白色（チャイニーズ　ホワイト）の十二色を使はせるがよい。
4. 用器画及び図案には、尺度・三角定規・コンパス等を併せ用ひさせる。

指導
1. 教科書を活用し、個人指導に重きを置き、児童の性能を自由に発揮することに力むべきである。但し徒に放任に失してはならない。
2. 各学年に於て、指導上特に力を注ぐべき点は、大体次の通りである。
　　第一学年　形状及び明暗に対する観察を深め、色彩に対する観念を明確にし、確実な表現を重んずる。
　　第二学年　実生活との関係を一層密接ならしめ、性能に応じた美的陶冶をなし、個性の伸長に力める。

　以下に第一学年男児用、同女児用、第二学年男児用、同女児用の図版を抜粋して示す。

高等小学図画　第一学年男児用　表紙

第一学年男児用　第五図　果物と壺

第一学年男児用　第八図
風景スケッチ

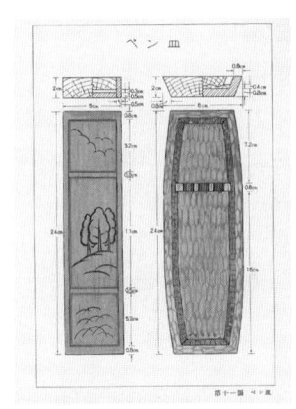

第一学年男児用　第十一図
ペン皿

第一学年男児用　第十四図　年賀状

第一学年女児用　第四図　手提

第二学年男児用　第一図　石膏像

第二学年男児用　第十八図　静物其の二

第二学年男児用　第二十図　陶器其の二

第二学年女児用　第十九図
服飾其の二

7. 第5期国定教科書時代

1941（昭和16）年「国民学校令制定」から

1946（昭和21）年「旧教科書使用禁止通牒」まで

　日中戦争が拡大するとともに日米関係も悪化し、1941（昭和16）年に日本は米、英に対して宣戦を布告した。同年には国民の思想統一を目指す教育制度の改正を行うべく、「国民学校令」を制定する。

　これに応じて刊行された国定教科書は、軍事色の強いものであったが、教科が芸能科図画、芸能科工作となったことは、戦後の図画工作、美術、芸術の枠組みに影響することになる。

『エノホン』

　1941（昭和16）年

　　一、二（初等科一年用）

　　三、四（初等科二年用）

　　文部省著作

『初等科図画』

　1942（昭和17）年〜1943（昭和18）年

　　一（初等科三年用）、二（初等科四年男児用）、

　　二（初等科四年女児用）、三（初等科五年男児用）、

第3節　図工美術教科書の変遷　245

三（初等科五年女児用）、四（初等科六年男児用）、
四（初等科六年女児用）
文部省著作

『高等科図画』
1944（昭和19）年
一（高等科一年男児用、女児用）
二（高等科二年、未発行）
文部省著作、日本書籍

　国民学校令に対応するための図画教科書は以上であるが、工作では、初等科一、二年用のものはなく『初等科工作』（初等科三年〜六年用）、『高等科工作』（高等科一、二年用、ただし二年用は未発行）が刊行されている。すなわち、初等科一、二年用の『エノホン』は芸能科図画科と芸能科工作を合併したものとなっている。図画と工作の一体化論は昭和10年代からあったが、この「国民学校令」によって、低学年のみではあるが実現したことになる。また反対論も相当にあり、特に『エノホン』の書名については図画の内容だけに受け取られるので『エトックリカタ』のような書名案も提案されたと山形寛（p.41参照）は書き残している。しかしながら、戦局の悪化に伴い物資も不足し、都市部では学童疎開が実施されるなど、学校教育の実施が困難な状況となり、終戦を迎えることになる。

　芸能科図画工作の基本的な考え方、方針、構成などについては、各教師用図書の最初に総説として示されている。芸能科全体の構成を表にまとめると次のようになる。

期	学年	教科書		
		図画	工作	
第一期	初等科第一学年	エノホン　一		
		エノホン　二		
	初等科第二学年	エノホン　三		
		エノホン　四		
第二期	初等科第三学年	初等科図画一	初等科工作一	

	初等科第四各年	初等科図画二男	初等科工作二男	
第三期		初等科図画二女	初等科工作二女	
	初等科第五学年	初等科図画三男	初等科工作三男	
		初等科図画三女	初等科工作三女	
	初等科第六学年	初等科図画四男	初等科工作四男	
		初等科図画四女	初等科工作四女	
第四期	高等科第一学年	高等科図画一男	高等科工作一男	
		高等科図画一女	高等科工作一女	
	高等科第二学年	高等科図画二男	高等科工作二男	未刊
		高等科図画二女	高等科工作二女	未刊

　また、『エノホン』教師用書では、「第一期の図画工作教材の種類と内容」において、第一期の教材の種類を次のように分類し、解説している。

（一）写生的表現教材
　実物に即して観察看取したるものを表現せしめるもので、絵画的平面上への表現及び彫刻的立体的表現を意味するものである。
（二）思想的表現教材
　記憶想像に基き思想感情を表現せしめるもので、工夫創造の初歩に類する具体的表現をなさしめるものである。
　絵画的平面上への表現・彫刻的立体的表現・機械的或は建築的工芸的構成等の直接表現を意味するものである。
（三）図案的表現教材
　工夫考案を表現せしめるもので、美的構成及び機能的構成の未分化的なる画面上への表現である。
（四）模索的表現教材
　実物又は標本に基きこれを模倣せしめるものである。
（五）その他の教材
　学習材料・用具に関する正しい知識を与え、その処理・表現・操作に習熟せしめるように導くことも重要な教材である。
　又、美しさを作品及び自然について味ははしめること、色彩及び形態に就いての正しい感覚や知識を修得せしめ或るひは正しく批判させるやうなことも重要な教材である。

第二期以降の図画の教材の分類は、「思想画」「写生画」「臨画」「図案」「用器画」「鑑賞」「説話」となっており、これに各学年に対応した解説がつけられている。

　以下に示す図版は、『エノホン 一』『エノホン 三』『初等科図画四男子用』『初等科図画四女子用』からの抜粋である。

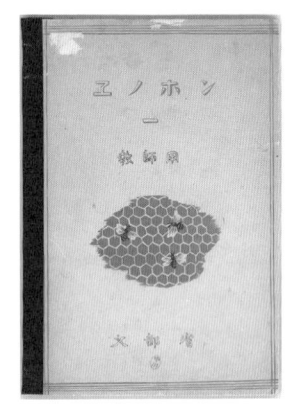

エノホン 一教師用　表紙

エノホン 三　表紙

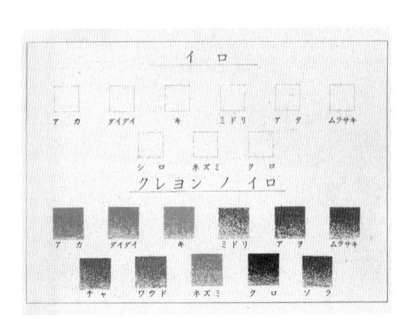

エノホン一　1イロ　説話及思想的表現

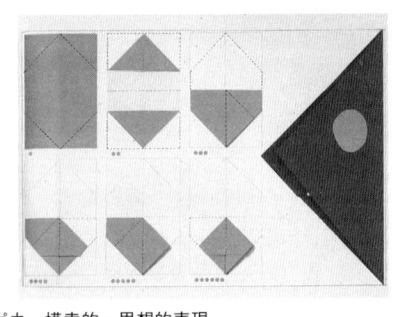

エノホン一　2カミデッポウ　模索的・思想的表現

248　第3章　美術教育史

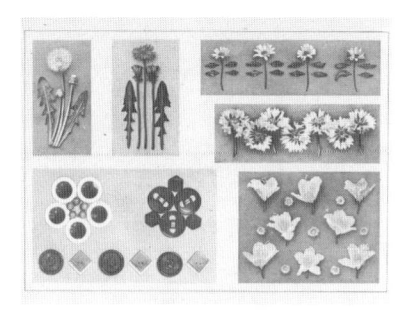

エノホン― 9 ハナヲナラベル　図案的表現

エノホン― 10 グンカン　模索的・思想的表現

エノホン― 20 オフネ　思想的表現

エノホン ー 21 センセイ 写生的表現

初等科図画四男子用 表紙

初等科図画四男子用 3 ポスター

初等科図画四男子用　7 形

初等科図画四男子用　12 要塞

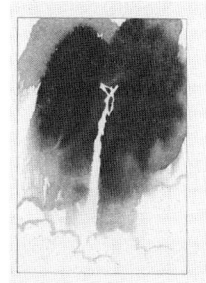

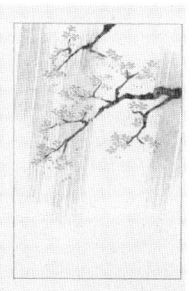

初等科図画四男子用　22 雪景色

第3節　図工美術教科書の変遷　251

初等科図画四女子用　12 着物

初等科図画四女子用　15 人物

8. 無教科書時代
　　1946（昭和21）年「旧教科書使用禁止通牒」から
　　1955（昭和30）年「検定教科書使用開始」まで

　1945（昭和20）年の終戦によって、連合軍最高司令部は日本管理方針を示し、民主主義的日本政府の成立を目指した。これによって教育も矢継早の制度改革がなされた。教科書等の教材から軍国主義的な内容を削除することを目的として、新教科書制度が成立しない段階ではいわゆる「墨塗り教科書」を使用することになる。

252　第 3 章　美術教育史

この時期、図画工作に関する新たな教科書の刊行はなされず、戦前の教科書の使用禁止を含む指示は、1946（昭和21）年の文部省教科書局長からの旧教科書使用禁止通牒（通達）による。この時期から次の教科書検定制度の成立に関しては、前掲の山形寛著『日本美術教育史』に詳しい。山形はこの時期に文部省事務官であった。下に示す1946年の文部省教科書局長からの旧教科書使用禁止通牒抜粋も『日本美術教育史』からの引用である。これから、1955（昭和30）年の検定教科書使用開始まで、図画工作は無教科書時代となり、教師個人や図画工作研究団体などが自主的に編纂した準教科書、参考書と称するものが各種刊行され、広く使用された。

　以下に、1946年の文部省教科書局長からの旧教科書使用禁止通牒抜粋と、当時の準教科書、参考書の一部を掲載する。

発教六五号

　　　　　　　　　　　　　　　　　　　　昭和二十一年六月十七日
　　　　　　　　　　　　　　　　　　　　文部省教科書局長有光次郎
地方長官、師範学校長、青年学校長、高等師範学校長、女子高等師範学校長、東京高等学校長、東京聾唖学校長、東京盲学校長、武蔵高等学校長、成蹊高等学校長、成城高等学校長、富山高等学校長、浪速高等学校長、甲南高等学校長　殿

国民学校、青年学校、中等学校、師範学校及び青年師範学校芸能科図画、工作の授業について標題の件については、左記によられたく通牒します。
　　　　　　　　　　　　　　　記
一　本年度において教科書の発行を中止した教科科目の取扱いについては、五月三十日附発教五六号（国民学校教科書中発行供給中止図書の件）及び六月六日附発教六三号（教科用図書の使用について）で通牒したが、芸能科図画、工作については、別紙指導上の注意に基き、指導上遺憾のないやうに御配慮願ひたい。なほ六月六日附発教六三号通牒第二項追書により図画、工作の旧教科書の使用は、今後一切禁止するから、この点について誤りのないやうに取り計らはれたい。
（二、三、四、五項略）
別紙
図画工作指導上の注意
一　創造力の養成、個性の伸長に留意すること。（略）
二　つとめて共同製作を多く課し、協力して働くといふ精神を養成すること。（略）

三　道具や材料の性質をよく教へ、そのものの中にふくまれてゐる科学的法則を知らしめ、それから正しい使用法、手入れの仕方を教へ、道具、材料を愛護する精神を養ふこと。（略）
四　理科の教材と密接な関連をもたせ、自然美の再構成である図画、工作の作品にも自然界の真実や法則をそのまま正確に表現するやうに指導すること。（略）
五　教材を身のまはりから豊富に取り入れること。（略）
六　地方に特有な工芸品、生活必需品の製作をとり入れて指導すること。（略）
七　見学、鑑賞などを適当にとりいれること。（略）

　この無教科書時代には、さまざまな立場の図画教育研究会などの組織や個人が、種々の私教科書を刊行し、参考書という名目で、学校現場で用いられることもあった。その総数や使用の程度については不明であるが、主なものを下記に示し、その内『新図画工作』の図版を抜粋して提示する。

書名	編者・著者	発行所	発行年月 昭和　月
小学図画工作	図画工作研究所	図画工作研究所	23. 4
小学図画工作	児童美術研究会	日本文教出版株式会社	26. 2
図画工作	小学図画研究会	保育社	26. 3
新図画工作	関東大学教育美術連盟	国民図書刊行会	26. 4
小学図画工作	児童美術研究会	日本文教出版株式会社	27. 2
図画工作	図画工作編集委員会	都出版	27. 4
楽しい図画工作	図画工作研究会	図画工作株式会社	27. 4
新しい図画工作	図工教育研究会	大和図書株式会社	27. 6
児童の図画工作	造形美術協会	日本教材社	27. 10
新しい図画工作	日本教育美術協会	教育芸術社	28. 1
ゴトウの図画工作	図画工作研究所	図画工作株式会社	28. 1
小学図画工作	日本児童美術研究会	日本文教出版株式会社	28. 6
小学図画工作	代表村田良策	日本書籍株式会社	29. 3
中学図画工作	松田義之　他四名	国民図書刊行会	26. 2

『新図画工作』
　　1951（昭和26）年
　　小学1年～小学6年
　　関東大学教育美術連盟　代表木下一雄、国民図書刊行会
　本書は、関東地区の教員養成大学を中心とする美術教育関係教員の研究会組織によって編纂されたものである。構成は、三学期それぞれに季節などを考慮した単元を配置し、それぞれの単元は数種の題材で構成されている。

新図画工作　小学4年　表紙

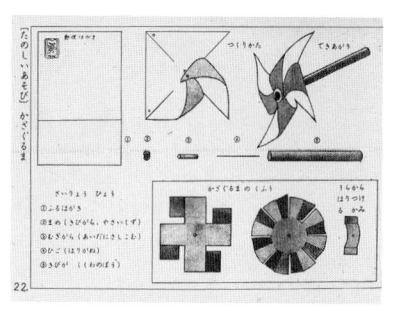

小学1年　二学期　たのしいあそび
かざぐるま

小学1年　二学期　たのしいあそび
あそんでいるともだち

小学1年　二学期　たのしいあそび
うんどうかい

小学4年　一学期　郷土を見る
建物のスケッチ

小学4年　一学期　郷土を見る
展望した風景

第3節　図工美術教科書の変遷　255

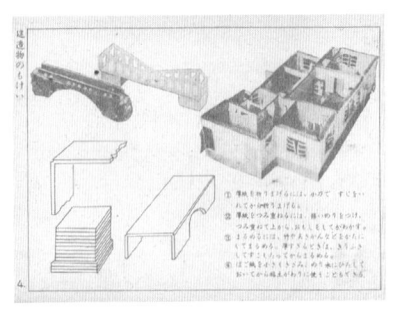

小学4年　一学期　郷土を見る
建造物のもけい

小学4年　一学期　郷土を見る
街路

小学6年　二学期　美しい色
明暗よる単純化

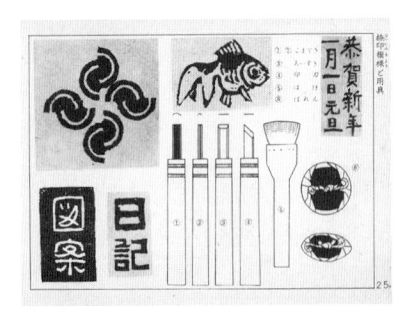

小学6年　二学期　美しい色
捺印模様と用具

小学6年　二学期　美しい色
落ち葉スケッチ

小学6年　二学期　美しい色
落ち葉の写生

256　第3章　美術教育史

9. 第2期検定教科書時代

1955（昭和30）年「検定教科書使用開始」から現在まで

　1947（昭和22）年の学校教育法の制定により、教科書検定制度が確立する。その後、文部省令「教科用図書検定規則」が発表され、図画工作科を除く他の教科は、1949（昭和24）年からの新検定教科書使用を目標として準備が進められた。

　図画工作科については、連合軍最高総司令部民間情報教育部の担当官より図画工作科教科書の検定出版に反対の意向が示され、除外されることとなった。しかしながら、1950（昭和25）年を過ぎると、民間情報教育部中等教育担当官より、検定出版の意向が示され文部省は作業を開始するが、同部小学校図画工作担当官は引き続き反対の意向であったことなどから、小学校と中学校で検定作業に時間的差が生じることになった。

　結果的に、中学校、高等学校図画工作科検定教科書は1952（昭和27）年から使用開始となり、小学校図画工作科検定教科書の使用は1955（昭和30）年からとなった。ここでは、全学校種の図画工作科検定教科書の使用がはじまる同年からを「第2期検定教科書時代」のはじめとしている。

　1955年から使用開始となった戦後初の文部省検定済小学校図画工作科教科書は、下記に示す18社の21種である。

書名	編者・著者	発行所
小学図画工作	村田良策	日本書籍
新しい図画工作	安井曾太郎	東京書籍
新しい小学図画工作	安井曾太郎、北海道図画工作連盟	東京書籍
たのしい図画工作	高妻己子雄、藤浦敏雄	大日本図書
小学図工	図工教育研究所	開隆堂出版
小学校図画工作	和田三造　他	学校図書
小学生の造形	阿部広司　他	二葉
小学造形	日本造形教育研究会　代表石井柏亭	修文館
図画工作	信濃教育会　代表　松岡弘	信濃教育会
楽しい図画工作	中谷健次　他	教育芸術社
新しい図画工作	中谷健次　他	教育芸術社
小学生の造形	今泉篤男	光村図書
新図画工作	勝見勝　他	国民図書刊行会
小学の造形	田原輝夫　他	講談社
ゴトウの図画工作	後藤福次郎	図画工作社
新しい図画工作	図画工作研究所　代表後藤次郎	図画工作社
小学図画工作	日本児童美術研究会　代表倉田三郎	日本文教出版
新しい図画工作	新しい図画工作研究会　代表藤田順治	大和書房
小学図画工作	山田雅三	中国教育図書
児童の図画工作	外山卯三郎	造形美術協会
こどもの美術	こどもの美術編集会　代表須田国太郎	都出版

また、1952（昭和27）年から使用開始となった文部省検定済中学校図画工作科教科書は、下記に示す13社の14種である。

書名	編者・著者	発行所
新しい図画工作中学校用	安井曾太郎	東京書籍
中学図画工作	大阪書籍編集委員	大阪書籍
新しい図画工作	松田義之　他	実教出版
楽しい造形	寺内萬治郎　他	実業之日本社
新しい造形	倉田三郎　他	春陽堂出版
造形美術中学校用	三省堂編修所　喜多見昇	三省堂
造形	中谷健次　他	教育芸術社
造形	梅原龍三郎　他	光村図書
中学造形美術	関東大学教育美術連盟	国民図書刊行会
中学の図画工作	美術教育学会	講談社
中学美術工芸	美術教育委員会	自由書院
中学新図画工作	図画工作研究所　代表石山脩平	図画工作社
標準中学図画工作	図画工作研究所	図画工作社
中学図画工作	兵庫県図画教育委員会	兵庫図書

　2013（平成25）年現在、使用されている小学校図画工作科、中学校美術科、高等学校芸術科美術、同工芸の教科書は次の通りである。

書名	編著・著者	発行所	使用開始
あたらしいずこう1・2	栗田真司　他	東京書籍	H23年
新しい図工　3・4			
新しい図工　5・6			
ずがこうさく1・2上　わくわくするね	藤澤英昭　他	開隆堂	H23年
ずがこうさく1・2下　みんなおいでよ			
図画工作3・4上　できたらいいな			
図画工作3・4下　思いをこめて			
図画工作5・6上　心をつないで			
図画工作5・6下　ゆめを広げて			
ずがこうさく1・2上　かんじたことを	藤江　充　他	日本文教出版	H23年
ずがこうさく1・2下　おもったことを			
図画工作3・4上　よさを見つけて			
図画工作3・4下　ちがいをみとめて			
図画工作5・6上　心を通わせて			
図画工作5・6下　伝え合って			
美術　1	大坪圭輔　他	開隆堂	H24年
美術　2・3			
美術　1	酒井忠康　他	光村図書	H24年
美術2・3上			
美術2・3下			

書名	編著・著者	発行所	使用開始
美術 1　美術との出会い	春日明夫　他	日本文教出版	H24年
美術2・3上　生活の中に生きる美術			
美術2・3下　社会へ広がる美術			
美術1	酒井忠康　他	光村図書	H25年
美術2	野田弘志　他		H20年
美術3	野田弘志　他		H21年
高校美術1	原　研哉　他	日本文教出版	H25年
Art and You　創造の世界へ	小澤基弘　他	日本文教出版	H25年
高校美術2	永井一正　他	日本文教出版	H20年
高校美術3	永井一正　他	日本文教出版	H21年
高校工芸Ⅰ	長濱雅彦　他	日本文教出版	H25年
高校工芸Ⅱ			H16年

第4節　チゼックスクール

チゼックの美術教育観

　フランツ・チゼック（Franz Cizek）の教育が日本に紹介されたのは、戦後のことである。その反響は大きく、ハーバート・リードの『芸術による教育』が戦後の日本の美術教育の理論的支柱になったと同じように、美術教育の具体的実践の方向性を示すものとして、大きな影響を与えた。チゼックは「子どもの美術」の発見者であり、人が生まれつきにもつさまざまな諸能力の自然な成長に、絶対の信頼を置いている。以下は、「子どもの美術」の発見とそれを基にしたチゼックスクールでの教育の経緯と社会状況を、略歴で整理したものである。

フランツ・チゼック

1865（慶応元）年	6月12日、ボヘミア（現在のチェコ西部・中部地方）のリトムニェジツェで生まれる。
1885（明治18）年	レアルシューレ卒業後ウィーンへ移り、造形美術学校へ入学。下宿で子どもたちと出会う。子どもたちと絵を描き遊ぶうちに、彼らの表現の中に思いがけない美しさのあることを発見し、興味をもつ。特に、子どもたちが板塀などに描いた落書きを見て、大人と子どもの描き方の相違に注目し、児童の絵画による教育の探究をはじめる。後にミュンヘン、イタリア、スイス、フランス、イギリスを旅行。子どものための私立絵画教室をはじめる。
1897（明治30）年	ウィーン7区のショッテンフエルグー・レアルシューレで絵画教師となる。児童のための絵画・デッサン教室が国より認められる。この年にウィーン分離派（セセッション）が成立する。

1898（明治31）年	オルブリッヒ設計によるウィーン分離派会館がつくられ、第1回ウィーン分離派展開催。
1900（明治33）年	フロイトが『夢判断』を刊行する。
1904（明治37）年	教授資格を受ける。
1905（明治38）年	オーストリア美術工芸美術館で子どもの絵画展覧会。
1906（明治39）年	私塾の絵画・デッサン教室は「実験学校」としてウィーン美術工芸学校へ編入される。チゼックは装飾絵画、装飾構成のための予備コースで指導することになる。
1908（明治41）年	チゼック絵画教室がクリムトグループの美術展に参加。ロンドンにおける美術教育国際会議の展覧会に出展、講演を行う。
1911（明治44）年	ドイツ工作連盟の会議出席のためドレスデンに行く。美術工芸学校における青年美術クラスについて報告。以後、少年美術の教育について多くの報告をするとともに、定期刊行物に論説を発表。
1914（大正3）年	ケルンで展覧会。フランツ・フェルディナント皇太子夫妻がサラエボで暗殺され、第一次世界大戦がはじまる。
1917（大正6）年	フロイトが『精神分析入門』を刊行する。
1918（大正7）年	美術工芸学校併設建物内のチゼックが関与していたクラスをフィヒテガーセに移す。建築家ワグナー、画家クリムト、シーレ死去。
1919（大正8）年	ウィーン美術工芸学校展覧会に参加する。リヒテンシュタイン公園で「子どもの美術」展覧会開催。バウハウス設立。自由ヴァルドルフ学校（シュタイナー学校）設立。日本では、神川小学校（長野県）で第1回児童自由画展覧会及び農民美術第1回講習会が開催される。
1924（大正13）年	美術工芸学校の装飾コースを廃止。補助学科の「一般形態学」「青年美術クラス」は継続とする。アメリカで1929年まで展覧会を開催する。ニューヨークでの展覧会は、ロックフェラー基金による。
1925（大正14）年	チゼックとH・カンストウネルによる『Das Freie Zeichnen・自由画』が刊行される。
1928（昭和3）年	名誉金賞授与される。プラハで講演。

1929（昭和4）年		ロンドンで「Artteacher's guild」の名誉会員となる。
1936（昭和11）年		ウィルヘルム・ヴィオラによる『子どもの美術とフランツ・チゼック』が刊行される。視覚障害に悩ませられる。
1946（昭和21）年		12月17日、ウィーンで没す。

　チゼックの美術教育についての考え方は、1908（明治41）年にロンドンで開いたチゼックスクールの児童作品展以後高く評価されて、それからの諸研究の基礎となっている。しかし、より深く彼とチゼックスクールの実践を研究するためには、コメニウス、ルソー、スペンサーらの教育学との比較、コルラルド・リッチ『子どもの美術』(1887)、アルフレッド・リヒトヴァルク『学校における美術』(1887)、ジェームズ・サリー『幼児期の研究』(1895)、イペニーザ・クック『美術教育と子ども』(1885-86)、フレーベルらの業績についての研究も必要である。また、バウハウスの予備課程で活躍し、造形教育の基礎、色彩理論で知られるヨハネス・イッテンは、チゼックの影響を受けた美術教育家であり、画家ココシュカも彼の教育によって育った画家であった。

『子どもの美術』美術教育問答の意味
　チゼックの美術教育の実際をよく伝えるものとして、彼の親しい友人ウィルヘルム・ヴィオラ著『子どもの美術』(1942)がある。久保貞次郎（p.191参照）は、わが国の戦後復興期において、「子どもの絵はどう指導したらよいか」の研究のために、創造美育協会（創美の会）研究会用テキストとして、この本の中の問答部分を訳し紹介している。問答集の内容は、ロンドンでのチゼックスクール展にあたって、当時のロンドンの美術教師たちが質問をし、ヴィオラがチゼックの考えを代わりに答えるという形式になっている。質問と答えは短い文章で構成されているが、それぞれに現代にも通じる重要な示唆が含まれている。次に、いくつかの重要な質問と答えを取り上げてみる。
　問1の答えに、チゼックは「子どもの美術の発見者である」と示されている。1930年代当時の大人たちは、子どもを未熟な大人と見ていたことに対して、チゼックは子どもの表現の中に子ども特有の独自性を発見したのである。現代では、幼児期から思春期まで、それぞれの年齢に特有の表現があることは、広く理解されているが、チゼック造形的感性は時代に先駆けるものであったといえる。

問2の1クラスの平均生徒数に関して、ここでは25人を最良としているが、この場合のクラスは、10歳前後の一般的な児童集団であって、年齢がもっと低い場合は25人以下に、逆に年齢が高い場合にはその目的や周囲の諸条件によってもっと多くてもよいこともあり得る。また、障害児を対象としたときには、その状況によって10人以下であることもあり得る。現在のわが国の教育環境と比較してみる必要がある。

　問3の14歳になって創造的美術家として「生き残る」者がいるかとの問いについての答えで「極少ない（very few）」とあるが、この答えはハーバート・リードがその著作で紹介しているシリル・バートの発達段階の研究（p.51参照）にも同様のことが記されている。もし、その後に芸術的開花期があるとするならば、そして、この時期に創造的活動がなければその開花期に到達できないとするならば、美術教育を担当する者は社会を生きる人間形成のためにも何らかの方策を考えるべきであろう。一般には、デカルコマニーやマーブリング、フォトモンタージュ、コラージュなどを用いたり、工作・工芸の制作を中心にしたりして、創造的活動が停滞しないように配慮しているのが一般的である。このことについては、表現形式や表現素材、制作の環境などについての研究や試みがこれからも必要である。

　問7及び問8に示されているモデルの有無による絵画や彫塑の指導については、子どもの発達を慎重に考えねばならない問題である。授業の中でモデルがあるとき、子どもたちはいったいどのようにして、自らの能力のどの部分を働かせて表現しているのだろうか。逆にモデルがないときには、どの部分が活性しているのかについて、大脳生理学や心理学などの分野からの研究が必要である。問答集では、モデルがないときの造形表現の方がより創造的であるとしている。

　このように特に初等教育段階における子どもの主体性を基にした教育実践の具体例として、以下の問答文全体を読み込む必要がある。

『子どもの美術』
（ウィルヘルム・ヴィオラ著、ロンドン大学出版社、1942）
(Wilhelm Viola, *Child Art*, University of London Press Ltd., 1942)

　全204ページからなる本書の目次は、下記のようになっている。また、各文章中には子どもたちの制作の様子などを伝える白黒写真があり、巻末には44点のさまざまな技法による子どもたちの作品の写真が掲載されている。

Ⅰ	THE DISCOVERY OF CHILD ART	第1章	子どもの美術の発見
Ⅱ	CHILD ART AND PRIMITIVE ART	第2章	子どもの美術と原始美術
Ⅲ	THE PSYCHOGENESIS OF CHILD ART	第3章	子どもの美術の精神性
Ⅳ	FROM TALKS WITH CIZEK	第4章	チゼックとの対話から
Ⅴ	THE TEACHER	第5章	教師
Ⅵ	THE MEDIA	第6章	技法
Ⅶ	ART	第7章	芸術
Ⅷ	THE AIMS OF CHILD ART	第8章	子どもの美術の目的
Ⅸ	CHILD ART AND PUBERTY	第9章	子どもの美術と思春期
Ⅹ	QUESTIONS	第10章	問答
ⅩⅠ	OBJECTIONS	第11章	反対論
ⅩⅡ	CIZEK – "LESSONS"	第12章	チゼックの指導

　ここでは、本文中及び巻末の写真の一部と「第10章　問答」の全文の和訳を掲載する。

■本文中の写真から

「第4章　チゼックとの対話から」より

「第8章　子どもの美術の目的」より

264　第3章　美術教育史

「第12章　チゼックの指導」より
子どもの作品を研究するチゼック

■巻末作品写真から

炭と筆によるドローイング　3〜5歳　女児

絵具　4歳　女児

ドローイング　9歳　女児

絵具　8歳6か月　男児

第4節　チゼックスクール

粘土　左10歳　女児、右9歳　男児

粘土　12歳　女児

8歳6か月　女児

水彩　14歳　女児

第10章　問答

講演の後に質問をすることは、よき民主的なイギリスの慣習である。1934年、1935年と1938年から現在に至るまで、私は少なくとも500の異なった質問を講演の後に受けた。ここに、その中で一般的に興味のあるものを示すことにする。

1　他の者でもチゼックと同じような結果を得ることができるものなのか。
　（A）チゼックは疑いもなく、よりたやすくその仕事をやり遂げる。彼は天才であり、子どもの美術の発見者である。普通の教師が、彼のような経験をもつことはほとんどできないであろう。普通の教師は、子どもの美術についての訓練を受けていなかったり、あるいは悪い訓練や短すぎる訓練しか受け

ていなかったりしているようだ。さらに硬直したカリキュラムや不十分な広さの美術教室、美術や工芸にあてるわずかな時間が、大きすぎる障害となる。しかしながら、教師はチゼックと共通するものをもっている。それは子どもである。

2　チゼックのクラスには何人の子どもがいるのか。
　（A）チゼックのクラスの平均的な子どもの人数は、25人であった。イギリスや他の国々では、50人のクラスがある。子どもの美術を実践するとき、多すぎる人数のクラスでは、非常に困難な仕事となる。しかしながら、54人のクラスでさえもある程度の成果を得ることができる。私はかつてそのような例を見たことがある。理想的な人数は25人程度である。35人では多すぎるし、15人では少なすぎる。

3　14歳になったチゼックの子どもたちの中で、（創造的な芸術家として）「生き残る」者はいるのか。
　（A）極少ない。

4　絵を描くことが、文章を書いて、自分の考えを表現することを苦手とする子どもを助けることになるのか。
　（A）確かにそうである。

5　思春期により前に何か葛藤を意識する子どもはいるのか。
　（A）何人かはいる。

6　これまでに子どもたちは遠近法を学ぶことを望んだか。
　（A）年下の子どもたちは極まれである。

7　モデルが置かれ、子どもたちはそのモデルを描かねばならないような学校での方法を、我々はどのように考えるべきか。またそれは教師の支援といえるか。
　（A）年下の子どもにとってはよくない。

8　チゼックは粘土の制作でモデルを用いるか。
　（A）チゼックのクラスに対象物は全くない。

9　チゼック自身は絵を描くのか。
　（A）チゼックは画家であった。しかしながら私の知る限りにおいて、チゼックは過去30年間筆をとっていない。おそらく十分すぎる画家が存在していると彼はいう。子どもたちが創造すべきことがより重要である。

10　訪問者は仕事中の子どもたちを見ることが許されるのか。
　（A）許される。もし子どもたちが自分たちの仕事に本当に興味をもっているならば、子どもたちは気をそらさないようにする訪問者に気づくことはほと

んどないだろう。

11 チゼックの子どもたちは、陶芸をやるか。
　（A）何人かはやる。
12 試験はあるか。
　（A）ない。
13 違反に対する罰則があるか。
　（A）ない。違反とは何か。命令は何もない。教師と生徒は共働者である。
14 チゼックスクールは独立していたのか。
　（A）幸運にもそうであった。
15 チゼックが生徒をとるのは何歳ぐらいからか。
　（A）チゼックは、2、3歳の子どもを受け入れる場合を最も喜びとしている。そのとき彼は、子どもが大人によって害されていないことを確信する。通常、入ってくる子どもたちは6歳であり、14歳まで続けることになる。ある子どもが9歳か10歳で幼年クラスに入った場合、チゼックの仕事は困難さを増すことになる。そしてチゼックはその子どもへの大人の影響と闘い、彼をもっと幼かったときへと戻すために全力を尽くすのである。
16 子どもが器用でありすぎる場合、その表現技法は変えられる、なぜか。
　（A）ある子どもがひとつの表現技法において器用になりすぎることは、しばしば起こることではない。しかしもしそうなったとしたら、その子どもは機械的に制作する危険がある。（それは大人の芸術家でも起こることである。）
17 すべての年齢の子どもたちが一緒に制作するのか。
　（A）子どもたちは二つのグループに分けられる。ひとつは10歳までであり、もうひとつは10歳から14歳までである。ある8歳の子どもが年長のグループにいたり、その反対の状況になったりすることはしばしば起こることである。子どもを同年齢者と完全に一緒ではない状況にすることは有益なことである。（もちろんそこには少年も少女もいる。）子どもたちはなかなかの個人主義者であり、1人で制作することを望むけれども、そこにはある種の共同がある。隣の子と仲よく話をしたり、クラスの向う側にいる友達を訪ね、その制作を見学したりして、その部屋全体の雰囲気は、まるでおとなしいミツバチがブンブンいっているようであり、すべては創造的な制作に役立つものである。子どもたちがいたいと思うのはそのような教室である。
18 チゼックは、これまでに自分自身を表現することを恐れる幼い子どもたちと出会ったことはあるか。

（A）ほとんどない。
19　ウィーンの小学校ではチゼックの考え方を採用したか。
　　（A）採用した。
20　親からの影響は防ぐことができるか。
　　（A）いろいろな場合があり、それはやさしい仕事ではない。教師の最初の仕事は、親が彼らの子どもたちの制作を正しい目で見るようにすることである。彼らはしばしば器用さや、繰り返しや模写だけを欲する。親との話し合い、「一番よいもの」だけでない子どもたちの作品の展覧会、芸術クラスを（親が）訪問することなどは、親が間違った方法で子どもたちに影響を与えないようにすることに役立つだろう。
21　もし7歳の子どもが10歳の子どものような作品をつくったとしたら、何か問題になることはあるか。子どもは違った進度で成長するものなのか。
　　（A）早熟な子どもは奨励されるべきではない。近所の10歳の子どもと同じような制作をする自分の7歳の子どもをその母親が自慢する理由は何もない。
22　幼児が色を跳び散らかして、それ以上何もしない。それでよいのか。
　　（A）色で「遊ぶこと」ははじめの段階としてはよい。しかしあまり長く続くべきではない。おそらくその子どもは、描きたいのである。長い間、大きな紙を色で覆うこと以外何もしないということは、助長されるべきではない。
23　かつてチゼックは詩と美術を関連させたことがあるか。
　　（A）チゼックは13、14歳の少女たちに文章と絵で日記をつけるように提案したことがある。
24　色彩についての何か明確な指導はあるのか。
　　（A）ない。子どもたちは、彼ら自身の色彩のハーモニーをもっており、それはしばしば我々よりも優れている。もし原始の人々が色彩についての「指導」を受けたとしたならば、どんなことが起こっていただろう。
25　チゼックは、デザインを他の科目として取り組むか。
　　（A）しない。
26　子どもたちはいつでも好きなものを描くことを許されるべきか。
　　（A）5歳の子どもたちの何人かは、すでに主題が示されることを必要とするだろうし、他の子どもは必要としない。個性を発揮させよ。
27　もし7歳のある子どもがピーターパンとそのワニを描きたいと思ったが、彼はワニについての知識がない場合、そのような状況についてどのように扱うべきか。

（A）先生かお母さんが、その子にワニの話をしてあげなさい。

28　幼い子どもたちにとっては、お話の本の中に絵があるのはよくないことなのか。

（A）可能な限りにおいて、彼ら自身の絵か他の子どもたちによる絵がよい。これは理想である。次には感傷的でなくまた、安っぽい絵ではない真の芸術家によるものがよい。原始絵画は、洗練されたものよりもよい。

29　すべての子どもたちは大きな紙を用いるよう勧められるべきである。もしある子どもが自然に小さく描いた場合、それは許されるべきか。

（A）大きさに関する限り、一般的なルールはない。しかし傾向としては、大きすぎる用紙の使用を子どもに強制することなく、より大きなサイズに向かうべきである。個性を発揮させよ。

30　ある子どもが他の真似をしてもよいか。

（A）いけない。しかし何人かの子どもたちは創造的であるよりも模倣的である。そこで教師や親の仕事は、その強さにかかわらず創造的な側面を励ますことになる。学校で、ある子どもがいつも隣の子どもの模倣をしているならば、たくみに彼らを引き離したり、あるいは別の題目や材料を模倣的な子どもに示したりしてはどうか。

31　子どもたちは、たとえば音楽など他の芸術においてもまた創造的である。彼らは同じような方法で励まされるべきか。

（A）ウィーンには、いくつかの学校（チゼックによるものではない）があり、そこでは7歳の子どもたちが実際に自分たちの曲をつくっている。そして数年間、アメリカ音楽の教師たちのグループがチゼックのところに彼の「方法」を学ぶためにやってきた。なぜならば彼らは音楽における確かな広がりにチゼックの手法を役立たせることができると考えていたからである。

32　もし子どもが大人に理解できないような絵を描いた場合、その説明を子どもに求めるべきか。

（A）質問するようなことはすべきでない。ある子どもたちには決して質問してはいけない。ある子どもたちは大人を喜ばせることを考えて答えるだろう。それは子どもたちの好意である（決してうそをついているのではない）。すなわち、我々が聞きたかった答えを子どもから聞くだけである。幼い子どもたちは、しばしば自分が描いた絵の意味することを説明できないことがある。その理由は、言葉で「説明」できないことがあるから彼らは描くのである。できることなら、子どもとその絵についての会話をもつべきである。しかし会話のほとんどは、子どもによってなされるべきである。間接的な方法がよい。

33 次のような14歳の2人の子どもを比較して欲しい。1人は3歳から美術のクラスで自己表現をする機会をもっており、もう1人は、小学校での普通の美術の授業を受けている。

（A）一世代前に14歳の子どもが制作したものと、現在の14歳の子どもがしばしば制作するものとを見る必要がある。1938年のL.C.C.での展覧会では、自己表現の機会の少なかった30年前の子どもたちによって描かれた秋の木の葉や立体の絵が掲げられ、それらの「絵」の隣には、想像によって描かれた美しい現代の作品が展示された。その効果は圧倒的であった。

34 子どもは何歳で映画に行くべきか。

（A）できるだけ遅い方がよい。そして芝居についてもほとんど同じことが当てはまる。理想は、子どもたちが自分自身の劇を創作することである。チゼックのクラスでは、指人形や操り人形の劇があった。そのすべてのものは、子どもたち自身によってつくられ、演じられた。

35 どんな種類のおもちゃがよいか。

（A）単純なものがよいし、大人が好きだからといって買ってきた不自然なものはよくない。幼い子どもにとって理想的なおもちゃは木片である。それは彼らのすばらしい想像力によって、子どものための王様であり、お姫様であり、山や船、人、動物となる。

36 子どもたちは単純な昔のおもちゃに愛着をもち、かわいらしい新しいものを無視するものではないだろうか。彼らは昔の好みへ戻るものである。

（A）普通の子どもは、複雑さよりも単純さを好むものである。

37 子どもたちが一般的な水準に教育されるまで、玩具などの供給者は長期間の損失の危険を冒し、人々はより美術的にデザインされた包装紙に包まれたものを拒否することはないのだろうか。

（A）最初のミルクバーが、1934もしくは1935年、フリートストリートにディック・シェパードによって開店したとき、イギリスの人々はミルクを飲まないといわれたものである。ミルクバーは失敗するものと結論づけられていた。数年後、ロンドンには400のミルクバーが存在し、よい賃金の仕事となっている。教育は、しばしば人が希望するよりもより早く効力を発揮する。私は、人々が悪いものや悪い製品、悪い包装、悪いポスター、悪い宣伝、悪い新聞、悪い映画を望んでいるとは信じられない。そして私は、すべての製造業者や商売人が悪い審美眼をもっているとは考えない。しかし何人かは怠慢であり、何がよい趣味であるかという理解をするための努力をしていないし、また彼

らは醜いものはより安いと信じている。これは必ずしも真実ではなく、明らかに長く続くものではない。
38 チゼックスクールでは他の科目も教えられるのか。
　（A）ない。しかし美術もまた「教えられる」ものではない。
39 色チョークは幼い子どもたちによって用いられるか。
　（A）黒板に白いチョークは特に優れている。もし子どもたちがいろいろな色チョークをより好むならば、反対する必要はない。しかし多くの子どもたちにとって、白と黒のすばらしいコントラストが、すでに彼らの中にあるすべてのものを彼らから「引き出している。」
40 どんなブラシを使うのか。
　（A）あまり細すぎない、いろいろな違いのあるものである。
41 子どもは絵を半分だけ終わらせて帰ることがあるか。
　（A）もし子どもがひとつの期間に絵を描き終えることができなかった場合、通常次の機会に仕上げるだろう。子どもたちは違った「テンポ」をもっている。もし子どもがたまに絵を仕上げることをためらうときは、仕上げるように励まされるべきである。
42 子どもたちが石こうを使うのは何歳からか。
　（A）9歳前はほとんどない。
43 チゼックスクールでは、どれくらいの時間が美術に与えられていたのか。
　（A）10歳以下の子どもたちは、放課後の午後に週1、2回ほどやってきて、毎回1時間半ほど活動し、年長の子どもたちは週1、2回で毎回2時間である。
44 魚のいる池の絵を描く場合、その子どもは紙を回していたか。
　（A）そうである。
45 子どもたちは写し取ることを許されるべきか。
　（A）いけない。
46 5歳のある子どもたちが、絵を描き、それを多くの絵具で塗り隠してしまう。どのようにすればよいか。
　（A）彼らはたくみに止められるべきである。おそらく我々はよい絵が壊されることをいやがる純粋な大人の観点から、ここでは行動してしまう。しかし、もし子どもが成し遂げようとする破壊から巧みに防がれるならば、私は何か害があるとは考えない。それは本当に色を用いる楽しさ故なのだろう。もし彼に新しい紙を与えたならば、彼は別の絵を描くであろう。
47 チゼックは他の材料を用いた作品と同じように自由に、紙を切ったり造形し

たりすることを許すか。

（A）そうする。

48 子どもたちはこれらの絵を描くのにどれくらい時間をかけるのか。

（A）かなり異なる。しかしそのクラスが同じような時間で一枚の絵を描き終えるように励まされることには、教育的な価値がある。しかし、子どもたちのテンポには、同じ年齢の子どもが決まった距離を違った時間で走ったり、泳いだりするのと同じように違いがあることを我々は忘れてはならない。あるクラスにおいて、ある子どもは2枚のとても優れた絵を簡単に1単位時間で描き、そして他の子どもは一枚の絵に2単位時間を必要とする。個性を尊重せよ。

49 6歳以下の子どもに10もしくは12色の絵具が与えられるべきか。

（A）与えるべきではない。ところで子どもはそんなに多くの色を欲しがるものではない。

50 書き取りの導入はどうあるべきか。

（A）旧来の知力を中心とした学校は、あまりに早く書き取りをはじめていた。東洋の国が描画をはじめた後から書き取りをはじめるのは正しいことである。マリオン・リチャードソン女史の偉大な貢献は書き取りの導入の方法についてである。

51 子どもたちはどれくらいのスペースを得ることができるのか。

（A）非常に広い。旧来の学校では、子どもたちは常に十分なスペースをもっていない。美術の教室では水平な机がよい。もし彼らがイーゼルで仕事をするならば、かなり広いスペースをもつべきである。体全体が動けるようにすべきである。

52 教師は技術的な知識の代わりに、むしろ児童心理学の知識をもつべきか。

（A）両方である。すべての教師は芸術に関連をもたなければならないが、これは教師自身が芸術家（もしくは作曲家もしくは詩人）でなければならないということを意味するものではない。

53 子どもたちの作品はどうなるのか。彼らがそれを保存しなくてもよいのか。

（A）子どもたちのほとんどは、彼らの作品が保管されるならば、誇りに思うだろう。もしも子どもたちが学校で制作した作品すべてが、学校に所属しているとはじめから理解しているならば、彼らは悩むことはないだろう。

54 歴史的な絵が子どもたちに示されるならば、これは外からの影響ではないのか。

（A）そうであるが、子どもたちにとってそれは、写真が絵画とは違ったものであると同じように、違った分野のものであるということが明らかにされう

るものである。再び言う、理想は子どもたちが彼ら自身の絵を描くかどうかである。

55 チゼックスクールの子どもたちは学費を払ったか。
（A）貧しい子どもたちは何も支払わなかったし、裕福な子どもたちには少しの料金があったが、それらのすべては材料代であった。

56 子どもたちが写真のようなあるいは写実的な作品をつくることに失敗したとき、彼らは自分の作品に本当に満足できるものであろうか。
（A）小さい子どもたちは写実的ではない自分の作品にとても喜びを感じている。不幸なのは大人であり、大人は自分の基準を子どもに負わせることをやめるべきである。

57 私が聖書の話をしたら、子どもたちは現代のズボンをはいた聖者の絵を描いた。これは正しいのか。
（A）正しい。

58 知能の高い子どもは、低い子どもよりもよりよい絵を制作するか。
（A）一般論にすることはできない。しばしば知能的な課題において弱い子どもたちが、美術や工芸では優れていることがある。彼らの手は頭よりもよい。

59 もしもチゼックが空白を埋めるように子どもたちを励ますならば、これは彼らに影響を与えることではないのか。
（A）絵は神秘的であるばかりでなく、非常に現実的でもある。すなわち一定の空白を埋めるものである。ある子どもが怠惰や忘却によって空白部分をそのままにしておくかもしれない。このような場合、空白を埋めるようにその子どもを励ますことは悪いことであろうか。子どもはときどき思い出すことを求められる場合がある。（ある場合には、空白が芸術的な意味をもつことがあるかもしれない。）

60 我々は成長するほど悪くなるのか。
（A）4歳か5歳の子どもの作品と（チゼックは2、3歳というかもしれないが）、14歳の子どもの作品のどちらがより強いか、より純粋か、より美しいか、つまり芸術的であるかは、ほとんど疑いの余地はないだろう。しかし我々はいつまでも小さい子どもであり続けることはできない。チゼックが生涯を通して戦い続けたことは、人々に、とりわけ教師に、いわゆる小さな子どもたちのぎこちない、ばかげた作品の中に無限の美を見出させることであった。地上に、これ以上強いものはないと彼は繰り返しいっていた。

61 子どもたちの中の野蛮さは抑えられるべきか。

（A）抑えられるべきではない。子どもはできる限り長く野蛮であるべきである。我々の恐るべき文明によって、どんな場合にも、子どもはあまりにも早く文明化されてしまう。

62 どれくらいの学校がこのチゼックの方法による美術の指導を受け入れつつあるか。
（A）できるだけ多い方がよい。

63 主に記憶や想像からではなく、対象物からの描画を何人かの子どもは好むのではないか。
（A）小さい子どもが対象物からの描画を望むことはまれである。

64 子どもたちは、いつか彼らの前に置かれた具体的な対象物をもとにして創造的な絵画を描くよう勧められるか。
（A）小さな子どもでは決してない。

65 子どもたちに十分に大きく人物を描かせることは難しいか。
（A）たいてい難しくはない。

66 魚のいる池の円はなぜ正しいのか。
（A）なぜならそれは「生きている」円だからだ。幾何学的に正確な円は何とおそろしいものであろう。

67 チゼックはインクでドローイングをすることに賛成するか。
（A）場合によって、教育的な目的のために賛成する。

68 小さな子どもたちの絵では体と比較して頭が大きいのはなぜか。
（A）なぜなら頭が体よりも重要だからである。

69 子どもたちはひとつのクラスの中でさまざまな材料を使うことが許されるのか、それとも全員同じ材料で仕事をするのか。
（A）子どもたちは同時にさまざまな材料を用いることが許されているが、多くの者が同じ材料を使う傾向がある。この傾向はいろいろな助けとなる。それは「クラスの精神」を育てる。しかし例外者も含まれるべきであるし、特に10歳や11歳以降は、ほとんどの子どもが同じ材料や題材を好むと期待するのは間違いである。

70 チゼックは子どもたちに実際に見たものを描くように勧めるか。
（A）見たもの、見ないもの両方である。彼はときどき、子どもたちがいままでに見たことも聞いたこともないものについて、はっきりとわかるように話しをし、そして、それらを彼ら自身の絵（drawing or picture）にするように勧める。その目的は純粋に想像的な作品にするためである。

71　美術を学校の他の仕事から孤立させることは間違いではないのか。
　　（A）間違いである。理想は、美術や工芸がすべての課目に浸透する学校であろう。
72　学校ではなぜ実物の複写をつくることに多くの注意を払うのか。
　　（A）私にはわからない。おそらく教師は子どもたちには、できるだけ早く大人の世界のための準備をさせなければならないと感じているからだろう。
73　子どもがワニを見て、その後にそれを描くとき、それは複写ではないのか。
　　（A）ある程度までそうである。それは記憶からの描画を意味するが、さらに相当の創造でもあり得る。
74　子どもは自分の絵の中で、自分自身を表現するものか。
　　（A）意識するとしないとにかかわらず、しばしばそうである。
75　大人が大人の基準で子どもの美術を判断しなければならないという困難の解決策はあるのか。
　　（A）難しい問題である。しかし、現代の教師は8歳の子どもの文章を大人の基準や14歳の基準でさえも判断しないだろう。我々の考えが間違っている。我々は子どもたちの目を通して見るように努めなければならない。
76　もし絵本や映画などで常に取り囲まれているとすると、子どもたちが自分の新鮮さを保つにはどのようにすればよいのか。
　　（A）それは難しい。だから我々は得たいと思っているような「子どもの美術」をいつも得ることはない。もしも子どもたちが大人や過度の知的な文明にほとんど汚されていなければ、我々は望むような「子どもの美術」を得ることができるだろう。
77　どうすれば子どもの絵は完全であり得るのか。
　　（A）年齢に相応であるか、大人による影響がないか、複写ではないか、そして純粋であれば完全である。
78　もし子どもの作品が完全であるならば、教師が入る余地はどこにあるのか。
　　（A）第一に、子どもの作品のすべてが完全であるとはいえない。だから教師は子どもたちが完全に創作できるように励ますことができるし、しなければならない。第二に、完全な子どもの仕事であったとしても、彼のやり方に添うようにその子どもを開拓する多くの余地がある。その誘惑は大きい。
79　なぜ子どもが自然主義（naturalism）の方へ偏るのは望ましくないのか説明して欲しい。
　　（A）自然主義が芸術の完成であるとするのは、先入観であり、そしてある

人々によって非常に大切にされてきた考え方である。それはむしろ後退である。子どもたちは創造的であることを望んでいる。我々の文明では、子どもはまもなく自然主義的になるだろう。しかし教師や学校は、子どもがあまりにも早く大人になること、かつて1人のオーストリア人がいったような「望みなき」大人になることに対して闘わなければならない。一方、子どもを初期の段階から不自然に保つことも間違いであろう。もう一度いう、自然な成長（organic growth）である。

80　チゼックは創造よりも複写を好む子どもに出会ったことがあるか。もしそうならば、どのような方法を採用するのか。
　（A）チゼックは、ときどき自分の創造よりも複写の傾向や本能がより強い子どもを取る。いつも成功するとは限らないが、彼は子どもの創造力を強めるためにベストを尽くす。ときには材料を変えることが助けとなる。ある材料は複写することがより難しい。たとえば描画（drawing）と比較した場合の彫刻（modeling）があげられる。

81　写生は許されるか。もし許されるとするならば、どの段階か。
　（A）チゼックのクラスに対象物は一切ない。しかし創造的な能力が消滅したときには、対象物は許される。

82　同じ年齢の2人の子どもが違った能力を示すとき、不満を感じるべきか。
　（A）感じるべきではない。彼らが歴史や数学、ゲームにおいて違った能力を示すとき、教師は不満だろうか。

83　小さな子どもの創造力は、彼を取り巻くものと結びつくようにコントロールされ、仕向けられるべきか。
　（A）仕向けられるべきではない。

84　カメラは子どもに与えられるべきか。
　（A）あまり早すぎてはいけない。

85　子どもたちはチゼックの監督下でのみ制作するのか、それとも家庭でも行うのか。
　（A）両方であるが、家庭での制作は全くの自由意思である。

86　イギリスの子どもたちは、彼らの色彩の選択について指導されるべきか。
　（A）指導されるべきではない。他の国の子どもたちと同じように、イギリスの子どもたちも汚されていなければ、生まれつきの色彩のハーモニーをもっている。

87　もし子どもたちの作品が学校で展示されると、他の子どもたちがそれを真似

るのではないか。

（A）チゼックスクールの壁は子どもたちの絵でいっぱいである。多くの子どもたちはそのことにほとんど注意を払わないし、それほど自分自身の制作に夢中になっている。一般的に彼らは、部屋が華やかで、明るい絵が壁に展示してあるということを意識するだけだろう。子どもたちがそれらの絵を真似たり、それらから多くの影響を受けたりするような危険は大きなものではない。もちろん子どもたちの中には真似をする者もいるが（大人よりは少ない）、多くの場合、未知の課題や違った材料が助けとなる。概して、子どもたちは自分の周りで起こっていることや展示されているものにほとんど気づかないほど、自分の制作に没頭している。私は一度、5歳と6歳の少女がダブルイーゼルで制作しているところを見たことがある。その1人はもう1人が何を描いているかほとんど知らなかった。2人はそれほど各自の制作に夢中になっていた。

88　子どもが自分自身をよりよく表現できるようするために、遠近法のちょっとした秘訣を指導することに反対なのはなぜか。

（A）小さな子どもは正しい遠近法を用いない。それは彼の助けとならない。「正しい」遠近法や自然主義を古代エジプトの絵画に導入することを想像して欲しい。後の時代のギリシャの自然主義がエジプト美術に導入されたとき、それは滅びてしまった。我々は待たねばならない。

89　何世代にもわたって、芸術家が発見し蓄積された経験を我々はなぜ子どもに与えるべきではないのか。

（A）第一に、人は祖先の経験から学ぶことができるだろうか。自分自身の経験を通して学ばなければならないのではないか。そしてこの方法こそ最も重要なのではないか。我々は花のゆっくりした成長に労を惜しむべきか。子どもは既成の物や知識を与えられるべきではない。子どもはでき得る限り自分自身ですべてのことを学ぶべきである。我々はその成長の過程を加速すべきではない。

90　子どもがなすことすべてに芸術が入るべきではないのか。

（A）それは可能である。

91　黒と白だけの絵を描くある少女について、我々はどのような説明ができるだろうか。

（A）ある子どもたちは、ある大人たちのように、色彩を必要としない黒と白のリズムのセンスをもっている。ある大人たちは黒と白を音楽のように感じ

る。(バーナード・ショーの『神を捜す黒い少女の冒険』の中、ファーレイの木版画は、現代的なひとつの例といえるだろう。)

92　偉大な芸術家の作品を模写し、それらのテクニックを綿密に学習することはよくないのではないか。

　　(A)　小さな子どもたちにとっては確かによくない。

93　我々は薄い陰のような色を用いるべきではないのか。自然は薄い陰をもっている。

　　(A)　芸術は自然ではない。芸術は自然の再現ではない。子どもたちは自然を模写しない。強く勇気のある生き物である彼らは、明るい色彩のための生得的な力をもっている。最も明るい色彩がちょうどよいのである。健康ではない子どもが薄い色を選ぶのだろう。大人がいつもそれらを与えるのである。

94　しばしば貧しい子どもたちが、裕福な子どもたちよりもよりよい制作をするのはなぜか。

　　(A)　貧しい子どもはしばしば裕福な子どもより汚されていないし、与えられすぎていない。貧しい子どもは見ることも与えられることも少ない。

95　ときどき小さな子どもたちは、彼らがイーゼルで制作をしているとき、単に絵具を飛び散らすことで満足している。イーゼルは子どもたちにとって適切か。

　　(A)　場合による。ある子どもたちにとってイーゼルは大きすぎる。彼らは怖がってしまう。彼らはもし床の上で制作ができるならば、より幸福であろう。

96　もしその子どもたちが上記のように絵具を飛び散らすことを続けるならば、チゼックは絵についての何らかの助言を彼らに与えるだろうか。

　　(A)　確かにそうする。彼は不安定なまま放ってはおかないだろう。

97　子どもたちは自分自身の絵を批評するか。

　　(A)　ある程度はするが、一般的には彼らの友達の絵についてより行う。

98　ある小さな少女が「どうやって描くのか」と質問されたとき、彼女は「考えて考えて、そして考えたことを描く」と答えた。子どもはしばしば描きはじめる前に、創造的な方法について考えることを意識するものか。

　　(A)　そういう子どももいる。

99　このような方針を進めている他の国の学校はあるか。

　　(A)　ある。特にイギリスやアメリカでは。

100　子どもたちは「遠近法」について教えられたり、自分自身のためにそれを発見したりするか。

　　(A)　「遠近法」という言葉は、チゼックスクールでは知られていない。子ど

もたちは自分自身を徐々に発達させる。

101　7歳の子どもが制作をはじめるには遅すぎるか。
　　（A）子どもたちはできるだけ早くはじめるべきである。18か月ぐらいがよいだろう。しかしともかく8歳や10歳やはじめないよりは、7歳の方がよい。

102　子どもたちは家庭で制作するか。
　　（A）子どもたちはドローイング、ペインティング、そしてときどきはモデリングさえも家庭で行うが、全くの自由意思である。彼らはいつも家庭での作品をチゼックのところへもってくる、そしてチゼックはそれらについて話をし、もしそれが純粋な作品であるならばしばしば保管する。

103　子どもたちは自分の制作をレクリエーションとして考えているのか。
　　（A）小さな子どもたちは、制作と遊びに区別をつけない。そして愛をもってなされた制作は、年上の子どもたちにとってもまた、ほとんどレクリエーションと同じである。

104　チゼックのクラスに競争はあるか。
　　（A）一般的な意味ではほとんどない。採点も成績の報告もない。

105　チゼックの子どもたちは謙虚であるか。
　　（A）真の美術家と純粋な子どもの美術家はともに謙虚である。

106　子どもたちは欲しいだけの時間を得ることができるか。
　　（A）確かにそうである。誰も子どもたちを駆り立てない。

107　家が透けてベッドなどが見える絵を描くことを、子どもは何歳ぐらいでやめるべきか。
　　（A）小さな子どもたちが「透き通る」絵を描くことは普通である。古代エジプト人もそれを描いた。ほとんどの子どもたちはだいたい8歳ぐらいでそれをやめるだろう。

108　大きなサイズの紙は子どもたちの間では一般的ではない。どのように克服するか。
　　（A）徐々に。

109　パステルとクレヨンは材料としてどうか。
　　（A）チゼックはあまりそれらを勧めない。しかし、もし子どもが望むならば使うことができる。

110　狭い空と陸地の間の空白に関して、5歳以下の子どもの絵と同じタイプの8歳以上の子どもの絵がある。すなわち、子どもは同じ間違いをしているのか。もしそうであるなら我々は権威から批判されるべきか。

（A）第一に、小さい子どもの絵が大人によって影響されていなければ、彼らの絵に間違いというものはない。狭い空は天井の一種である。小さい子どもたちは水平線のために用いない。第二に、普通の8歳以上と5歳以下の子どもの制作の間には大きな違いがあるが、狭い空は8歳以上であっても、子どもの制作に生じることがあるし、我々はそれを感謝すべきである。真の子どもの美術に用いない本当の「権威」というものがあるのか。私は、彼らは子どもの美術を歓迎していると思う。当局によって組織された展覧会はそのことを証明するだろう。

111 自分自身の調和を考える子どもたちは、情報のために大人の絵を学習するか。
（A）小さな子どもはほとんどしない。

112 もし色彩についての理解が自然なものであるというのが本当ならば、なぜ我々には後に色彩の不調和が生じるのか。
（A）なぜならば無理解な文明のためである。原始人は文明による悪い影響がなければ、このような衰退を示さない。

113 描くことが何も浮かばない子どもに対して我々は何をすべきか。
（A）非常に面白い話をしなさい。

114 子どもたちは一番よい材料を与えられるべきか。
（A）複雑でない安価で単純なもの。

115 子どもたちの作品上の悪い色彩は正されるべきか。
（A）子どもたちの制作に「悪い」色彩というものはない。小さい子どもたちの制作を正すということは、チゼックがいうように、むしろ改悪であり、偽物である。

116 神経症の子どもたちの幾何学的なパターンや形式的な絵は、チゼックの下で時間が経てば変化するものであろうか。
（A）神経症の子どもたちの幾何学的なパターンや形式的な絵は、保護への願望である。チゼックの考えによって制作することは、次第に神経症の子どもたちを変えていくだろう。

117 もし子どもたちがデザイン、パターンメイキングを好む場合、我々はその子どもをそのままにしておくべきか。
（A）子どもたちは、ひとつのパターンだけをつくり続けることを奨励されるべきではない。

118 子どもたちと大人は同じ絵を好むか。また、子どもたちが一番好きなのはどのようなものか。

（A）ときどき彼らは同じ好みをもつ。一般的に、ほとんどの子どもたちは絵の中のお話が好きである。

119 子どもたちは今日描いた絵を明日も描くことができるか。

（A）なぜだめなのか、今日絵を描く時間がなかったのならば。

120 子どもたちがどこに住んでいるかということは、大きな違いをつくり出すことにはならないのか。

（A）都会の子どもと田舎の子どもの間には違いがあるし、チゼックはいつも農家の子どもを望んでいた。しかしわれわれは、子どもの美術に関する限り、小さな子どもへの環境の影響を過大評価すべきではない。

121 子どもたちはチゼックに助けを乞うことがあるか。

（A）ほとんどない。子どもたちは少なくともチゼックが直接的にはそれをしないことを知っている。

122 海と空との間のスペースをそのままにしてはいけないと子どもたちは教えられるべきか。

（A）それは非常によくない。子どもたちにとっての狭い空と海の間のこの空白、たとえば絵の半分ぐらいの空白は、残された空白とは全く違ったものである。

123 男の子と女の子の作品に一般的な違いはあるか。

（A）幼い子どもたちにはない。

124 美術の授業の間に子どもたちは、何かを示されるか。

（A）何もない。

125 どのような子どもたちがチゼックスクールに通うのか。またなぜ彼らはそうするのか。何を目的としているのか。

（A）男女とも普通学校の生徒たちであるが、学齢前の子どももいるし、また裕福な子どもも貧しい子どもも両方いるが、どちらかというと貧しい子どもが多い。彼らはチゼックスクールが好きだから通っている。彼らはほとんど目的をもっていない。

126 子どもたちはかつて色覚障害であったか、なぜなら緑の木の葉を赤に塗っている。

（A）5〜8％の大人の男性は、ひずんだ色彩の感覚をもっているが、必ずしも色覚障害ではない。女性の間ではその割合はより少なくなる。しかし「間違った」色彩を用いる少女の割合は少年のそれよりも確かに多い。原始人の「間違った」色彩は色覚障害によってなされたものではない。

127 子どもたちは同じ時間に同じ教室で、粘土や彩色画、編物などを行うのか。

（A）そうである、特に10歳以上では。そして、これは作業室の雰囲気をはっきり示している。ある学校の教室の古臭い、鈍い雰囲気とは全く違ったものである。

128 12歳から14歳の子どもの前に対象物を数分間置いて、彼らの記憶力を刺激するべきか。

（A）チゼックは3分間法を使ったことがない。バーミンガム美術大学のキャータートン・スミスは一昔前に次のような方法を用いた。若者たち（13歳以上の）に、たとえば通りの馬や馬車を自然に描かせる。そして彼は若者たちに目をつむって同じ絵を描くように求めた。両方の絵のほとんどをバーミンガム美術大学ではまだ見ることができる。目をつむって描かれた絵の方がより生き生きとしていることは、つけ加える必要もないだろう。

129 幼い子どもたちといった場合、あなたにとってそれは何を意味するか。

（A）大まかには、思春期前の子どものことである。ある場合には、十分な創造力をもっている子どものことである。

130 少年指導相談所では、非行者はただひとつのパターンだけを描き、創造的な絵を描けないことが知られている。なぜか。

（A）垣根の後ろで恐怖から守っている。

131 子どもたちの中の創造力を刺激しなければならないとするならば、我々の仕事はチゼックよりも難しくないのか。

（A）イギリスの子どもたちは、大陸の子どもよりも創造力が本当に劣っているのか。

132 もし4歳の子どもが、長い間ただ円だけを描くとき、そのままにしておいてよいのだろうか。

（A）しばらくしてから、むしろ変化を促しなさい。

133 その子どもはただ絵を満たすためだけにその家を配置したのか。

（A）多分そうである。同じことが、ジルという子どもが描いた「パンチとジュディ」の絵の中の青いドアでも起こった。

134 子どもたちは紙を回すか。

（A）いつもそうである。

135 私の8歳の子どもたちは、転倒した家を描かない。なぜか。

（A）おそらく、彼らはすでに大人たちによって影響されている。

136 私の6歳の子どもたちは、奇抜な絵を描くことを好む。その場合、何か主題

を示す必要があるか。

（A）一般的には必要ない。しかしある時期に、自然に子どもたちが本当に興味をもつような共通の主題が、教育的な目的のために提示されることはよい。絶対的に自分自身の絵を描くことを望む子どもたちは、そうすることを許されるべきである。

137　ステンシルはかつて用いられたか。

（A）私には彼らが用いた記憶はない。

138　子どもたちはまずスケッチを描くように勧められるか。

（A）大きな絵の場合、しばしば勧められる。しかしリノカットの場合、チゼックは直接リノリウムに制作するよう勧めることを好む。

139　田舎の子どもたちの創造的な期間は、都会の子どもたちよりもより長く持続するか。

（A）そうである。そしていまだ農民がいるような田舎の教師は、子どもたちの美術的創造性が途切れることは、非常にわずかか、ほとんど認識されていないということを指摘している。

140　青年期に創造力が消えたとき、子どもの美術に代わるものは何か。

（A）可能な限りの創造的な自然研究か、創造的な工芸である。

141　ほとんどの子どもたちは、青年期以降、絵を描くことができないという確信は、子どもの制作に大きな影響があるか。

（A）子どもたちは現在を生きている。彼らは自分の制作が途切れることについてほとんど意識していない。

142　なぜ美術の授業の間に、ときどき音楽が流されるのか。外部の影響や注意散漫となる危険はないのだろうか。

（A）むしろ反対である。チゼックは音楽のリズムは制作のリズムを助けると信じている。

143　子どもたちは能力や年齢によってグループに分けられるべきか。

（A）可能な限り、能力と精神年齢によって分けられるべきである。近代的な学校では実行されている。

144　制作をはじめる前に、構成は絵の上でどのような配置にするべきか話し合うことはいつものことか。

（A）しばしば、子どもたちが共通の主題をはじめる前に話し合うことがある。もし、描くべき余地があるとき、チゼックは、それについて君はどう思うのか、窓はどこか、ドアはどこか、テーブルはなどと尋ねることをためらわな

いだろう。
145 我々は原始美術へ戻るべきか。
（A）それはできない。
146 子どもの美術の原理は、すべての教科に適用されるべきか。
（A）ある範囲においてそうである。
147 小さな子どもたちはどのようにしてチゼックのクラスにつれてこられるのか。彼らはまず話し合いをするのか。
（A）彼らは多かれ少なかれ、やってきたときの状況で扱われる。あるとき1人の母親が自分の7歳の娘をチゼックのところに連れてきて、次のようにいった。「学校の先生が娘をあなたのところに連れて行くようにいった。私は娘が描くことがよいとは思わない。しかし連れてきました。」チゼックはその母親に丁重に引きとるようにいった。そして彼はその少女とともに、年長のクラスへ行き、紙と絵筆を与えて、親しみのある口調でいった。「さあ座りなさい。そして、あなたが本当に描きたかったことをそのまま描きなさい。」彼は彼女を残して去り、その30分後には非常にすばらしい絵ができ上がっていた。
148 子どもが何回も同じ絵を描くことを繰り返す場合、他の題目が示されるべきか。
（A）そうすべきである。
149 ある子どもがほとんど創造力をもっていない場合、何か主題が示されるべきか。
（A）そうすべきである。
150 7歳のある子どもが再び制作をはじめようとするとき、それは許されるべきか。
（A）なぜだめなのか。
151 雑誌などにある、輪郭の描かれた絵に色を塗ることは許されるべきか。
（A）ある子どもたちはそれが大変好きであるが、そうすることを思いとどまらせるべきである。彼らは自分自身の絵を創作すべきである。
152 子どもたちがリノカットをはじめようとするとき、彼らは道具の使い方について助けられるべきか。
（A）彼らは自分自身のテクニックを体験し、学ぶべきである。この方法は単に提示されるよりも健全である。
153 子どもたちはいつ名画に接するべきか。
（A）あまり早すぎないように。
154 子どもたちはお話などに合わせて、自分自身の挿絵を制作することを勧められるべきか。

（A）そうすべきである。
155　ある子どもが自分の材料に夢中になりすぎて、それが本当に完成した後も、その制作を続ける場合、彼の作品が台無しになってしまう前に止めさせるべきか。
　　（A）上手に止めさせるべきである。
156　見たこともないもののお話を、子どもたちはどうやって挿絵にすることができるのか。
　　（A）彼らのすばらしい創造力によってである。
157　他の子どもたちによる挿絵の入った本を子どもたちに与えるべきか。
　　（A）与えてもよい、そして自分自身で挿絵を入れた本ならもっとよい。
158　美術と工芸の間に関連があるように、デザインを全く除外することは絶対にできないのではないか。
　　（A）しかし、あまり早くはじめるべきではない。
159　子どもは全く自分の創造から描くのか。
　　（A）小さな子どもたちはそうである。その後創造力は次第に弱くなる。
160　子どもたちは不健全な主題で制作を続けることを許されるべきか。
　　（A）あらゆる意味で、彼がそれを欲する限り許されるべきである。
161　なぜ我々は子どもに主題を与えるのか。それは子どもを制限することではないか。
　　（A）小さな子どもにとっては、主題は助けになり、示唆になるだろう。そして年上の子どもには教育的な価値がある。しかし、主題はいつも子どもたちにとって興味あるものでなければならない。
162　子どもの絵をその子ども自身と比較することは悪いか。
　　（A）それはよい。
163　子どもは創造力からではなく、自分自身の体験から描くのではないか。
　　（A）両方からである。小さな子どもはより創造力から描き、年上の子どもはより体験から描く。その段階は重なっている。すべての成長は移り変わることである。
164　子どもたちは絵を描こうとする気持ちをもっているか。あるいはいつでも描くことができるのか。
　　（A）成長するように、彼らは描く気持ちをもっているが、おそらく、しばしば減少することもある。それにもかかわらず、彼らは外部の要因（天候、出来事）に影響される。それらの要因は、我々が理解できないものなのかも

しれない。魅力的な制作をするクラスが、ある日、全く違ったものとなるようなことが生じる。

165　チゼックの方法は、自己表現のままであり、現実社会のための準備としては不十分ではないか。

（A）我々はできるだけ早く、子どもたちに大人の世界のための準備をさせなければならないというのは迷信である。エリザベス・ロットンは、かつて「子どもたちが環境に順応させられるべきなのではなくて、世界が子どもたちに適応すべきなのである。」といった。これはおそらく少し理想的すぎるかもしれないが、本質的には正しい。そして、我々の文明の中では実現されることはない。しかし、もし我々が子どもから子どもの時期を人工的に奪い取るならば、子どもを社会によりよく適合させるということや、社会に対してより強くすることはできない。

166　子どもたち特有の情動は制作の技法に悪い影響を及ぼすか、もしそうならば、批判的であるのは厳しいか。

（A）子どもは幸運にも情動的である。子どもの情動は自分に影響を及ぼす。ほとんどの子どもにとって、否定的な批評は厳しい。

167　美術の教師は学校の中で、より簡単な仕事をしているように思えるか。

（A）むしろ反対である。チゼックの「指導方法」が旧来のものよりもより簡単であると考えることこそ、悲劇的な無理解であろう。

168　我々は自分たちの学校にチゼックをもつことはできない。

（A）しかし、すべての教師はチゼックから学ぶことができるであろう。

169　美術と工芸は学校の中で教えられる最も重要な教科であるか。

（A）チゼックはそういうであろう。

170　絵画的な表現とは、都会の醜さから逃れることではないのか、それゆえに田舎の子どもにとってあまり価値がないのではないか。田舎の子どもたちを取り巻いている自然の美は、私にとって、紙の上によりよい世界を創作させようとすることから遠ざけるように思える。

（A）それには幾分の真理もあるが、我々は田舎と都会の子どもの違いを過大評価すべきではない。違いがあっても、永遠の子ども性がある。

171　絵画芸術に近づく二つの違った方法があるのではないか。ひとつはエジプトの浮き彫りに代表されるものであり、もうひとつは、洞窟の壁画や動きを捉えるための近代の試みによって代表されるものである。1番目の根本的な動機は、考えを記録することであり、色彩のデザインとアレンジメント（象徴

的であり、自然を再現しようとするものではない）を進めようとするものであろう。2番目の根本的な動機は、何か見たものを捉えることであり、線や描写を有機的な組織としてつくり上げようとするものである。
　（A）両方が、子どもたちの制作の中に映し出される。
172　思春期以降、遠近法やコンポジションについての指導は授けられるべきか。
　（A）徐々にそうすべきである。
173　描画における評価はどうなされるのか。
　（A）評価はしない。いくつかのイギリスの学校が行っているレポートの類は、手引きとなるだろう。
174　この哲学は、思春期以前の子どもたちだけに適用されるのか。
　（A）哲学という言葉を聞くのはうれしいことである。なぜならば、子どもの美術の新しい観念の背後には、ひとつの完全な哲学がある。確かに主としてこれはある制限をもって適用されるし、思春期以後についてはまたさらに難しい。概して、思春期は大きな中断である。
175　自然を失わず、真似を避けることは可能か。
　（A）可能である。デューラーはひとつの例である。しかしそう多く実現するものではない。
176　子どもたちは雑誌から影響を受けるか。我々はそれをどのように止めることができるか。
　（A）彼らは影響を受けるし、彼らがより模倣的であればあるほど影響を受ける。それを阻止することは難しいことであるが、彼ら自身の創造力から制作させるということが、悪い絵に対するある程度の免疫性をつけさせる助けとなるだろう。
177　子どもたちは授業の後も制作を続けたいと思うほど、自分の仕事に興味があるようである。我々はそうさせるべきか。
　（A）もちろんそうすべきである。
178　すべての教師が同じ指導者からの訓練を受けていたとしても、それぞれの教師によって異なる作品を子どもたちは制作するのか。
　（A）それぞれの教師の個性によるものであり、ほとんどの子どもたちに、教師の個性は無意識のうちに影響を与えている。
179　チゼックはどの程度まで子どもたちの絵を解釈するのか。
　（A）彼は子どもたちの絵についてあまり多く読みすぎないように注意している。

180　子どもたちはやるべきことがわからないことについてアドバイスを求めないのか。
　　（A）ときどきある。
181　我々は子どもたちの絵について説明を求めることなく、彼らから絵を受け取るべきか。
　　（A）大抵の場合、そうすべきである。
182　ある学校では、ほとんど意識することなく、ある一定のスタイルがあるのではないか。
　　（A）ある。それは強い教師の個性の影響である。
183　チゼックは、かつて音楽を聴きながら子どもたちに描かせたことがあるか。
　　（A）彼はむしろそれをよく行う。彼は音楽のリズムが、制作のリズムの助けとなることを発見した。クラスには、ある英国婦人の贈り物である蓄音機があり、そして彼は本当に素敵なレコードをもっており、いつもではないが頻繁に音楽が流れている。ときには子どもたちがそれを求めることもある。隣の部屋にはピアノがあり、そして望む子どもはそこでしばらくの間遊ぶことが許されている。これはすべて音楽を色や線に解釈するためになされるのではない。もう1人のオーストリア人、ライナー教授は、ウィーンのある中学校で思春期の子どもたちに対してそれを行ったことがある。しかしこれは全く違うものである。ただし音楽と美術の両面での長い経験をもった優れた教師は、それを試みるべきであるが、それでもすべての子どもたちに対してなされるべき実験ではない。
184　左手を使うことをどう考えるべきか。
　　（A）もちろん左利きは許されるべきであるし、左手を使うことを奨励されるべきである。多くの学校で左利きの数が増加しているのは、おそらく望むならば左手で制作することが自由にできるようになってきた結果である。多くの国々の旧式な学校では、単なる愚かさから、左利きをほとんど道徳的な欠陥とみなしていた。
185　子どもは定規を使ってよいか。
　　（A）もしそれを望むならば、よい。ラスキンの言葉、「有名な製図者は、私の経験の限りでは、直線を除いてあらゆる線を描くことができる。」
186　たとえば「像」についての討論は、視覚的なイメージを子どもに与えないのか。
　　（A）討論の目的の一部がそれである。
187　チゼックは子どもたちのために描くことはなかったのか。

（A）全くない。
188　子どもたちは自分の制作に、家にある絵や、映画、芝居などから影響を受けるか。
　　（A）残念ながらそうである。
189　チゼックの仕事はドイツへも紹介されたか。
　　（A）ある程度には。
190　もし子どもがオレンジ色の空や紫の木を描いたとしら、彼はそのように描くことがより美しいと考えているからなのか。
　　（A）そうである。
191　100年の後にも、幼い子どもたちはまだエジプト式の目を描くと思うか。
　　（A）そう望んでいる。
192　もし年長の少女が紫色の木を描いたとしたら、何か悪いことがあるか。
　　（A）その可能性はある。まれに子どもの誠実さゆえであることもある。
193　どの子どもにも才能はあるのか。
　　（A）ある材料においてはそうである。
194　もし武器ばかりを描く少年がいた場合、どうすべきか。
　　（A）やめさせてはならない。
195　チゼックのクラスにはなぜ成績がないのか。
　　（A）なぜなら優れた教師は成績なしに指導することができるからである。
196　なぜ「自由」な学校は、優秀な生徒とそうではない生徒を育てるのか。
　　（A）彼らを育てるのではなく、他の学校と同じようにそのような生徒がいるのである。
197　人々は子どもの美術を遊びとして捉える傾向があった。それは十分にまじめに取り扱われたか。
　　（A）多くの人々は子どもの美術をまじめに捉えており、特にイギリスやアメリカのような国々では、子どもに対する生来の愛情と尊敬からそうであると考えている。しかし子どもをまじめに捉えない人々はまだどこにでもいる。我々はどうすればそのような人々に子どもの美術をまじめに捉えることを期待できるのだろうか。
198　大人は無意識に自分自身を描くか。
　　（A）ある程度においてはそうである。肖像画において、偉大な芸術家は無意識に自分自身を描くと明言できる。レオナルド・ダ・ヴィンチの「ジョコンダ」は、またレオナルドの肖像画でもある。

199 ひとつの教室で粘土制作は行われるか。
　（A）一般的にそうである。
200 14歳以上の子どももチゼックは指導するか。
　（A）しない。
201 子どもたちは自分の制作を批評するか。
　（A）むしろ幼い子どもたちでは例外的である。
202 子どもたちは緑の絵具を与えられるべきか、あるいは混色することを許されるべきか。
　（A）幼い子どもたちは既成の色を与えられるべきである。
203 なぜ知力は芸術にとって致命的なのか。
　（A）なぜなら芸術における知性は罪悪だからである。
204 もしある子どもがドラゴンの絵を描くように求められ、ドラゴンがどんなものか話されたことがないとするならば、子どもがする質問に対する答えとして何か具体的な情報を与えられるべきか。
　（A）もちろん情報は与えられるべきである。
205 子どもの美術をもっぱら子どもの想像力の表現として発達させるとき、想像の世界と現実の世界の間に隔たりができないか。
　（A）できない。子どもは開かれた目で世界を進んでいくのであり、成長の過程は変移の過程である。
206 教養ある家庭で育った子どもが描いた一枚の絵を参考とする場合、子どもは無意識にその教養を吸収し、さらに絵の中に表現する可能性があったのではないか。
　（A）その通りである。
207 子どもは生まれつきリズム感をもっているが、それはほとんど失われてしまう。何がこのリズム感を発達させ、保つことができるのか。
　（A）できるだけ長く創造的な状態にしておくことである。
208 幼い子どもたちのリズム感は、ほとんど教育の方法によって台無しにされ、そしてただ取り戻すにもしばしば非常に多くの困難がある。チゼックスクールはこの破壊を防止するのか。
　（A）ほとんどそうである。
209 現在の教師のほとんどは、子ども時代に正しい教育を受けていない、ゆえに、よき教師が成長するには、教師としての三世代が必要なのではないか。
　（A）我々はそのように長く待つことはできない。悪い教育を受けた教師でも、

もしすばらしい精神をもっているならば、自分自身の悪い教育に子どもたちをあわせないように全力を尽くすだろう。保育園ではじまっているが、よい教育をつくり上げたイギリスの現代のシステムはまさにそれである。まず基礎があり、そしてその上部を建設する。しかしその間にも、次の段階では多くの変化をなすことは可能であり、またなされつつある。人生は段階的に変化する過程である。新しさと古さに断絶はあるべきではない。（それはすべての革命家の悲しい誤解である。）

210 学校のカメラクラブについてはどうか。
　（A）早すぎてはいけない。
211 教師が自分自身の生来の趣味を制御し、その結果として、生徒たちの趣味や美術的な発達に影響を与えないようにすることはどの程度可能か。
　（A）可能であり、準備をした教師は背景にとどまることができる。
212 子どもたちは、彼らの美術的な発達と調和するように、年齢に応じて美術の写真を見せられるべきか。
　（A）幼い子どもたちに対しては、危険がないとはいえないだろう。彼らはそれを意識して創作したり、「古代エジプト人はそれをやった」という理由でそうしたりするべきではない。
213 芸術家になりたいと思った子どもでさえ、最終的にそうなった子どもはほとんどいなかったのか。
　（A）そうである。
214 チゼックは、たとえば石工や針仕事などの手仕事をするすべての子どもたちに、続けるよう勧めるのか。
　（A）確かにそうする。
215 子どもたちは思春期になり、彼らのコースが終了することを残念に思わなかったのか。
　（A）何人かは続けることを望んだだろう。しかし彼らは、最初から、チゼックスクールにいられるのは14歳になるまでであることを知っていた。
216 ヨーロッパにおける文明は、思春期以降さらなる発達を不可能にするほど、チゼックを打ち負かしているのか。
　（A）チゼックは我々を圧倒するような文明を非難している。
217 最もすばらしい芸術は何歳でつくられるものか。
　（A）個人的な好みによる。
218 すでに大人の影響を受けている9歳の子どもが、模写ばかりを望んでいると

き、何を与えるべきか。

　　（A）材料を変えなさい。10のうちの9のケースがうまくいくだろう。
219　手際のよい描画やデッサンに対してどのような態度をとるべきか。

　　（A）手際のよさはいけないが、しかし明快さは真の子どもらしい美術の本質である。
220　チゼックは、興奮するようなお話を子どもたちにしても、彼らが反応しないというような苦悩をさせられることはないのか。

　　（A）ない。私は、私の話を描かないグラスゴーの保育園の子どもたちにゾクゾクさせられた。
221　子どもたちに、お話を聞いた後、すぐに絵を描くように求めることは有益なことか。

　　（A）子どもたちにそのお話の印象が強く残っているうちに、制作をはじめるべきである。
222　間違った指導を受けた11歳の少女が、自分自身の自由を取り戻すのに、どれくらいかかるものか。

　　（A）場合による。何人かは取り戻すことができない。
223　芸術によって個性を発達させた子どもたちは、彼らが成長したとき、色彩や衣類、家などについてよりよき趣味をもつのだろうか。

　　（A）確かにそうである。
224　ある子どもたちは、なぜそのように小さく描くのか。より大きく描くよう励ますために、より大きな紙を彼らに与えるべきか。

　　（A）ある子どもたちは恥ずかしがり屋であり、十分な自信をもっていないのである。彼らはより大きなサイズの紙を使うよう、徐々に励まされるべきである。
225　展覧会のために、優れた作品例だけが選ばれるのか。

　　（A）展覧会では、たいてい平均的な作品が展示される。
226　自然からのコピーは、全く用いられないのか。

　　（A）子どもたちが創造力から制作できる限り用いられない。
227　創造力というもの自体存在するのか。

　　（A）存在する。盲目の子どもたちがそれを証明している。
228　子どもたちが幼いとき、さらなる指導を受けた場合、彼らは創造力をさらに長く保持できるのか。

　　（A）もし正しい指導であれば、そうなる。

229 母親は教師と同じように助けとなるか。
　（A）そうあるべきである。
230 美術の創造的な部分は、試験制度によって妨げられるか。
　（A）しばしばそうである。しかし教師が、現在の試験制度でもある程度の成功をすることができることも理解できる。
231 もし、幼い子どもが自分自身の方法で創造することを許されるならば、年長となったとき、正しいプロポーションを理解する段階に到達するのか。
　（A）そうである。
232 人々は、教育によって損なわれていない子どもたちが創造した美術の美しさを、鑑賞できるよう訓練されなければならないのか。
　（A）多くの人々が教育される必要がある。
233 我々は子どもの作品の展覧会を開く必要があるか、もしそうならば、よいものも貧弱なものも含めるべきか。
　（A）両方であるが、しかし、我々は貧弱な作品をつくった者を傷つけないように注意しなければならない。
234 子どもに、どの色を使うべきか教えることは最もよいことか。
　（A）我々はできるだけ子どもたちを放っておくべきである。原則よりもよりよい方法で子どもは行うだろう。
235 もしある動物が6本足で描かれたとしたら、我々はそれをどう訂正すべきか。
　（A）我々はそれを幸福なこととすべきである。
236 ある個性的な子どもが描いた絵をもっているとき、その絵は話題とすべきか。
　（A）その必要はない。
237 最もよい絵は、クラスの他の者に示されるべきか。
　（A）むしろすべての絵を見せた方がよい
238 子どもたちは自然に遠近法を選ぶようになるのか。
　（A）子どもたちが必要とするならば、確かにそうなる。
239 あるクラスが1人の子どもの真似をし、流行となるようなことは起きないのか。
　（A）場合によってはあり得る。より強い子どもと弱い子どもがいる。教師は弱い子どもが創造的な制作をし、真似をしないように努めなければならない。
240 すべての子どもたちは、自分の最初のそして好みの題材として人間を取り上げるか。
　（A）例外なしにほとんどそうであり、おそらく、人間の姿は最も重要なのだろう。

241　子どもは絵を描き終えたら、すぐに自分の作品に興味をなくすものなのか。
　　（A）常にそうであり、偉大な芸術家たちにも共通することである。
242　ある子どもが自由に制作するチャンスや機会をもたなかった場合、連続する段階を通して制作しなければならないのか、それとも何かを失ってしまったのか。
　　（A）ときには、その初期の段階を繰り返すことが可能であるかもしれない。
243　切紙細工を行う場合、最初に下書きをする必要があるか。
　　（A）ない。
244　子どもが映画による影響を受けている場合、我々はその子どもの美術になすべきことはあるか。
　　（A）悪い映画は悪い影響を与えるかもしれない。材料を変えることが助けとなるだろう。
245　幼い子どもたちは不調和と調和が何であるか教えられるべきか。
　　（A）すべきではない。
246　教育担当の役人たちは遠近法の考え方にあまりにも早く突き進もうとしているのか。
　　（A）一部はそうである。
247　チゼックスクールでは少年と少女が交ざったクラスであるか。
　　（A）そうである。
248　時間割の限界によって縛られるとき、何ができるか。
　　（A）時間割を変えるように努めなさい。イギリスの教師たちには力がある。
249　子どもの美術との比較によって、原始人の美術の優位性を評価することができるか。
　　（A）そうである。
250　ある6歳の子どもが、いつも正確な遠近法で描いていた。彼は故意に教えられていたのか、それとも自分自身でそれを発見したのか。
　　（A）まれなケースであるが、自分自身で発見したのかもしれない。
251　知性を与えるだけの教育が、思春期に長ければ長いほど、天賦の才を失うことを防ぐことはできないのか。
　　（A）難しい。そしてその疑問は、文明の影響を防ぐことができるように知性的な教育が変化したとしても起きることになる。
252　子どもにモデルを与えることで、害になるようなことがなくなるのは何歳からか。

（A）子どもが、創造力からの描画ができなくなりはじめたときである。
253　家庭や一般的な環境における悪い美術からの影響を、どうやって防ぐことができるのか。
　　（A）大人の教育によって。
254　子どもたちの好みに影響を与えるべきか。
　　（A）直接的にはいけない。
255　何が大人の悪い好みを浄化することができるか。
　　（A）教育を通して。よりよいものを見せることによって。ストック・オン・トレント美術館では、優れた陶磁器と貧弱なものが並んで展示されている。
256　創造的な願望は、後年の工芸から生まれることはできないのか。
　　（A）それはできる。
257　この方法は原住民や土着民の助けとするためにはどのように使われるか。
　　（A）西アフリカの一部では用いられている。
258　子どもたちは部分的に創造的なだけではないか。半分くらいは知覚ではないのか。
　　（A）そうであるが、幼い子どもについてはほとんど創造力がある。
259　幼い子どもたちは、創造的であるよりもむしろ彼らを取り囲んで見える作品を、無意識に模写するのではないか。
　　（A）環境の確実な影響はあるが、ほとんどは幼い子どもたちの生来のものである。
260　子どもたちが創造すべきだということが、なぜそれほど重要なのか。それは子どもを幸せにするのか。
　　（A）部分的にそうである。主たる理由は、創造的な男女を育てることである。
261　子どもたちの作品の人体は、なぜ左を向いているのか。
　　（A）右手で描いた結果である。
262　6本の腕を描いた子どもに対して何をすべきか。
　　（A）感謝すべきである。大人が妨げることは許されない。しかしメアリーの隣人が6本の腕を描いたことをメアリーに、「あなたは間違っている、人間は4本の腕しかもっていない。」といって指摘するかもしれない。（その質問者は、その点を見ていなかった。）
263　子どもたちが題材について話し合っているとき、チゼックは共通の題材を見出すようにするか。
　　（A）たいていはそうである。

264 途中で仕事をやめてしまう子どもは多いか。
　　（A）ほとんどない。
265 チゼックは自分の個性を子どもたちに押しつけるか。
　　（A）絶対に反対である。彼はそうしないことに全力を尽くすが、それでも特にあまり強くない個性に対しては、強い影響力があるものである。しかし、私はこれが必ずしも悪いとは考えない。
266 子どもが望むなら、抑制されたような色を用いてもよいか。
　　（A）幼い子どもは抑制された色をほとんど求めないだろう。
267 チゼックはクラス全体に話をするのか、それとも生徒個人に対してか。
　　（A）両方である。
268 チゼックの生徒たちは、モデルを描くことを望むか。
　　（A）決してない。（あるいはまれにしかない。）
269 一般的に、制作においてなぜ女の子は男の子よりもユーモアが少ないのか。
　　（A）おそらく一般的によりおとなしいからである。
270 幼い子どもたちに書き方を教える方法は、彼らの創造力を台無しにするのか。
　　（A）おそらくあまりに早く書き方を教えられるからだろう。
271 模倣的な制作によって育てられた学生が、創造的な美術を指導しなければならないとき、どうすればよいのか。
　　（A）原始美術や子どもの美術を学ぶことが助けとなるだろう。
272 大人は子どもの視点で描かれた絵を理解できるのか。
　　（A）そう努めるべきである。
273 子どもが我々の賛同を求めて絵をもってきたとき、それがあまり好ましくなくても我々は、それを誉めるべきか。
　　（A）そうすべきではない。しかし、すべての子どもたちの作品の中には何かよいものがあるものであり、それを誉めるべきである。
274 子どもたちは毎日描く機会をもつべきか。（2週間たくさん描き、穏やかになった少年を私は知っている。）
　　（A）子どもによって違ってくる。毎日行うと、子どもの美術は多すぎることになるかもしれない。
275 3次元は子どもたちに教えられるべきか。
　　（A）決して必要ない。
276 子どもたちは、観察の訓練をされるべきか。
　　（A）創造的美術が続く限り早すぎてはいけない。

第4節　チゼックスクール　297

277 子どもの美術では突然の出来事をどのように利用すればよいか。
　（A）我々は事件の発生を過大評価すべきではない。
278 外部からの悪い影響に十分に対抗するためには、子どもたちがチゼックスクールで過ごす時間は短いのではないか。
　（A）必ずしもそうではない。
279 幼い子どもたちは、なぜ左足と右腕を青に塗ったり、代わりに逆に塗ったりするのか。
　（A）子どもたちのシンメトリーな感覚による。
280 ある子どもが、クラスの他の者の迷惑となるほど教師の注意のほとんどを独占する。これはよいことか。
　（A）もし教師が、クラス全体の利益のためにそのような出来事も利用するのならば、子どもたちにとって迷惑とはならないだろう。
281 抑圧を取り除くことが子どもの美術の主たる目的か。
　（A）それは目的のひとつである。ある人々にとっては、主たる目的であるかもしれない。
282 子どもは恐怖を絵に描くことで、恐れを取り除くのか。それは恐怖を永続させることにならないか。
　（A）「話し出すこと」は、自分自身の中に何かを保持しているよりも常によいことである。
283 なぜ子どもたちは明るい色を好むのか。
　（A）それらは強く大胆であるから。
284 テーブルに座ったあなた自身をモデルにして、子どもたちが何か創造的なことをするのは正しいか。
　（A）それは危険であり、特に創造力の弱い子どもにとってはよくない。
285 なぜ紙を破く方が切るよりよいのか。
　（A）はさみが危険だからではない。（子どもたちは我々が考えるよりも、より利口である。）しかし、指と材料との直接的な接触に大切な価値があるからである。
286 左利きから右利きの絵へ子どもを変えさせるべきか。
　（A）それは危険であり、実際に子どもに言語障害をもたらすかもしれない。
287 「いや、これは芸術ではない！」という人をどう扱えばよいのか。
　（A）彼の目を開くようにしなさい。
288 描くことを望まない子どもをどのように指導すればよいか。

（A）他の材料で制作するように励ましなさい。
289　教室を「ほっつき歩く」ことは、ある子どもたちにとって邪魔になるのではないか。
　　（A）歩き方による。
290　40人の集団の子どもたちを担当する場合、ひとつのグループが粘土制作をする間、他のグループは絵を描くというような配慮をすべきか。
　　（A）多くのケースにおいて、優れた方法である。
291　黒板とチョークはどうか。
　　（A）多くの子どもたちにとって、白いチョークは理想的である。しかしある子どもたちはカラーチョークの方を好む。
292　子どもたちは自分のもち物に大きなプライドをもっていないのか。
　　（A）そうであるが、もし最初からその制作が学校に所属するものであると知っているならば、気にしないだろう。もし絵をもっていたいと望むならば、家で描くだろう。
293　子どもたちが飛行機や爆弾などを描くのは、何かを取り除きたいのではなく、それらに興味があるからか。
　　（A）その通りである。しかし、爆撃された家や船を描いたり塗ったりすることによって、彼らは次第にそれらから抜け出していく。ゆえに我々は子どもが戦争画を描くことを妨げてはならない。
294　どのようにしてチゼックは作品を訂正するのか。
　　（A）巧みな会話による。
295　美術室の中の黒板は何か役に立つのか。
　　（A）確かに役に立つ。子どもたちがそれに描くためであり、あるいは「授業」の後、彼らの作品を飾るためである。
296　もしある子どもが憂鬱な絵を描いた場合、クラスの他の者はそれを見るのか。
　　（A）なぜいけないのか。
297　ある子どもが家を描いて、その遠近法が全く間違っている場合、口出しをするか。
　　（A）子どもたちの制作の中に「間違い」というものは全くない。
298　「愛情や安全、重要性」について語りながら、あなた方は子どもたちを助けることによって愛情を示そうとはしないのか。
　　（A）助けるが、直接的ではない。
299　初期の印象は続くものである。なぜ我々は間違いと感じる悪い印象を訂正す

ることなくそのままにしなければならないのか。

（A）その印象が悪いのではないが、しかし、年齢による。我々は成長の過程を加速させるべきではない。

300　教育するとは子どもの考えを変えることであり、そしてそれが正しいとするならば、我々は形や色についての彼らの間違った考えを正すべきではないのか。

（A）「教育する」(to educate) とは、ラテン語からきているが、「導く (to lead)、案内する (to guide)、もち上げる (to bring up)、養成する (to train)、引き出す (to bring out)、開発する (to develop)」という意味であり、「変える」(to change) という意味はない。花を栽培することは、あなたが探し出した根のある場所に、他の根を植え替えることではない。

301　創造力を損なわれてしまったクラスの子どもたちに、どのようなことができるのか。

（A）彼らをもとの状態に導くよう努力するし、うまくいかなければ材料を変える。

302　子どもたちが、白い紙か暗い色の紙のどちらを欲しているのか、どのようにして知ることができるのか。

（A）子どもたち自身からである。教室には違った色の紙があるべきである。

303　描画からどのようにして知能を評価するのか。

（A）フローレンス・グッドイナフは、『描画による知能測定』という本を書いている。しかし子どもの美術は、本来、検査のための機会ではない。

304　子どもは、彼らが生きている時代を描写するものか。

（A）子どもは、ある程度その時代の産物である。あらゆる年代の「永遠の子ども性」にもかかわらず、時代は子どもたちの作品の中に映し出されるのだろう。

305　ある子どもが生まれながらの芸術家であるということが、その作品の中に見られるのはいつか。

（A）確かなものはない。思春期が重大な転機となる。

（日本語訳　大坪圭輔）

第5節　自由画教育運動

山本鼎と美術教育

　1978（昭和53）年11月11日、長野県上田市の神川小学校で創立80周年記念式典が行われた。そこでは山本鼎顕彰碑の除幕も行われた。その碑には山本鼎の「自分が直接感じたものが尊い　そこから種々の仕事が生まれてくるものでなければならない」のことばが刻まれている。

　山本鼎（1882-1946）は、洋画家、版画家として知られている。特に木版画においては、浮世絵版画のようなこれまでの分業制とは違って、作家自らが描き、彫り、摺る創作版画を石井柏亭らとともに提唱した。また山本は、ヨーロッパ留学とロシア滞在中の知見から、図画教育や手工教育について1917（大正6）年以来、教育界に対して貴重な提言をし、その影響は瞬く間に全国に波及している。この山本が提唱した美術教育が「自由画教育運動」である。模写による図画教育を否定し、子どもが自ら観察したものを描くことを保障する「自由画教育運動」は、大正期の自由な社会的気運とも重なり、全国に多くの美術教師の支持を得て広がっている。その内容は山本の著書『自由画教育』（p.311参照）に詳しい。

　また、山本は同時に「農民美術運動」を提唱し実践している。この運動の契機についても、ロシア滞在中に興味をもったロシアの人形や什器等の木製品の収集に端を発したことが、彼の著書『美術家の欠伸』（アルス、1921）に記されている。モスクワからの帰途、車中でたまたま出会った日本の林業に詳しい人から、それらの製品はドロノキ（ヤナギ科の一種で現在も長野県上田の国分寺で正月に売られている"蘇民将来"は、この木でつくられている。）でできていると聞き、制作にあたっては高度な技術を要しないことなどを考え、帰国後、山本は神川村大屋で医院を開く父にその制作を勧めたり、以前より交流があった上田市の青年会の人たちに紹介したりした。農閑

期を利用して収入を得、かつ美のある生活を提唱した彼の考えはやがて実行に移され、1919（大正8）年に第1回の農民美術講習会が上田の神川小学校で行われた。それらは現在も当地を中心に手仕事の土産品、または木彫美術工芸作品として売られている。

「自由画教育」も「農民美術」も、山本の清新で独創的創造運動の提唱であり、彼の考えに対する共鳴者や支持者の協力もあって、根づき広がっていったのである。このような民間による教育的活動は、戦前の日本においては稀な業績であるといえるだろう。現在、長野県上田の城郭跡に「上田市山本鼎記念館」があり、運動の様子を知る上での資料や自由画作品、農民美術作品、当時の教科書、山本鼎の絵画、農民美術デザインサンプルなどが展示されている。

以下の略年譜は、山本鼎の多彩な活動の様子をまとめたものである。

山本鼎　略年譜

1882（明治15）年		10月24日、愛知県岡崎上肴町（現岡崎市伝馬通一丁目）に生まれる。父一郎、母たけ。
1887（明治20）年	5歳	母とともに上京。当時、父一郎は森鷗外の父、静男宅で西洋医学を学んでいた。
1892（明治25）年	10歳	東京、芝の木版工房桜井暁雲（虎吉）方に弟子入りし、木版を習得する。
1900（明治33）年	18歳	父一郎が長野県小県郡神川村大屋で医院を開業する。
1902（明治35）年	20歳	東京美術学校西洋画科選科に入学し、黒田清輝教室に学ぶ。
1903（明治36）年	21歳	石井柏亭方に下宿する。
1904（明治37）年	22歳	2月、日露戦争はじまる。 ［制作・執筆］木版「漁夫」を制作する。
1906（明治39）年	24歳	東京美術学校卒業。坂本繁二郎、石井鶴三、川端龍子らとともに北澤楽天の有楽社で『東京パック』の仕事をする。
1907（明治40）年	25歳	石井柏亭、森田恒友と『方寸』を創刊する。 ［制作・執筆］『みづゑ』に「版のなぐさみ」を4回執筆

する。『方寸』1〜3号に「現代の滑稽画及び諷刺画について」を執筆する。

1908（明治41）年　26歳　木下杢太郎、北原白秋、石井柏亭、倉田白羊、小杉未醒（放庵）らとパンの会を結成。

1909（明治42）年　27歳　11月、白秋、柏亭、小杉未醒、倉田白羊らと信州を旅行し、神川村大屋の山本医院で画会を開催する。
［制作・執筆］2月、北原白秋の『邪宗門』に版画作品を掲載する。

1911（明治44）年　29歳　東京市外田端の自宅に東京版画倶楽部を開設する。

1912（明治45／大正元）年　30歳　渡仏し、パリ、ヴィラ・ファリギュエールのアトリエから美術学校に通う。与謝野鉄幹・晶子夫妻、藤田嗣治らと交際する。
［制作・執筆］木版「野鶏」「デッキの一隅」、油彩「ヴトイユ風景」などを制作する。

1914（大正3）年　32歳　パリにて島崎藤村、正宗得三郎らと親交を深める。第一次世界大戦が勃発し、南仏及びロンドンに避難する。ロダンと会う機会を得る。

1916（大正5）年　34歳　春にイタリアを旅行する。6月、戦火を避けてパリを発ち、スウェーデンを経てロシア、モスクワに到着する。日本ロシア大使館の平田領事の別荘で世話になる。ロシア文学者の片上伸を知るとともに、ロシアの農民音楽、農民美術、児童創造展覧に感銘を受けて、12月に帰国する。

1917（大正6）年　35歳　2月、金井正、山越脩蔵と自由画教育及び農民美術運動について相談する。9月、白秋の妹北原いゑと結婚する。
［制作・執筆］『早稲田文学』に「コレクション」を、『中央美術』に「力の芸術とロダン」「油絵の描き方」を執筆する。

1918（大正7）年　36歳　日本創作版画協会を設立し会長となる。上田の神川小学校で「児童自由画の奨励について」と題する講演をし、実作指導を行う。
［制作・執筆］『中央美術』に「二科会の印象」「洋画部雑

感」を執筆する。9月、院展に作品5点を出品する。

1919（大正8）年	37歳　「日本農民美術建業の趣意書」を神川村に配布する。「日本児童自由画協会」を設立し、神川小学校で「第1回児童自由画展覧会」を開催し、「第1回農民美術講習会」を同じく神川小学校で行う。 ［制作・執筆］『中央公論』に小説「寄路」を、『中央美術』に「槐多君の死」「同窓の児島君」「日記から」「帝国美術院に関する所見」を、『読売新聞』に「児童自由画について」を、『信州』に「童展の記」を執筆する。また、片上伸著『ロシヤの現実』（至文堂）の挿絵と装丁を担当する。
1920（大正9）年	38歳　東京・三会堂で東京日々新聞社主催の日本児童自由画展覧会、東京・日本橋三越で第1回農民美術展を開く。日本自由画協会を日本自由教育協会と改組。 ［制作・執筆］『油画のスケッチ』をアルスから刊行する。『読売新聞』に「農民美術建業に臨みて一言」を、『中央公論』に小説「胡瓜」と小説「声とことば」「自由画教育の要点」を、『みづゑ』に「農民美術建業の趣意及其経過」を、『中央美術』に「国展のモチーフ」を執筆する。
1921（大正10）年	39歳　自由学園美術科講師に就任する。長野師範学校で農民美術展を開催し、講演をする。群馬、千葉、山梨で自由画美術展を開催し、それぞれで講演をする。東京・日本橋三越で第2回農民美術展を開催する。会場で土田杏村と会う。『芸術自由教育』を片上伸、白秋らと創刊する。『中央美術』5月号は「山本鼎論特集」となる。 ［制作・執筆］『美術家の欠伸』『自由画教育』をアルスから刊行する。『芸術自由教育』に「自由画教育反対者に」「四つの手紙」「クロポトキンの借り」「いろいろな事」「露西亜及独逸の産業美術」「消し難き火」「疑問に」「詩、散歩小景」を、『中央美術』に「山下新太郎論」「モスクワの画堂」「高村豊周君に」を執筆する。
1922（大正11）年	40歳　小杉未醒（放庵）、足立源一郎、長谷川昇、倉田白羊、森田恒友、梅原龍三郎らと春陽会を設立。東京・

日本橋三越で第3回農民美術展を開催する。日本農民美術研究所の建設に着手し、12月に竣工する。

1923（大正12）年　41歳　「玩具手工と図画」と題して、児童保護研究会にて藤五代策と講演出版する。4月、日本農民美術研究所完成。東京・銀座資生堂で農民美術作品展を開催する。9月に関東大震災が発生する。

［制作・執筆］「春陽会の位置及其一回展」を『中央美術』に執筆する。

1924（大正13）年　42歳　『アトリエ』を企画、創刊し、表紙絵を描く。『農民美術』を創刊する。『副業』を創刊する。台湾へ旅行する。

［制作・執筆］創刊した『アトリエ』に「冬の画材」「吾が画壇の騎将一梅原龍三郎君」「平福百穂論」「藤川勇造論」「山下新太郎論」「長谷川昇論」「小児の図画」「パイワンの彫刻」「黒田先生の作品」「帝展の印象」「油絵について」を、『農民美術』に「農村副業の新生面」「いろいろな木彫人形」「変った手工的副業」「タラスキーの農民美術」を、『副業』に「農村副業の一つ」を執筆する。

1925（大正14）年　43歳　神川村大屋で第1回夏期工芸学校を開設し手工教育の振興を図る。長男太郎が生まれる。

［制作・執筆］『アトリエ』に「少女のクロッキー」「デッサンの話」「油絵と新線」「自由学園の美術科」「二科を観る」「帝展なるもの」を、『農民美術』に「台湾蛮族の手工芸」「露西亜の農村工芸」「浅川村の講習会」を、『実用手芸講座』に「農民美術の話」「木彫人形の話」を、『みづゑ』に「麗人社第二回展を観る」を執筆する。

1926（大正15／昭和元）年　44歳　丸善などの呼びかけで石井柏亭、岡田三郎助、和田英作、梅原龍三郎、安井曾太郎、小杉放庵、満谷国四郎らの燕巣会に加わり第一回展に出品する。第2回夏期工芸学校を開設し、版画と風景写生を指導する。『農民美術』を復刊させる。

［制作・執筆］『アトリエ』に「春陽会第四回展」を、『工芸時代2巻1号』に「未開国人の図案」を、復刊した『農民美術』に「巻頭言」「木口木版の練習」を執筆する。そ

1927（昭和2）年　　45歳
　　　　　　　　　　　　の他に「パリ幼稚園の図画教育」（未詳）を執筆する。

　　　　　　　　　　　　［制作・執筆］『油絵新法講座・風景スケッチ法』と『日本児童文庫・世界美術工芸物語』をアルスより刊行する。『工芸時代』に「ステッキと巻莨盆」「露西亜の産業的農民手工芸」「日本に於ける農民美術運動史」「古今の農民美術」を、『アトリエ』に「小中学生の図画」「方寸時代」「帝展と創作版画」を執筆する。その他に後藤福次郎著『洋画及洋画家』に序文を執筆する。

1928（昭和3）年　　46歳　芝絵画彫刻研究所を開設するが、1年で閉鎖となる。日本学校美術協会の相談役に就任する。
　　　　　　　　　　　　［制作・執筆］『日本児童文庫・図画と手工の話』をアルスより、『木工・木彫・塗術』を日本農民美術研究所出版部より刊行する。『美術新論』に「手工科の立場」（未詳）「塊樹社展」を、『美術新論』に「帝展画道」を、『学校美術』に「クロッキーの指導」「血気の仕事」を、『アトリエ』に「田園種々」を執筆する。燕巣会展に「静物」を出品する。

1929（昭和4）年　　47歳　次男次郎生まれる。岸田劉生没する。
　　　　　　　　　　　　［制作・執筆］『模様構成の学習』を農民美術研究所出版部より刊行する。『図画指導講座』に「油絵の導き方」「版画の導き方」を、『学校美術』に「春陽会スナップ」「机上の空想」を、『アトリエ』に「序言」「帝展問題」「工芸のふた道」を執筆する。その他に「粘土のひねり人形」（未詳）を執筆する。

1930（昭和5）年　　48歳
　　　　　　　　　　　　［制作・執筆］『図工手工教育講演集』に「手工科の使命」を、『アトリエ』に「プロレタリア美術展と西欧民芸展」「アトリエ美術時評」「意匠図案の教育を振興せよ」「小山君の画業」「美術の生産過剰をどうする」「リヨンの憶い出」「ポーランドの版画」を、『学校美術』に「木口木版に就いて」「図画は何処へ行く」を、『東京日々新聞』に「二科会のアンデパンダンについて」「図案教育へ振り向

　　　　　　　　　　　け」を、『美術評論』に「版画の振興に就いて」を書く。その他に「美術と政治」（未詳）を執筆する。

1931（昭和6）年　49歳　日本創作版画協会を解散し、日本版画協会を結成し副会長となる。会長には岡田三郎助が就任する。9月、満州事変起る。
　　　　　　　　　　　［制作・執筆］『郷土化の図画手工』に「郷土教育の指導精神」を、『学校美術』に「放言二題」「公開状への御返事」を執筆する。

1932（昭和7）年　50歳　父一郎没する。
　　　　　　　　　　　［制作・執筆］『教育科学講座・図画教育』を岩波書店より刊行する。「『アトリエ』に兄事すること三十年」を執筆する。春陽会・日本現代版画展へ出品する。

1934（昭和9）年　52歳　5月〜8月、京城へ旅行する。
　　　　　　　　　　　［制作・執筆］『アトリエ美術大講座』に「小中学の素描」を執筆する。

1935（昭和10）年　53歳　帝展参与となり春陽会を脱会する。
　　　　　　　　　　　［制作・執筆］『アトリエ』に「帝展廻り舞台」を執筆する。東京・日本橋三越で個展を開催する。

1936（昭和11）年　54歳　新文展洋画部審査員となる。
　　　　　　　　　　　［制作・執筆］『アトリエ』に「新文展について」を書く。

1937（昭和12）年　55歳　母タケ没する。東京帝室博物館復行本館が竣工する。
　　　　　　　　　　　［制作・執筆］新文展に「園長の像」を出品する。

1938（昭和13）年　56歳　台湾へ旅行する。
　　　　　　　　　　　［制作・執筆］東京・銀座日動画廊で個展を開催する。日本版画協会展で特別展示を行う。

1939（昭和14）年　57歳　日本農民美術研究所を完全に閉鎖する。

1940（昭和15）年　58歳
　　　　　　　　　　　［制作・執筆］東京・日本橋三越で個展を開催する。紀元二千六百年奉祝美術展覧会に「しけの朝」を出品する。

1941（昭和16）年　59歳
　　　　　　　　　　　［制作・執筆］文展に出品する。

1942（昭和17）年　60歳　11月、榛名湖に写生に出かけ脳溢血で倒れる。北原白秋没する。

第5節　自由画教育運動

　　　　　　　　　［制作・執筆］白秋の「デスマスク」を描く。
1943（昭和18）年　61歳　静養しつつ制作を続ける。
　　　　　　　　　［制作・執筆］文展に「紅富士」を出品する。
1944（昭和19）年　62歳　春陽会に復帰する。長野の沓掛温泉に滞留する。
1946（昭和21）年　10月6日、腸閉塞により没する。墓地は東京都江戸川区
　　　　　　　　　一之江の国柱会本部にある。また、上田市大輪寺に分骨
　　　　　　　　　した墓がある。
　　　　　　　　　［制作・執筆］春陽展に「磐梯山」を出品する。

自由画教育の背景と広がり

　山本鼎以前にも自由画教育に近い考えによる指導もあった。たとえば、竹久夢二（画家、1884-1934）の高等小学校時代（1895-1899）の鉛筆画の教師であった服部杢三郎の授業の様子が、夢二の著書『草画』（岡村書店、1914）に述べられている。

　先生は、いつも教科書はそっちのけにして、生徒を教場の外へ出しては、校庭の蘇鉄や、海棠の花や、靴や、宮の鳥居などを写生するように命ぜられました。先生は、どういう風に切取って画くか、どういう風に陰影をつけるかについては、一として教へては下さらなかった。いつも怖い髭だらけの顔から、鋭い、しかしながら、どこかなつかしいまなざしで、稚い天才のおぽつかない手ぶりを見てゐられました。

　先生は、いつも私の絵には、フルマークを与へて下さった。けれど曾て一度も、私の絵が、どういふ風にうまいとか、好いとかいふことは一言も言はれたことはなかった。

　また、島根県仁多郡馬木小学校での実践で知られた青木実三郎（教育者、1885-1968）は図画教育の郷土化に専念し、その考え方を「郷土主義図画教育の体験とその主張」と題して1924（大正13）年に発表している。青木の指導した作品は「馬木想画」として全国に知られた。実際の指導の状況について、青木が『郷土化の図画手工』（学校美術協会出版部、1931）に「農村に於ける図画教育」と題して執筆した文章より取り上げてみる。

　当時児童の学習を見るにその鉛筆の尖、指の尖の熱が燃え、感激が波打って居

るのが見える。児童は、幾ら描いても描き飽かぬ。何度繰返へしても教師は教へ飽かぬ。しかも美との交渉は決して薄くない。放って置いたら立所に根を下すべき可能性適応性を有って居た。

私は、此の下ろさうとする根を幾十度あはてて引抜いたか知れない。しかし根を下ろさすのが当然で、又、根を下ろすのが自然である。児童本来の描画方向をすなほに辿って居るのだ。それに立塞がらう。それに根を下さすまいとするは寧ろ無謀であり、無理解である事に気付いた。以来、私の図画教育は教材に、方法に、用品に郷土的色香を帯びて来た。

児童達は、一番自分の頭の中にハツキリして居るもの、一番自分の親しんで居るものを描かうとするようになった。

児童達は描画せずには居られぬ者を豊富に所有して居るようになり、常に、それが描欲に燃えて居た。

しかも、その一番頭の中でハツキリして居たものは、又、一番親しみ深いものは、描出せずに居られぬものは、実に、彼等自体の生活内容であり、その生活に繁った環境事象であった。

私は、教育は児童の感激の熱火を認め、そこへよき教材を差加へてこそ完全な燃焼は遂げられるもので、感激の熱火なき、冷却せる児童にとっては、如何なる教材も生のままの堆積であると思う。要は感激の熱火を生ずる計画をたてなくてはならぬ。感激なき所には如何なる忠孝美談も瓦石に異ならぬと思ふ。

この二つの例は、自由画教育運動前後に、山本以外にも彼に似た考えによる指導があったことを示す例だが、当時の一般的指導は、1900（明治33）年の「小学校令施行規則」によって『鉛筆画帖』『毛筆画帖』『新定画帖』の教科書を用いて、主として臨画で指導されていた。図画に関する具体的な内容を定めているその第八条は次のようなものである。

小学校令施行規則　第八条
　図画ハ通常ノ形体ヲ看取シ正シク之ヲ画クノ能ヲ得シメ兼テ美感ヲ養フヲ以テ要旨トス
　尋常小学校ノ教科ニ図画ヲ加フルトキハ単形ヨリ始メ漸ク簡単ナル形体ニ及ホシ時々直線、曲線ニ基キタル諸形ヲ工夫シテ之ヲ画カシムヘシ
　高等小学校ニ於テハ初ハ前項ニ準シ漸ク其ノ程度ヲ進メ実物若ハ手本ニ就キ又時々自己ノ工夫ヲ以テ画カシムヘシ土地ノ情況ニ依リテハ簡易ナル幾何画ヲ授ク

ルコトヲ得

　図画ヲ授クルニハ成ルヘク他ノ教科目ニ於テ授ケタル物体及児童ノ日常目撃セル物体中ニ就キテ之ヲ画カシメ兼テ清潔ヲ好ミ綿密ヲ尚フノ習慣ヲ養ハンコトニ注意スヘシ

　また、1910（明治43）年4月には『尋常小学新定画帖』（p.221参照）が国定教科書として発行された。これは当時アメリカで使われていた美術教科書『Text Books of Art Education』（Hugo B. Froehlich/Bonnie E. Snow 共著、The Prang educational company、1904）を種本としてつくられたといわれているが、この内容は大きく自在画と用器画に分けられる。この『新定画帖』による教授時間の割合と用器画の用具は下表の通りであった。

単位%

	第1学年	第2学年	第3学年	第4学年	第5学年	第6学年
自在画	100	90	85	85	85	85
用器画	0	10	15	15	15	15
用器具器具		尺度	尺度三角定規	尺度三角定規コンパス	左同	左同

　教科書の内容は臨画、写生、記憶画、考案画の4種で、それら4種の授業時間の割合は下表の通り。

単位%

	第1学年	第2学年	第3学年	第4学年	第5学年	第6学年
臨画	25	35	40	35	25	20
写生	25	25	35	40	50	50
記憶画考案画	50	40	25	25	25	30

　上の表でおよその図画の授業の状況を示しているが、全国の授業は必ずしも画一的に行われてはいなかった。学校やその地域の諸事情を勘案して実施されていた。たとえば、1919（大正8）年の広島高等師範学校附属小学校の教授細目によれば、学校の独自の考えとして、臨画を1年生42%、2年生は27%としている。また、写生は1年生15%、2年生18%とし、記憶画を1年生40%、2年生45%、考察画については、1年生3%、2年生10%と配分している。

また、学用品については、1年から高学年まで2Bか4Bの鉛筆を主として用い、木炭、コンテ、色鉛筆を併用している。画用紙は教材の種類、教授時間、用具の種類によって変わるが、大きさは16切、8切、西洋半紙（全紙）から適宜選んで使っている。他に練習用に新聞紙を使うこと、毛筆は1、2年生では使用しないことを示している。

　このような公的学校教育の制度や指針と比較して、自由画教育運動が民間からの動きとしてはじまり全国に普及していったことは、日本の美術教育史の中でも特筆すべきことといえる。また、現在も民間教育団体の活動がわが国の美術教育の発展に大きく寄与していることを考えるならば、その影響は計り知れない。しかしながら、著書『自由画教育』の中にも記されているように、山本がこの教育運動をはじめた頃には、賛成反対論が活発であった。当時の自由画賛成者論者の中には、広島高等師範学校の堀孝雄、奈良女子高等師範学校の横井曹一、学校美術協会の後藤福次郎らの名前もあり、まさに自由画は全国規模に拡大していたことがわかるが、一方では根強い反対論もあった。また、岸田劉生は『図画教育論』（p.152参照）を著し、「図画教育は究極のところ徳育である。」との主張をしている。

　山本は、1928（昭和3）年の雑誌『学校美術』に「血気の仕事」（p.340参照）という題で一文を発表し、自由画教育の打ち切りを宣言する。そして、美術教育との関係はもちつつも本業の画壇にかえることになるが、自由画の影響とその論議は引き続き拡大していった。

山本鼎著『自由画教育』（アルス、1921）

　本書は、自由画教育運動における山本の考えを明確に著したものである。全317ページの内容は、これまでに各誌で発表した論文を再編するとともに、新たな文章で自由画に対する考えを補強している。その目次は次のようになっている。

・自由画教育の要点
・自由画教育の使命
・日本に於ける自由画教育運動
・自由画教育を行ひつつある学校
・反対者に
・いろいろな質問に

・四ツの手紙
・モチーブ——技巧——及用具
・口画に就いて
・手工教育と産業美術
　露西亜及独逸の産業美術
　覚え書き一、二、

　また、巻頭には口絵があり、幼児から高等小学校の子どもの自由画作品28点が掲載されているが、一部は当時としては珍しいカラー印刷となっている。また作者名がわかっているものとそうでないものが混在している。ここでは、その口絵の作品の一部と、「自由画教育の要点」「自由画教育の使命」の全文を掲載する。
　原文では縦書きの文章をここでは横書きとし、旧字体の漢字は新字体に改め、仮名づかいは旧仮名づかいのままとした。原文中明らかな誤植と思われる箇所には訂正を加えた。原文中のふりがな、圏点（傍点）はそのままにした。また「×」の記号は原文において、段落の変わり目や話の変わり目などに頻繁に用いられているため、そのままにした。

■口絵作品

題名等不明

「花」盛岡智己　尋常小学校二年

312　第3章　美術教育史

「懐古園」作者不明　尋常小学校四年

「おともだち」石井さち子　尋常小学校二年

「女の子」作者不明　五才

「大学構内」新村悦男　尋常小学校六年

第5節　自由画教育運動　313

「お祭」湯澤実　尋常小学校一年

「安房の山」尾形銀造　高等小学校一年

自由画教育の要点

　普通学に位置する従来の図画教育に対して、吾々の行つた是正的提唱は、意外の快速度で諸県に反響した。
　吾々が図画教育の合理的な見解を掲げて最初の児童自由画展覧会を試みたのは昨年四月の事であるが、今日までに、南北信、東京、丹波、九州、大阪の各地で大小七つの展覧会が催された。それらはすべて吾々児童自由画協会員の携はつたものであるが、吾々の知らずに居る同じ趣意の展覧会が各地に試みられた事と思ふ。
　東京日々新聞社協賛の日本児童自由画展覧会と、最近大阪朝日新聞社が主催した世界児童自由画展覧会は共に大いなる宣伝力を示した。日々社は勢ひに乗つて

是れを定期的に主催する事を決議した。年々春には小学生を中心とする児童自由画展覧会、秋には中学生高女生を中心とする青年？　自由画展覧会を営んで主張の貫徹するまで続けようといふのである。又朝日社は、今夏各地の教育会の希望に応じて、近畿をはじめに、山陽、東海、北陸、山陰、四国九州に亙つて約三十五ケ所で展観講演する企を発表した。

此運動は少年雑誌にも現れた。即ち『赤い鳥』『金の船』『少年雑誌』などの自由画募集がそれである。

私はこれらの威勢のいい現象を摘記して、はやくも自由画運動の戦功を標(しる)さうとするのんき者ではない。唯、其処に如何に多くの人が従来の教育に疑ひを有ち、新しい合理的な方針を待ち求めて居るか、といふ事を実証するのであり、更に其実証を提げて、政府及教育界の権威者に、図画教育の鮮明なる改革を促すのである。

而して、今此処に私は、国民としての又美術家としての責任感を以て自由画教育の要点を列記し、其改革の参考に供へようとして居る。

×

自由画といふ標号は、誤解されたり曲解されたりしていけない。或教育家は、自由画を写生にも記憶にもよらない楽がきのようなものと考へて居た。或教育家は「自由画とは変手古だ、子供は自然物の写生だらうが臨本の模写だらうが同様に自由な気持ちで描いて居るものだ——それなのに模写だけがなぜ自由画ではないのか？」と反問した。又或先生は、自由画教育は絶対に生徒を放任するのかと訊いた。「わたしははじめ危険思想と関係のあるものではないかと思つて心配しましたよ、展覧会を見てすつかり安心しました、いや有難う、実に子供の無邪気さが現れて居て面白うごわした」と告白した校長さんもあつた。まつたく都合の悪い言葉である、併し未だにより適当な形容詞を考へつかない。

×

自由画といふ言葉を選んだのは、不自由画の存在に対照しての事である。云ふまでもなく不自由画とは、模写を成績とする画の事であつて、臨本一粉本一師伝等などによつて個性的表現が塞がれてしまふ其不自由さを救はうとして案ぜられたものである。

創造（Creation）といふ字が一般に解り易いものならば勿論それが良い、露西亜では自由と云はずに、児童創造展覧会と云つて居るさうだ。——併し、吾が従来の図画教育に対する時、自由画といふ字はむしろ適切ではないか。自由が不自由に代つた時、創造が模写に代つた時、はじめて自由といふ言葉は勇退すべきであらう。

×

　吾々の提唱する自由画教育は鮮明に美術教育としての一教課である。だから其教習のもとには生徒の創造力が生長し、彼れ等の様々な自然観が表現され、模擬と虚飾とが必然的に撥無される。

×

　それ故自由画教育下の成績展覧会は毎に一個の美術展覧会である。其処には模擬の訓練によつて一様に均された所謂整頓が無い代りに、生徒等自身の眼と手によつて選ばれ研かれた個性があり、其智、感、情の自由な流露がある。
　従来の教育では、数百人の子供を、いや数千人、数万人、数十万人の子供を『国定臨画帖』と銘打つた安つぽい印刷物に導いて居る。
　子供らを愛して居る筈の其親や其教師が何故子供らの『創造力』に無関心なのだらう？　大人が習慣的な放漫から、平気で作り上げたあのひからびたお手本を尺度にする事をなぜ怖れないのか？

×

　子供にはお手本を備へて教へてやらなければ画は描けまい、と思ふならば、大間違ひだ。吾々を囲んで居るこの豊富な『自然』はいつでも色と形と濃淡で彼れ等の眼の前に示されて居るではないか、それが子供らにとつても大人にとつても唯一のお手本なのだ。それ等のものが直覚的に、綜覚的に、或は幻想的に自由に描かるべきである。教師の任務はただ生徒らを此自由な創造的活機にまで引き出す事だ。

×

　子供等の創造的種子は従来の教習では芽の吹きやうもない。美術は種子のうちにはやくも圧（お）しつぶされて居るのである。
　左様な教育を美術教育と云へようか、――美術教育の為めでなかつたら何のための図画教育なのだ。

×

　従来の教育機関は、単に図画ばかりでなく、どうやら一切が被教育者の為に設けられてあるといふよりは、教育者の為に設けられてあるかのやうだ。
　とんと従来の政治が国民のために営まれて居るやうに。

×

　従来の図画教育の成績には、生き物としての『生徒』が現れずに、いやにごたごたした『教授法』が示されてあるだけだ。

×

普通学に位置する図画教育といふものは、一体何のためにあるのか？。
　実に何のためにあるのか？。
　私は教育家に出会す度に此問を発したけれども鮮明に答へた人は一人もない。

×

　私は勿論躊躇なく答へようとする。「それは美術教育のためだ。──それでなかつたら普通学に於ける図画の教習は無意味だ」と。
　処がたいていの人は誤解する。私が画家であつて美術の事を云ふから。「自由画教育も結構だが普通学に天才教育は不向だ」なんてひやかし去らうとする。

×

　美術教育と美術家教育と混同してはいけない。
　美術教育が美術学校からはじめて始められるるものと考へて居ては困る。
　図画教育が美術教育のうちの一課目として考へられて居なかつたら間違ひだ。

×

　音楽の教習が音楽家を、理科の教授が理学士を作らうとするのではないやうに、図画の教習が美術家を作るのを目的として居ない事も当然だ。だが、其使命が美術教育で無いとしたら、一体何だ──仮りに図画の教習に何か他の使命があるとして、然らば、子供らの美的感銘を何とする。創造的能力を何とする。人類最高の装飾とせらるる、『芸術』の味解を何とする。人間の享有する性能の最も著しいものであり、其社会生活に生涯を通じて重要な意義をなすそれ等のものの開発涵養の役目を、普通学の何処で受け持たうといふのだ。美術教育の組織は普通学におとしてはならぬものだ。
　科学者は豊富な知識を注文するがいい。軍人は逞しい体力と正しい勇気とを望むがいい。私は其上に、彼れ等自身の自然観も趣味も有つた、創造的情熱ある人間らしい中学生を送り出してもらひ度いのである。
　驚いたのは、地位ある一教育家が、
　「何故美術教育が必要なんです？」
　「美術教育が人生にどういふ価値があるとお仰るのです？」
　と質問した事である。私はまごついちまつて、「貴君の質問を真似すると、何故徳育が必要なんです！　道徳が人世にどういふ価値があるのです！　なんとも云へる事になつちまいますよ」とでも答へるのを、気がつかずにしまつた。

×

　衣装に化粧に宴会に、家具文房具、室内店前の装飾に、建築、市街、公園、演劇お祭展覧会に、数へきれない程の美術的効果が、吾々の社会に普く表現されて

あるを見ながら、それ等のものを鑑賞享楽し、批評奨励し創造顕耀する素因たる美術教育の必要を今更疑ふやうな教育家には千万巻の書によつて理由を講釈しても追つつくまい。

×

　繰かへしいふが、美術教育でなかつたら何のための図画教習だ。
　それは物体を正確に移し能ふやうにする教習で、大人になつてから必要に応じて物の形の描けるやうに準備するのだ、――といふか。卿等の信ずる正確とは人間の眼に映じた対象の姿ではなくして生徒の実感を無視した、冷たい教授法で抽象された模型だ。
　卿等は常に生徒をして物体の模型を作らしめ、又物件を標本的精緻に描写せしめて図画教育の要点を尽したやうに思つて居る。
　処が僕を以て見れば、それ等の模型と精緻とは図画教育の応用的一小部目であつて、むしろそれは理科や植物学の補助画学と思ひ度いのだ。一体さうした抽象的正確の造形力や、標本的精緻の描写力が大人になつてから何時必要なのだ。植物学者や器械工になつた者でそれを必要としたら、其時期に少し習へばすぐ出来る事だ。それこそ却つて、普通学に課するに不適当な、専門的な画学である。
　図画教育の使命は要するに鑑賞教育である、――といふか。卿等の云ふ鑑賞とは、例へば土佐派と狩野派の別を知り、帝展風と二科風の相異を会得する類であり、以て生徒が大人になつた時期に、観画上に分別を備へた人物たらしむるを目的とするもののやうに聞いて居るが、此教育は小学の過程には勿論有害である。中学の過程でも単にそれを美術史的に説明するだけで沢山だ。其技工的若しくは審美学的な解釈の如きは既に美術家教育の領分に属せらるべきものである。
　鑑賞教育の主張者は美術教育を是認する人であらうから、定めし、生徒等の創造的生長を主義として彼れ等各自が人為的拘束なき印象、感覚、認識空想に従つて自づから画因をつかみ、技工を自得する自由画を奨励して居るであらうが、万一さうでなかつたら災ひである。何となれば、創造力の無い処――個性的感銘と其表現的習性の無い処に、順当な鑑賞は有り得ないではないか。此断定に反対する人があるならば、その人は物知りと鑑賞とを同じ事と思つて居る人だ。

×

　図画教育は、つまり美的情操の教育である。感情を豊かにし、趣味を高尚にせしむるための教育機関である、――といふか、勿論私は不賛成しない。併し左様な見解を有つた人々が何故、生徒らの自然観を閑却し、創造的能力を無視して居るか？。常に範を以て臨み、概念を以て制し、権威を以て規定する従来の画学に、

不合理を感じなかつたといふのは変である。

　真似する事を知つて産む事を知らない者、概念蔓つて実感の萎縮した者、美術を知つて美を知らない者どもに、なんで美しい情操も高い趣味もあり得よう。

　而も従来の図画の教育からは、さやうな昧者が民衆のなかへ送られ、さやうな堕落者が美術家のなかへ送られねばならぬのであつた。

×

　又繰り返していふ、図画教育は何のためにあるか、と。

　卿等はよく実用実用といふ。併し美術的効果を生命とするあらゆる装飾、あらゆる手芸、あらゆる創作を外にして、図画教育の実用に就ていくばくの物例を挙げ得るか？。

　実は不幸にして従来の図画教育は頗る不実用的に計画されて居るのである。

×

　美術教育は要するに感情教育だといふのはまあいい。併し其処に智育はないと思ふのは乱暴だ。ありていに言詮すれば、人間の有つて居るあらゆる性能に、滋雨を灌漑するのが美術教育だ。なぜならば、子供が一枚の写生画を作るに当つて、彼れの知恵も知識も経験も、印象も感覚も認識も、斉しく働かざるを得ないではないか—で其渾──な表現が即ち創造なんだ。

　美術教育とは、愛を以て創造を処理する教育である。

×

　私は、透視画法なども、普通学から除けとは云はない、併し美術教育としての教目へは入れまいとする。若し透視画法が美術上に犯すべからざる法則であつたならば、さしづめ、一画面に二つも三つも地平線のある東洋の名画などは悉く失格せねばならなくなる。

　透視法は美術的価値なぞとは大した関係の無い単純な法則だ。画学よりも数学の親類なんだ。

×

　又々云ふ、図画教育は何のためにあるか、と。

　それを明確にする事が何よりも急務だ。もしそれが美術教育をいみするものでないときまつたら、私は知らない。

　美術教育である、となつたら、私は熱誠をこめて自由画教育を主張する。

　文部省と、教育界の権威ある人々の手に、統一ある美術教育が組織されて、自由画教育が普通な事となる日の一日も速やかに来らん事を熱望する。

　普通学務局長の言に由ると、文部省では目下図画教育の一大改革を企てて居る

さうだ。処が、その改革たるや残念にも模写教習絶廃の企てではなくして、臨本改良の計画なのである。

　全国数百万の児童の、チヤーミングな創造力が、其改良されたお手本で此後更に幾年の間蓋をされる事か。

　良い機会が今実に無駄にならうとして居るのだ。

　私は焦慮した。熱意をこめて局長に、臨本絶廃と、自由画教育断行を望んだ、——むろんの事局長は予定の計画を遂行するに違ひない——今の世の中はあんまり用が多すぎるから。

×

　恃む処は教場のパトロンだ。吾々は威勢よく気長に、彼れ等の間に此信念を植ゑつけてゆくであらう。吾が自由画の提唱は普通学中で最も巾の利かない、画学に向けられて居るが、自由画の精神は純粋なる道徳を意味するものだ。だから吾々の意気は知らずに折伏的になる。

×

　「あなたの自由画の主張は要するに、臨本を廃せ——たつたそれだけの事なんですか」と肩で嗤つて見せた教育家があつたが、まつたくそれつきりの事なんだ。

　子供等にあれ程なチヤーミングな自然観があるのに、あれ程な自由闊達な表現力があるのに、身の程を知らない大人共が、貧相なお手本を作つて子供らの能力に堅い蓋をして平気で居るのを眺めて公憤を起したのだ。而もさやうな不道徳が国定の方針となつて普遍的に行はれ、それを怪しむ声も聞えないのは何といふ事かと憤慨したにすぎないのである。

　私は学課の組織に就ても、教育界の実情に就ても、全く無知だ。でもそれをむろん心細いと思はない。

　私は行はれさうな事を唱へて居るのではなくて、行はねばならぬ事を叫んで居るのだ。

　吾々洋画家の歴史では、臨本や師伝の束縛を排して、個性を以て自然の真を洞察描写する芸術的革命が十八世紀の末に遂げられて居る。

　曽て、聖者の奇蹟や、国王の治蹟などを顕揚讃美するために磨かれた表現上の技能が、今度は、各人——即ち画家其人の自然観なり詩観なり又空想なりを表現するために練られるやうになつたのであつて、従つて彼れ等の身辺触目の現実が画因となり、合理的な構図、眼に親んだ形、物質の種々相、空気、光線等の実感が驚く可き自由さに於て開拓された。

　而も初期印象派(プルミエール・アンプレッショニスト)は、色や調子に於てこそ個性的になつたが、形の認識に

ついては旧弊であつたと云へる。

　全体昔から、色は主観的なものとせられたのに反して、形には客観性が信じられて居る。有名な絵画史にも「形の描写はレンブランドで絶頂に達してしまつた。」といふやうな事が言はれて居る。

　それが後期印象派(ポスト・アンプレツシヨニスト)の人々達によつて率直に破られたといふものだ。

　其処では、合理的に純粋に、形も色もすべて個性によつて表現された。

　奇異とすべきは、さやうに表現の純が重んぜらるる時代に、所謂日本画の盛んなる存在である。実の感銘を常に先輩の作物の上に受けて、それを種として更に己れの美術を匠むといふ創造の変態が連綿として栄えゆく事である。

　子供は臨本に、大人は粉本や師伝に、表現の純を濁されて居るのを怪しみもしない世間に、良い美術も美術工芸も現れようわけがない。

　　　　　　　　　　×

　トルストイは「児童について人の道を学べ、児童は未だけがされず、――彼れ等にとりては人々皆同じ」と云つたが、私は児童等の鮮かな創造力に驚く者だ。日々社の展覧会の時に、石井鶴三君は感嘆してかう云つた「……子供はみんな天才なんだ」と。

　　　　　　　　　　×

　前にも云つたやうに、自由画教育は、愛を以て創造を処理する教育だ。従来のやうな押し込む教育でなくて引き出す教育だ。

　だから自由画教育に教師たる資格は、美術界の知識に富んで居る事でも、水彩画が描ける事でもない。唯生徒等の創造を愛する心――それがあればよいのである。

　　　　　　　　　　×

　自由画教育の要点はすてきに簡潔だ。ただ一句で尽せる、曰く「模写を成績としないで創造を成績とする」

　　　　　　　　　　×

　大人によつて技巧化された抽象的な実相(リヤール)を手本として真似を習練させるやうな事を、まづすつぱり止めにして、子供らの性能を自然の沃野に放牧し、其処で自由に産ませようといふのだ。

　権威を以て範を垂れずに、愛を以て導き、子供らの能力を順路に生長せしめようといふのだ。

　美術よりは美、模造するよりは創造、夢想よりは感銘、過去よりは現在に立脚する此思想は、むろん子供にも大人にも奨めねばならぬ。

　されば自由画教育の適用は、中学生にも、高女生にも、大学生にも美術学校生

徒にも、美術家にも斉しく要求せざるを得ない。

×

　彼れ等はすべて、表現の純を知らねばならぬ。誰れ人にも植ゑつけられてある『創造』の苗が、愛し愛されつつ生長する事を正しい道徳とせねばならぬ。
　子供らから創造の契機を奪つて、模造の習練を強要する不正な画学から救はれねばならぬ。

×

　教師が教室で生徒らに『孝』を説く――それが効果を挙げる所以は、それより先に生徒らの心に父母に対する『愛』が植ゑつけられてあるからだ。
　同じ事に、自然美の感銘が蓄へられてなかつたら、美術は正当に了解せられない。

×

　児童らが体が鳥で顔が人の画を描いたり、首からじかに手のついた肖像を描いたり、太陽を画面の一番手前から現したり、紙一ぱいの大きな富士山の下へ豆のやうな人を散らしたり、魚と間違へさうな馬や、倒れさうな家屋などを描いたりするのをつかまへて、「児童が斯やうな不完全な間違つたものを描いて居ても、放つておいていいのか」と質問する先生がかなりあるが、さうした非科学的な不完全を追窮した日には、大人の画も多分全部落第だ。さしづめ国定臨画帳が槍玉にあげられねばなるまい。

×

　子供達は、お父さんと先生を一番偉い人と思つて居る。それを、困つた児だ、と思ふ者はないだらう。間違つた考である――ほんとの価値を説明してやらねばならぬ、と気をもむ人はあるまい。
　それは実に子供らしい愛すべき信念なんだ、それと同じやうに子供には子供らしい愛すべき直覚があり、綜覚があり、自然観があるのだ。
　昨年の秋頃の事であるが、米国の高官が、可愛い男の児を伴つて日本へ来た。二人が米国を出る時から続いた晴天が、横浜へ着く二三日前から陰鬱な雨天に変つて太陽の顔が一寸も現れなかつた。そこで其男の児が、お父さんの顔を見あげてきくには、「お父さん！　太陽はどうして、米国へかへつちまつたの」と。お父さんはやにはに児を抱きあげて接吻した。それを眺めた時事新聞の記者が嬉しさうにそれを夕刊に報告した。それを読んだ私が又顔をくずしてよろこんだ事だ。
　処で、此児のさやうな正直な、チヤーミングな自然観を、慌しく訂正しようとする馬鹿者はあるまいではないか。

×

かういふと、「訂正する事が何も無いとすると、教師は無用になりますな」と不快な顔をする先生がある。

まるで、叱る事件が無いと心細がる巡査のやうだ。

ほんとの事を云ふなら、子供を訂正する必要はなくても、先生と其教授法とは充分訂正しなければならないのである。

×

自由画教育の要領は簡単でも、学校での其処理法の完成は容易でない。緻密に徹底した教師用書を作成する事が当面の問題となる。吾が協会でも、普く、教場のパトロンから材料を蒐めてそれを研究整理して其書を逓述する事を企てては居るが、むしろ斯やうな事業は了解ある大いなる教育機関によつて遂行せらるる事を望まざるを得ないのだ。

何となれば、吾々は微力であるし、製作生活のためのヱネルギーが、他に掠奪される事にかなり恐慌を感じて居るからである。

×

私は熱誠な教育家諸君から、自由画教育の教場での処理法に就て質問を受ける毎に、未だ充分精密に答へる事の出来ないのを遺憾とするが、実は夫れ等の、場合場合に応ずる処理は其衝に当る教育家自身に研究してもらひ度いのである。私は正しい原則を指示したつもりだ。これを有機的に施行する任務は教場のパトロンたる人々の上にあるのだと考へて居たい。

生き物が生き物を処理する処に理論の克明な表現は期し難い。教師の人格なり趣味なりが知らず知らずの間に生徒らの創造力に紛れ入る事は防ぐ必要のない事だし、防ぐ事も出来ない事だ。

例へば、南信濃の龍丘小学校は、私の知る範囲では最も熱心に自由画教育を行つて居る学校であるが、其処の教師は色彩を愛する人と見えて、生徒等に一様に良い蝋鉛筆が供給された、――そこで、生徒等は悉く色彩家(コロリスト)になつてしまつた。

彼等は初めは、与へられた色鉛筆の緑で緑葉を描いて居た、処が間もなく、持つて居るだけの鉛筆の彩で描き混ぜて、彼等の眼に認識した緑葉の色を現す事に進んで来た。――これをいけない事だとは云へないではないか。

×

私は私の方針で、一人のお嬢さんに画を教へて居るが、其お嬢さんはいきなり油画をやり度がるので、私は油画の具を購ふ世話をしてあげた。そして「好きなものを描いて御覧なさい」と云つたきり知らん顔をして居た。

お嬢さんは困つたあげく、食卓の上にある湯のみを描きはじめた。処が忽ち筆

をおいて、
　「お湯呑が円く浮き出して見えて居るのを、どうしたら描けるのでせう」
と、ぢれ出した。私は笑ひながら、
　「円く浮き出して見えますか、そいつは結構。では何故円く見えるのかを考へて御覧んなさい、ほの明るい面と暗い面がぼけるやうに連続して居るでせう。あれですよ、あなたに円く浮き出て見えるのは、──あの濃淡を描いて御覧んなさい」
と教へた。お嬢さんは、面を紅らめて又描き出したが、間もなく、
　「あの濃淡を、明るい処や暗い処を、一体どんな色で描いたらいいのでせう」と、すねくりはじめた。
　「困つたお嬢さん！　あなたは三越で反物を買ふ時に、なかなか色合がやかましいさうじやありませんか、其時の眼を働かして御覧んなさい。そら、蔭の部分は大体薄い紫紺色でせう。そして其端の方は、食卓の赤い板の反射でほんのり紅がさして居ますね。日向の方は、障子の外の青空が映つて青味を含んで居ますよ。だから、青が見えたら青、黄味を感じたら黄味、紅が見えたら紅を、見えるやうな濃さにつけておいでなさい。もし又其の濃淡を黒と白に感じたら黒と白とで描くんです。しつかりおやりなさい」と、教へた。
　此『ナチュールモルト』は三時間ばかりして、とうとう出来上つた。ちやーんと丸味を備へた存在せる湯呑が立派に表現された。
　お嬢さんはこれに味を得て、お母さんとの温泉ゆきにも画の具箱を携へて出かけたが、
　「先生、美しい美しい青空を、どんな彩で描いたらいいんでせう。前の山には胡桃の稚木が繁つて、朝日をうけてむくむくと見えて居ます。又お池の水は澄んで底の小砂利までも見えるんです。其上を又沢山な鯉が泳いで居ます──先生ほんとに、どう描いたらよいのでせう。」
と手紙で訴へて来た。私は
　「まだそんな事を云つて居るんですか。見えた通りにお描きなさい。もし私が、空はコバルトでお描きなさいと申して、あなたが其通りになすつたら、あなたはコバルトを塗つた役目をしただけで、美しい美しい空を、感じた人でも描いた人でもなくなるじやありませんか」
と返事した事であつた。

×

　児童には気ままに描かせるがいい、彼れが表現に関して質問をはじめたら、技巧化した範を示さずに、技巧を発見する事を教へてやる。

彼れが中学の課程に進んで、認識の複雑と知識欲の為に、描写がおつくうになり出したのを見たら勿論強いて画学をやらせなくともよい。其時期には描写は従にして、知識的な美術的教育を、主として施すべきだ。何故ならば、普通学には美術家教育を要しないからである。
　児童の自由画教育は、要するに美術教育の一科であつて、つまり手軽に云へば、小学時代から自然科学に関する知識が準備されて科学上の簡単な常識が具備されるやうに、小学時代から美術教育が施されて美術上の常識が具備されるのを至当とするのである。

×

　要するに、私の自由画教育の主張は、鮮明であると共に簡単だ。
　五本の指が五本ながらに釣合の取れた形態で育つて居ねばをかしいやうに。人間の生活に其一本の指を意義する美術上の教育が普通学のうちに培われなければうそだといふ事と、現に普通学に編み込まれてある図画科なるものが、もしも美術教育のためでなかつたら不必要であり、美術教育の為であつたら躊躇なく自由画教育を行ふべしといふのである。
　そして、模写を排し、創造を奨める、といふ事が其処理法の心棒となる。

（九年八月）

自由画教育の使命

　「自由画教育の要点」といふ一文を中央公論誌上に発表してから、ちやうど一周年になる、一周年の此頃になつて、此説もやうやく全国の教育会に真面目な問題として取扱はれ来り、どうやら消し難い火とはなつたが、而もなほ、八十何パーセントは旧式体操をやめないし、文部省は例の伝統的な態度で新旧折衷の策に拠り、目下再び新画手本の編成を急いで居るといふし、各県に図画教育研究会が催され、自由教育説を挟んで右党左党対峙し珍らしい活気を見せては居ても、簡明な道理をいやに七めんどうに討議するばかりで、結局、「新定画帖は是を適宜活用する事とし、専ら写生画を奨励する事」といつた処へ納りをつけ、私の主張が美術教育を志すものであり、又哲理に根底するものである事などには考へ及んで居ないかのやうであるし、むしろ、一と度、それが美術教育であると聞くと、断乎として不服を声明し、もしくは困つた顔をする教育家が、殆ど九十何パーセントでもあらうかと考へれば、ものを言ふのもいやになつてしまふのであるが、併し、一度でも云ふ必要のあつた事なら、千万度と繰りかへさねばなるまいと思ふので、

此処に又々其後の所感を述べる事にした。

×

　私の提唱を捉えて、「自由画教育論は反動として表はれたものか研究の結果表れたものか」と質問した人があつた、私はそれに答へて「反動として表はれたのである。それをさしたのは私の信念だ。研究はこれからあるだらう、学校に家庭に社会に如何にこれを順当に生長せしむべきやといふ事は方法の問題である、今日まで私の費した言葉は信念の披瀝であつた」と云つたが、其信念は何処から来たか、と問はれたら、それは、二十年の美術家生活のうちに与へられた悟性から来た、と答へる。悟性は無辺の愛を観念せしめた。「画家は決して他の画家を真似てはならぬ、もしさうするならば彼れは自然の子ではなく孫だと云はなければならぬ」とレオナールドに云はせ、「見ただけの事を描いてそれで下らない画の出来るやうな者は駄目だ」と、マネヱに云はせ、「作る事の出来るのは見るからだ」と、ロダンに云はせ、「自分の見たやうに描くがいい、それが出来なかつたら良い人の真似をして居るがいい」と、ルノワールに云はせ、「自然に対して子供となる事を要す」と、セザンヌに云はした其悟性が、私をして「お手本といふ仲介者を用ひて自然を学ばしむる事を止め、形態、色彩、調子、構成、のすべてを直接に自然に就て学ばしめよ」と云はしたのである。

×

　美術家は観る事のよろこびを知つて居る。そして、其モチーブは至る処に遍満して居るのである——今、これを書いて居る眼の前には二枚の硝子戸があり、其処に谷の景色を容れて居る。今日は所謂真珠灰の曇日で、すべての立体が軟かいトオンに和められて肌ざはりの良い絨毯を思はせる。円錐形の鱗を畳み、秋が来て燻金に染めた落葉松林が中景をなし、林と空との堺に、遠い山の峰が朧銀色に霞んで居る。目近は煙のやうな明るい草叢になつて居て、其処に、野菊の白い点々や、萱苅坊主の紅い粒や、オパール色の薄の穂などが撒かれて居る。草叢と落葉松林との間に、谷から象の背のやうに盛り上つた草山があり、其前には一本の桜の木が華奢な梢を拡げて居て、一とつの梢ははや珊瑚紅に色づいて居る。景色のなかには栗の木もあるが、あの堅実な緑の屋内に黄色い小さな鞠のやうな実が見えて居る。胡桃の木もある、これは又遠見に、青磁碧を混へた高雅な緑となり、豊かな梢を捜し重ねたはつきりとしたデツサンは、まさにPoussinの樹木を連想させる——凡そこれらの物体、景観、時の現象の渾然たる、平凡自然なリアールも、私をして美と美術に係る無限の煩悩へ導くのであるが、さやうな煩悩の浄土から生れ出る製作に対する同胞のあまりな無理解に触れる時、私は腹が立ち、寂しく

なり、終に見る事のよろこびを知らぬ人々を気の毒に思ふのである。美術家と素人との差を見るといふ事の差である、と断案した人もあるが、私は素人と専門家との差を描くといふ差だけに認められる時代が来るといいと思つて居る。見える事だけは父にも母にも妻にも兄弟にも友人にも赤の他人にも見えてもらい度いのだ。処が、現在は専門家でも見えないで描いて居る人が沢山居るのだから心細い。図画教育界の如きは、見せない教育を容易に捨てようとしないのだから心細い。

×

今日、大多数の小中学で行はれて居る図画教育なるものは、明治三十何年かに文部令で規定され、四十何年かに国定教科書とされた『新定画帖』なるものを中心とする示範教育であるが、吾が国の図画教育には大体四つの変遷があるさうである。はじめは方眼紙を用ひてお手本を模写させた時代、次が、日本画の画法を練習させた時代、其次が和洋折衷の画法を示範した時代、それから最近の創造主義の時代といふ順序であるとの事だ。方眼紙時代、日本画時代はしばらく問はず、現在なほ普く遵守されて居る第三期の教案を観るに、それは趣味教育ともつかず、職業教育ともつかず、変に理屈ツぽい教育論から混成された啓蒙教育なのである。即ち、文部省の示した教授要目には、

「写生画ヲ授クルニハ成ルベク先ヅ教員自ラ模範画ヲ示シテ其布置描法ヲ説明スベシ」

とか、

「画題ハ成ルベク他ノ学科目ト教授上ノ連絡ヲ図リ、応用ノ広キモノ又ハ生徒ノ趣味ヲ養フニ足ルモノヲ選ビ其ノ高尚ニ過グルモノ或ハ鄙陋ニ渉ルモノハ之ヲ避クベシ」

などと訓令してあり、更に、新定画帖にはさまざまな約束が示範されて居て、生徒等に智恵や、技巧の自由な発露を思ふさま邪魔して居るのである。処が、さやうな訓言とさやうなお手本とで、正確だの美感だのといふ事を示範しようと志したのだから呆れざるを得ない。啓蒙教育はまさに彼れらにこそ必要であつた。彼れらの教科書には至る処に実用実用と書いてある、併し、彼れらの装飾学、造形学から何の実用が奨められたか？。

図画教育の実用とは、つまり造形的物件の美的価値に関する事であらうが、彼れらの画学からそれが少しでも豊富になつたであらうか、小中学は無論の事、師範学校まで其教授要目に大さう立入つた教授法や処理法の課業はあつても、美とか美術とかに関する何等の学課もなく、装飾造形の智恵や技能を統整する一つの理性——即ち芸術観といふものが涵養される事なくしてなんで画学が実用となり、

建築や、服装や、家具などまで漸次に良くされてゆくやうな結構な事があり得ようか。彼らも遠慮がちに其事を云つては居る、「予て美感を養成するにあり」と。併し要するに予てであつて大事なものではなかつた。私に言はせると此処に本末転倒があり、ために従来の画学は智恵をも技能をも活き活きと生長せしむる事が出来ずに、其学科は教育上に無駄事の如く扱はれるやうになつてしまつたのである。

×

　彼れ等が最も重んじたのは実用といふ事であつたが、其教育は、物体を図学的に認識せしむる事であつた。彼れ等の一人は断言して居る「すべて実用といふ事は所謂図学的に画かなければならないのである」と。又文部省も、小学校中学校に向つて、
「図画ハ通常ノ形体ヲ看取シ正シク之ヲ画クノ能ヲ得シメ」
と云ひ、
「図画ハ物体ヲ精密ニ観察シ正確且ツ自由ニ之ヲ描クノ能ヲ得シメ意匠ヲ練リ」
云々と訓示して居る。処で、其通常の形体といふのは人間の眼からの直接な感覚とか、印象とか認識とかいふものをまるで無視した、冷たい教授法で抽象され概念化された模型なんだ、又物体を精密に観察しといふのは、例へば薔薇の花に就て云へば、花びらの枚数も、葉のまはりのぎざぎざも、枝のとげの数も実物通りの数と位置とに描かせようとする事で、求むる処はつまり標本的精緻なのである。彼らは、姿（ポーズ）に就ても、色価（ヴリュー）に就ても、調子（トオン）に就てもまるで無関心だ。物体の奥深い価値を悟らしむる立体観、色価（ヴリュー）の限りない智恵となる物質美、綜合的な美を形づくる環境の詩趣、さては時の現象、空気、光線の美しさなどにもとんと冷淡だ。——彼らの教育には有機的な要素がすべて省かれて居るのである。

×

　彼らは、机や茶碗や、花や、建築などを所謂図学的に観、且つ描かしめる教育を以て、実用に奉仕するものと思つて居るが、さやうな教習は指物屋の小僧とか、標本絵師なんかに必要でもあらうが、普通学には不向きだ。普通学には、机なり茶碗なり花なり建築なりの美に対する学問を与へなければなるまい。どういふ机や茶碗が美しいのか、なぜ美しく見えるのか、といふ事を識らせる学問の種をおろして育ててゆかねばなるまい。それには四五人が啓蒙のつもりで案出したそくばくの模型を与へて、貧弱極る形の学問をさせるやうな事をやめにして、だれの身辺にも随所に溢れて居る立派な自然の材料に就て、美のすべての要素を識らしむべきである。チョークに分解されない前の渾一体に直接して、観させ、描かせ、又語り聴かせる事によつて、生徒らが本具の智恵を無碍に流露せしめ、闊達に生

長せしむる事にこそ教育の旨味を解すべきである。

×

　従来の図画教育は、まつたく見る事のよろこびに導かなかつた、智恵の自由も技巧の自由も妨げて、子供のうちに早く既に装飾の本能を萎縮さしてしまつた。美の道徳から評すればそれは実に背理な事であつた。英国の印度政策なるものは印度人の文化的な悟性をあらゆる教育機関を通じて妨げるのにあると聞き、又連合国の対独策は、彼の国の乳牛を奪つてまづ独逸の小児を体質的に弱者にしようとする深酷な邪智を有つものと問いた時、体中の血が額に上るのを感じたが、それとこれとに善意と悪意の差はあつても、人生の順当な成育を妨げる事に於ては、共に見のがし難い非理なのである。勿論私は、二十何年か前に従来の図画教育の規範を作つた其人達を詰問しやうとは思はない、なぜならば、当時にあつては、それでもかなりな勇断を以て画策された、順路への一転進であつたらうから。——唯私の不服なのは、今日の環境にあつて、なほさやうな美の教養に関する一つの背理が横行し、而もそれが政府の権威によつて支持され、官立学校によつて保証され、美術家も一般の父兄もとんと知らん顔をして居る事である。

×

　自由画は併し広まつたものだ。其処らぢうで自由画展覧会が催され、子供相手の雑誌は皆自由画の募集をやり、大新聞の日曜附録に三色のグラビアで自由画が複製され、呉服店文房具店の飾窓（ショーウインド）にまで自由画が用ひられるやうになつた。先日訪ねて見えた田舎の人が真面目顔で「先生は自由画の家元で居らつしやいますから……」と云つたのには吹き出したが、悪くすると私の名は日本洋画史には載らずに、教育史の方に小さく遺らうも知れない。それは何とやら同僚に気まりの悪い思ひであるが、併し多くの誤解曲解を想ふ時、つい身を乗り出して弁ぜざるを得なくなる。誤解の内でも一番いけないのは「画家の好奇心から子供の自由画の稚拙な面白味を有頂天に歓迎してその画風を広めようとするものだ」といふ謬解である。「あんな形の狂つた画ばかり描かして居てどうするのか」とか、「自由画はただの子供の画として面白いのだ」とか、「自由画ばかりが画ではない」とかいふ評語は、自由画教育説が、図画の一様式を奨めるのでなくて表現の精神を説くものであり、モチイブを美術に採らずに美に由らしめ、模造よりは創造を勧め、夢想よりも感銘を重んぜしめ、過去よりは現在に任せしめんと図るものである事を知らないからだ。吾々が祈願するのは表現の純といふ事である。誰れ人にも植ゑつけられてある『創造』の苗が愛し愛されつつ生長する事を正しい道徳とする吾々は、子供らから創造の契機を奪つて、模造の練習を強要する画学を不正な画

学と見なすのである。

　児童自由詩の宣伝に対しても同様の謬解がむけられると見えて、北原白秋もかう云つて居る。

　「彼の論者の嗤ふべき誤謬は詩を作る小供等が成人すれば皆童謡詩人となる、またその為に私達が彼等のさうした詩の芽を引き出したのだと思つてゐる。さうでは無いのだ。私は彼等児童を童謡詩人たらしめむが為に児童自由詩の宣伝と啓発とに奮起したのではない、児童に児童の詩を作らせる事は、彼等を愈々真純な彼等たらしめ、彼等の感覚感情を彼等自身に自ら練磨させると同時に、真の人間としての叡智を幼い乍らにその本体から耀かさしたいと思ふばかりである。かうして自由に成長して行く彼等児童は、成人すれば成人するほど、彼等の詩情を更に深く更に高く広く膨大さしてゆくに違ひない。畢竟するに成人としての立派な詩を作るに至る可きである。究極に於て童謡詩人に仕上げようといふのではない」云々。

　最も馬鹿気た曲解にかういふのがある「自由画教育では、自制とか謙遜とか譲歩とかいふ美徳を毀けらるると同時に、自から忌はしき過激思想の如き悪しき思想発生の因を醸す危険性を含んで居る。──苟も君主国の美育及技能科としては自由画を本体とする事は不可だ。」かういう事を云ふ人は、自由といふ字の因習的な感じだけで腹を立てて居るんだ。一とつ龍丘村へでも往て見て来るがいい。あの村の子供達が名々に手製のカルトンのなかに自分の画を愛蔵して居て、画の端が折れたり、汚れがついたり、ピンの痕がついたりする事をひどく厭がるといふ事や、或子供は、大きな画の写生に夢中になつて身をだんだんに乗り出してたんぼへ真逆様に陥ち込んだが、泥だらけになつて這ひ上ると、幸ひによごれずに道端へとび散て居た描きかけの画を画板へ拾ひとつて、小石をおもしに置いて自分の家へ駈け戻りお母さんにすつぱり清めてもらつてから又モチイブへ馳せ帰つてとうとう十二分に描き上げちまつた、といふ話や、使ひにくくなつた短い色鉛筆は軸を割つてチヨークを取り出し、それを糊と共にねう鉢で磨つて粘土細工を彩る顔料にするといふ話や、其他さまざま、子供らが、各々の智恵と、気力と、情熱とを傾けて、嬉々とし豊富な自然界に呼吸し、其処に自由に順当に各自の amour du beau を肥しつつある、頗る徳育的な実状を見聞して来るがいい。

　「自由画とは要するに写生画といふ事にすぎない。すれば従来とてやつて居る事だ、今更仰々しくいふ程の事ではない、これから写生の時間を少しふやせばよいであらう」これは半可通な誤解だ、吾々の自由画教育は写生を重んじては居る、併し自由画とは写生の事じやない。それに、従来の小中学の写生画なるものは多

くなほ、示範教育の成績で、今日の自由画教育の写生とは発生の態を異にして居るものである。

×

　まつたく、自由といふ文字は哲学的な味ひが深いだけに、いつまでも誤解され易い、それが教育といふ字に結びつくといよいよ変な感じがすると見える。ほんに二つ共背中合せに悪い因習を有つて居るので、自由画教育といふ標語は、年老た教育家を迷はせ、又憤らしたのである。併し、トルストイも教育論で断言して居るやうに、「教授学の唯一の軌範は自由であり、唯一の方法は実験である」といふのは真理である。此頃、「自由画とは絶対無干渉の放任教育であるか？、然らば自由画は教育上の邪道である」と憤激した人や、「人生に絶対の自由といふものはない、それは単に空漠の観念にすぎない」などと冷笑した人があつたが、──馬鹿な話で、自由の観念は却つて万人普遍のものであり、それを順当に生長せしむる事に反対の理由はなささうなものだが、意外にさうでないのは、つまり自由を絶対なものと考へる誤りから来るのであらう。自由はいつも相対的なものだ、長い、人類の歴史に、さまざまな不自由を喰つて今日のやうに肥え太つて来たものである。──私は想ふ、日本の歴史の上でもいろいろなドラマを演じて来た、此怖るべく頼る可き弾力を有つた理性を、愈々立派なものに仕上げる事こそ教育の使命ではないか、と。

　吾々の自由教育とは、教師の自由勝手に教育する自由教育ではむろんなく、自由といふものを軌範として臨む自由教でもむろんなく自由其事を教育する自由教育なのである。従来、教育と云へば、自由を制限したり、圧迫したりする事で、人間を良くするには、自由に足枷手枷をしなければならないやうに考へられては居なかつたか？。私の信ずる処では、自由を拘束したのでは人間の本質は決して良くならない、少くとも自由を知らない者に生長はない。即ち各人の自由其ものを豊かにしやうとするのが吾々の教育観なのである。喩へば、スペイン風を防ぐにマスクを以てせずに強健な体力を以てせしめようと図るのであり、不幸な性欲的失足を妨ぐに男女の交際を禁する事を以てせずに交際の自由に基く両者の理解によらうとするが如きである。私はいつぞやこんな風に言つた事がある、
「自由が道徳の形をとつたのが正直といふものである」
と。但し自由も正直も良い自由、力ある正直とならなければ駄目だ。此理性位有機的なものはない、それは竪と横とに消長する、現に昔知られなかつた自由が今日沢山に目覚めて居るし、正直も又昔と今とであべこべになつたのが沢山にある。見給へ、自由の相対が奴隷制度であつた時代よりそれが徒弟週休問題になつて居

第5節　自由画教育運動　　331

る今日の方が自由は肥えて居る。又、自由の相対が、家風といふ因習であり姑のいぢわる根性であつたりした時代よりは、それが夫(をつと)の趣味などに相関する近頃の方が自由は肥えて居る。又、自由の相対が賃金問題であつた時代よりそれが仕事の質の問題である時代が来たら自由はより肥えるのだ。

　自由画説の如きも、六十年前白耳義で叫ばれ露西亜で行はれたが、併し当時の環境は、其自覚の芽を僅かに図画の一様式として開かしたのみであつたけれど、今日の吾々の環境は、それが教育全体を刺衝する或精神として提唱され且つ実績の上に浸潤しつつあるのである。

　蓋し、自由画といふ文字は私も好きではない、それに就ては昨年かういつた事である。

　「自由画といふ言葉を選んだのは不自由画の存在に対照しての事である、云ふまでもなく不自由画とは、模写を成績とする画の事であつて、臨本——粉本——師伝等によつて、個性的表現が塞がれてしまう其不自由さを、救はうとして案ぜられたものである。——自由が不自由に代つた時創造が模写に代つた時、はじめて自由といふ言葉は勇退すべきであらう」と。

×

　前年私は、自由画教育は美術教育に奉仕するものである事を説いたが、其後自由画は意外に広く行はれたにもかかわらず、其目的観に関しては又意外な無関心を観た。私がくりかへし設問するのは図画教育なるものの使命である。何のために普通学の過程に図画教育が編み込まれてあるか、其生長は何を意味し、其価値は何であるか—此根本問題がわりに閑却されて居るのは怪しむべきである、「如何に教ふべきや」よりもさきに「何を教ふべきや」がなければならない筈だ。先頃、澤柳博士を戴く新図画教育会の委員は、図画教授の要旨を規定して、

「図画科ハ物象ニ関スル観察鑑賞ノ力ヲ練リ其創作力ヲ啓発シ、描写ノ能ヲ得シムルヲ以テ目的トス」

と発表した。是によつて観るに、図画教育界の元老大家連も又まさに図画教育の使命を芸術教育とも、美術教育とも、趣味教育とも見なす事に異議はなささうであるが、而も此人達は画学を美術教育の一科と解する事には不同意なのである。単に美術教育といふ文字が気に喰はないのか、但しは物象の観察、鑑賞、創作、描写といふやうなものを美術心の外に置かうとするのか？。

　私の自由教育説は、図画教育の使命を明かに芸術教育（美術といふも同じ）と認る処から発生した。それ故観察、鑑賞、創作、描写一切の生長を各人の智恵と技巧の自由に基かしめ、彼れらの生涯を一貫する発達を希ひ願つたのであつた。

臨本、範画といふやうな仲介を排斥して、各人の眼を心を直ちに万象へ導き、其処に自然を知り、其美を知り、其美術を知り、其趣味の深淵を会得することを勧めたのである、私の理論の略図はかうである。

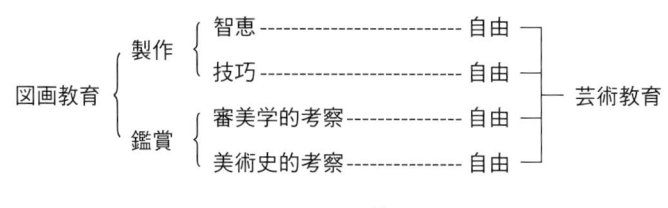

```
                ┌ 製作 ┌ 智恵 ──────── 自由 ┐
図画教育 ┤      │ 技巧 ──────── 自由 ├ 芸術教育
                └ 鑑賞 ┌ 審美学的考察 ─── 自由 │
                       └ 美術史的考察 ─── 自由 ┘
```

×

「自由画説は良いやうだ、併し芸術教育なら反対だ」と或県の視学が研究会の終りの日に挨拶したさうであるが、して見ると此人は自由画教育の何に賛同したのであらうか？、私は、「芸術教育説はいいやうだ、併し自由画説は反対だ」といふ言葉をこそ待ちもうけて居るんだ、なぜならば其処でやつと図画教育なるものが、哲学や芸術観で鍛へられるからである。それにしても芸術教育の他に図画教育の使命があるとするとそれは一体何だらう？。

子供らが楽みながら描く、──描く事によつて、自然の活き活きした立派な種々相、姿や、形や、彩や、調子の交響楽に親みを重ねる、──其親みのうちに美の観念が培はれ、美術に対する愛を知り、其要領を会得し、やがて常住に観る事のよろこびを有つた潤ひある生活が恵まれる。そして彼らの環境に充満するあらゆる造形的物件、文房具とか什品とか、家具とか、書籍とか、着物とか、建築とか、市街とか公園とか、身振りとか、顔とか、画とか、劇とか云つたものの美術的価値を鑑賞し批評し、享楽する、──さうした芸術的涵養と功利を別にして何か他に図画教育の意味があるとするとそれは一体なんだらう？。

物理、数学、国語、音楽、倫理、それらすべての文化価値をなす学問は、小学生と専門家を貫く一線の真理の上に置かれてある。小学生の理科と専門家の理科とは全々別のものではない筈だ、ただ深浅広狭の差があるにすぎない。独り図画教育が何故、美術家の信念する処と軌を異にされねばならないのか。図画教育が美術教育でなかつたら、何処に美術教育がある、あくまで芸術教育を欲さないとならば、人類全体が具有する装飾の智恵の捨て場所を考へてもらはねばならぬ。

少壮気鋭な図画教育の当務者に望む処は、まづ使命観を明瞭にして然る後方針を建て、次いで勇敢に実験せらるる事である。使命観がはつきり極つたとする、──図画教育はまさに「美術教育の一科である」と信念せられたとする、其時、多分諸君は自由画教育説の適切を悟らるるであらう。少くとも従来の如き啓蒙的

示範教育から一転進せるものと思惟せらるるであらう。然らば一転進せるべきではないか、——如何なる思想も十全ではない、唯十全を目ざす思想がある。悟性はちやんとそれを嗅ぎわけて居る筈だ。悟性に従つて、諸君が生徒に臨まれた時に、生徒は諸君を忽ち議論の外へつれてゆくであらう。此処に、私は少し、ホルムスの自由教育説から抜粋する（杏村氏の訳を拝借した）

英国の一女性、校長エゲリアは、子供の性質の絶対的信用の上にたつて教育した——ホルムスが叙述した其図画教育の一例である。

『十年か十二年許り前に、図画は英国のすべての小学校で教へられなければならぬといふ命令がホワイトホールから発せられた。エゲリヤは直ぐに児童を信頼して次のやうに言つたのである。
「皆さんはこれから図画のお稽古をするのです。皆さんはどうして画くのか其仕方も知りません。先生もどうして描いてよいかそれを知らないのです。ですがまあ、私達皆なして画いて見て、どんな物が出来上るかやつて見ませうね。」

数年後に、視学が此学校を訪問したが、此人は大変熱心な予言者として、又説明者、教師として図画教育の改革を提唱したので、全国を挙げて大変の影響を受けた人である。其人の訪問記が此処にあるからそれを抜き出して見よう。
「此学校の図画教育は私の従来見た小学校の中では、其最高の教育的レヴエルに達したものであり、其出来上りは全く子供自身の考への純粋なる表現である。単調な臨画帖はすつかり使用しない。子供はみんな自分自身のテクニツクを持ち、校長さんは其れに何の干渉もしない。思想の発達は技巧の発達を伴ひ、其れは明かに子供の図画に現れて居た。其れはよい形と比例、光線と陰影とに関する或知識、デリケヱトな上品な色の知覚、及び透視法的のむづかしい事にまで立ち入る不思議な力を示して居たのである。中心的法則は自己努力（Self-effort）といふ事であり、信頼と自己信頼とが其れに続いて来る。子供の自発的活動性は正当に認められ、何を描き、如何に描き、又其れを描く材料は何といふ事は、子供の決定する処である。其学校に戻ると、臆病とか、間違ひをする事の恐ろしい恐怖とか、我が国の多くの子供の心と身体とを麻痺させて居る其等のものの姿はどうしたつて見られない事である。校長さんのお蔭で子供達は鋭い批評家になる。校長さんの方法は余が長い間支持して居た意見と全く精確に一致する処で、彼女自身の言葉でいふと次の様になる。
「私は皆んなの子供に菖蒲の葉を渡して次の様に申しました。「さあ此れをよく御覧なさい。」私達は其れをずつと眺めて居て其れの特質を話し合ひました。そして私は子供に其れを画く様に言つて出来たものを又原物と一々対照させました。それ

から、私は子供達の図画を検査して行きました。勿論其大部分に間違ひがあります。此ういう場合にも私は「さあ皆さんはいけないのです、此うして画きなさい」と申して、黒板の方を向かせるなどといふ事を致しません。私は申します「どの部分とどの部分とが葉と同じでせうか、どの点が違つて居ませうか、どう直したらよいでせうかなどと申すのです。私は子供達に其間違ひを話させます。黒板描きなどはすつかりやりません」

　子供達の仕事を見て居ると、明かに子供達は描く事を教へられなかつた許りでは無く、其図画を愛し悦んで居るのである。形と色とは単に見らるるといふのでは無くて、理解せられ、又感じられるのである。子供達は真理に達し其れを表現する事の拒む事の出来ない欲望を持ち、此うして教育的行動の常に動きつつある途を進みつつあるのである。』
云々。

×

　お手本から解放されると、たいていの子供は、彼らのリアールの上に、感覚も認識も技巧も驚く可き発育を見せるものだ。それが中学生から成人へと限りなく生長するならばすばらしいわけであるがさうはゆかない。現在の社会生活はさやうな知能を萎縮させるやうに出来ては居るし、天性で、喰ふ事の他に楽みを有たなくなる者も出来るから。——それにしても、たとへ小学時代四五年だけでも、自然を直接に観る事は決して無駄にはならないだらうじやないか。「お手本を臨模する事も模写なら、自然を写生する事も又模写である」などといふ人がたまたまあるが、それは大違ひだ。なぜならば、モチイブを『自然』に得て、作つたものは、他人のリアールではなくて其人のリアールであり、他人が美と感じたもののリプロダクシヨンではなくて、彼れが美と感じた其物だからである。

　「若し絵手本が美であるならば模写したつていいではないか」と、云ふ人がある。勿論絵画史の上には、立派な画はずいぶん指摘する事が出来る。それらの画を模写して悪いとは云はれない。ゴツホがドラクロアの画や、ミレーの画を模写したものは有名である。併し、ゴツホのそれらの模写は、筆技の追従ではない。ゴツホ独特な、ツーシユで変へられて居る。とは言へ、其モチイブは、其自然観は、ドラクロアのものでありミレーのものなんだ。——だから若し、ゴツホの大部分のタブローがさやうな模写であつたとしたら、彼れはつまらない美術家だらう。処で、小中学の生徒に名画を与へて、単に技巧の追従でない模写、即ちゴツホと『種蒔き』の関係のやうなものが出来ると思へるか？　私は屢々質問に答へて、「美術家教育には模写が、時には必要ですらあり得る」と云つた其意は、専門家に

あつては、彼れ等の先輩が目と心と智恵で組織したそれ等の美を、己れのリアールと相対して認識する事も出来、随つてそれを技巧の末々にまでほどいて洞察する事も出来るからなんだ。──子どもに臨本を与へれば、唯真似をする。なぜならお手本といふものは、皆技巧的に節約されて居るから其の線や筆致を追従するより路はないからである。──したが、一体、現在あるやうな、又あり得るやうな描いたお手本に一体美があらうか。──美はお手本のために作った画には無い筈である。

　さて、美術教育其事に就て云ふべき段とはなつたが、今更、美術教育が何故必要であるかを縷説するまでもあるまい、とにかく、小中学に美術教育の無いのは間違つて居る、図画、手工教育がそれに当るならば、其目的観、方針、処理法等が、芸術論によつて解決されずに居るのは間違つて居る。欧羅巴は学校、家庭、社会を通じて美術教育の機関も豊富であるが、露西亜のやうな国でさへ、モスクワにアレクサンドル三世美術館のやうなものがあつて、美術史上の重要な資料を、大なるは、パルテノンの大理石柱から、小なるはヱヂプトの碧磁像に至るまで複製して、彫刻、絵画、工芸術の各部門を設け、学生等のために美術史の臨物教育に供へて居るのであるが、吾々の環境には一体何がある。大東京にさへ一個の美術館すらない有様で、モスクワの教育美術館の如きは思ひもよらない処だ。米国のやうな半野蛮国でさへ近来は中等学校の課業の三割は芸術教育になつて居るといふではないか。然るに日本はどうだ。図画、手工、の教習をすら美術教育となすを肯ぜず、かんじんな其道の教師までが美や美術に就ての学問を生徒に与へる事をいやがるのだから、開いた口が塞がらない次第だ。尤もいやがるのに理由はある。なぜならば、彼らは、たいてい、師範学校で、教授法とか、教材の選択排列とか、教科書の研究とか、教場の処理法とかいつた、教務上の知識は仕入れてあつても、それ等の事を綜合し分解しそして整理する哲学的な力、即ち美及美術に就てのまとまつた観念は有つて居ないからだ。──刺繍の先生が図案を作れない、作れないのを当り前だと心得て居る。其処で、生徒にも繍ひ方だけを教へる。生徒も、図案は糸屋から買つてくるか、画家に授けてもらふものときめ込んぢまう。そして装飾的な智能を行使する楽しみを知らずに一生を終つちまふ──今、小中学の生徒と教師も概ねこれと同じやうな因果に置かれてある。それでも近頃の中学生はだいぶ美術に対するsenseを有つやうになつて来た。併しそれは、学校以外の雑多な機関、展覧会とか、絵葉書とか、雑誌とか、新聞とか、いふものから養はれるものであつて、さういふ教材に指導された当然の結果として彼らの嗜好は小賢いジヤーナリズムだ。例へば絵の具の名は知つて居ても色に就ての愛は

知らない類だ。彼らは自然に就ては何にも知つて居ない、たまに彼らのバージニチイが「おお美しい」と目を覚す事はあつても、悲しいかな彼らの美に対する理性は唖者だ。美しい意味を何にも話してはくれない。それでもいい、彼らが当住、いろいろなものに「おお美しい」と思ふならば、観る事のよろこびを識るならば。──けれどもそれは出来ない相談だ、彼らのお父さんもお母さんも先生も、さういふ『小児の素純(ナイビテイ・ランフアン)』を一向悦んではくれまいから。

　文部省に要求したい事は、小中学に於ける美術教育の設定だ。美術教育といふよりも、作文、音楽をも包摂する芸術教育の編成だ。凡そ、造形的物件には、二つの価値がある、一つは美術的価値、一つは経済的価値だ。云ふまでもなく美術的価値とは、形態、権衡、面、色価、等で表現された綜合的もしくは部分的な美の価値であり、経済的価値とは、堅牢、便宜、廉価等を意味する実用上の価値である、処で、小中学では何れの価値に関する学問を与ふべきかと問はれてそれは堅牢、便宜、廉価に関する理解を授くべきであると答へる者は、まさかなからう。それは、職業教育の一科目であつて、一般人が知らねばならぬ知識ではない、一般人が知らなければならないのは、吾々の社会生活に驚く可く多種目饒多になつて居る造形的物件の、『味ひ』に就ての学問であつて、それは芸術家、芸術、芸術心の立場から、理解され、価量さる可きものである。

　芸術は芸術家に求むべきであらう、併し芸術心は、私は是れを同胞の全体に求めやうとする。何となれば、芸術心とは、人類本具の智恵であつて、それこそ人間のあらゆる生活に脈絡する霊活なるヱネルギイであると信ずるからである。私は其ヱネルギイに就て曾つてかういつた。

　「芸術心は、美しい指輪も作るしtableauも作るが、同じ心で建築をも市街をも、国家をも時代をも、更に人類全体をも立派なものにしやうと企てる。其本来の性質は、潔癖な分裂を図ると共に、時あつて力の雄大な綜合を示顕をする。──芸術心を恃まない他の分裂と綜合とは、毎に惨憺たる犠牲者をいださねばおかない、而も惨雨の過ぎ去つた跡の世に、何ものも遺らない。」まことに、私は吾が国の現状が、芸術心に対する一般的な教養をまるで無視して居る事を痛嘆せずには居られない。

×

　如何なる美術教育を施すべきやは、蓋し、興味ある問題である。例へば其処に、美術の遠い伝統を尋ねて、民族性とか、国民性とかいふものを予期しつつ立論するならば、当然、厳しい軌範を以て臨む美術教育でなければならないし、又、さういう郷土色、時代色は、智術を以て図るべきものでない、霊妙必然な価値であ

第5節　自由画教育運動　337

らねばならぬと思惟して、ひたすら児童の無碍な開眼を希ひ、時代と郷土とを超越した、『人間』の美術を念じて、単だ、充実へ導くのを教化の誠と信ずる者は、むろん無軌範を以て美術教育を行はうとするであらう。而して、私は即ち後者の一人であつて、述べ来たつたやうな信条で自由画教育を提唱して居るのである。

　自由画教育はリアリズムに建つて居る。絵画史上のリアリズムではなく、ただ、各々の眼で見よ、各々の靈（たましひ）で観よ各々の趣味で統（す）べよ、といふ哲学的なリアリズムだ、それだから、私はまづ第一番に、お手本を否定しモチイブを無際限に広くしたのである。モチイブまでも児童に勝手に選ばせるといふ事は示範教育に慣れた教師にとつて最も不服な点であつた。彼れ等はそれでは大人の老婆心の使ひ道がなくなると云つて険（け）しい顔を見せた。処がモチイブの掴みぶりにまづ其人の価値が量られるものだ。人文の推移は、観念の変遷よりも、モチイブの変化を最も鮮やかに語つて居る。

　例へば、大昔、太陽が人間に礼讃された。人間は其処で神話をつくり、彫刻家が擬人法であの広大な明るさを讃美した。──十九世紀になつた、太陽はやはり人間に讃美された。人間はあの広大な光に酔つて居る石造りの寺院を写生し、草原を写生し、海や岩を写生した。

　モチイブは西洋美術史の上にも実に面白く変転してゆく。大昔から中世紀へかけて、人間は敬神の念に支配され、英雄崇拝の感情に充ちて居た、美術家は其処に仕事を見つけ、美しいモザイクや、清楚なフレスコや、立派なマーブルや、銅や、陶土や、木でもつて、沢山に神話や耶蘇の奇蹟や、英雄の事蹟や、宮廷の儀礼や、さまざまな伝説などをモチイブにして彼らの芸術欲を充した。それらの仕事のうちに彼らの自然物に対する認識はだんだん発達して行つて、衣服の皺がなかなる躯幹を示すやうになり、体が筋肉で組織されるやうになり、権衡、立体現、風景なども表現されはじめた。併しそれ等のリアールは主題に奉仕するもので、未だモチイブ其ものではなかつた。

　処が十九世紀になると、それがモチイブ其ものになりはじめた。人間は身辺の現実を殆ど細大洩さず材料にした。曰く、湖水、牧場、市街、池、波濤、空、黒い衣物の女、赤いシヨールの娘、犬、豚、鶏、小便をして居る小児、水浴せる娘、化粧室の舞妓、相撲、酔ぱらひ、コツプ、林檎、椅子、布（きれ）、光線、空気、なんといふ田圃市井のあらゆるリアールがタブローの主格になつて、彼れ等の芸術慾を充したのである。それらの仕事のうちに、彼らの感覚はだんだん精微になり、其うちでも色価に就ての味覚は驚くべき深さに達して、彼らのある者は、現実な形象を超脱した、線、色、調子、触の交響中に新奇な美を嗅ぎつけた。併し、

其新奇な美は、むろんまだモチイブそのものではなかつた。

　処が、間もなくそれがモチイブ其ものになりはじめた。未来派の製作がそれである。人間のそくばくが其処に、長い間美術のモチイブであつた『自然美』をすてて彼れ等のVision及び理論をモチイブにして彼らの嗜好に耽溺して居るのである。

×

　私は、これ等モチイブのどれが最も芸術的であるとも云はない。併し、自然美の無垢な使徒たらん事を希ふ私は、吾が児童らが此立派なる『自然』に直接して、暢び暢びと美の愛を啓発されん事をこれ祈るのである。

　私は美に対する偏盲となる事を悲しむ。例へば、印象に溺れて偏盲となり、為に昔、レオナールドが「美しい物は常に正しい物だとは言へない」と訓へた、その厳然たる実在性の立派さを忘れる事を惧れる。又、認識に僻して偏盲となり、為に「自然は鳥の如し」と嘆ぜしめた場合の現象の美しさを忘れる事を惧れる。

×

　私は小学校の美術教育に、絵画と彫塑とを課したい。そして鳩、兎、栗鼠、猿、人といつたやうなものを彫塑のモデルとして与へたい。絵にしろ彫塑にしろ必ず写生が良いとは限らないが、併しモチイブを親しく見る事は肝要である、小学生に、さやうな動くモデルはむづかしすぎるだらうなどと思はないがいい、むづかしさは、実は茄子や胡瓜も同じなのである。さういふ配慮よりは子供らにとつて、興味多かるべき材料を択ぶ事を心配すべきではないか。

　中学には、男女共に、美術史大要と、美術雑話とを課し度い。美術史大要では、人文的推移に伴ふ、主題と表現の変遷などを説き、（勿論東西の史実を）如何なる時代があり、如何なる画派があるかを知らしめる。美術雑話では、各時代の有名な画家の生活とか、其芸術論とかいふものを分り易く摘要して聞かせる。又工芸美術や、印刷美術（例へば創作版画と複製版画の別とか、各版種の特色と其用途とかいつた事）のお話をする、又時には其折々の展覧会の所見などに就て語るのであるが、そんな博識を中学教師に望むのは無理だとは云はない事だ。師範学校の五年間にでも、美術学校師範科の三年間？　にでも此位の事は準備出来ねばうそなんだ。それにさういふ資料を採録した教師用書が出来れば、更に困難はないわけである。

　手工科は小中学共に課し度い、今日のやうな馬鹿気たものではなく、もつと実材の知識をも啓発する方法をとつてもらはねばならぬ。但し私は絵画も彫塑も手工も、実技はすべて随意科でいいと思ふ。ただ美術史と美術雑話は必ず聴かせて

おき度いのである。なぜならば実技は学校以外の時間でもやれるだらうし、講話は、それによつて広く美術の関係的知識にさそつてゆけるものであるからである。

×

併しかういふ注文を出すと、まづ、第一時間がないと云ふかも知れない、けれども、一週に一時間として小中学を通じて四百五十時間もあるとすれば、決して不足はないやうに考へられる。でも、設備其他の費用はどうすると云はれると、其点は私には答へられない。

全体、費用の点はとにかくとして、現在のやうな兵営式大建築に営まれる教練では、かれこれの注文は教師の方でお断りだらう。

「学校は単に学ぶべき児童の便宜のためばかりでなく、教師も愉快に教へる事が出来るやうに建てられねばならぬ」

とトルストイが注意したが、まつたくだ。今日のやうに一人の教師が三十人から四五十人の生徒を受持たなければならないやうでは、とんと流行医が患者に冷淡になるやうに、各生徒の特質などに興味を有つて、名々の教導を楽しむ事などは思ひもよらないかも知れない。

小学校はせめて一村に八つか十もあるやうにならなければうそだ。ヱリオツトとかいふ人は、十人十四五人一と組の教場にならなければ駄目だ、といつて居るが、さうするには現在の数倍教師を増加しなければならないから、つまり出来ない相談で、米国あたりでも従来の歩率でゆくと、其処まで達するには一千年かかるといふから、殆ど夢物語であるが、併し、たとへ一千年が一万年でも、良いときまつた事なら、それを目安に一本道を押し進むでゆくべきである。而も必ずしも一千年かからずに実現しまいものでもない。夢物語と思つて居た事が、すぐ目の前に現れて来た例はずいぶんある事で、殊に此の頃の世の中はさういふ驚異が頗る多いのであるから。

（十年九月）

山本鼎著「血気の仕事」（『学校美術』第2巻第5号、1928）

　山本が自由画教育の打ち切りを本文によって宣言した背景には、山本自身の作家としての活動と、教育提言者としての活動が両立しにくくなってきた点がある。さらに、自由画の広がりはこの運動に対する多くの賛同者を得ると同時に、さまざまな立場からの反対論もまた拡大していくことになる。

　その事情や自由画を最初に提唱した時の山本の心中をよく示しているのが「血気の仕事」の一文である。ここでは、自由画教育にかかわる「打切り」

の部分のみを掲載するが、本文の後半には「農民美術」についてもその導入の事情が詳しく書き残されている。

　なお、以下に掲載する引用文においては、原文では縦書きの文章を横書きとし、旧字体の漢字は新字体に改め、仮名づかいは旧仮名づかいのままとした。

打切り

　私がはじめて自由画教育説を唱へてから、丁度今年で十年になります。既に一と昔、と言う訳です。

　ところが一と昔の此の頃になつても尚、変なことを言つて居る人が相変らずあります。さういふ人の多くは、まるで僕の説など読まずに、唯、人づてに何かを聞いちや揚足取りをするんです。厭ですな。

　僕は、この四五年来、自由画説に対する批評みたいなものには一切物を言はないことにしてゐるんです。見たり聞いたりすると、相不変考へ込むたちで、遂何かと言ひたくなる。しかも、自由画教育説は単純で、僕の言ひたいことはよく読んでくれればあれの中に尽きてゐると思ふし、それに今はもう、あの時唱へた自由画説の必要が無くなつて居るのです。だから何か言ふことは、結局蒸し返しであり暇潰しだと思ふので、一切言はないことにしてゐたんです。

　しかし、今年は、前にも言つたやうに、大正八年にあれを提唱してから、丁度十年になる。で、ここでもうすべてを打切るつもりで何か話すことにしませう。

　ここで事新しく言ふ迄も無く、我々の唱へた自由画教育説と言ふのは、あれは一つの反動として起つた運動です。従来の教育は僕に言はせれば軟弱教育ですな、それに対して僕は硬教育を唱えたつて言ふ訳です。

　人間は皆それぞれの才能を有つて生れて来てゐる。ところが従前の教育はそれを変な型の中へ押し込めちまつて折角の才能を働かせない。が、そんなやり方をしてゐては人間を造られた神様に済まないぢやないか、——と言ふやうな極く単純な考へから、ただ率直にその信念を披瀝して行つたのです。だから初めは、あれを提唱した僕自身が、ああ言ふ風に画然とした革命を図画教育に起す等とは思つては居なかつたんです。はじめは単純な、少し悪く言へばオッチョコチョイと言ふ様な有様でブツかツたものなんだ。それが僕の予想を遥かに飛び越して、忽ちああした事になつてしまつたんです。僕も実はいささか面喰つちまつた。しかし、僕のあんな単純な説が忽ちあれだけの動揺を捲き起したといふことに顧みて

も、如何に当時の教育が酸敗して居たか、と言ふことは察しられるのです。

　兎に角、あれが刺激になつたと言ふことは言へると思ふ。それ迄はてんで誰にも問題にされなかつた有るんだか無いんだか分らないやうな図画教育が、急に活気を帯びて来て、教育界ばかりで無く、殆んど一つの社会的問題のやうに注目され批評され、とうとうそれが国際的な仕事に迄発展して来て居るんですからな。但し、その事が果していい事か或はさうで無いかは又別としてですね。

　この、今のやうな活気を帯びて来た直接の動機は僕のあの提唱であつたらしい。ところで、これは少々虫のよい考へかも知れないが、元来僕のは、前にも言つたやうな単純な心境で信念を披瀝しただけの事なんだから、採り入れて良いと思ふことがあつたらそれを取り、僕が教育に無経験の為に生じる欠陥等は、よし有つてもそれの揚げ足取りの攻撃なんかは止して貰ひたいと思ふんですよ。

　今でも攻撃は有る訳なんだが、それは次の二つです。その一つは、山本の説は、教師は指導をするなと言ふが、怪しからん、それぢや教育は成立たんぢやないか、と言ふのですね。無論僕は指導を否定したもので無い。ただ、当時の指導法が余りに変チキだつたから、それで指導するな、と言つたんです。もつと緻密に言ふならば、さう言ふ指導はしない方がいいと言つたんです。之を例へるならば、ここに無教育のお母さんがあつて、子供が病気で弱つてゐるのにかかはらず、それを感じずにヤミコミ何か食べ物をやる。それを見てお医者さんが、お前さん、こんなに子供に食べ物をやつちや駄目だ、よした方がいい、と言ふのと同じです。少し見る人に親切さがあつたならば、僕の言つた事を、無指導を鼓吹するものだ等とは取れぬ筈です。僕は指導精神の改良を唱えた迄ですよ。

　小学校の先生達は指導法といふとすぐに時間割だとか、教材の配列だとか言ふことばかり考へる。が、あれだけぢや指導は出来ませんよ。勿論、僕もさう言つたものを無視しはしない。いやそればかりで無く、さういふ方面でも充分しつかりした根底のあるものを造らねばならないとも思つてゐる。――これに就いてこんな事もあつたんです。あの十年前に自由画を提唱して間もなく、私は岸辺さん等と一緒になつて児童自由画協会と言ふものをつくつた。その時、仕事として、雑誌なんかを出すと共に、こんな事も考へてゐたのです。

　それは、相当金を準備して、現在の教育の実状を地方別に全国的に渉つて詳細に調べよう、と言ふのです。例へば気候とか産物とか生活状態なんかの問題と言つたものですね。それには未だ細かい事が随分いろいろとあるが、兎に角、環境対図画教育といふことをあらゆる事実を基礎にしてしつかりと調査し、それに基

づいて新しい指導の組織を作り上げる——と言ふことを計画してゐたのです。悲しい哉これは、我々の金を準備することの下手なのに 殃(わざわひ) されて行悩み、其中雑誌を止したり、岸辺さんが洋行されることになつたりしたので遂に行ふことが出来ずにしまつたんですが、其時には僕は是非実現したいと思つて、いろいろ具体案等を書き出して見たりしたのです。つまり、当時の僕の理想としては、先づ信念を披瀝しそれに次いで及ぶ限り衆智を集めていろいろの材料をつくり、それを国家に提供するつもりだつたのです。それがそんな工合で調査の方は遂ひ手を着けることが出来ずにしまつたが。……

　今言つたやうな、無指導鼓吹といふことに対する誤解と、もう一つ、これは最も重要な事なんだが、臨画に対する反対意見が随分あります。自由画説は臨画の教育を全く否定してゐる、が、これはさう言ふべきものぢやないだらう、と言ふのですね。
　此の説は勿論教育家の間に多いが、美術家にもそれがあり、僕の親友の間でもこの事だけは僕と反対の意見を有つ人がかなりあります。しかし、これに対して僕は断乎として反対する。自由画説の中で、今も僕を真正面(まとも)になつて戦はせる力のあるのは此の問題だけです。
　それを此処でクドクドと細かく話してちや大変だが、簡単に言ふと、僕はどうしても臨画教育といふことに哲学的に反対なんです。僕の有つ理論として、創作とか人間のあらゆる仕事とか言ふものは、自分直接に感じたものが尊い、そこから種々の力が生れて来るものでなければならないと思つてゐる。だから絵を描く場合でも、人の作つたものを臨模して、それを自分の作品と思惟することは間違ひだ、といふことに根拠を置いて居る。無論、人の描いたものを参考のため模写する、といふことはある、しかしそれは如何に巧に模写しても、模写は飽まで模写であつて創作では無い。兎に角、一旦人の作つたものを自分の製作のモチイフとすることはいけない。これは小学校の生徒の仕事から、専門の美術家の仕事まで、ズーツと全部に対して言ひたいことです。
　ところが、反対者は斯ういうことを言ふ。それは、他から何の影響も受けず、すべてを自分の力だけで作つた等といふものは無い。どんな画家でも、先輩の作つたものからいろいろ学んで、さうしてはじめていい絵をつくる。だから臨模といふことは排すべきでないと言ふのです。又、子供の場合では、子供には生れながら模倣の本能を有つてをり、それによつて生長発達して行くのだから、その自然に備はつてゐるものを防げる必要は無い、といふ意見。もう一つは例へ臨画を

させようが自由画を描かせようが、それは結局それを扱ふ教師の態度によつて生き死にがあるもので、臨画をやらせようが、自由画にしようが、そんなことは第二の問題だ、といふ意見です。

　かういふやうに、この事に対してはかなりに反対がある。しかし、それにも拘らず、僕は相変らず此事だけは頑強に反対です。僕は、いい人の作つたものに対しては、それは鑑賞の立場に置くべきものと考へてゐる。

　例へばここに一つの絵があるとする。ところでその一つの絵といふものは漠然と成立つものぢや無い。先づそこにはモチイフを求める、といふ心が第一に働く。次にはそれを構図する働きがある。それから描写し表現してゆく働きがある。その働きの中には、線条に対する習練とか、色彩に対する感覚とか、それから筆触に対する天稟とかいふやうないろいろのものがある。さういふものが、人の作つたものを真似してやつたのでは生きて来ない。そりやア、人の作つたものを模写すりや、手つ取早く、形だけは出来る。が、それぢやつまらないぢやないか。可愛い子には旅をさせろ、といふのと同じやうな意味で、矢張り僕は、子供達が可愛ければこそ、本当にその子の為になるやうに、苦しくても彼等自身でモチイフを掴むことから、構図することから、表現すること迄をやらしたいのです。さうした硬教育でなけりや、ただ楽に与へて行つたんでは本当の教育にはならないと思ふ。

　それから、臨画にせよ自由画にせよ、教師の良不良によつて死に生きがある、と言ふ説も、矢張り僕は本当の考へ方では無いと思ひます。教師の良不良など言ふことはよし実際あるにしても、さう言うことは先づ考への外に置いて、良いと思つた事を努めて行くのが本当だと思ふ。胃の腑さえ丈夫ならば食べ物の良不良を考へる必要が無い、といふことは間違つて居る。やはり出来るだけ良い食物を選ばなくちやウソだと思ふ。

　この臨模の事を口にするのは専門の美術家が多いけれども、それぢや、美術家自身はどんな事をして居るか、これ迄は全く師伝とか粉本なんかばかりによつて仕事をしてゐた日本画を描く人達迄が、近年は自分で総てを創作することを重んじて来たぢやないか、師匠其儘のものは決して奨励しなくなつたぢやありませんか。

　それから自由画教育の初めの頃、或る反対者が、山本氏の説による時は、子供には展覧会なども見せられぬことになりますな、と言つたことがありますが、其時は余り莫迦莫迦しい質問なので、まあ、そんなことになりますね、だからもつと良い展覧会があればいいですね、と答へた事があるが、今でもそんな事を言ふ人がありますよ。僕は子供の眼を塞げと言ふのぢや無い。どんなものでも見せる、

と言ふのが寧ろ僕の真意です。今までの教育ではほんの狭い小さな乾からびたところだけしか見せなかつたので反対した訳です。さういふ僕が何で展覧会に眼を塞げとか、人の絵を見せるな、とか言ふものですか。鑑賞教育が大切なのは勿論ですよ。

　ただ、子供に絵を見せる場合には、非常にいい作品ばかりで無く、悪い作品も見せる必要がありますね。それらの両方を見せて、それによつて批判の態度を自然につくらせるんです。

　ところで、自由画の話は、もう僕には薹(とう)が立つてゐるし、かうして話してゐてもおくびが出て来ます。もう止しませう。

第4章　現代美術教育の諸相

第 1 節　学習指導要領の変遷

　学習指導要領は戦後教育の黎明期、1947（昭和22）年に「学習指導要領（試案）」が作成されてから2008（平成20）年及び2009（平成21）年の改訂まで、約10年ごとに改訂が行われてきた。「学校教育法施行規則」が示す教育課程の学習内容を定めたものが学習指導要領であり、学校におけるすべての教育活動は学習指導要領に照らして行われる。それはわが国のどこであっても同じ目標を掲げ、同じ学習内容による教育を保障するという公教育としての学校教育を担保しているということができる。したがって、学校教育に携わる者は、その内容を十分に理解するだけではなく、学習指導要領が示す教育の方法性を十分に咀嚼し、担当する児童生徒にとって最も適切な教育実践を展開できるようにしなければならない。

　学習指導要領の改訂は、1950（昭和25）年から各界の専門家を委員とする「教育課程審議会」（2001［平成13］年からは中央教育審議会に統合）が行ってきたが、各期の改訂の方向性を示す審議会答申には、それぞれの時代における教育観が示されている。戦後の日本社会が教育に何を求め期待していたかを、学習指導要領の変遷をたどる中で振り返ることは重要である。それはまさに戦後日本の教育実践史であり、その中で、美術教育はどのように位置づけられてきたのかを理解する必要がある。ここでは、審議会答申が示す各改訂の基本理念や考え方を整理するとともに、小学校図画工作科、中学校美術科、高等学校芸術科の目標や内容を中心にして整理している。各教科の授業時間数は「学校教育法施行規則」に定められるものであるが、学習指導要領が示す内容と緊密に連動しているので、これも整理して掲載している。

① 1947（昭和22）年「学習指導要領（試案）」「同図画工作編（試案）」

　1947（昭和22）年3月20日の一般編発行を皮切りに、国語編以下13冊の日本初の学習指導要領が「試案」という形で作成された。その経緯については、その図画工作編を担当した山形寛（p.41参照）の著書『日本美術教育史』（黎明書房、1967）に詳しい。「教育基本法」「学校教育法」が公布され、「学校教育法施行規則」の制定に向けて、具体的な学校の組織や教育課程が検討される中、1946（昭和21）年8月に当時の文部省は、連合国総司令部（GHQ）

民間情報教育部（CIE）から「コース・オブ・スタディ」を編修するように命じられている。当時の文部省は、コース・オブ・スタディについての理解はなく、アメリカ・ヴァージニア州のコース・オブ・スタディが資料として民間情報教育部より与えられている。これは、日本は農業国であるから、アメリカでも農業を主産業とするヴァージニア州のものが適当であるとの当局内部の意見によるものであったと伝えられている。また、コース・オブ・スタディの日本語訳としては、「学習指導研究の手引き」の案があったが、学校教育法施行規則の法文にはふさわしくないということで、「学習指導要領」に決定した。

この「学習指導要領（試案）」の特徴を次のような項目に要約することができる。

・文部省が作成した最初の学習指導要領であるが、これに準じて各地域の教育委員会が独自の学習指導要領を作成すべきとの見解から「試案」となっている。
・戦前の「教授要目」及び「教授細目」に代わる内容となっている。
・連合国総司令部の指示で廃止された「修身」「日本歴史」「地理」に代わって「社会科」を新設している。
・小学校の男女共修による「家庭科」、中学校の「職業科」、小中学校の「自由研究」の新設など、児童中心主義や経験主義的な教育の傾向が見られる。
・「図画科」と「手工科」を「図画工作科」に統合している。

また、一般編には下記のような各教科の授業時数を示している。

小学校の教科課程と時間数

教科＼学年	1	2	3	4	5	6
国語	175 (5)	210 (6)	210 (6)	245 (7)	210-245 (6-7)	210-280 (6-8)
社会	140 (4)	140 (4)	175 (5)	175 (5)	175-210 (5-6)	175-210 (5-6)
算数	105 (3)	140 (4)	140 (4)	140-175 (4-5)	140-175 (4-5)	140-175 (4-5)
理科	70 (2)	70 (2)	70 (2)	105 (3)	105-140 (3-4)	105-140 (3-4)
音楽	70 (2)	70 (2)	70 (2)	70-105 (2-3)	70-105 (2-3)	70-105 (2-3)
図画工作	105 (3)	105 (3)	105 (3)	70-105 (2-3)	70 (2)	70 (2)
家庭					105 (3)	105 (3)
体育	105 (3)	105 (3)	105 (3)	105 (3)	105 (3)	105 (3)
自由研究				70-140 (2-4)	70-140 (2-4)	70-140 (2-4)
総時間	770 (22)	840 (24)	875 (25)	980-1050 (28-30)	1050-1190 (30-34)	1050-1190 (30-34)

新制中学校の教科と時間数

教科		学年 7	8	9
必修科目	国語	175 (5)	175 (5)	175 (5)
	習字	35 (1)	35 (1)	
	社会	175 (5)	140 (4)	140 (4)
	国史		35 (1)	70 (2)
	数学	140 (4)	140 (4)	140 (4)
	理科	140 (4)	140 (4)	140 (4)
	音楽	70 (2)	70 (2)	70 (2)
	図画工作	70 (2)	70 (2)	70 (2)
	体育	105 (3)	105 (3)	105 (3)
	職業（農業、商業、水産、工業、家庭）	140 (4)	140 (4)	140 (4)
	必修科目計	1050 (30)	1050 (30)	1050 (30)
選択科目	外国語	35-140 (1-4)	35-140 (1-4)	35-140 (1-4)
	習字			35 (1)
	職業	35-140 (1-4)	35-140 (1-4)	35-140 (1-4)
	自由研究	35-140 (1-4)	35-140 (1-4)	35-140 (1-4)
	選択科目計	35-140 (1-4)	35-140 (1-4)	35-140 (1-4)
総計		1050-1190 (30-34)	1050-1190 (30-34)	1050-1190 (30-34)

各項（ ）は週時間数

　図画工作編については前述の山形寛が担当しているが、図画工作科の成立については、前述の『日本美術教育史』の中で次のような経緯を述べている。
　大正中期より図画科と手工科を合併して一教科にすべしとの議論があり、1941（昭和16）年の国民学校令では、全体としては図画科と手工科は別の教科であったが、国民学校初等科1、2学年では、教科書の上で、ある程度の統合を行っている。しかしながら、関係者全体の意識としては、統合論は少数であった。それが1947（昭和22）年の「学校教育法施行規則」によって、図画工作科が必修科目として設置されたのは、連合国総司令部民間情報教育部の教育課程係官から統合の方針提示があったことによると山形は記している。そのとき、教科名は英語では「アート・アンド・ハンディクラフト」と決まっていたが、文部省内では適切な案がなく、美術科や造形科などさまざまな議論がなされたが、結論としては現段階では図画工作科とすることに

なった。このことによって、図画工作科の教科性に関する議論とともに教科名論議が近年まで続くことになる。

　1947（昭和22）年発行『学習指導要領　図画工作編（試案）』は「はじめのことば」と、「第一章　図画工作教育の目標」から「第十四章　第九学年の図画工作指導」までの各章で構成されている。その特徴のひとつは「第二章　図画工作の学習と児童・生徒の発達」を掲載している点であるが、これは本書第2章第1節「造形表現における発達」（p.41参照）に全文を掲載している。ここでは、「はじめのことば」と「第一章　図画工作教育の目標」「第三章　教材、表現材料及び用具」を提示し、当時の教科観を読み解くことにする。

1947（昭和22）年『学習指導要領　図画工作編（試案）』
はじめのことば
　図画工作の指導をする者が心得ていなければならない最もたいせつなことは「図画工作の教育はなぜ必要か」ということである。
　この問題に答えるためには、人類の文化が発達して来た永い歴史について考えなければならないが、ここには、その最も重要な二三の点について、簡略に述べることにする。
一　発表力の養成
　人類が、今日持っている進んだ文化は、未開の時代から今日までの、非常にながい間における数知れない多くの人々の、創意工夫や経験が、積もり積もった結果である。
　過去にどんな優秀な人々の創意工夫や、経験があったにせよ、それがその人限りに終って、他の人々や、次の時代の人々に、伝えることができなかったならば、今日の進んだ文化に到達することはできなかったはずである。
　われわれが一つの文化を持つことができるためには、先人の工夫し経験したことがらを受け継いで、更にそれに自分の経験や工夫を加え、またそれを次の時代の人々に伝えて行くはたらきがなければならない。言いかえれば、人類が文化を建設し進展させて行くためには、他人の発表する思想や感情を、正しく受けとる力と、創意工夫の力とを備え、また、自分の持っている思想や感情を、正確に発表する力を備えていることが必要である。
　それならば人類は何によって思想や感情を発表するかといえば、言語・文章による場合と、絵画・図・製作物というような、造形的なものによる場合とがある。前者は、時間的・抽象的なことを発表するのに適し、後者は空間的・具象的なこ

とを発表するに適している。この両方面の発表力は、それぞれの領域を持っていて、一を以て他にかえることはできない。

　ここに国語や外国語が教科として取り上げられている一方、図画工作が同様に教科として取り上げられて造形的な発達力及びそれを理解（鑑賞を含む）する力を養うことは理由のあることである。

二　技術力の養成

　人は、手で道具をつくり、その道具を使って、更に進んだ道具や、生活上いろいろ必要な物を作って、生活を豊富にし、進んだ文化を建設して行く。このことは、人類が他の動物といちじるしく異なる点であるが、同じ人類の中でも、この種の造形活動が、いかに営まれるかは、その文化の程度を示すものである。

　文化には、精神的ないしは思想的方面があり、それが重要であることはいうまでもないが、いかにりっぱな精神、りっぱな思想があっても、それがなんらかの形で具象化されなければ、直接に生活をうるおわせ、豊かにすることはできないといわなければならない。まして、物質的文化の方面では、その具象化は欠くことのできない条件である。

　もっと端的にいえば、手で道具を作り、物を作る活動、すなわち、人間の技術活動が伴なわなければ、すべての文化は、直接には生活の役に立たないのである。

　かかる点から見て、技術の養成、またはすべての技術の基礎となる目と手の感覚を鋭敏にすることが、教育の一つの項目として取り上げられなければならない。そしてその使命を負って、図画工作が一つの教科として取り上げられたのである。

三　芸術心の啓培

　美を愛し、美を創造し、美を味わい楽しむのは、人間の持つ一つの特性である。人類はこの特性を持っているから、諸種の芸術品を作り、それによって生活にうるおいを与えている。

　人類は、未開の時代にも、それにふさわしい芸術的な活動をしており、はげしい闘争の時代にも、その活動は、決して停止してはいない。まして、平和で豊かな時代には、極めて盛んな芸術的活動が営まれている。かかる人類の芸術的活動のあとをかえりみると、芸術は単なるぜいたくではなく、やむにやまれない人の本性から出発しているものである。この本性を育て、平和で、香りの高い文化を建設する素地を与えることは、教育の一つのつとめでなければならない。かかる使命をはたすために図画工作・音楽その他の芸術的教科が置かれているのである。

四　具体的・実際的な活動性の助長

　抽象的・理論的な仕事と、具体的・実際的な仕事との、どちらを児童は好むか。

また、児童は将来、抽象的・理論的な仕事と、具体的・実際的な仕事との、どちらの職業に就くものが多いかというと、具体的・実際的な仕事に、より多くの興味を持ち、将来、具体的・実際的な職業に従事する者の方が、断然多いことは児童の実際生活を少しく観察し、また、全国有業者の職業調査を一覧すれば明らかである。

　ほとんどすべての教科において、なるべく具体的に、なるべく実際的に教材を取り扱って行こうとする傾向がいちじるしいのは、児童の要求から来るものといえよう。

　そして最も具体的・実際的な教材は何であるかといえば、まず図画工作を第一にあげなければならない。したがって、図画工作は、児童の具体的・実際的な活動性を助長し、いろいろな知識を習得する基礎を築くものといわなければならない。

五　結び

　以上「図画工作の教育はなぜ必要か」について述べたのであるが、ここから図画工作教育の目標が生まれ、その目標によって、教材が選ばれ、指導の方法が考究されるのである。

　本書は、小学校と中学校において、図画工作の指導をする日常の指針としてつづったものであるが、不備な点も多いばかりでなく、是正すべき箇所も少なくないと思う。同種の教材については、前後の学年の記述を比較対照するなどによって活用されるとともに、本書そのものを一つの研究資料として、改善に関する腹蔵のない意見を送られることを切望する。

第一章　図画工作教育の目標

一　自然や人工物を観察し、表現する能力を養う。

（一）記憶や想像により、各種の描画材料または粘土その他の材料を使って、自然や人工物を表現する能力。

（二）写生により、各種の描画材料または粘土その他の材料を使って、人工物を表現する能力。

（三）新しい造形品を創作し構成する能力。

（四）豊かな美的情操。

（五）形や色に対する鋭敏な感覚。

（六）自然美の理解。

二　家庭や学校で用いる有用なものや、美しいものを作る能力を養う。

（一）家庭や学校で必要なものの設計・図案・装飾・製作の能力。

（二）普通の工具・材料・設備を使いこなし、また、それを良好な状態に保持する能力。

（三）環境の諸要素を最も有効に用いる能力。

（四）創作能力。

（五）科学的・研究的・実践的態度。

（六）有用なものや、美しいものを作る際に、手まめに働き、誠実に仕事をする態度。

（七）有用なものや、美しいものを作る際に、ともに働き、ともに楽しむ態度。

三　実用品や芸術品を理解し鑑賞する能力を養う。

（一）生活に必要な品物の実用価値や美的価値を理解し、また品物相互の調和に注意し、適当に選択し、採りあわせる能力。

（二）造形的な物品の賢明な使用者となる能力。

（三）絵画・彫刻・建築等を鑑賞する能力。

（四）豊かな美的情操。

第三章　教材、表現材料及び用具

図画工作教材単元一覧表	注意1 下記教材は一つの標準を示したに過ぎないから、各地方の実情、学校の設備、児童の環境の如何によって、適当に加除修正を加えて、それぞれの学校に適したものとする。 注意2 ここに示した教材の順序は学習の順序を示したものではないから、それぞれの学校に適した順序を立てて学習させる。

項目＼学年	1	2	3
描画	1　記憶・想像による描画 遊戯・作業・行事・樹木・簡単な景色・交通機関 2　写生による描画 花・果物・野菜・簡単な器物（描写材料はクレヨンを主とする。はり紙の表現もさせる）	1　記憶・想像による描画 遊戯・作業・行事・童話・簡単な景色・交通機関 2　写生による描画 花・果物・器物・遊び道具 （描写材料は第一学年に同じ）	1　記憶・想像による描画 児童の生活・童話・社会事象・動物 2　写生による描画 静物・風景・人物 （描画材料はクレヨンを主とする）
粘土による表現	記憶・想像または写生により 果物・野菜・簡単な器物・動物	記憶・想像または写生により 果物・野茶・器物・建築物・動物・人物	写生・記憶・想像または構想により 器物・植物・動物
色彩	有彩色十一色、無彩色三色の色相、色名	第一学年の復習	無彩色十一段階、有彩色と無彩色との明度の比較当合、二色〜三色の配色
形体	形集め―木や草の葉を集め形の類似にしたがって整理する	形集め―植物の種子や実を集めて形の類似にしたがって整理する	形集め―立・球の部分・長い球・平たい球・卵形に属するものを集めて分類的に整理する
図案			花・葉・三角・四角ならべ切り抜き模様
製図			展開図（方眼紙利用）
紙工	色紙・中厚紙を主とする折り紙・色紙入れ袋・箱・家の模型	中厚紙を主とする箱・器具・交通機関・家などの模型	中厚紙・厚紙を主とするこま・針孔写真機・七色めがね・器物・家屋・交通機関等の模型、紙はさみ・箱・帳面の表紙
木竹工			
金工			
手芸			
セメント工			
材料があり、その利用法を考えて作る	手ぢかにある廃品やこれまであまり使われていない材料で、何かできないかを考えて作る。	同左（1参照）	同左（1参照）
目的がきまり、材料組み立て方を考えて作る	ある選んだ目的にしたがって、適当な材料を集め、形や組み立て方を考えて作る	同左（1参照）	同左（1参照）
工具・備品の扱い方			
美術常識			
鑑賞			工芸品及び美術品の鑑賞

第1節　学習指導要領の変遷　355

項目＼学年	4	5	6
描画	1 写生による描画 　静物・風景・建築物・動物・人物 2 記憶・想像による描画 　児童の生活・童話・社会事象（描画材料はクレヨン・鉛筆を主とする）	1 写生による描画 　静物・風景・建築物・動物・人物 2 構想による描画 　（描写材料は水絵具・鉛筆を主とする）	1 写生による描画 　静物・風景・建築物・動物・人物 2 構想による描画 　（描写材料は水絵具を主とする）
粘土による表現	写生または構想により植物・動物・器物・建築物	写生または構想により植物・動物・器物・建築物	写生または構想により植物・動物・器物・建築物
色彩	色集め—集めた色を明度と色相とによって整理する。明視、目立つ配色、目立たない配色	色集め—前学年の続き 混色の実験（水絵具・回転板） 配色練習	色集め—前学年の続き 色立体の一縦断面（純色・明色・暗色・清色・濁色） 配色練習
形体	形集め—前学年の発展として円柱・円すい・直方体に及ぼす	複合形を基本形に分解する	複合形を基本形に分解し、また基本形を組み合わせて複合形を構成する
図案	模様化・帯模様・当てはめ模様・四方続き模様（ポスター・表紙）	平面図案（ポスター・表紙・うちわ・エプロン・盆・座ぶとん）	平面図案（前学年に準ずる）
製図	展開図（方眼紙利用）	投影図法による製図の初歩（方眼紙利用）	投影図法による製図の初歩
紙工	厚紙を主とする 器物・建築物・交通機関等の模型・お手玉入れ・筆箱・筆立	中厚紙・厚紙を主とする こま・針孔写真機・七色めがね・器物・家屋・交通機関等の模型、紙ばさみ・箱・帳面の表紙	
木竹工	竹を主とする 竹笛・水鉄砲・筆巻・竹ペン・ピンセット等の製作	木を主とする 実用品・遊び道具・模型の設計・製作・装飾	木を主とする実用品・遊び道具・模型の設計・製作・装飾・修理
金工		針金・板金製の実用品・遊び道具・模型の設計・製作	同左（5参照）
手芸		糸・布製の実用品・遊び道具の意匠及び製作	同左（5参照）
セメント工			
材料があり、その利用法を考えて作る	同左（1参照）	同左（1参照）	同左（1参照）
目的がきまり、材料組み立て方を考えて作る	同左（1参照）	同左（1参照）	同左（1参照）
工具・備品の扱い方		普通の工具・かんきり・バリカン・糸のこぎり機・電気器具等の使い方・手入れ・小修理	同左（5参照）
美術常識			
鑑賞	同左（3参照）	同左（3参照）	同左（3参照）

項目＼学年	7	8	9
描画	主として静物描写によって明暗・陰影の表現・構図法 細写・略写の練習	主として静物・風景の描写によって陰影による色の変化・遠近による形と色の変化・風景画 の構図法・省略法	各種の基本練習を総合した描写 人物・動物の描写も試みさせる
粘土による表現			
色彩	色の混合（加算混合―減算混合） 配色	色立体 配色	色の和名とその色立体中における位置 配色
形体	自然物と人工物との形体及び機能の類似	器物・器具類の形体と機能	機能と美
図案	図案化 模様の構成	器物・器具類の図案構成法	室内装飾・住宅の間取り・展示計画
製図	製図用の線・文字 第一角法と第三角法	機械の部品・簡単な機械の製図	簡単な機械製図
紙工			
木竹工	木工の基本技術 木製品の設計・製作・装飾	木製品の設計・製作・装飾・修理	
金工		金属製品の設計・製作	金属製品の設計・製作・修理
手芸	手芸品の意匠及び製作	同左（7参照）	同左（7参照）
セメント工			コンクリートの混合及び使用
材料があり、その利用法を考えて作る			
目的がきまり、材料組み立て方を考えて作る			
工具・備品の扱い方	家庭及び学校の諸設備・備品の保存及び小修理	同左（7参照）	同左（7参照）
美術常識	材料別による各種の絵画	絵画・説明図における各種の表現法	生活と美術
鑑賞	同左（3参照）	鑑賞を主とした美術史	同左（8参照）

主要な表現材料及び用具一覧表

注意　══ は最も重要なもの。── は使用料が比較的少ないか補助的に用いるもの。---- はそこから用いてもよい。またはそこまで用いてもよい。あるいはまれに用いるもの。

品名	小学校 1	2	3	4	5	6	中学校 7	8	9
クレヨン									
鉛筆									
水絵具									
毛筆と墨									
色紙									
中厚紙									
厚紙									
粘土									
糸・布									
木・竹									
針金・板金									
鉄・その他の金属									
セメント									
ものさし									
はさみ									
小刀									
三角定木									
分度器									
T定木									
きり									
くいきり									
ペンチ・ヤットコ									
木づち・金づち									
くぎ抜き									
ねじまわし・スパナ									
やすり									
のこぎり									
かんな									
曲尺・スコヤ									
のみ									
はんだごて									
各種のこう着剤									
各種の緊結材料									
塗装材料									

358　第4章　現代美術教育の諸相

② 1951（昭和26）年「小学校学習指導要領　図画工作編（試案）」
　　　　　　　　　　「中学校・高等学校学習指導要領　図画工作編（試案）」

　前述の1947（昭和22）年発行『学習指導要領（試案）』は、小中学校合本であったが、やがて連合国総司令部民間情報教育部の窓口が小学校と中学校・高等学校との二つに分かれたことによって、対応する文部省も初等教育課と中等教育課となった。したがって本学習指導要領も小学校と中学校・高等学校の二つに分かれている。そして、1947年の『学習指導要領（試案）』は終戦直後の混乱の中で、調査研究に十分な時間をかける余裕がなかったとの反省に基づき編纂されている。小学校と中学校・高等学校両方にまたがって本改訂の全体像を示す『学習指導要領　一般編（試案）』の「まえがき」には改訂の理由として、次の3点があげられている。
（1）その後の研究や調査によって新たな事項を加えたため。
（2）1947（昭和22）年度のものに当然載せるべきであったが、時日の関係で載せられなかったもの、たとえば高等学校の教育課程を載せたため。
（3）文部省より発行された他の書物に既に詳細に書かれてあるから、ある章は極めて簡単にしたため。
　これらを踏まえて次のような変更が加えられている。
・「教科課程」を「教育課程」と改称する。
・「自由研究」に代えて小学校に「教科外の活動」を、中学校に「特別教育活動」を設置する
・中学校「体育」を「保健体育」とする。
・高等学校「社会科」の中に「日本史」「東洋史」「西洋史」を新設する。
　また、前述の『学習指導要領　一般編（試案）』の「Ⅱ教育課程」には、各教科に配当する標準時間数が次のように示されている。

1951（昭和26）年『学習指導要領　一般編（試案）』
「Ⅱ教育課程」
1．小学校の教科と時間配当
　教育についての考え方の進歩とともに、小学校の教科の取扱い方やそれについての考え方は以前と異なっている。さらに地域社会の必要やこどもの必要を考えて、教育課程をつくるべきであるという原則からいえば、各教科に全国一律の一定した動かしがたい時間を定めることは困難である。したがって下記の教科の表においては、教科を四つの大きな経験領域、すなわち、主として学習の技能を発

達させるに必要な教科（国語・算数）、主として社会や自然についての問題解決の経験を発展させる教科（社会科・理科）、主として創造的表現活動を発達させる教科（音楽・図画工作・家庭）、主として健康の保持増進を助ける教科（体育科）に分ち、それぞれの四つの領域に対して、ほぼ適切と考えられる時間を全体の時間に対する比率をもって示した。この教科に対する時間配当表は、およその目安をつけるためにつくられたものであって、これを各学校が忠実に守ることを要求するものではない。これは各学校がそれぞれの事情に応じて、よくつりあいのとれたよい時間配当表をつくるための参考資料に過ぎない。

教科についての時間配当の例

教科＼学年	1、2	3、4	5、6
国語 算数	45%〜40%	45%〜40%	40%〜35%
社会 理科	20%〜30%	25%〜35%	25%〜35%
音楽 図画工作	20%〜15%	20%〜15%	25%〜20%
家庭			
体育	15%	10%	15%
計	100%	100%	100%

備考
(A) この表は教科の指導に必要な時間の比率だけを示しているが、学校はここに掲げられた教科以外に教育的に有効な活動を行う時間を設けることがのぞましい。
(B) 教科と教科以外の活動を指導するに必要な一年間の総時数は、基準として次のように定められる。

第1学年および第2学年　　　870時間
第3学年および第4学年　　　970時間
第5学年および第6学年　　　1050時間
（以下省略）

2．中学校の教科と時間配当
　中学校の教科および特別教育活動とその時間配当については、昭和24年5月および12月、さらに昭和26年4月に改正せられた。それは次の表のとおりである。

教科＼学年	1	2	3
必修教科 国語	175～280	175～280	140～210
社会	140～210	140～280	175～315
数学	140～175	105～175	105～175
理科	105～175	140～175	140～175
音楽	70～105	70～105	70～105
図画工作	70～105	70～105	70～105
保健体育	105～175	105～175	105～175
職業・家庭	105～140	105～140	105～140
小計	910～1015	910～1015	910～1015
選択教科 外国語	140～210	140～210	140～210
職業・家庭	105～140	105～140	105～140
その他の教科	35～210	35～210	35～210
特別教育活動	70～175	70～175	70～175

備考
（A）本表の時間数は1年間の最低および最高を示し、1単位時間を50分として表わしたものである。ただしこれには教室を移動する時間は含まれていない。
（B）教室移動および休息に要する時間は10分以内にとどめるのが望ましい。ただし昼食のための休息は、50分までのばすことができる。これらの時間はこの表に計算されていない。
（C）必修教科についての年・学期・月・週および日の指導計画は最低910時間、最高1015時間の範囲内で計画されなければならない。
（D）1年間の最低総時数を1015時間とする。この最低時数で授業をする学校では必修教科の時数は、年間のその最低時数たる910時間にすることが望ましい。
（E）これまでの習字は国語の中に、日本史は社会の中に含まれている。その運営は各学校の生徒の必要に応じて適宜計画されるものとする。
（以下省略）

3. 高等学校の教科と時間配当および単位数
　高等学校の教科・科目・授業時間数および単位数の基準は、次の表のとおりである。

高等学校の教科・科目・授業時間数および単位数表

教科	科目	総時間数（単位数）	学年別の例		
			第1学年	第2学年	第3学年
国語	国語（甲）		315 (9)	105 (3)	105 (3)	105 (3)
国語	国語（乙）	70 (2)	210 (6)	70 (2)	70 (2)	70 (2)
	漢文	70 (2)	210 (6)	70 (2)	70 (2)	70 (2)
社会	一般社会		175 (5)	175 (5)		
	日本史		175 (5)		175 (5)	
	世界史		175 (5)		175 (5)	
	人文地理		175 (5)		175 (5)	
	時事問題		175 (5)		175 (5)	
数学	一般数学		175 (5)		175 (5)	
	解析 (1)		175 (5)		175 (5)	
	幾何		175 (5)		175 (5)	
	解析 (2)		175 (5)		175 (5)	
理科	物理		175 (5)		175 (5)	
	化学		175 (5)		175 (5)	
	生物		175 (5)		175 (5)	
	地学		175 (5)		175 (5)	
保健体育	保健	315 (9)	385 (11)	105 (3)	105 (3)	105 (3)
	体育					
芸能	音楽	70 (2)	210 (6)	70 (2)	70 (2)	70 (2)
	図画	70 (2)	210 (6)	70 (2)	70 (2)	70 (2)
	書道	70 (2)	210 (6)	70 (2)	70 (2)	70 (2)
	工作	70 (2)	210 (6)	70 (2)	70 (2)	70 (2)
家庭	一般家庭	245 (7)	490 (14)	245 (7)	245 (7)	
	家庭		70 (2)			70 (2)
	保育	70 (2)	140 (4)		70 (2)	70 (2)
	家庭経理	70 (2)	140 (4)			140 (4)
	食物	175 (5)	350 (10)		175 (5)	175 (5)
	被服	175 (5)	350 (10)	175 (5)	175 (5)	175 (5)
外国語		175 (5)	525 (15)	175 (5)	175 (5)	175 (5)

（普通課程のみ抜粋、職業課程については省略）

　さらに、『小学校学習指導要領　図画工作編（試案）』の「まえがき」には1947（昭和22）年発行のものとの違いや改訂の趣旨が示されている。ここでは、その「まえがき」及び「第Ⅰ章　図画工作教育の目標」の抜粋を提示し、その考え方を概観する。

1951（昭和26）年『小学校学習指導要領　図画工作編（試案）』

まえがき

　この学習指導要領は、昭和22年度に刊行された学習指導要領図画工作編を改訂したものである。昭和22年度版に比べて、変ったところは、第1に小学校と中学校とを分けたこと。第2に各学年の図画工作指導は、これを指導書に移したこと。第3に図画工作教育の目標を、1. 図画工作教育の一般目標と、2. 小学校における図画工作教育の目標としたこと。第4に教材、表現材料および用具の一覧表はやめて、用具・材料等は附録にまわしたこと。第5に各学年における指導目標と指導内容の章を設けたこと。第6に学習指導法は、評価との関係を考慮して、指導計画・学習過程に重点をおいて述べたこと。第7に学習指導の評価は、指導法に関係づけて、評価の目的、評価の方法、評価による結果の利用、評価の項目例を出したことなどである。

　この学習指導要領は、児童の学習指導に当る指導者を助けるために書かれたものである。指導者が各学校において指導計画をたて、教科課程を展開する場合に、指導者の手びきとし、計画を適切にするために、よい示唆を与えようとする考えで編修されたものであって、この学習指導要領によって、教育を画一的にしようとするものではない。指導者は学習指導要領を参考としながら、地域社会のいろいろな事情、児童の生活あるいは学校の設備の状況などに照して、どのようにしたら最も適切な図画工作教育を進めていくことができるかについて、創意しくふうをこらすことがたいせつである。このような考えからこの学習指導要領は次のようなことに意を用いた。

1. 図画工作教育は、何を目ざして行われるかを指導者に知らせるために、教育基本法・学校教育法・学習指導要領一般編から一貫した考えで、図画工作教育の一般目標、また小学校における図面工作教育の目標について示唆を与えた。
2. 小学校において、これらの目標を達成するために、さらに中間目標として各学年の指導目標をあげた。この指導目標を目ざして進むため、その示唆として指導内容をあげた。もちろんこれは示唆であって、このとおりにすべきだという意味ではない。
3. 指導内容を便宜描画（描図も含む）・色彩・図案（配置配合を含む）・工作（製図を含む）・鑑賞（造形品の評価を含む）・態度、習慣の7項目に分けて述べた。
4. 各学年の指導目標を、表現・理解・鑑賞・技能・態度・習慣（道徳的要素）

といったような学習の成果と関連して述べた。
5. 図画工作の指導計画をたてる場合の示唆も与えた。
6. 学習の評価については、指導目標に照して、児童が望ましい進歩を示しているかどうかの判断ができるように、評価項目例をあげ、その方法の一般を示唆した。
7. 指導者の参考として、材料・用具に関する資料を示した。

　この学習指導要領は、前述のように、児童の興味・能力・必要に応じてこれを創造的に用いることはいうまでもない。この学習指導要領を使っていくうえにおいて注意すべき点をあげてみる。

1. 学習指導要領に示された、図画工作教育の一般目標や、小学校における図画工作教育の目標を念頭において、その地域社会の事情、児童の必要を考慮しておのおのの学校において、図画工作教育の目標を作ることが望ましい。
2. この学習指導要領は、全国の学校に共通の意味で書かれてあるから、各学校においては、それぞれの地域の事情に応ずるように、指導内容の選択をされることが望ましい。
3. 指導内容の範囲と、各学年への配列については、じゅうぶんな考慮を払われることがたいせつである。この学習指導要領にあまりこだわりすぎて、児童の能力を無視した指導におちいらないようにしなければならない。
4. 指導者は、児童の経験的背景や興味や能力をよく考え、さらに個人差に応じた活動をさせるようにくふうしなければならない。
5. 児童の能力のみならず、態度・習慣などの目標をも達することのできる活動を適切に選択すること。
6. この学習指導要領は、児童の望ましい経験の全部を準備しているとはいえない。各学校ではこれ以外に、目標に照して必要と思われる活動をも適切にとり入れていくように指導計画をつくることが望ましい。
7. 図画工作教育は、道徳に関する実践的内容が多く含まれているから、これらについても、それぞれの機会において指導するようにしなければならない。

（以下省略）

第Ⅰ章　図画工作教育の目標
1. 図画工作教育の一般目標
(1) 造形品の良否を判別し、選択する能力を発達させる。
A　形や色に対する感覚を鋭敏にすること。
B　造形品を構成している材料の良否、構成方法の適否を判断する力を発達させること。
C　造形品の用と美との関係を理解すること。
(2) 造形品を配置配合する能力を発達させる。
A　形や色に対する感覚を鋭敏にすること。
B　実験をとおして、均衡・変化・統一・調和等を理解し、それを実際のものに適用する技能を養うこと。
C　造形品の用と美との関係を理解すること。
(3) 造形的表現力を養うこと。
A　観察力を養い、形や色に対する感覚を鋭敏にすること。
B　創造力を発達させること。
C　美意識を発達させること。
D　表現の材料・用具・方法を理解し、表現技術を発達させること。
E　科学的・研究的・実践的態度を育成すること。
F　表現活動の人生に対する意義を理解させること。
(4) 造形作品の理解力、鑑賞力を養うこと。
A　色や形に対する感覚を鋭敏にし、美的情操を豊かにすること。
B　作品を構成する材料の良否、構成の方法の適否を理解する力を養うこと。
C　造形品を愛好し、よくできた作品や、すぐれた技術を尊敬する態度を養うこと。
D　作品に没入し、亨受する態度を養うこと。
2. 小学校における図画工作教育の目標
(1) 個人完成への助けとして。
A　絵や図をかいたり、意匠を創案したり、物を作ったりするような造形的創造活動を通して、生活経験を豊富にし、自己の興味・適性・能力などをできるだけ発達させる。
(A) 児童のもっている活動性と造形的欲求とを満足させ、生活経験を豊富にする。
(B) 観察力と、形や色に対する感覚とをできるだけ発達させる。
(C) 美的情操を、できるだけ豊かにする。

(D) 創造的な表現に対する自信と誇りとをもつようにする。
(E) 言語では表現できない思想や感情を、表現する手段としての初歩的な技能を得させる。
(F) 創造的表現活動を、情緒の安定のために役だてる。
B 実用品や美術品の価値を判断する初歩的な能力を発達させる。
(A) 自分の生活を維持するために必要なものが、使って便利か、見て美しいかについての関心を高め、いくらかの物についてその判断ができるようにする。
(B) 自分の生活を維持するために、必要ないくらかの物につき、それを作るに用いてある材料の良否、作り方の適否についての関心を高める。
(C) 自己の身辺にある造形品が、生活を明るく豊かにするための美しさを備えているかどうかについての関心を高め、いくらかその判断ができるようにする。
(D) 新しく選択する造形品が、自分の持っている他の造形品と、調和するかどうかについての関心を高め、いくらかその判断ができるようにする。
(E) 自然の美しさや、美術品の美しさに対する関心を高め、美を亨受する態度を発達させる。
(F) 自然や美術品の鑑賞を、情緒の安定に役だてる。
C 造形品を有効に使用することに対する関心を高め、初歩的な技能を発達させる。
(A) 手の器用さを増し、基本筋肉と微細筋肉との調和的発達をさせる。
(B) 自分の生活を維持するのに必要な造形品の手入れ、保存の技能を得させる。
(C) 物を美しく、便利に配置配合して、生活を明るく豊かにするいくらかの技能を得させる。
(2) 社会人および公民としての完成への助けとして。
A 造形的な創造活動、造形品の正しい選択能力、造形品の使用能力などを、家庭生活のために役だてることの興味を高め、技能を発達させる。
(A) 家庭生活に必要なものを、よく配置配合して、生活を明るく豊かにすることの興味を高め、いくらかの技能を得させる。
(B) 家庭用品をたいせつに使い、手入れ、保存することのある程度の技能を養う。
(C) 家庭の室、庭園などを整備することの関心を高め、ある程度の技能を得させる。
B 造形的な創造活動、造形品の選択能力、造形品の使用能力などを、学校生活のために役だてることの興味を高め、技能を発達させる。
(A) 学校用具をたいせつに使い、簡単なものを製作したり、ちょっとした修理をするある程度の技能を得させる。

(B) 他の学習の助けとなるよう、描写技能や製作技能を応用する力を養う。
(C) 学校生活を明るく豊かにするために、備品を配置配合したり、作品を展示したりするいくらかの技能を発達させる。
(D) 校地・校舎などを整理整頓、美化することの関心を高め、ある程度それができるようにする。
C　造形的な創造活動、造形品の選択能力、造形品の使用能力などを、社会生活の改善、美化に役だてるための関心を高め、いくらかの技能を養う。
(A) 造形活動をとおして、地域社会を理解させる。
(B) 地域社会の美化、改善のための計画をたてたり、その模型を作ったりすることの興味と、初歩的な技能とを得させる。
(C) 造形的な表現活動によって、他人に対して自分の思想や感情を伝えるある程度の技能を得させる。
D　人間の造形活動の文化的価値と経済的価値についての、初歩的な理解を得させる。
(A) 消費者の立場に立って、親切に作られたものや、優秀な作品、すぐれた技術を尊敬する態度を育成する。
(B) 各種材料の造形的価値と経済的価値について、いくらかの理解を得させる。
(C) 造形活動の進歩が、生活を明るく豊かにするために、どのように役だっているかについて、いくらかの理解を得させる。
(D) 工芸美術・商業美術の経済的価値について、初歩的な理解を得させる。
(E) 家・地方・日本および外国の、文化的資産としての美術品に対するいくらかの認識を養う。
E　美的情操を深め、社会生活に必要な好ましい態度や習慣を養う。
(A) 仕事のあと始末をよくし、清潔・整理の習慣を養う。
(B) 弟妹やその他の家族のために、自己の造形能力を善用することの態度を養う。
(C) 共同の用具・材料・公共物をたいせつに扱い、手入れ、保存についての責任を持つ態度を養う。
(D) 計画した仕事を完遂する態度を養う。
(E) 共同の作業をとおして責任を重んじ、協調する態度を養う。
(以上項目のみ抜粋)

　また、『中学校・高等学校学習指導要領　図画工作編（試案）』では、高等学校において、1941（昭和16）年に公布された「国民学校令」によって生ま

れた芸能科図画の教科名を使っているが、戦後の中等教育における美術教育の基本的な方向性を示したものとして位置づけることができる。担当が二課に分かれたこともあり、教育内容などには小学校図画との間に明確な違いが生じている。

ここでは、「まえがき」に示されている「1　学習指導要領編修の主旨」及び「2　各章の概観」を読み、その全体像を理解する。

1951（昭和26）年『中学校・高等学校学習指導要領　図画工作編（試案）』
まえがき
1　学習指導要領編修の主旨
　この学習指導要領は、中学校図画工作科・高等学校芸能科図画・工作の教育課程を作成する上の基準として編修したものである。
　教育課程は、生徒が学習を進めていく上に適したものでなければならない。そのためには、生徒の実態や学校の属している地域社会の情況を知って、その生徒たちに適したものとすると同時に、全体的立場からみて、発展的に考慮されなければならない。このような条件を備えた教育課程は、常に生徒に接している学校や教師の創意くふうによってはじめて望ましいものが作成されるわけである。
　中学校図画工作科や高等学校芸能科図画・工作の教育課程を作成するには、まず何をいかなる範囲から、どのような観点から選択し、生徒たちに適した組織にするかが問題になる。本書はそれらの基準として示したものである。
2　各章の概観
　本書は、次に示す10章と付録からなりたっている。各章や付録にわって〔原文ママ〕、概略について述べよう。
第1章　中等学校図画工作教育の目標
　教育の具体的な計画はすべて教育の目標より導き出される。
　中学校・高等学校の図画工作教育は、生徒の心身の発達の相違や、学校の性格によって、おのずからそこに教育の目標にも、重点のおきどころが変ってくる。しかし、そこに一貫した背景をなすものは、図画工作教育がなぜ必要か、どのように教育するかということである。これを支持するものが図画工作教育の一般目標である。この一般目標を出発として、中学校・高等学校の生徒の心身の発達や、この期の生徒に期待される図画工作面からの成長発達を望む目安として、中学校図画工作教育の目標・高等学校芸能科図画教育の目標・高等学校芸能科工作教育の目標が述べてある。

第Ⅱ章　中学校図画工作教育課程

　中学校の図画工作教育課程を作成するには、どのような範囲から、どのような観点で、どんなものを選択し、教育課程を作成すればよいかをまず考えなければならない。

　この選択にあたっては、それによって生徒が好ましい経験を積むために適切なものでなければならない。このような考えで選択されたものが指導内容である。中学校生徒は、小学校の児童に比べて、心身が発達しているので、図画工作教育課程を作成し、それを展開する上にも一般に差違が認められる。すなわち、小学校の図画工作教育の段階では、比較的総合的な取扱が多いが、中学校の段階になると、分化した取扱が多く含まれてくる。このため小学校においては、指導内容を便宜次に示す。

　「描画」「色彩」「図案」「工作」「鑑賞」の五つであるのに対して、中学校では「描画」「色彩」「図案」「配置配合」「工作」「鑑賞」の七つ（原文ママ）のまとまりに分けてみた。

　この七つの指導内容を中心にして、図画工作の経験を通じて生徒に好ましい能力の発達を期待するものに、表現力・鑑賞力・理解力と、表現に必要な基礎的な技術力の大きな四つの面がある。七つの指導内容は、この生徒のたいせつな図画工作の四つの行動の面からながめておくことは、教育課程を作成し、これを展開していく上に便利であると考えたので、指導内容と、行動の面とを関連づけて、指導内容を第１学年・第２学年・第３学年に分け、これをまとめて一覧表とした。

第Ⅲ章　高等学校芸能科図画教育課程

　高等学校芸能科図画は、生徒の興味・適性・必要によってこれを選択することになっているので、この生徒の要求に応ずるために、指導内容の範囲も相当の幅を持つようにしてある。しかし高等学校芸能科図画は、一般的な造形的教養を身につけるところにその主眼がおかれているので、生徒の好みによって選択するといっても、全体からみてかたよらないようにすることがたいせつである。

　指導内容はこれを便宜次に示す「絵画」「彫刻」「図案」「色彩」「図法・製図」「鑑賞」「生活の美化」「美術概論」の八つに分けてみた。また選択による学習コースの立て方も参考として示した。

　なお、各指導内容にわたって、その目標、指導上の注意を述べ、さらに、各指導内容に属する指導項目を取り上げ、これについて、それぞれ指導すべき着眼点などを一覧表とし、図画教育課程を作成する上の参考として示した。

第Ⅳ章　高等学校芸能科工作教育課程

　高等学校芸能科工作に対する見方や、考え方は前章の高等学校芸能科図画にお

けると同様である。

　指導内容はこれを便宜次に示す「工芸」「彫刻」「建築」「図衆」〔原文ママ〕「色彩」「図法・製図」「鑑賞」「生活の美化」「工芸概論」の九つに分けてみた。また選択による学習コースの立て方も参考として示した。

　なお、各指導内容にわたって、その目標、指導上の注意を述べ、さらに、各指導内容に属する指導項目を取り上げ、これについてそれぞれ指導すべき着眼点などを一覧表とし、工作教育課程を作成する上の参考として示した。

第Ⅴ章　生徒の発達と図画工作

　青年期にあたる中学校・高等学校の生徒は、心身の発達に一般にどのような特徴を示すか、それが図画工作の実際面にどんな傾向として現われるかを理解しておくことはたいせつであるが、その概略について述べてある。

第Ⅵ章　図画工作の学習指導

　適切に取り入れられた指導内容は、これによって生徒に望ましい図画工作の面からみた諸能力や態度・習慣が身につくように、指導を継続しなければならない。ここに学習指導の問題が重要になってくる。

　図画工作の学習指導要領は、主として図画工作の教育課程を組織する上の参考資料を提供する立場をとっているので、図画工作の学習指導についての具体的な個々の問題には触れないが、しかし、図画工作の教育課程を組織するには当然図画工作の学習指導を考慮して、これと密接に関連を考えられなければならないので、本章では、図画工作学習指導にも一応触れることにした。

第Ⅶ章　図画工作教育課程作成の資料

　教育が定まった教育課程や教科書によって機械的に進められるとしたら、問題はないがこれでは生徒に望ましい成長発展を期待することはできない。このように考えると、教育は社会の進展を絶えずみつめ、これらの中に適切な資料をみつけ、これを図画工作教育課程中に組織立てて、基礎となる生徒の諸能力を望ましい方向に伸ばすものでなければならない。

　学習が効果あるように進められるには、生徒が直接当面する生活経験の中に解決すべき問題をみつけ、これを巧みに組立てなければならない。生徒が当面する生活の場面は、中等学校の段階になければ、相当の範囲にわたるものであり、さらに生徒の成長発達を望めばその範囲はいっそう拡大されて、環境と密接に関連づけられなければならない。

　このような生徒の学習に適した図画工作教育課程を作成するには、広く環境からそれに適した資料を選択しなければならない。本章はその参考のために示した

ものである。

第Ⅷ章　図画工作教育と他教科・他の学習との関連

　教育は、生徒の望ましい個人的な資質と社会的な資質の成長発達を望むための一体となった教育活動である。この教育活動を適切に進めるには、いろいろな観点から選択した、いろいろな指導内容によって生徒の指導を考えなければならない。しかも選択した資料は、相互の関連をじゅうぶんに考えて、一体として指導面に生かされ、生徒の望ましい経験として組織立てられるようにしなければならない。

　図画工作教育においても、指導の根本である教育課程を作成するにあたってこの点にじゅうぶん注意を払うことがたいせつである。

　本章は図画工作の教育課程を作成する上に図画工作教育と他教育のとの関連の概略をみるための参考として役だてようとしたものである。

第Ⅸ章　図画工作の評価

　教育は生徒が好ましい経験を積む連続した過程が重要になる。この過程におけるよい経験を積ませるためには、指導者はその過程における要所要所に立みてっ゛せま生、生徒の生活経験の結果過程をながめ、さらによりよい経験を積やそ徒の望ましい能力のじゅうぶんな成長発達を期待しなければならない。

　本章は、その生徒の経験の過程や結果を評価し、これをいかに図画工作の教育の実際面に生かさなければならないかの手続と方法について述べてある。

第Ⅹ章　図画工作教育課程の作成

　教育課程は、生徒のおかれている環境の条件を考慮した地域差に応ずるものでなければならない。したがってその主要部分をなすものは、学校や教師によって作成されなければならないが、しかし、国とか地方による全体的な立場からながめた教育課程も必要になる。

　本章はそれぞれの立場によって作成された教育課程の特質や、教育課程作成の手続・方法および改善を、主として図画工作教育の面からみたものを示している。

付録

　本文は主として図画工作教育課程作成の基本になる要素を、各章にわたって示しているが、付録はさらに図画工作教育課程作成上参考にすべき点を次の三つの項にわたって示している。

1　図画工作教育の材料選択の基礎

　　図画工作の指導では、具体的な表現材料が必要になる。この材料も単に販売されているものを購入するだけでなく、指導上適切なものを購入したり、

研究したり、また研究して間に合わせることがたいせつである。このようにして適切なものを選択したり、研究する上に参考に示したものが本項である。
2　設備・備品
　　図画工作教育の成果は、物的環境に支配されることが大きい。この物的環境を絶えず改善していくことはきわめてたいせつであるが、そのため、普通の物的環境はどのようであるか、望ましい物的環境はどのようなものであるかを参考のために示している。
3　参考書
　　参考書はこれを教師用と生徒用に分けた。
　　あげられるものだけが重要であるということではなく、指導や学習が進めばさらにいろいろ参考書が必要になろう。
4　美術館・博物館その他

③ 1956（昭和31）年「高等学校教育課程」改訂
　　　　　　　　　　　「高等学校学習指導要領　芸術科編」

　この高等学校の教育課程及び学習指導要領改訂には、6・3・3・4制による学制が整ってくる中で、高等学校の位置づけをさらに明確にする意図があった。1955（昭和30）年12月に発行された「一般編」の「まえがき」に改定の理由を次のように記している。

1955（昭和30）年『高等学校学習指導要領　一般編』
まえがき
　この高等学校学習指導要領一般編は、「学習指導要領一般編（昭和26年改訂版）のうち、高等学校に関する部分を改訂したものであって、昭和31年度の第1学年から、学年進行をもって、実施されるものである。
　なお、この改訂を行うにあたって意を用いた点は、およそ次のとおりである。
1　高等学校の教育は、この段階における完成教育であるという立場を基本とすること。
2　高等学校の教育課程は、各課程の特色を生かした教育を実現することを眼目として編成すること。
3　教育にいっそうの計画性をもたせるため、特に普通課程においては、教育課程の類型を設け、これにより生徒の個性や進路に応じ、上学年に進むにつれて分化した学習を行いうるようにすること。

4 　教育の効果を高めるため、教科、科目の組織を改めること。
5 　各教科、科目の単位数は、各課程の必要に応じうるようにこれを一種類のみとせず、これに幅をもたせること。
6 　社会科、数学科、理科における知的教養のかたよりを少なくするため、それぞれの履修範囲を広くすること。
7 　全日制の普通課程における芸術、家庭およびその他の職業に関する教育を充実すること。

　この改訂において、芸能科は芸術科へと改称され、芸術科音楽、芸術科美術、芸術科工芸、芸術科書道の構成が成立する。ここでは、「芸術科編」の中から芸術科全体の目標及び構成、美術の目標と内容、工芸の目標と内容を抜粋し、その概観を把握することとする。

1956（昭和31）年『高等学校学習指導要領　芸術科編』
第1章　芸術科の目標
　高等学校芸術科の学習は、中学校の教育の成果に基き、芸術の創造的表現や鑑賞を通して、高等学校教育の目的と目標の達成を目ざすものである。
　芸術の創造的表現は、思考や感情を美的に秩序だてて表わすことである。この創造的表現の学習によって、みずからの経験を出発として、意識的な行為を洗練し、感情をもりたて、そこに新たな創造活動が円滑に進めることができる。この面から個性の伸長に役だつ。
　芸術の鑑賞の学習は、美的な価値を理解感得し、さらに高い価値を追求することである。このことによって、芸術的の創造表現もじゅうぶんに営まれるようになり、かつ情操も純化されるのである。表現がともすると限られた分野に終りがちであるに対して、鑑賞は鑑賞そのものの特徴から、より広い分野にわたる経験を得させる学習を展開させることができる。
　芸術的な創造や鑑賞は、もともと個性的なことがその本質であるが、これによって個性の円満な発達が行われるときは、個人としての情緒の安定に役だつと同時に、社会性の伸長にも役だつものであり、ひいては生活を明るく豊かにすることもできるものである。以上のことから、芸術科においては、次のことを目標とする。
　高等学校芸術科は、芸術の表現・鑑賞を通して美の理解感得と創造性の育成に努め、情操を純化し生活を豊かにして、円満な人間の形成を目ざすものである。

第2章　芸術科の組織

1　芸術科の科目および単位数

教科	科目	単位数（指導時間数）					
		単位　時間		単位　時間		単位　時間	
芸術	音楽	2　(70)	または	4 (140)	または	6 (210)	
	美術	2　(70)	または	4 (140)	または	6 (210)	
	工芸	2　(70)	または	4 (140)	または	6 (210)	
	書道	2　(70)	または	4 (140)	または	6 (210)	

2　教科の運営と履修上の注意

(1) 芸術科は、すべての生徒に履修させることが望ましい。

　青年期にある高等学校の生徒にとっては、情操方面の教育は重要な意味を持ってくる。

　芸術の学習によって得られる創造的表現、鑑賞の能力は、人間形成の上に寄与するものであるから、すべての生徒にこれを履修させるように計画することが望ましい。

(2) 各科目の1個学年における単位数は2とする。

　このことから、1個学年に4単位または6単位を履修させようとする場合は、芸術科の2科目または3科目を履修することになる。しかし、学年を追って2まだは（原文ママ）4または6単位以上を履修させる場合には、1科目またはそれ以上の科目の継続した履修も可能になる。

(3) 全日制の普通課程のすべての生徒には、芸術科、家庭科、職業に関する教科のうちから、6単位以上を履修させる。

　この場合すべての生徒に、芸術科2単位を履修させることか（原文ママ）望ましい。

(4) 芸術の各科はそれぞれ特質があるので、生徒の個性・進路などに応じて科目を選択して履修させることができるように、また生徒の芸術的教養が片寄らないために2科目以上を履修きせる（原文ママ）ことができるように、科目およびその単位数を設けることができる。

(5) 芸術科の4科目のいずれを履修するにあたっても、最初の2単位は、その科目の第1年次の内容を指導する。第2年次の内容は、第1年次の内容の履修が終ってから履修させ、同様に第3年次の内容は、第2年次の内容の履修が終ってから履修させる。

　芸術科の年次とは、学年を示したものでなく、1個学年において履修する芸術科各科目の内容の段階を示したものである。

（第3章省略）

第4章　芸術科美術

I　芸術科美術の目標

「美術」は、中学校の学習経験の上に立って、絵画・彫刻・美術概論などの学習を通して、次の諸項目の達成に努める。

(1) 絵画・彫刻などの美的表現の体験を通して、創造力を盛んにする。
(2) 美術的な感覚と感情を洗練する。
(3) 美的な鑑賞力を高める。
(4) 美的な表現や鑑賞を通して、個性の伸長を図る。
(5) 美的な表現や鑑賞を通して、生活を明るく豊かにする能力を高める。
(6) わが国および諸外国の美術文化の伝統や動向を理解し、美術文化の発展に寄与する態度を養う。
(7) 美術文化によって、国際間の理解を深める態度を養う。

II　美術の内容

「美術」は、その内容を絵画・彫刻・美術概論の三つとする。

第1年次においては、絵画・彫刻・美術概論の三つの領域を主体として学習する。引き続いて履修する場合の第2年次以降においては、生徒の必要・興味・進路などを考慮して、その内容を分化し、程度を高める。

これら絵画・彫刻・美術概論のそれぞれについては、孤立せず相互に関連を持つように扱う。

各年次の内容の扱いについては、以下掲げる「美術」の内容の指導目標および指導上の注意と、生徒の必要・興味・進路などを考慮して、適切に扱うことが必要である。

第5章　芸術科工芸

I　芸術科工芸の目標

「工芸」は、中学校の学習経験の上に立って、デザイン・製作・工芸概論などの学習をとおして、次の諸項目の達成に努める。

(1) 工芸的な創造力や鑑賞力を高め、個性の伸長を図る。
(2) 造形的な感覚を洗練する。
(3) 工芸的な表現や鑑賞を通して、生活を明るく豊かにする能力を高め、またその能力を積極的に活用する実践的態度を養う。
(4) 工芸的な技術や材料に対する理解と関心を深める。
(5) 工芸や建築などの鑑賞力を養う。
(6) わが国および諸外国の工芸・建築文化の伝統ならびに動向を理解し、工芸・

建築文化の発展に寄与する態度を養う。
(7) 工芸・建築文化によって、国際間の理解を深める態度を養う。
II　工芸の内容
　「工芸」は、その内容をデザイン・製作・工芸概論の三つとする。
　この三つの内容は、生徒の造形的活動の面から考え、表現活動を主とするものと、工芸に関する広い視野を作るための工芸概論に分け、前者はさらに生徒の創造性に基くデザインと、デザインされたものを実際に作り出す製作とに分けた。
　デザイン・製作・工芸概論の三者はいずれも相互に深い関係を持つものである。特にデザインと製作とは一環連続した深い関係にあるが、両者はそれぞれ特殊の面を持つので、指導上便宜のために二つに分けた。
　第1年次においては、デザイン・製作・工芸概論の三つとする。引き続いて履修する場合の第2年次以降においては、生徒各自の必要・興味・進路などを考慮して、その内容を分化し程度を高める。
　各年次の内容の扱いについては、以下掲げる「工芸」の内容の指導目標および指導上の注意と、生徒の必要・興味・進路などを考慮して適切に扱うことが必要である。
（第6章省略）

④ 1958（昭和33）年「小学校学習指導要領」「中学校学習指導要領」 1960（昭和35）年「高等学校学習指導要領」

　1947（昭和22）年に『学習指導要領（試案）』が発行されたとき、連合国総司令部民間情報教育部はその作成意図を、本来的に学習指導要領は各自治体の教育委員会において作成されるものであるが、終戦直後の状況では無理であるから、文部省作成による『学習指導要領（試案）』をその参考として発行するものであるとしていた。しかしながら、1952（昭和27）年のサンフランシスコ講和条約発効によって、日本の主権が回復し、占領下の学習指導要領ではなく、独立国日本の将来を担う人材の育成を期した法的根拠の明確な学習指導要領の必要性に関する論議がなされるようになった。このような当時の教育課程審議会答申を受け、文部省は、1958（昭和33）年8月に教育課程及び時間配当等については「学校教育法施行規則」に定めるとの規則改正を行った。
　現在、学習指導要領については「学校教育法第三十三条」に「小学校の教育課程に関する事項は、第二十九条及び第三十条の規定に従い、文部科学大

臣が定める。」とあり、中学校に関しては「同第四十八条」、高等学校に関しては「同第五十二条」、中等教育学校に関しては同第六十八条、特別支援教育に関しては「同七十七条」に同等の内容が定められている。また、これを受けて、「学校教育法施行規則第五十二条」には「小学校の教育課程については、この節に定めるもののほか、教育課程の基準として文部科学大臣が別に公示する小学校学習指導要領によるものとする。」との規定があり、同じく中学校、高等学校、中等教育学校、特別支援教育に関しても以下に同等の規定がある。

　以上のような法的拘束性をもち、「改訂告示」として示された今回の学習指導要領における改訂の重要事項は次のように要約することができる。
・基礎学力の充実と科学技術教育の向上を目指す。
・学習内容の系統性を踏まえ、小中学校教育の一貫性を強める。
・情操教育、身体健康安全教育の充実を図る。
　このような基本方針のもとに、次のような具体的教育課程の改訂が行われた。
・小中学校の「算数（数学）」「国語」の時間数増
・小中学校の「道徳」を設置
・高等学校に「倫理社会」を新設
・中学校の「職業・家庭科」を「技術・家庭科」に、「図画工作科」を「美術科」に再編
・高等学校「職業を主とする学科」の中に「美術に関する学科」を設置

　このような改訂の中でも、特に中学校における「職業・家庭科」と「図画工作科」の学習内容の再編による「技術・家庭科」と「美術科」の設置については、各方面からの論議が集中した。特に美術教育研究団体は活発な広報活動等を行ったが、経済的発展が急速に進む社会背景の中、当時の「教育課程審議会中等教育部」は1958（昭和33）年2月15日に次のような決定を発表している。

1958（昭和33）年2月15日発表「教育課程審議会中等教育部決定」
美術科について
（イ）現行の図画工作科を改めて「美術科」とし、その内容を芸術性創造性を主体とした表現や鑑賞活動に関するものとし、生産技術に関する部分は「技術科」を新設してここで取扱うこととする。

（ロ）教科の更編成に応じ、かつ生徒の進路特性に即して教育課程に弾力性をもたせるため新設の美術科の第二学年および第三学年における週当り必修時間を一時間とするが、さらに選択時間をおいて履修することができるようにする。

技術科について

（イ）現行の職業・家庭科（必修）を改めて技術科とし、図画工作科において取扱われてきた生産的技術に関する部分を含めて内容を編成する。

（ロ）内容に二系列を設け、男子向には工業的内容を中心とする系列、女子向には家庭科内容を中心とする系列を学習させる。

（ハ）理科との関連において内容を精選し、系統的学習ができるようにする。

（ニ）技術科教育の効果を高めるため、教員養成と現職教育の強化徹底を図り、施設設備の整備に努める必要がある。

　また、小学校「図画工作科」には「美的情操を養う」、中学校「美術科」には「情操を豊かにするとともに」、高等学校芸術科には「情操の純化を図る」が各教科の目標中に加えられ、情操教育としての位置づけが一層明確なものとなった。さらに、この改訂より「彫刻」に代わってモデリングとカービングの意味を明確にするとの視点から「彫塑」を使っている。以下には、各学習指導要領の「総則」と関係教科の「目標」及び「指導計画作成および学習指導の方針」を中心にして提示し、この改訂の概観を把握する。

1958（昭和33）年『小学校学習指導要領』

第1章　総則

第1　教育課程の編成

1　一般方針

　小学校の教育課程は、国語、社会、算数、理科、音楽、図画工作、家庭および体育の各教科（以下各教科という。）ならびに道徳、特別教育活動および学校行事等によって編成するものとすることとなっている（学校教育法施行規則（以下「規則」という。）第24条第1項）。

　各学校においては、教育基本法、学校教育法および同法施行規則、小学校学習指導要領、教育委員会規則等に示すところに従い、地域や学校の実態を考慮し、児童の発達段階や経験に即応して、適切な教育課程を編成するものとする。

2　授業時数の配当

（1）小学校の各学年における各教科および道徳の授業時数については、次の表の

ように定められている（規則第24条の2）。

	区分	第1学年	第2学年	第3学年	第4学年	第5学年	第6学年
教科	国語	238 (7)	315 (9)	280 (8)	280 (8)	245 (7)	245 (7)
	社会	68 (2)	70 (2)	105 (3)	140 (4)	140 (4)	140 (4)
	算数	102 (3)	140 (4)	175 (5)	210 (6)	210 (6)	210 (6)
	理科	68 (2)	70 (2)	105 (3)	105 (3)	140 (4)	140 (4)
	音楽	102 (3)	70 (2)	70 (2)	70 (2)	70 (2)	70 (2)
	図画工作	102 (3)	70 (2)	70 (2)	70 (2)	70 (2)	70 (2)
	家庭					70 (2)	70 (2)
	体育	102 (3)	105 (3)	105 (3)	105 (3)	105 (3)	105 (3)
道徳		34 (1)	35 (1)	35 (1)	35 (1)	35 (1)	35 (1)
計		816 (24)	875 (25)	945 (27)	1015 (29)	1085 (31)	1085 (31)

(2) 上掲（1）の表に示された授業時数は、年間の最低授業時数であるから、各学校においては、下記「3特例」（省略）に示す場合を除き、この表に示す授業を下ってはならないこととなっている。

(3) 上掲（1）の表において、授業時数の1単位時間は45分となっており、かっこ内の授業時数は年間授業日数を35週（第1学年については34週）とした場合における週当りの平均授業時数である。

(4) 各教科、道徳、特別教育活動および学校行事等に授業時数を配当するに当っては、下記の事項に注意する必要がある。

ア 各教科、道徳、特別教育活動および学校行事等の年間の総授業時数ならびに各教科および道徳のそれぞれの年間の最高授業時数は定められていないが、これらの授業時数を定めたり、配当したりするにあたっては、児童の負担過重にならないように考慮すること。

イ 特別教育活動および学校行事等については、それらに充てる授業時数は定められていないが、年間、学期、月または週ごとに適切な授業時数を配当するようにすることが望ましいこと。

　なお、この場合、それらの実施によって、各教科および道徳に充てる授業時数が上掲（1）の表に示された最低授業時数を下らないようにすること。

ウ 各教科および道徳についての各学年の授業は、年間35週以上にわたって行うように計画すること。

エ 各教科および道徳についての1週間の時間割を作成するにあたっては、上掲（1）の表のうち、かっこ内に示した週当りの平均授業時数を参照し、季節およびその他の事情を考慮し、調和的、能率的な指導を行いうるようにすること。

オ　各教科および道徳の授業の1単位時間は、45分とすることが望ましいこと。季節およびその他の事情により、授業の1単位時間を45分未満とする場合は、当該学年において、上掲（1）の表に示す授業時数を下らないようにすること。
　　　なお、授業の1単位時間には、教室を移動したり、休憩したりするのに要する時間を含まないものとすること。
カ　第1学年および第2学年においては、一部の各教科について、合わせて授業を行うことができることとなっている（規則第25条の2第2項）。この場合、目標、内容、授業時数等は、それぞれの教科に示されたものを充足するように配慮しなければならないこと。

（中略）

第1章　各教科
第6節　図画工作
第1　目標
1　絵をかいたり物を作ったりする造形的な欲求や興味を満足させ、情緒の安定を図る。
2　造形活動を通して、造形感覚を発達させ、創造的表現の能力を伸ばす。
3　造形的な表現や鑑賞を通して、美的情操を養う。
4　造形的な表現を通して、技術を尊重する態度や、実践的な態度を養う。
5　造形活動を通して、造形能力を生活に生かす態度を養う。

　上に掲げた図画工作科の目標は、相互に密接な関連をもつものであるが、目標1は、図画工作科における指導の出発点となりまたその基底となるものである。したがって、各学年における具体的な学習が、主として目標2、3および4のいずれにかかる場合においても、図画工作科の特性上、常にその指導の根底には、目標1が考慮されなければならない。目標2、3および4は、それぞれ創造的表現力、美的情操および造形活動における実践的態度について、その目標を掲げたものであるが、各学年における具体的な学習においては、これらのねらいが有機的に結びつけられるとともに、目標5との関連が考慮されなければならない。

（以下省略）

1958（昭和33）年『中学校学習指導要領』

第1章　総則

第1　教育課程の編成

1　一般方針

　中学校の教育課程は、必修教科、選択教科、道徳、特別教育活動および学校行事等によって編成するものとすることとなっており、必修教科は、国語、社会、数学、理科、音楽、美術・保健体育および技術・家庭の各教科、選択教科は外国語、農業、工業、商業、水産、家庭、数学、音楽および美術の各教科となっている（学校教育法施行規則（以下「規則」という。）第53条）。

　各学校においては、教育基本法、学校教育法および同法施行規則、中学校学習指導要領、教育委員会規則等に示すところに従い、地域や学校の実態を考慮し、生徒の発達段階や経験に即応して、適切な教育課程を編成するものとする。

2　授業時数の配当

(1)　中学校の各学年における必修教科および選択教科（以下「各教科」という。）、道徳ならびに特別教育活動のうちの学級活動（以下「学級活動」という。）の授業時数については、次の表のように定められている（規則第54条）。

区分		第1学年	第2学年	第3学年
必修科目	国語	175 (5)	140 (4)	175 (5)
	社会	140 (4)	175 (5)	140 (4)
	数学	140 (4)	140 (4)	105 (3)
	理科	140 (4)	140 (4)	140 (4)
	音楽	70 (2)	70 (2)	35 (1)
	美術	70 (2)	35 (1)	35 (1)
	保健体育	105 (3)	105 (3)	105 (3)
	技術・家庭	105 (3)	105 (3)	105 (3)
選択科目	外国語	105 (3)	105 (3)	105 (3)
	農業	70 (2)	70 (2)	70 (2)
	工業	70 (2)	70 (2)	70 (2)
	商業	70 (2)	70 (2)	70 (2)
	水産	70 (2)	70 (2)	70 (2)
	家庭	70 (2)	70 (2)	70 (2)
	数学			70 (2)
	音楽	35 (1)	35 (1)	35 (1)
	美術	35 (1)	35 (1)	35 (1)
	道徳	35 (1)	35 (1)	35 (1)
	特別教育活動	35 (1)	35 (1)	35 (1)

(2) 上掲（1）の表に示された授業時数は、年間の最低授業時数であるから、各学校においては、下記「4特例」（省略）に示す場合を除き、この表に示す授業時数を下ってはならないこととなっている（規則第54条）。

(3) 上掲（1）の表において、授業時数の1単位時間は50分となっており、かっこ内の授業時数は年間授業日数を35週とした場合における週当りの平均授業時数である。

(4) 各教科、道徳、特別教育活動および学校行事等に授業時数を配当するにあたっては、下記の事項に注意する必要がある。

ア 各教科、道徳、特別教育活動および学校行事等の年間の総授業時数ならびに各教科、道徳および特別教育活動のそれぞれの年間の最高授業時数は定められていないが、これらの授業時数を定めたり、配当したりするにあたっては、生徒の負担過重にならないように考慮すること。

イ 特別教育活動のうちの生徒会活動、クラブ活動などや学校行事等については、それらに充てる授業時数は定められていないが、年間、学期、月または週ごとに適切な授業時数を配当するようにすることが望ましいこと。

　なお、この場合、それらの実施によって、各教科、道徳、および学級活動に充てる授業時数が上掲（1）の表に示された最低授業時数を下らないようにすること。

ウ 各教科、道徳および学級活動についての各学年の授業は、年間35週以上にわたって行うように計画すること。

エ 各教科、道徳および学級活動に充てる週当り授業時数の計は、同一学年のすべての生徒について同一とすること。

オ 各教科、道徳および特別教育活動についての1週間の時間割を作成するにあたっては、上掲（1）の表のうち、かっこ内に示した週当りの平均授業時数を参照し、季節およびその他の事情を考慮し、調和的、能率的な指導を行うようにすること。

カ 各教科、道徳および学級活動の授業の1単位時間は、50分とすることが望ましいこと。季節およびその他の事情により、授業の1単位時間を50分未満として授業を行う場合においても、当該学年において上掲（1）の表に示す授業時数を下らないようにすること。

　なお、授業の1単位時間には、教室を移動したり、休憩したりするのに要する時間を含まないものとすること。

キ 各学年における各教科、道徳および学級活動の授業時数の計は、1120単位時

間を下ってはならないこととなっている。第2学年および第3学年にあっては、必修教科、選択教科、道徳および学級活動の最低授業時数をとる場合には、これらの計が1120単位時間には達しないようになっているが（規則第54条別表第2、同表備考第3号および第4号イ）、各学校においては、その実情に即応して、各教科、道徳または学級活動のうち必要と思われるものに授業時数を増して配当し、それらの計が、所定の1120単位時間以上となるようにしなければならないこと。

3　選択教科の運営

　選択教科は、土地の状況ならびに生徒の進路および特性を考慮して設けるものとし（規則第53条第3項）、その際下記によるものとする。

(1) 選択教科の授業時数については、次のとおりとなっている（規則第54条別表第2および同表備考第4号）。

ア　学校は、毎学年1以上の選択教科について105単位時間以上を生徒に履修させなければならないこととなっており、このうち、少なくともいずれか1の教科の授業時数は、70単位時間以上（外国語にあっては105単位時間以上）でなければならないこととなっていること。

イ　上記アによって70単位時間以上履修する選択教科のほかに、農業、工業、商業、水産または家庭（以下「職業に関する教科」という。）のうち1以上の教科を履修させる場合における当該職業に関する教科についての授業時数は、上掲2の（1）の表に示されている授業時数にかかわらず、それぞれ35単位時間とすることができることとなっていること。

(2) 学校は、個々の生徒について、その進路、特性等をじゅうぶん考慮し、それぞれの生徒に適した選択教科を選択させて履修させるように指導しなければならない。

(3) 選択教科のうち外国語については、英語、ドイツ語、フランス語その他の現代の外国語のうちいずれか1か国語を履修させることを原則とし、第1学年から履修させることが望ましい。

　　なお、進路、特性等により外国語を深く学習しようとする生徒に対しては、第3学年において、これを175単位時間以上履修させることが望ましい。

(4) 進路、特性等により数学をさらに深く学習しようとする生徒に対しては、第3学年において、選択教科の数学を履修させることが望ましい。

(5) 第3学年において、進路、特性等により職業に関する教科を学習しようとする生徒に対しては、地域や学校の実態と生徒の必要とに応じ、職業に関する

教科について、140単位時間以上履修させることが望ましい。
(6) 選択教科の音楽または美術については、生徒の進路、特性等に応じて履修できるようにすることが望ましい。

(中略)

第2章　各教科
第6節　美術
第1　目標

1　絵画や彫塑などの表現や鑑賞を通して、美術的な表現意欲を高め、創作の喜びを味わわせる。
2　色や形などに関する学習を通して、美的感覚を洗練し、美術的な表現能力を養う。
3　わが国および諸外国のすぐれた美術作品を鑑賞させ、自然に親しませて、美術や自然美を愛好する心情や鑑賞する力を養う。
4　美術の表現や鑑賞を通して、情操を豊かにするとともに、美術的な能力を生活に生かす態度や習慣を養う。

　以上の目標の各項目は、相互に密接な関連をもって、全体として美術科の目標をなすものであるから、指導にあたっては、この点を常に考慮しなければならない。

(中略)

第3　指導計画作成および学習指導の方針

1　各学年の内容は、A表現とB鑑賞の二つの領域に大別し、A表現はさらに、印象や構想などの表現、色や形などの基礎練習および美術的デザインの三つに分けてある。したがって指導計画の作成や指導にあたっては、それぞれの特性を生かすとともに相互の有機的な関連を図るように心がけなければならない。
2　指導する事項の扱いにおいては、美術の性格上、生徒の発達段階に応じて同一事項でもこれを質的に高めていくべき性格のものもあるから、この点に留意しなければならない。
3　各学年の2A（印象や構想などの表現）中の表現題材については、指導計画を作成するにあたって、全学年を通して、生徒の発達段階などを考慮して適切な計画を立てなければならない。
4　選択教科としての美術の時間においては、各学年の内容において示したものを深めるという取扱をする。深めるべき内容としては、すべての領域にわたって行うのもよく、また、生徒の特性に応じて、（印象や構想などの表現）や（美術的デザイン）の面に重点をおいてもよい。

5　指導計画作成にあたっては、特に技術・家庭科との関連を図ることが必要である。
6　指導計画作成にあたっては、学校の施設設備の状況、付近の風景、季節など考慮して年間計画などを作成して、指導を計画的に行うことが必要である。
7　指導する事項の取扱や指導法については、教師の興味に偏することなく、多面的になってくる生徒の必要や要求に応ずるようにくふうすることがたいせつである。
8　指導を有効に進めるためには、美術に関する各種の図版、スライドなどの資料を精選して、なるべく多く準備することが望ましい。
9　美術館、博物館、美術展覧会などの見学などに便利のよい地域や機会があるときは、適当にこれらを利用することが望ましい。
10　次に示すものは、必修教科としての美術の年間最低授業時数に対する各領域の授業時数のおよその割合である。

第1学年
A　表現
　（印象や構想などの表現）　　　50%
　（色や形などの基礎練習）
　（美術的デザイン）　　　　　　45%
B　鑑賞　　　　　　　　　　　　5%

第2学年
A　表現
　（印象や構想などの表現）　　　45%
　（色や形などの基礎練習）
　（美術的デザイン）　　　　　　45%
B　鑑賞　　　　　　　　　　　　10%

第3学年
A　表現
　（印象や構想などの表現）　　　40%
　（色や形などの基礎練習）
　（美術的デザイン）　　　　　　40%
B　鑑賞　　　　　　　　　　　　20%
（以下省略）

1960（昭和35）年『高等学校学習指導要領』

第1章　総則

第1節　教育課程の編成

第1款　一般方針

1　高等学校の教育課程は、教科、特別教育活動および学校行事等によって編成するものとすることとなつている（学校教育法施行規則第57条）。2　学校においては、教育基本法、学校教育法および学校教育法施行規則（以下「規則」という。）、高等学校通信教育規程、高等学校学習指導要領、教育委員会規則等に示すところに従い、地域や学校の実態を考慮し、学校におかれた各課程および各学科の特色を生かした教育ができるように配慮して、生徒の能力、適性、進路等に応じて適切な教育を行なうことができるように教育課程を編成するものとする。

第2款　各教科・科目およびその単位数

規則別表第3によって各教科と各教科に属する科目（以下「各教科・科目」という。）が定められているが、各教科・科目の単位数の標準は、次の表のとおりとする。

　この表の単位については、1単位時間50分、1個学年35単位時間の授業（通信教育においてはこれに相当するもの）を1単位として計算するものとする。

（普通科の生徒に履修させる教科・科目と、美術に関する学科の生徒に履修させる教科・科目のみ抜粋）

教科	科目	標準単位数	教科	科目	標準単位数
国語	現代国語	7	理科	化学A	3
	古典甲	2		化学B	4
	古典乙I	5		生物	4
	古典乙II	3		地学	2
社会	倫理・社会	2	保健体育	体育	男9女7
	政治・経済	2		保健	
	日本史	3	芸術	音楽I	2
	世界史A	3		音楽II	4
	世界史B	4		美術I	2
	地理A	3		美術II	4
	地理B	4		工芸I	2
数学	数学I	5		工芸II	4
	数学IIA	4		書道I	2
	数学IIB	5		書道II	4
	数学III	5	外国語	英語A	9
	応用数学	6		英語B	15

理科	物理A	3	外国語	ドイツ語	15
	物理B	3		フランス語	15
家庭	家庭一般	4		外国語に関するその他の科目	

美術	美術理論	3～9	美術	彫刻	4～12
	美術史	3～9		デザインA	4～12
	素描	4～12		デザインB	4～12
	基本造形	4～12		製図	2～8
	素描	4～12		写真	2～4
	彩画B	4～12		総合実習	2～4
	版画	2～6		美術に関するその他の科目	

（中略）

第6節　芸術

第1款　目標

1　芸術の学習経験を通して、創造性に富む個性豊かな人間の形成を目ざす。

2　芸術の学習経験を通して、美的感覚を洗練し、芸術的な表現力と鑑賞力とを養うとともに、情操の純化を図る。

3　芸術の学習経験を通して、個人生活や社会生活を明るく豊かにする実践的な態度や能力を養う。

4　芸術が、人間性の円満な発達や文化の調和的発展に欠くことのできないものであることを理解させるとともに、国際間の理解や親善に、芸術の果たす役割についても認識させる。

　以上の目標の各項目は、相互に密接な関連をもって、全体として「芸術」の目標をなすものであり、「芸術」の各科目の目標のもととなるものである。指導にあたっては、各科目の目標とともに、教科の目標の達成に努めなければならない。

（中略、なお関係各科目については目標と内容の項目のみを示す）

第3　美術I

1　目標

(1) 絵画、彫刻、デザインなどの学習経験を通して、創作の喜びを味わわせ、創造的な表現能力を養う。

(2) すぐれた美術作品に親しませて、美術的な鑑賞能力を養う。

(3) 美術の学習経験を通して、情操を豊かにするとともに、美術的な能力を生活に生かす態度や習慣を養う。

(4) わが国および諸外国の美術の伝統や動向を理解させ、美術文化を愛好し尊重

する態度を養う。
2　内容
　以下に示す「美術Ⅰ」の内容は、2単位を標準とし、美術に関する科目をはじめて履修する際に取り扱うことを前提として作成したものである。
A　表現
(絵画)
(1) 具象的絵画　(2) 非具象的絵画
(彫刻)
(1) 具象的彫刻　(2) 非具象的彫刻
(デザイン)
(1) 構成　(2) デザイン
B　鑑賞
(1) 美術の鑑賞　(2) 美術常識　(3) 美術変遷の概要
第4　美術Ⅱ
1　目標
(1) 絵画、彫刻、デザインなどの創作活動を通して、美術的な表現能力を高める。
(2) すぐれた美術作品を鑑賞させて、美術的な鑑賞能力を高める。
(3) 美術の学習経験を通して、情操を豊かにするとともに、美的感覚を洗練し、造形能力や美的批判力を養い、これを生活に生かすとともに、社会の美的向上に寄与する態度や習慣を養う。
(4) わが国および諸外国の美術文化の伝統や動向を理解させ、美術文化を愛好し尊重する態度を養う。
2　内容
　以下に示す「美術Ⅱ」の内容は、4単位を標準とし、「美術Ⅰ」を履修させた後に履修させることを前提として作成したものである。
A　表現
(項目はⅠと同じのため省略)
B　鑑賞
(1) 絵画　(2) 彫刻　(3) 建築、工芸など
C　美術理論
(1) 美術の性格　(2) 美的構成　(3) 美術と生活　(4) 美術変遷の概要
第5　工芸Ⅰ
1　目標

(1) 工芸の学習経験を通して、創作の喜びを味わわせる。
(2) 造形的な思考力と感覚の統合によって、物をつくりあげる創造的な能力を養う。
(3) 工芸の学習経験を通して、工芸、建築などに対する批判、鑑賞の能力を養う。
(4) 工芸の学習経験を通して、生活を造形的な面からくふう改善し、明るく豊かにする実践的態度を養う。
(5) 工芸、建築文化の伝統や動向を理解し、これを愛好し尊重する態度を養う。
2　内容
　以下に示す「工芸Ⅰ」の内容は、2単位を標準とし、工芸に関する科目をはじめて履修する際に取り扱うことを前提として作成したものである。
A　デザインの基礎練習
(1) 美的構成　(2) 材料と構造　(3) 表示
B　デザインと製作
(1) 視覚的効果を主とするもの　(2) 機能的効果を主とするもの
C　批判・鑑賞
(1) 批判・鑑賞の対象
(2) 上記(1)の扱いにおいては、次の観点から指導する。
第6　工芸Ⅱ
1　目標
(1) 造形的な思考力と感覚の統合によって、物をつくりあげる創造的な能力を高める。
(2) 工芸の学習経験を通して、工芸、建築などに対する批判、鑑賞の能力を高める。
(3) 工芸の学習経験を通して、生活を造形的な面からくふう改善し、明るく豊かにする実践的態度を養う。
(4) 工芸、建築文化の伝統や動向を理解し、これを愛好し尊重する態度を養う。
2　内容
　以下に示す「工芸Ⅱ」の内容は、4単位を標準とし、「工芸Ⅰ」を履修させた後に履修させることを前提として作成したものである。
A　デザインの基礎練習
(1) 構成　(2) 図法　(3) 表示
B　デザインと製作
(1) 手工芸品　(2) 宣伝、展示など　(3) 器具、機械など
(4) 家具、建造物など
(5) 上記(1)、(2)、(3)および(4)による製作に際しては、次の事項を指導する。

C　工芸理論
(1) 工芸の特質　(2) 工芸の動向　(3) 現代の工芸

⑤ 1968（昭和43）年 「小学校学習指導要領」
　1969（昭和44）年 「中学校学習指導要領」
　1970（昭和45）年 「高等学校学習指導要領」

　この改訂では、科学技術や経済の発展、生活や文化の向上などに対応し、教育課程の質的改善を目指している。また、教育の「自由化」「人間化」「社会化」を唱えるアメリカの新たな教育運動の影響もあり、教育課程の弾力化と多様化を打ち出している。その中で、中央教育審議会は答申において「期待される人間像」の言葉を用いて「社会に有意な人間の育成」を強調し、「人間として調和のとれた発達」を保障する教育課程の改訂が図られた。
　主な改訂の事項は次のようなものである。
・教育課程の弾力化を踏まえて、各教科の時間数を最低時数から標準時数に変更
・人間としての調和的発達を踏まえて、教育課程の領域を「各教科」「道徳」「特別活動」に確定
・高等学校の「芸術」「外国語」女子の「家庭一般」を必修
・高等学校男子の体育時数増加
・高等学校芸術の各科目にIIIを設置
　標準時数となった各教科等の時間数については、学校教育法施行規則の別表には次のように示されている。

小学校

区分		第1学年	第2学年	第3学年	第4学年	第5学年	第6学年
各教科の授業時数	国語	238	315	280	280	245	245
	社会	68	70	105	140	140	140
	算数	102	140	175	210	210	210
	理科	68	70	105	105	140	140
	音楽	102	70	70	70	70	70
	図画工作	102	70	70	70	70	70
	家庭					70	70
	体育	102	105	105	105	105	105
道徳の授業時数		34	35	35	35	35	35
総授業時数		816	875	945	1,015	1,085	1,085

中学校

区分	必修教科の授業時数									道徳の授業時数	特別活動の授業時数	選択教科にあてる授業時数	総授業時数
	国語	社会	数学	理科	音楽	美術	保健体育	技術・家庭				
第1学年	175	140	140	140	70	70	125	105	35	50	140	1,190
第2学年	175	140	140	140	70	70	125	105	35	50	140	1,190
第3学年	175	175	140	140	35	35	125	105	35	50	140	1,155

高等学校

第1章 総則

第2款 各教科・科目の標準単位数

　学校教育法施行規則別表第3に定める各教科に属する科目（以下「各教科・科目」という。）の標準単位数は、次の表のとおりとする。

　この表の単位については、1単位時間を50分とし、1個学年35単位時間の授業（通信制の課程においては、これに相当するもの）を1単位として計算するものとする。

芸術	音楽Ⅰ	2	芸術	工芸Ⅰ	2
	音楽Ⅱ	2		工芸Ⅱ	2
	音楽Ⅲ	2		工芸Ⅲ	2
	美術Ⅰ	2		書道Ⅰ	2
	美術Ⅱ	2		書道Ⅱ	2
	美術Ⅲ	2		書道Ⅲ	2

美術	美術理論	3〜9	美術	デザインA	4〜12
	美術史	3〜9		デザインB	4〜12
	素描	4〜12		製図	2〜8
	基本造形	4〜12		写真	2〜4
	彩画A	4〜12		総合実習	2〜4
	彩画B	4〜12		美術に関するその他の科目	
	版画	2〜6			
	彫刻	4〜12			

第1節　学習指導要領の変遷

備考

1　この表に掲げる「外国語に関するその他の科目」、「家庭に関するその他の科目」、「農業に関するその他の科目」、「工業に関するその他の科目」、「商業に関するその他の科目」、「水産に関するその他の科目」、「看護に関するその他の科目」、「理数に関するその他の科目」、「音楽に関するその他の科目」および「美術に関するその他の科目」は、学科の特質、学校や地域の実態などにより、この表に掲げる科目だけではその学校の教育課程を編成しがたい場合に用いるものとする。この場合において、その科目の名称、目標、内容、単位数等については、その科目の属する教科の目標に基づき、その学校の設置者の定めるところによる。

2　この表に掲げる「その他特に必要な教科」および「当該教科に関する科目」は、私立学校において宗教教育を行なう場合または学校においてたとえば体育に関する学科を設ける場合などで各学科の目標を達成するために特に必要がある場合に限り用いるものとする。これらの場合において、教科および科目の名称、目標、内容、単位数等については、その学校の設置者の定めるところによる。

　この改訂における関係教科の学習内容の改訂については、いわゆる「A絵画」「B彫塑」「Cデザイン」「D工芸」「E鑑賞」の5領域という考え方が確立している。さらに、小学校「図画工作科」と中学校「美術科」では、それぞれの領域ごとに標準の時間配分を示している。また、高等学校「芸術科美術」における領域は、「A絵画」「B彫塑」「Cデザイン」「D鑑賞」となり同「芸術科工芸」では、「A構成と表示」「Bデザインと製作」「C鑑賞と理論」となっている。

　以下に、小学校「図画工作科」と中学校「美術科」における標準時間配分を示す。高等学校「芸術科美術、工芸」には時間配分はなく、領域の選択が一部の科目に示されている。

【小学校「図画工作」】

　各学年の内容に示す各領域の授業時数の配当の割合は、おおむね次のとおりとする。

A（絵画）およびB（彫塑）……………　40%
C（デザイン）………………………………　15%
D（工作）……………………………………　40%
E（鑑賞）……………………………………　 5%

ただし、鑑賞の指導は、第4学年までは、主として他の各領域の表現活動に付帯して行なうものとする。

【中学校「美術」】
　第2の各学年の内容のA、B、C、DおよびEに充てる授業時数は、次の表に示す年間授業時数に対する割合を標準として、学校や生徒の実態に即して適切に定めるものとする。

内容/学年	1	2	3
A	45%	45%	40%
B	45%	45%	40%
C	45%	45%	40%
D	45%	45%	40%
E	10%	10%	20%

⑥ 1977（昭和52）年「小学校学習指導要領」「中学校学習指導要領」
　1978（昭和53）年「高等学校学習指導要領」

　昭和50年代に入ると、中学校を中心として校内暴力が多発するようになってくる。また、学習についていくことができない、いわゆる「落ちこぼれ」や「不登校」（当時は「登校拒否」）などの問題が顕在化し、その背景に過度の受験競争や詰め込みによる教育があるとされた。この改訂では、調和のとれた人間性豊かな児童生徒の育成を目指し次のような改訂が行われた。
・「ゆとりある、充実した学校生活」を踏まえて、授業時間数の1割減、学習内容の削減を実施
・学校の創意工夫を生かした「ゆとりの時間（学校裁量時間）」の設置
・中学校での選択教科の拡大
・高等学校での必修単位及び卒業単位の削減
・高等学校に「現代社会」や「数学I」「理科I」などの基礎的な総合科目新設
・高等学校の「各教科以外の教育活動」を「特別活動」に改称
・小学校低学年の「図画工作科」に新領域「造形遊び」を新設
・小学校「図画工作科」、中学校「美術科」、高等学校「芸術科」の学習内容を「表現」と「鑑賞」で構成

　小学校「図画工作科」や中学校「美術科」において、前回の改訂で示された5領域とそれぞれの標準的な時間配分については撤廃され、「A表現」と「B鑑賞」の各項相互の関連を図るということのみが求められている。

以下に、各関係教科及び科目の標準時間数を示す。

小学校

区分		第1学年	第2学年	第3学年	第4学年	第5学年	第6学年
各教科の授業時数	国語	272	280	280	280	210	210
	社会	68	70	105	105	105	105
	算数	136	175	175	175	175	175
	理科	68	70	105	105	105	105
	音楽	68	70	70	70	70	70
	図画工作	68	70	70	70	70	70
	家庭					70	70
	体育	102	105	105	105	105	105
道徳の授業時数		34	35	35	35	35	35
特別活勤の授業時数		34	35	35	70	70	70
総授業時数		850	910	980	1,015	1,015	1,015

中学校

区分	必修教科の授業時数								道徳の授業時数	特別活動の授業時数	選択教科にあてる授業時数	総授業時数
	国語	社会	数学	理科	音楽	美術	保健体育	技術・家庭				
第1学年	175	140	140	140	70	70	125	105	35	50	140	1,190
第2学年	175	140	140	140	70	70	125	105	35	50	140	1,190
第3学年	175	175	140	140	35	35	125	105	35	50	140	1,155

高等学校

第2款　各教科・科目の標準単位数等

1　次の表に掲げる各教科・科目の標準単位数は、この表の標準単位数の欄に掲げる単位数とする。

芸術	音楽I	2	音楽II	2	音楽III	2
	美術I	2	美術II	2	美術III	2
	工芸I	2	工芸II	2	工芸III	2

備考
1 単位については、1単位時間を50分とし、1個学年35単位時間の授業を1単位として計算するものとする。ただし、通信制の課程においては、第9款に定めるところによるものとする。
2 学校においては、生徒の実態等を考慮し、特に必要がある場合には、標準単位数の標準の限度を超えて単位数を増加して配当することができる。

2 次の表に掲げる各教科・科目の標準単位数については、設置者の定めるところによるものとする。

美術	美術概論、美術史、素描、基本造形、絵画、版画、彫塑、ビジュアルデザイン、クラフトデザイン、図法・製図、映像、総合造形、美術に関するその他の科目

備考
1 この表に掲げる各教科・科目のうち、それぞれの教科に関するその他の科目（以下「その他の科目」という。）は、学科の特質、学校や地域の実態等により、この表に掲げるその他の科目以外の各教科・科目だけではその学校の教育課程を編成し難い場合に用いるものとする、この場合において、その科目の名称、目標、内容、単位数等については、その科目の属する教科の目標に基づき、その学校の設置者の定めるところによるものとする。
2 この表に掲げる「その他特に必要な教科」及び「当該教科に関する科目」は、私立学校において宗教教育を行う場合又は学校において例えば演劇に関する学科、写真に関する学科、書道に関する学科、ホテル・観光に関する学科その他の専門教育を主とする学科を設ける場合で各学科の目標を達成するために特に必要がある場合に限り用いるものとする。これらの場合において、その教科及び科目の名称、目標、内容、単位数等については、その学校の設置者の定めるところによるものとする。

⑦ 1989（平成元）年　「小学校学習指導要領」「中学校学習指導要領」
　　　　　　　　　　　「高等学校学習指導要領」

　この改訂は、昭和から平成の時代への転換期にあたり、戦後教育の総括と位置づけられたものである。しかしながら、いじめや不登校、学力低下、高等学校退学者や少年犯罪の増加など、学校教育全体にわたる問題は深刻さを増すとともに、社会全体もバブル経済の崩壊から低成長時代へと移る一方、コンピュータに代表される情報産業が社会構造の急激な変化をもたらした。このような状況にあって、当時の政権は「新世紀を展望した教育改革」を政

策に掲げるとともに、教育界のみならず産業界からもその必要性が指摘されるようになった。

【改訂の全体的な要点】
・社会の変化に対応できる人間の育成。
・小・中学校における道徳教育の内容の重点化、指導強化。
・小学校及び中学校での授業時数の弾力的な運用。
・中学校及び高等学校での選択履修、科目数の拡大。
・小学校低学年で社会科と理科を廃止し、「生活科」を新設。
・国旗・国家の取扱いの明確化。

【小学校図画工作科における具体的な改訂項目】
・工作的な内容の指導の充実が図られるよう、それに配当する授業時間数が各学年の2分の1を下らないようにする。
・構想力などデザインの能力を高め、生活に生かす態度を育てるように、中学年及び高学年の目標に示し、デザインの能力に関することを指導事項に示す。
・鑑賞の指導の充実を図り、高学年では鑑賞指導を独立して扱うようにする。第5学年では「我が国の美術作品」、第6学年では「我が国及び諸外国の美術作品」に親しむようにする。
・造形活動の発達の特性を考慮し、各児童のもち味を生かす指導を重視するとともに、造形的な創造活動の基礎的な能力を高める。低学年の「材料をもとにした造形遊び」を充実させ、中学年にもその内容を発展させて位置づける。さらに高学年においても材料からの発想を示し、造形活動の中心として位置づける。
・学年の目標を低・中・高学年の複数学年にまとめて示し、学年間を見通した弾力的な指導ができるようにする。また材料や用具の扱いも地域の身近にある材料を取り上げるなど弾力的な扱いができるようにする。

【中学校美術科における具体的な改訂項目】
・造形的な創造活動及び鑑賞の活動を一層重視する。
・指導の大綱化、弾力化を図り、内容の「A表現」及び「B鑑賞」に合わせた学年の目標を、第1学年と、第2学年及び第3学年を統合した二つで示す。
・A表現の絵画、彫刻では、対象のよさや美しさなどを感じ取ること及び主題を表現すること、デザイン、工芸では、発想を豊かにすること及び構想を練ること、B鑑賞において作品を主体的に味わうことなどを重視する。

- 内容の構成については、第1学年と、第2学年及び第3学年とで構成する。
- 内容の各事項は、A表現を（1）絵画、（2）彫刻、（3）デザイン、（4）工芸、B鑑賞を（1）絵画、彫刻、（2）デザイン、工芸で構成する。
- 内容を精選、整理統合し、A表現の（1）、（2）、（4）及び鑑賞の（1）、（2）を3項目ずつ、A表現の（3）を4項目ずつ示す。
- 従前の内容が高度になりがちなものや示し方が細かすぎる事項は削除する。例として、第1学年「構図を考えること」「色の類似や対照の調和を考えること」「模型で確かめること」、第2学年の「色の面積や配置の調和を考えて配色すること」、第3学年の「構造などの調和」など。
- 題材や表現方法などについては、弾力的に扱うことができるようにするため、基本的なものを示す。
- デザインに「身近な環境のデザイン」を新たに加える。
- 鑑賞の活動は、生涯学習の態度や豊かな感性の育成という視点、日本及び世界の美術文化についての関心と理解を含めるという視点から一層重視し、各学年とも6項目ずつ示す。
- 日常の学校生活において鑑賞できる環境づくりを示す。
- 内容相互の指導の関連性を図るようにする。
- 第2学年における幅をもった授業時数の取り扱いについて示す。
- 地域にある教材や題材を生かす。
- 共同で行う創造活動を体験させるようにする。
- 自己教育力の育成及び生涯学習への対応として、主体的に表現を追求する態度の育成を図る。
- 選択教科「美術」では、生徒の特性に応じて、表現及び鑑賞の能力を高める学習、総合的な学習、課題学習などを適切に工夫して扱うことができるようにする。

　これらの中でも特に、中学校美術科の授業時間数に関しては、第1学年で週2時間、第2学年は学校の状況に応じて週1～2時間、第3学年は週1時間となり、選択科目として第2学年及び第3学年では各学年週1時間の選択科目の設定が可能という標準時数が示された。これに対して、中学校での美術の授業は3年間を通して最低週2時間の学習がすべての生徒にとって必要であるとする意見が、美術科の教師ばかりでなく多方面から上がり、その研究と運動が展開された。

【高等学校芸術科における具体的な改訂項目】
・芸術科の目標を従前と同様に総括的な目標のみとし、小学校及び中学校の音楽、美術（図画工作）、国語科書写との関連を図り、現代の課題に沿って、美的感性を高め豊かな情操を養うことを重視する。
・各科目の目標について、Ⅰ、Ⅱ、Ⅲを付したそれぞれの科目のねらいと性格に基づいて系統的・発展的に示す。
・各科目の内容の特質を一層明確にする。また、小学校及び中学校の音楽、美術（図画工作）、国語科書写との系統性・関連性についても一層重視する。
・各科目の内容を精選と重点化の観点から、明確になるよう見直し再構成する。また、内容の取り扱いについても、自己教育力の育成や個性と創造性の伸長などの観点から、より具体的に示す。

　　次に関係各教科及び科目の標準時間数を示す。

小学校（時間）

区分		第1学年	第2学年	第3学年	第4学年	第5学年	第6学年
各教科の授業時数	国語	306	315	280	280	210	210
	社会			105	105	105	105
	算数	136	175	175	175	175	175
	理科			105	105	105	105
	生活	102	105				
	音楽	68	70	70	70	70	70
	図画工作	68	70	70	70	70	70
	家庭					70	70
	体育	102	105	105	105	105	105
道徳の授業時数		34	35	35	35	35	35
特別活動の授業時数		34	35	35	70	70	70
総授業時数		850	910	980	1,015	1,015	1,015

中学校（時間）

区分	必修教科の授業時数									道徳の授業時数	特別活動の授業時数	選択教科等に充てる授業時数	総授業時数
	国語	社会	数学	理科	音楽	美術	保健体育	技術・家庭				
第1学年	175	140	105	105	70	70	105	70	35	35〜70	105〜140	1,050
第2学年	140	140	140	105	35〜70	35〜70	105	70	35	35〜70	105〜210	1,050
第3学年	140	70〜105	140	105〜140	35	35	105〜140	70〜105	35	35〜70	105〜280	1,050

高等学校

第1章　総則

第2款　各教科・科目の標準単位数等

1　学校においては、次の表に示す標準単位数に基づき、教育課程の編成に必要な各教科・科目の単位数を適切に定めるものとする。ただし、生徒の実態等を考慮し、特に必要がある場合には、標準単位数の標準の限度を超えて単位数を増加して配当することができる。単位については、1単位時間を50分とし、35単位時間の授業を1単位として計算するものとする（以下この款において同じ。）。ただし、通信制の課程においては、第8款の定めるところによるものとする。

芸術	音楽Ⅰ	2	音楽Ⅱ	2	音楽Ⅲ	2
	美術Ⅰ	2	美術Ⅱ	2	美術Ⅲ	2
	工芸Ⅰ	2	工芸Ⅱ	2	工芸Ⅲ	2

2　学校においては、次の表に掲げる各教科・科目について、設置者の定める標準単位数に基づき、教育課程の編成に必要な各教科・科目の単位数を適切に定めるものとする。

美術	美術概論、美術史、素描、構成、絵画、版画、彫刻、ビジュアルデザイン、クラフトデザイン、図法・製図、映像、コンピュータ造形、環境造形

第1節　学習指導要領の変遷　399

⑧ 1998（平成10）年　「幼稚園教育要領」「小学校学習指導要領」
　　　　　　　　　　「中学校学習指導要領」
　 1999（平成11）年　「高等学校学習指導要領」

　1980年代後半のバブル経済の中で、労働時間の短縮とそれにともなう余暇時間の活用が社会的な要請として話題に上るようになるとともに、教育全体が学校教育中心であり、家庭や地域社会における教育力が低下しているという声とあいまって、学校の週休2日制が検討されはじめた。1992（平成4）年には「社会の変化に対応した新しい学校運営等に関する調査研究協力者会議」が、同報告の中で「学校週5日制」の導入を提言し、同年9月からは第2土曜日が休業日となり、1995（平成7）年からは「月2回の学校週5日制」導入となった。

　このような変革期にあって、「第15期中央教育審議会」は1996（平成8）年に、「ゆとり」と「生きる力」をキーワードとする「21世紀を展望した我が国の教育の在り方について」の答申を出し、2002（平成14）年からの「学校完全週5日制」導入が決定された。また翌年の同第二次答申では中高一貫教育と大学への飛び入学が示され、中等教育学校の創設と飛び入学制度がともに1998（平成10）年に実施された。次の「第16期中央教育審議会」は、新世紀の教育の具体的変革を迫るものとして注目を集め、1998年の「新しい時代を拓く心を育てるために」と題する答申では、「心の教育」を中心として教育改革を進めることの必要性を説いた。

　それに続いて「教育課程審議会」は、同年の「幼稚園、小学校、中学校、高等学校、盲学校、聾学校及び養護学校の教育課程の基準の改善について」の答申で次のような4点の改善のねらいを示した。

1. 豊かな人間性や社会性、国際社会に生きる日本人としての自覚を育成すること
2. 自ら学び、自ら考える力を育成すること
3. ゆとりのある教育活動を展開する中で、基礎・基本の確実な定着を図り、個性を生かす教育を充実すること
4. 各学校が創意工夫を生かし、特色ある教育、特色ある学校づくりを進めること

　この4点をもとに、各教科別の改善事項が基本方針と具体的事項に分けて示され、それらを受けて1998年の幼稚園、小学校、中学校、1999（平成11）年の高校の学習指導要領改訂が進められ、「総合的な学習の時間」の設定や

「中等教育学校」設置、大学への飛び入学制度などが組み入れられた。一方、大幅な学習内容の整理や時間数の削減は、学力低下問題を再燃させることとなった。

　いままでの学習指導要領改訂と比較すると、今改訂は「教育課程審議会答申」から「学習指導要領改訂告示」までが半年足らずで行われるという異例の短期間で行われた。これは2002年からの「学校完全週5日制」導入決定に対応するためのものであり、大幅な授業内容及び時間数削減など、いままでにない規模の大きな改訂となった。

【改訂の全体的な要点】
・教育内容の厳選
・各学校段階ごとの役割の徹底
・授業時間数の大幅な削減
・各学校による教育課程の自主編成
・「総合的な学習の時間」の創設
・学習時間の弾力化
・選択教科制の充実

　「総合的な学習の時間」は自ら主体的に学び、「生きる力」を育成するという教育目的を具現化するものとして各学校種、各学年に応じて幅をもたせた時間数が示された。小学校では第3学年以上に週3時間程度、中学校では各学年週2時間程度、高等学校では105から210単位時間をあてることとなっている。内容としては、教科の枠を超え特定の主題に沿って総合的に学習を組織し、暗記中心の学習ではなく児童生徒の生活や興味に根ざした具体的な課題に対する調査研究、討論などの探求的な活動が奨励されている。その具体的な課題例として、小中学校では国際理解、情報、環境、福祉、健康などが示され、地域の教材を活用した問題解決的な学習が強調されている。

　以下に関係教科の改訂の要点を示す。

【小学校図画工作科】
・弾力的な指導が行われるようにするために、目標と内容を2学年まとめて示す。
・「表現」の領域では、多様で創造的な表現を促す観点から、現在低学年と中学年において指導することとしている、材料などをもとにして楽しく造形活動を行う内容を、高学年でも指導することとする。また、絵に表すことや立体に表すこと、つくりたいものをつくることの内容を一層関連づけ

たり一体的に扱えるようにする。
・造形感覚や工作などの創造的な技能、デザインの能力を高めるようにするため、工作にあてる授業時間数を十分確保するようにする。そのため、絵や立体に表す内容にあてる授業時数とつくりたいものをつくることや工作にあてる授業時数をおよそ等しくなるようにする。
・目標については個性を生かした多様で創造的な活動を促すようにするとともに、造形的な創造活動の基礎的な能力を育成することを一層重視する。
・鑑賞については、児童の発達や地域の実態に応じて、すべての学年で独立して指導できるようにする。また、地域の美術館などを利用することを明示する。

　これまで週2時間の授業時数を基本としてきた小学校図画工作は、今回の改定によって、第1、2学年を除いて、第3、4学年は年間60時間、第5、6学年は年間50時間となった。

【中学校美術科】
・絵画と彫刻、デザインと工芸をまとめて示し、第1学年ではそれぞれを関連づけたり一体的に扱ったりすることができるようにし、第2、3学年ではそれぞれの表現分野や表現方法などを選択したり一体的な表現をしたりすることができるようにする。
・伝えたい内容をイラストレーションや図、写真・ビデオ・コンピュータ等映像メディアなどを使って効果的に表現することができるようにする。
・鑑賞の指導が一層充実して行われるようにし、日本の美術を重視する。また、「鑑賞」にあてる授業時間数を十分確保するようにする。
・目標に関しては、豊かな情操を育てることを一層重視する。
・美術館、博物館などの施設や地域の文化財などを積極的に活用するようにする。

　中学校では新たな表現の学習内容のひとつとして「漫画」が示され、社会的な関心を集めた。学習内容としての「漫画」登場の背景としては、「漫画」や「アニメーション」についての社会的な認知が広がるとともに、国際社会の中でわが国の特色ある文化のひとつとして「漫画」「アニメ」の評価が高まったこともあげられる。また、この改訂では中学1年生の授業時数が年間45時間を標準とすることとなった。

【高等学校芸術科美術】
・「美術I」の現行では「表現」領域の絵画、彫刻、デザインのすべての分野

を学習することとしているが、絵画と彫刻をまとめて示し、そのいずれかを選択して学習できるようにするとともに、デザインと新たな分野である映像表現のいずれかを選択して学習できるようにする。
・鑑賞の指導が一層充実して行われるようにし、日本の美術を重視する。また、「鑑賞」にあてる授業時間数を十分確保するようにする。
・「美術Ⅱ」の現行では「表現」領域の絵画、彫刻、デザインのいずれかの分野を選択して学習することとしているが、「表現」領域の各分野と「鑑賞」領域のいずれかを選択して学習できるようにする。
・「美術Ⅲ」においては、「美術Ⅱ」の改善と同様に「表現」領域の各分野と「鑑賞」領域のいずれかを選択して学習することができるようにする。
・「美術Ⅱ」は「美術Ⅰ」を履修した後に、「美術Ⅲ」は「美術Ⅱ」を履修した後に履修させるようにする。

【高等学校芸術科工芸】
・「表現」の領域を「工芸制作」と「プロダクト制作」の二つの分野に分けて構成する。
・「工芸Ⅰ」においては、「表現」の領域の各分野を選択することができるようにする。
・わが国及び諸外国の美術文化についての鑑賞が一層充実して行われるようにし、「鑑賞」にあてる授業時数を十分確保するようにする。
・「工芸Ⅱ」においては、「表現」領域の各分野と「鑑賞」領域のいずれかを選択して学習できるようにする。
・「工芸Ⅲ」においては、「工芸Ⅱ」と同様に「表現」領域の各分野と「鑑賞」領域のいずれかを選択して学習できるようにする。
・「工芸Ⅱ」は「工芸Ⅰ」を履修した後に、「工芸Ⅲ」は「工芸Ⅱ」を履修した後に履修させるようにする。

　これまでの学習指導要領では、高等学校芸術においてすべての生徒に履修させる必修単位数は3単位となっていたが、この改訂では「音楽Ⅰ」「美術Ⅰ」「工芸Ⅰ」「書道Ⅰ」の内から1科目（2単位）を選択するものとなった。また、Ⅱ及びⅢを付した科目の学習内容においては、表現の領域に鑑賞の領域も含めた中で、生徒の実情などに合わせて選択が可能となり、鑑賞領域だけを学習し、造形表現活動は全く行わない授業内容の科目も設定可能となった。
　次頁に各関係教科及び科目の標準時間数を示す。

小学校図画工作（時間）

区分	国語	社会	算数	理科	生活	音楽	図画工作	家庭	体育	道徳の授業時数	特別活動の授業時数	総合的な学習の時間	総授業時数
第1学年	272		114		102	68	68		90	34	34		782
第2学年	280		155		105	70	70		90	35	35		840
第3学年	235	70	150	70		60	60		90	35	35	105	910
第4学年	235	85	150	90		60	60		90	35	35	105	945
第5学年	180	90	150	95		50	50	60	90	35	35	110	945
第6学年	175	100	150	95		50	50	55	90	35	35	110	945

中学校美術科（時間）

区分	国語	社会	数学	理科	音楽	美術	保健体育	技術・家庭	外国語	道徳の授業時数	特別活動の授業時数	選択教科等に充てる授業時数	総合的な学習の時間の授業時数	総授業時数
第1学年	140	105	105	105	45	45	90	70	105	35	35	0〜30	70〜100	980
第2学年	105	105	105	105	35	35	90	70	105	35	35	50〜85	70〜105	980
第3学年	105	105	105	80	35	35	90	35	105	35	35	105〜165	70〜130	980

高等学校
第1章　総則
第2款　各教科・科目及び単位数等
1　卒業までに履修させる単位数等

　各学校においては、卒業までに履修させる下記2から5（4、5省略）までに示す各教科に属する科目及びその単位数、特別活動及びそれらの授業時数並びに卒業までに行う総合的な学習の時間の授業時数及び単位数に関する事項を定めるものとする。この場合、各教科に属する科目（以下「各教科・科目」という。）及び総合的な学習の時間の単位数の計は、第3款の1、2及び3の（1）に掲げる各教科・科目の単位数並びに総合的な学習の時間の単位数を含めて74単位以上とする。

　単位については、1単位時間を50分とし、35単位時間の授業を1単位として計算することを標準とする。ただし、通信制の課程においては、第8款の定めるところによるものとする。

2　普通教育に関する各教科・科目及び標準単位数

　各学校においては、教育課程の編成に当たって、生徒に履修させる普通教育に関する各教科・科目及びその単位数について、次の表に掲げる各教科・科目及び標準単位数を踏まえ適切に定めるものとする。ただし、生徒の実態等を考慮し、特に必要がある場合には、標準単位数の標準の限度を超えて単位数を増加して配当することができる。

芸術（単位）

芸術	音楽I	2	音楽II	2	音楽III	2
	美術I	2	美術II	2	美術III	2
	工芸I	2	工芸II	2	工芸III	2

3　専門教育に関する各教科

　各学校においては、教育課程の編成に当たって、生徒に履修させる専門教育に関する各教科・科目及びその単位数について、次の表に掲げる各教科・科目及び設置者の定める標準単位数を踏まえ適切に定めるものとする。

美術	美術概論、美術史、素描、構成、絵画、版画、彫刻、ビジュアルデザイン、クラフトデザイン、映像メディア表現、環境造形、鑑賞研究

⑨ 2008（平成20）年　「幼稚園教育要領」「小学校学習指導要領」
　　　　　　　　　　「中学校学習指導要領」
　2009（平成21）年　「高等学校学習指導要領」

　前回の1998（平成10）年にはじまる一連の学習指導要領改訂は、学校週5日制による全体の授業時間減に対応して、その教育内容も精選されることとなった。このような大幅な学習内容の削減が発表されるに従い、従来からあった「学力低下問題」が再燃し、特に理系の大学関係者からは、「理科離れ」の現象とともにその危機感が強く訴えられるようになった。さらに中心的な改善点である「総合的な学習の時間」の導入についても、その目的である主体的に学ぶ力の育成をなし得るものかどうか疑問視する声も根強いものがあった。このような状況下で、さまざまな児童生徒の実態調査では、学習に対する意欲や実際の学習時間の減少が取り上げられ、保護者の間には公立学校の教育に対する不安から、私立学校への進学希望が増加した。文部科学省はこのような社会情勢に対応するため、全国的な学力調査を実施した。
　「学力論争」と呼ばれるこれらの問題は、「学力とは何か」という根本的な課題に対して、明確な答えを社会の合意としてもち得ず、さまざまな教育制度改革が進められている点にあるといえる。造形美術教育の立場からも、今後この「学力論争」に対しては積極的に発言し、創造活動や表現活動、芸術活動を通して学び育てる力の実態を明らかにしていく必要がある。
　また、わが国の教育の根本を定める「教育基本法」は、2006（平成18）年に改定されたが、この「教育基本法」見直しの具体的な動きは、2000（平成12）年3月、当時の森喜朗内閣が政府諮問機関として「教育改革国民会議」を立ち上げ、「教育基本法」の見直しも含めた抜本的な教育改革の方向性を探る動きを打ち出したところからはじまる。そして同会議は「教育基本法」の理念は生かしつつも、新しい社会状況に対応した「新教育基本法」の制定を示唆する答申を提出した。これにより「教育基本法」についての論議は一気に進むこととなり、2001（平成13）年11月には当時の遠山敦子文部科学大臣が、中央教育審議会に対し「教育振興基本計画の策定について」と「新しい時代にふさわしい教育基本法の在り方について」の2項目を諮問し、改定へと進んだ経緯がある。
　戦後の民主的な国家建設のために教育の重要性を説く「教育基本法」は、制定より半世紀以上を過ぎ、実質的に改定の時代にあったといえるが、国民全体の論議としてそれらが進むことはなかった。日本社会は、現実的な成績

評価や入試制度に対しては敏感ではあるが、教育の理念については関心が低いことを、今回の改定の一連の動きを通して分析する論者も多かった。いま、戦後教育の反省や総括の上に立って、新しい時代への教育が考えられるべきであるし、その中で造形美術教育はどのような使命をもつものか研究されなければならない。

　この学習指導要領改訂は、このような状況や政権の交代の中で進められたものであるが、2008（平成20）年1月の中央教育審議会答申「「幼稚園、小学校、中学校、高等学校及び特別支援学校の学習指導要領等の改善について（答申）」では、本改訂の基本的な考え方としては、次の7点に要約されている。

(1) 改正教育基本法等を踏まえた学習指導要領改訂
(2) 「生きる力」という理念の共有
(3) 基礎的・基本的な知識・技能の習得
(4) 思考力・判断力・表現力等の育成
(5) 確かな学力を確立するために必要な授業時数の確保
(6) 学習意欲の向上や学習習慣の確立
(7) 豊かな心や健やかな体の育成のための指導の充実

　そして、図画工作、美術、芸術（美術、工芸）に関する改善の基本方針を次のように示している。

⑦ 図画工作、美術、芸術（美術、工芸）
（ⅰ）改善の基本方針
○図画工作科、美術科、芸術科（美術、工芸）*1については、その課題 *2 を踏まえ、創造することの楽しさを感じるとともに、思考・判断し、表現するなどの造形的な創造活動の基礎的な能力を育てること、生活の中の造形や美術の働き、美術文化に関心をもって、生涯にわたり主体的にかかわっていく態度をはぐくむことなどを重視する。
○このため、子どもの発達の段階に応じて、各学校段階の内容の連続性に配慮し、育成する資質や能力と学習内容との関係を明確にするとともに、小学校図画工作科、中学校美術科において領域や項目などを通して共通に働く資質や能力を整理し、〔共通事項〕として示す。
○創造性をはぐくむ造形体験の充実を図りながら、形や色などによるコミュニケーションを通して、生活や社会と豊かにかかわる態度をはぐくみ、生活を美しく

豊かにする造形や美術の働きを実感させるような指導を重視する。
○よさや美しさを鑑賞する喜びを味わうようにするとともに、感じ取る力や思考する力を一層豊かに育てるために、自分の思いを語り合ったり、自分の価値意識をもって批評し合ったりするなど、鑑賞の指導を重視する。
○美術文化の継承と創造への関心を高めるために、作品などのよさや美しさを主体的に味わう活動や、我が国の美術や文化に関する指導を一層充実する。

*1　小学校の図画工作科、中学校の美術科、高等学校の芸術科（美術、工芸）は、表現及び鑑賞にかかわる幅広い活動を通して、美術を愛好する心情と美に対する感性を育て、造形的な創造活動の基礎的な能力を伸ばし、豊かな情操を養うことをねらいとしている。このねらいを実現するため、小学校、中学校、高等学校を通じて「A表現」と「B鑑賞」で内容を構成している。また、「A表現」は、小学校では「楽しい造形活動（造形遊び）」、「絵や立体、つくりたいものをつくる」、中学校では「絵や彫刻など」、「デザインや工芸など」、高等学校芸術の美術では「絵画・彫刻」、「デザイン」、「映像メディア表現」、工芸では「工芸制作」、「プロダクト制作」から構成している。

*2　課題として、
・感性を働かせて思考・判断し、創意工夫をしながら表現したり作品を鑑賞したりするという一連のプロセスを働かせる力を育成すること
・子どもたちの興味や関心の高まりを資質や能力の向上に生かすような指導の改善を図ること
・生涯にわたって美術に親しみ、生活や社会に生かしたり、豊かにしたりする態度の育成
・感じ取ったことをもとに、自分の思いや考えを大切にしながら、自分なりの意味を発見するなどの鑑賞の学習の充実
・我が国の文化等にかかわる学習を通して、その継承や創造への関心を高めるとともに、諸外国の文化のよさを理解すること
などが求められている。

　小学校図画工作と中学美術に新たに示された「共通事項」は学校教育全体の中で図工美術が果たすべき役割を明確にすることを目的としてはじめて設定されたものである。移行期間など本学習指導要領開示初期段階では、これを学習計画の中でどう扱うのか戸惑いもあり、さまざまな議論がなされたが、教科性を明らかにしたものとして理解されている。

各学校の時間数は次の通りであるが、図画工作、美術、芸術については前回、1998（平成10）年及び1999（平成11）年改訂と変わらない。

小学校（時間）

区分	国語	社会	算数	理科	生活	音楽	図画工作	家庭	体育	道徳の授業時数	外国語活動の授業時数	総合的な学習の時間	特別活動の授業時数	総授業時数
第1学年	306		136		102	68	68		102	34		34	34	850
第2学年	315		175		105	70	70		105	35			35	910
第3学年	245	70	175	90		60	60		105	35		70	35	945
第4学年	245	90	175	105		60	60		105	35		70	35	980
第5学年	175	100	175	105		50	50	60	90	35	35	70	35	980
第6学年	175	105	175	105		50	50	55	90	35	35	70	35	980

中学校（時間）

区分	国語	社会	数学	理科	音楽	美術	保健体育	技術・家庭	外国語	道徳の授業時数	総合的な学習の時間の授業時数	特別活動の授業時数	総授業時数
第1学年	140	105	140	105	45	45	105	70	140	35	50	35	1015
第2学年	140	105	105	140	35	35	105	70	140	35	70	35	1015
第3学年	105	140	140	140	35	35	105	35	140	35	70	35	1015

高等学校

第1章　総則

第2款　各教科・科目及び単位数等

1　卒業までに履修させる単位数等

　各学校においては、卒業までに履修させる下記2から5（4、5省略）までに示す各教科に属する科目及びその単位数、総合的な学習の時間の単位数並びに特別活動及びその授業時数に関する事項を定めるものとする。この場合、各教科に属する科目（以下「各教科・科目」という。）及び総合的な学習の時間の単位数の計は、第3款の1、2及び3の(1)に掲げる各教科・科目の単位数並びに総合的な学習の時間の単位数を含めて74単位以上とする。

　単位については、1単位時間を50分とし、35単位時間の授業を1単位として計算することを標準とする。ただし、通信制の課程においては、第7款の定めるところによるものとする。

2　各学科に共通する各教科・科目及び総合的な学習の時間並びに標準単位数

　各学校においては、教育課程の編成に当たって、次の表に掲げる各教科・科目及び総合的な学習の時間並びにそれぞれの標準単位数を踏まえ、生徒に履修させる各教科・科目及び総合的な学習の時間並びにそれらの単位数について適切に定めるものとする。ただし、生徒の実態等を考慮し、特に必要がある場合には、標準単位数の標準の限度を超えて単位数を増加して配当することができる。

芸術（単位）

芸術	音楽I	2	音楽II	2	音楽III	2
	美術I	2	美術II	2	美術III	2
	工芸I	2	工芸II	2	工芸III	2

3　主として専門学科において開設される各教科・科目

　各学校においては、教育課程の編成に当たって、次の表に掲げる主として専門学科（専門教育を主とする学科をいう。以下同じ。）において開設される各教科・科目及び設置者の定めるそれぞれの標準単位数を踏まえ、生徒に履修させる各教科・科目及びその単位数について適切に定めるものとする。

美術	美術概論、美術史、素描、構成、絵画、版画、彫刻、ビジュアルデザイン、クラフトデザイン、情報メディアデザイン、映像表現、環境造形、鑑賞研究

第2節　学力論争と美術教育

　ゆとり教育が生み出したと評される学力低下懸念にはじまり、PISA調査（Programme for International Student Assessment：経済協力開発機構〔OECD〕生徒の学習到達度調査）の結果による学力順位争い、全国一斉学力調査とその結果公表など、学力に関するさまざまな論争が激しさを増している。その多くはペーパーテストによる学習内容定着度調査に関するものがほとんどである。この状況は、1970年代にアメリカが、納税者である親たちの基礎に帰れとの声（Back to Basics）から3R（reading, writing, arithmetic）を中心とするカリキュラムへと改編し、芸術関係教科は大幅な削減を余儀なくされた時代（p.29参照）とよく似ている。そして、その結果としての学校教育の荒廃は周知の事実である。

　学力が狭義に解釈され、計測しにくい教育的成果は軽んじられるという傾向に対して、美術教育からの学力論を展開する必要がある。しかしながら、誰もが納得できる学力論を我々はまだ手にすることができないでいる。

　ここでは、学力論に関する考察のための資料として、筆者が教育雑誌などに発表した論文の一部を提示する。

■これからの「美術」
・妻有に学ぶ
（略）
・「美術」の意味
　このような発見や学びを体験したところで、我々は今一度立ち止まって考えるときにあるようだ。それは「美術とは何か」という根源的な問いかけである。ここで少し歴史をさかのぼってみたい。
　「美術」という言葉は、明治初期に新訳語として用い始められたものである。当初は現在の絵画、彫刻、デザイン、工芸、建築などの造形芸術を意味するだけでなく、美を表現するもの全般、すなわち現在の「芸術」にあたる用い方もされていた。「美術」の概念が定着していく過程では、「書は美術なりや否や」の論争や、美術と工芸の領域論、延いては1893年のシカゴ万博の美術館に日本美術を飾ることが国策となるなどの西洋美術の概念と日本美術の概念の調整期もあったが、明

治後期頃には、「美術」は日常会話にも登場するほど普及していたと思われる。このことは、当時の小説などを読んでみると、しばしば「美術」の言葉が登場することからも推察することができる。

　しかしながら、「美術」は西洋文化としての「ART」の訳語として生まれたものである。後に日本古来の造形表現も「美術」の中に包含されはしたが、西洋美術がその中心にあったことは否めない。すなわち「美術」なる言葉の出現によって、それまで育まれてきた美意識や価値観は、選別されてしまったのである。少なくとも、市井の人々の生活に根付いてきた造形とは、対極にあるものとして「美術」は歩み出すのである。このことは、明治の西洋的教養主義と相まって、「美術」は一般庶民の生活感情とはかけ離れた特殊な才能を持つ人によってなされるもの、もしくは豊かな人々の趣味の領域との社会通念を定着させ、それは今もって強く影響している。

　「美術」が正式な教科名となるのは、昭和33年の「学校教育法施行規則」の改定、同年の「学習指導要領」の改訂であるが、このときの経緯は、山形寛の『日本美術教育史』（昭和42年・黎明書房）に詳しく記載されている。一般的には、産業界からの要請として中学校技術科が新設され、それまでの中学校図画工作科の学習内容の内、芸術性創造性を主体とする表現や鑑賞活動に関するものを中学校美術科で扱うものとし、生産技術に関するものを技術科で扱うものとするようになったとされている。しかし、山形寛はこれに当時の美術教育関係者の思惑も加えている。その一部を紹介すると次のようなものである。

　「図画工作分離論は、図画工作科の設置当初からあり、全国図画工作教育大会にも毎年のようにこの問題がもち出されている。分離論はおおむね劣勢ではあったが、一面根強いところもあった。分離論の中には、図画・工作両者の性格上の相違から出発した純粋理論的なものもあったが、また、図画工作が合一されていると、工作が常に図画に圧迫されて不振におち入るから、分離して工作教育の振興を図るべきだとする論もあり、数の上からはむしろこの方が多かったように思われる。（中略）現実に工作教育は図画教育と比して不振であったことは否定できない。一部の図画工作分離論者は、この事実を見て、工作教育振興の道を他に求めないで、一途に図画と分離さえすれば、工作教育は振興するものと思い込んでいた節もあった。」

　当時の関係者の多くはすでに亡く、直接聞き取ることはできないが、ここからは教育論上の立場の違いと同時に、「美術」に対する意識の違いを読み取ることができる。工作教育が低迷していた理由としては、戦後十数年が経過したとは言え、

学校における教具教材、設備などは十分とは言えなかったことと、急激に子どもの数が増加したことが上げられる。中学校工作領域に課せられた過大な学習内容に対応できる状況ではなかったという現実的な問題がある。しかし、もっとも重要なのはこの時代の「美術」の在り様と、図画工作科を担当する教師、すなわち当時の美術教師の意識の問題である。

　昭和30年代は、戦後の混乱が落ち着くとともに、芸術や美術の状況が大きく発展した時期である。特に美術界ではさまざまな公募展が生まれるとともに、日本の現代美術の黎明期でもあった。「美術」の概念としても、「純粋美術」に対して差別的に「応用美術」や「商業美術」などのことばが一般的に用いられていた時代である。その中で、かなりの美術教師が「美術」を「純粋美術」中心に考えていたことは、想像に難くない。その後、工作は中学校美術に工芸という形で再登場するが、同時に中学校美術は学習領域を明確にしていく方向をとることになる。すなわち、「絵画」、「彫塑（彫刻）」、「デザイン」、「工芸」、「鑑賞」の五領域である。そして、「表現」と「鑑賞」に学習内容が収斂している現在においても、この五領域の考え方は相当根強いものがある。

　中学校美術の五領域が「竹輪」と評されることがある。これは、「竹輪」に外側はあるが中心は空洞であるとのたとえであるが、確かに「絵画」や「デザイン」などを集合したものが「美術」であるとの認識は、最早通用しない。「美術」と中学校美術科の学習とは、似て非なるものとの考え方もあるかもしれないが、学校の中だけで意味を持つ学習にどれほどの価値があるのだろうか。平成10年代の中学生を取り巻く「美術」の状況は、そのような五領域でとらえられるものではない。大衆文化と言われる漫画やアニメーション、フィギュア、そして映像、デジタル表現など刺激的な「美術」環境にある。今こそ「竹輪」の中身をとらえ直す時代である

・学習到達度調査

　一方、子どもたちの「美術」環境があまり豊かではないというデータもある。平成16年12月に発表された「OECD生徒の学習到達度調査2003」では、日本の子どもの学力が国際水準のトップから転落したことのみが報道され、「ゆとり教育」批判に油を注いでいるが、この調査には「生徒の学習背景」を探る内容も含まれている。

　今回の15歳児を対象としたOECDによる調査の内容は、大きく三つに分かれている。一つは「読解力」、「数学的リテラシー」、「科学的リテラシー」からなる学習到達度を調査したものであり、二つ目は、それらの学習の横断的な能力を調べ

るものとして「問題解決能力」の調査が今回より加わった。さらに三つ目として、「学習の背景」を調査するアンケート形式の質問が付されている。注目したいのは、この「学習の背景」の部分である。これは「学校の学習環境」と「生徒の学習環境」の調査に分かれ、「学校の学習環境」は調査対象校の学校長もしくは、学校長が指名した教員が答えたものであり、「生徒の学習環境」の方は「生徒質問紙」を用いて調査対象生徒が答えている。その「生徒の学習環境」調査項目の中に、「家庭の学習リソース」を問う項目があり、質問が次のようになっている。

「問16　家には次の物がありますか。あてはまる番号すべてに○をつけてください。1.　勉強机　2.　自分の部屋　3.　静かに勉強できる場所　4.　勉強に使えるコンピュータ　5.　教育用コンピュータソフト　6.　インターネットの回線　7.　自分専用の電卓　8.　文学作品（例：夏目漱石、芥川龍之介）　9.　詩集　10.　美術品（例：絵画）　11.　学校の勉強に役立つ参考書　12.　辞書　13.　食器洗い機」

調査分析では、この「問16」を次の二つの観点でまとめている。一つは「家庭の学習リソース」として、「1.　勉強机　3.　静かに勉強できる場所　7.　自分専用の電卓　11.　学校の勉強に役立つ参考書　12.　辞書」の項目を取り上げ、二つ目には、「家庭におけるクラシックな文化的所有物」として、「8.　文学作品（例：夏目漱石、芥川龍之介）　9.　詩集　10.　美術品（例：絵画）」の三項目を示している。結果として、文学作品の選択率は、OECD平均（「生徒の学習環境」調査に参加した13の国と地域の平均）49.9％に対して日本は42.5％、詩集の選択率は、平均47.6％に対して日本は24.6％、美術品の選択率は、平均48.3％に対して日本は28.8％となっている。これは、勉強机などの「家庭の学習リソース」と比較するとあまりにも低い選択率である。特に、詩集と美術品は13の国と地域中、香港に次いで低く、結果報告書をまとめた国立教育政策研究所のプロジェクトチームも「国際的に見て家庭の文化的所有物が豊かであるとは言えないことがわかる。」と断じている。「美術品（例：絵画）」だけの表記では、調査対象の生徒たちが具体的にどのようなものを連想して回答したのか不明であるし、この結果だけで我が国の文化普及度が低レベルにあると考えるのは尚早であるが、子どもたちが文化的に豊かな環境の中にあるとは言い難いことも事実である。これは、「読解力」や「数学的リテラシー」において14位や6位に転落したということよりも深刻な問題ではないだろうか。また、学力向上が学校教育を中心とする課題であるならば、文化の普及、向上は何を持って考えるべき課題なのだろうか。さらに、家庭に所有するものとして「美術品」を選択した生徒が、我が国の場合極端に低かった理由として、「美術品」とは高価なものという先入観が働いたことも可能性とし

て考えられる。生徒自身の絵が飾ってあっても、我々の社会では、それは「美術品」ではないのである。

・教科書の役割

　我々の社会における社会基盤としての文化的要素の脆弱さを考えるとき、大衆文化隆盛の中で、文化消費者として流行に流される子どもたちの姿が見えてくる。このような状況の中で、日本中のすべての子どもたちに手渡される美術の教科書には、授業に用いられるだけではないもう一つの役割があるのではないだろうか。最後に、現代を生きる中学生にふさわしい理想的な美術の教科書とは何か、その役割はどこにあるのかを考えてみたい。

　まず美術の授業での理想的な教科書という視点から考える時、次のような項目が重要になってくるだろう。

①学習の目的や目標の提示

　「評価の観点」は、指導者にとっては指導の目的であると同時に、生徒にとっては学び身に付けるべき学習内容を明らかにするものである。各題材で何を学ぶかを示す教科書は、指導者にとっても生徒にとっても使いやすい。特に「美術への意欲・関心・態度」「発想や構想の能力」「創造的な技能」「鑑賞の能力」の四観点に対応した学習目的が教科書に示されることは、授業の構造化にとって重要である。

②小学校での学習との関連の重視

　小学校図画工作での伸びやかな造形活動の上に、中学校での美術の学習があるとすれば、その関連性を示す部分は、特に中学校第1学年の教科書では大切である。生徒の精神的、身体的成長との関係性が他教科と比べても一層密な美術の学習では、小学校での学習と中学校での学習を区分するよりも、その関連を意識した題材が望まれる。

③鑑賞題材の充実

　学習指導要領が鑑賞重視の傾向を示していることだけではなく、鑑賞の学習に対する期待は、生涯学習の観点も含めた社会的な要請と理解すべきである。その意味からも日本やアジアを中心として、人類の造形美術の全体像を提示できるような内容を持った教科書でありたい。

④日本画、水墨画への期待

　今まで教科書が西洋美術に偏り過ぎているとの評は、掲載される作品の問題だけではない。透視図法に代表されるような、西洋絵画における造形性を美術の学習の中心にしてきた点にもある。日本画や水墨画などの学習を通して、日本の伝統的な美意識やその表現方法を学ぶことは、西洋画的描写力を基礎とする表現と

は違った表現の学習を切り開くものである。鑑賞だけではなく、表現の学習として正面から取り組む題材が必要である。また、中学生にとって身近な漫画やアニメなどのポップカルチャーの扱いも重要である。特に、2・3上、2・3下という中学校美術の教科書独特の構成を考えると、上編においては表現題材を中心に展開し、下編においては上編での表現題材との関連を重視した鑑賞題材を深めることができるようにするなどの工夫が、効率の良い鑑賞の授業を保障するものとなる。

⑤色彩学習の充実

突き詰めるならば、美術は形と色についての学習である。特に色彩は、表現や鑑賞の基礎基本の一つであるだけではなく、日常生活の中のさまざまな場面で必要とされる知識であり、色彩を扱う技能の必要性はフルカラーの時代の要請でもある。また、色彩の学習は系統的に進める方が理解しやすいことから、教科書の中でも特集的に扱うなどの配慮が必要である。

⑥教科書の大判化

従来B5判を主流としてきた美術の教科書であるが、すでに時代はA4判の教科書を必要としている。その理由としては、映像やCG、ポップカルチャー、美術史など、近年中学校美術で扱う内容が拡大していることや、大型図版による学習効果、表現方法などのより詳細な提示による学習の効率化などがある。もちろん価格が定まっている教科書であるから、むやみにページを増やしたり大判化したりすることは無理であるが、よりよいものを生徒に届けるという使命感を基に、教科書会社には更なる努力を期待したい。

ここまで、授業での理想的な美術の教科書についてまとめてきたが、中学校美術の教科書にはもう一つの役割がある。それは、教科書が家庭における、もしくは社会における文化リソースの役目を担うことである。前述したように、日本社会における文化の普及度や文化的豊かさは決して高いとは言えない。それは経済的な豊かさとはあまりにもかけ離れたものである。また、「美術」に対する無理解や偏狭なイメージも根強いものがあり、地域や経済状況による文化格差も拡大する傾向にある。その中ですべての家庭に、日本の津々浦々に届けられる美術の教科書は、誰もが等しく美術を体験することのできる書籍なのである。中学生と保護者が一緒に美術の教科書を見てほしい。美術の教科書から始まる町おこしや文化活動が広がってほしい。

(『平成18年度用中学校美術科資料』開隆堂出版、2005（平成17）年3月、pp.2-5）

■造形能力の再評価

　造形美術教育が現在直面している重要な課題はなにかと問われて、「学校間の連携の問題と評価方法論である」とする答に、さほど多くの異論はないのではないかと思われる。全国造形教育連盟をはじめとする研究会や美術教育関係学会等の動向を見ると、この二つの課題についての実践報告や、研究発表の本数が増加している。「連携」と「評価」が今の学校現場のキーワードであり、その研究は早急に深められるべきものである。

　しかしながら、この二つの課題を対処療法的に考察し、体裁を整えていくような傾向には危惧を覚える。「連携」と「評価」を突き詰めていくならば、戦後の美術教育が引きずり続けている課題に帰結する。すなわち、「美術による教育」か「美術の教育」かという造形美術教育の基本的な理念の乖離である。

　美術教育の領域外にある人々から見れば、このような状況はとらえどころがなく、その教科性は曖昧にさえ思えるだろう。初等教育が「美術による教育」を標榜する一方、中等教育が「美術の教育」を目指す傾向にあるとするならば、「造形美術教育は自家撞着」であるという評価を下されても、反論のしようがない。

　「連携」と「評価」の課題は、まさにこのアンチノミーが実際の教育現場において今日的な問題として表れたものと考える必要がある。「美術による教育」と「美術の教育」の二面性で美術教育を論じること自体すでに無意味であるとする論調もあるが、我々はまだこれを乗り越える美術教育の展望を手にしていないのである。

　教育改革の名の下に行政的視点から生まれた学校教育システムの改編という外圧的な動きが現在の学校間連携問題の実像であるとする理解は、間違いとは言えないとしても、学校間の落差や内容の違い、それゆえの「連携」の必要性は、すでに「創美」の活動の中にも読み取ることができる。言い換えるならば、我々が結論を先延ばしにしてきた課題の一つなのである。

　もちろん、外圧にせよ、必要性にせよ、現在多くの地域で取り組まれている「連携」のあり方を探ろうとする実践的な研究は大いに期待できるし、それぞれの学校の立場を超えた教師間の交流が新たな展開を見せている例もある。ただし、まずはそれぞれの教育理念や教科性ついての認識の違いを乗り越えられるかが大きな壁となるであろうし、それを明らかにしていく姿勢をお互いに持ち続けなければ、単なる内容の整理に終始することになる。

　一方、「評価」の問題を考えてみると、これも「観点別評価」の一斉導入という現実的な問題から発しており、観点に照らして個々の題材をどのように構成する

か、効率のよい評価作業をどのように進めるかの論議に終始している観がある。

　「評価」は教育現場にとっては否応なく取り組まねばならない問題であり、ここに到って「観点別評価」の危うさを論じたとしても、評価のための膨大な作業量を軽減できるものではない。しかし、現在の「評価」における一種の混乱は、我々が芸術領域における評価問題を数十年に渡って積み残してきた結果でもある。

　「観点別評価」に従って詳細なシステムを作り上げ、誰もが納得する方法を模索すればするほど違和感や徒労感に陥る現実を直視するとき、健全育成を支える造形美術教育を目指すのか、教養としての美術文化を身につけさせ、以って情操の育成を育むことが教科の中心とするかの迷いが見えてくる。

　ここまで「造形美術教育方法論」を自身の研究フィールドとする立場から、現状認識を中心にして話を進めてきたが、「教育方法論」自体が哲学を見失い矮小化されていく傾向にあることにも危惧を感じている。

　教育を社会再構築の循環の中で捉えることは近代以降の妥当な流れだとしても、教育を行政サービスの一環として捉え、経済性や効率、安直な学習成果を基に、さまざまな教育活動を評価し選別する近年の動きはそのもっとも特徴的な事例としてあげることができる。

　納税者の教育に対する要請を教育消費者のニーズとして捉えるならば、学校教育はスーパーマーケットのように消費者が必要とするものを中心とした品揃えをし、その品質と安価さを競うことになる。さらに、教科性という「売り」は、各教科が与えることのできる知識や技能の質や量を中心にした方が、消費者にわかりやすい。しかし、言うまでもなく、さまざまな知の体系を各学校の段階に割り振ったものが教科の内容では決してない。

　このように、今までは当然のこととして考えてきたことさえ変質しようとする時代にあるという認識を持って、これからの研究を進める必要がある。そのためには人と社会のありようの真摯な分析・考察によって構築された教育理念を基に、授業者と学習者の共感によって成立する実践を展開する姿勢がさらに重要になってくるだろう。そして、何より造形美術そのものに対する社会的評価や位置づけについての再評価は、造形美術教育にとって急務であると考えている。

　造形美術の世界もまた拡大している。ただし、拡大しているその先端に線引きをし、全体像を捉えることは難しい。それは宇宙の果てがどこにあるのかを探すようなものであり、あまり興味がない。しかし、教育という光をその宇宙に当て

てみると、豊かで多様な造形活動の存在に気づくとともに、それらが我々にとって身近であり、生きる上で必要不可欠なものであることが理解できる。

　これに対して、教育の素材もしくは対象としての造形美術は、いささか偏狭であるように思える。特に教養主義的美術教育論では、歴史としての重みを重視するあまり、かえって造形美術の豊かさや多様さ、柔軟さ、そして現代性を見失っている。

　人間の営みのひとつとして造形美術活動を認識し、色や形を扱う能力を造形能力と定義するならば、人と社会にとって、造形能力の重要度は増大していると言える。すなわち、日常にあふれる映像などのイメージは、言葉で記述され論じられたものよりもはるかに大きな影響力を持っているし、「直感像」をはじめとして、イメージによる思考が一般的な思考パターンにおいて重要な役目を担っていることも明らかにされつつある。

　さらに現代美術の動向を見ても、人々の暮らしや営みによって受け継がれ紡ぎだされてきた価値に注目し、再認識する行為を造形化する作家の活動が目を引く。太古の造形が人々の営みと一体化していたように、再び造形美術は我々の暮らしに近づきつつある。かつて造形活動は特殊な能力を有する特権階級の人々のものであるとされてきた。このような才能の一言でくくられた造形能力ではなく、すべての人々が日常生活の諸相でごく自然に用いてきた、生きるための基本的な能力の一つとして造形能力を再評価しなければならないし、子どもたちの造形はそのことをよく物語っている。幼児期の造形表現はその年代特有のものであり、成長するとともに忘れられるものとされるが、それは消滅するのではない。個人の特性を必要としない社会システムの中で、見えにくくなっているだけなのである。

　このような現代性から子どもたちの造形を見るとき、チゼックが発見し、リードが期待し、創美が育てようとしたものとは、また違った意味や価値をそこに見出すことができるだろう。それは、「世界は形と色でできている」との確信である。

　　　　（『教育美術』2005（平成17）年1月号、教育美術振興会、pp.37-38）

第3節　連携による美術教育

　これからの学校教育の方向性を考える上で、連携は重要なキーワードである。美術教育もまた連携を模索し続けている。戦後の美術教育を実践の場から振り返るならば、むしろ他教科や他領域よりも早く連携に取り組みだしたといえる。それは、美術や芸術が学校の中に納まるようなものではなく、絶えず変容しさまざまな繋がりを求めるものであり、その教科性からも美術教育にとって連携は必然であるということができる。以下に示す資料は、筆者が全国造形教育連盟（p.188参照）の研究局担当として実施した、連携を見据えたアンケート調査である。実施は約10年前に遡る。現代においては連携の言葉が当然のことに用いられているが、2003（平成15）年当時の教師がどのように考えていたかを読み取ることができる。

　アンケートの回答者は、全国造形教育研究大会に参加した幼稚園から大学までの教師である。回答者総数は420名と少ないが、造形美術教育に対する意識の高い集団である。時間に追われながらも日々の実践を展開し、美術教育の将来に危機感をもつ教師たちが何を求めているのかを探り、そしてここから我々は何をなすべきか考えたい。10年を過ぎて、この調査が示す傾向から現在はどのように変化したのか考察することも重要である。なお、紙面の都合から自由記述と項目ごとの分析は省略している。

連携から関係性へ
第56回全国造形教育研究大会2003／東京大会アンケート調査から
The cooperation and the relationship.
Based on the questionnaire on
the 56th ZENZOUREN Tokyo conference, 2003.

大坪圭輔
武蔵野美術大学
Ohtsubo Keisuke
Musashino Art University

I 全造連東京大会アンケート調査の概要

「第56回全国造形教育研究大会2003/東京大会」は、2003年11月27日から29日の日程で、東京造形大学をはじめとして、南多摩地区の各幼保育園、小中高等学校を会場として開催された。また、その大会テーマは「『人間・造形・成長』－造形美術教育を問い直す－」であった。この大会テーマは、2002年6月の「第1回全造東京大会準備委員会」旗揚げ時より討議を深めてきたものであり、筆者は準備委員会が正式に「東京大会実行委員会」となった当初より研究局長として参加してきた。

「人間・造形・成長」をキーワードとして造形美術教育全体を問い直し、これからの造形美術教育の将来像を考えようとする趣旨が決定された背景には、現在の急激な教育改革の嵐の中で、園学校種の別を超えて造形美術教育のあり方を考えなければ、我々の将来像を見失うという危機感がある。特に、教育課程の改編が教育行政の視点から各地で進む状況にあって、戸惑いつつ実践研究を進める教師たちからは、行政への不信感や子どもや教師不在の教育改革に対する批判の声も多く聞かれた。同時に、今連携を考えることは、教科領域としての造形美術教育の存在理由を明らかにしていくことに繋がり、すべての園学校種の連合組織である全国造形教育連盟こそ、その課題に応えていく責務があるとの使命感もあった。

このような大会テーマの趣旨とそこに込められた思いを受けて、東京大会実行委員会研究局は、造形美術教育を担当する教師の意識調査を行い、研究の基礎資料とするべく次のようなアンケートを実施した。

■アンケートの要領（抜粋）

名称	第56回全国造形教育研究大会2003/東京大会テーマ「『人間・造形・成長』造形美術教育を問い直す」ためのアンケート調査
本調査の趣旨	第56回全国造形教育研究大会2003/東京大会のテーマである「造形美術教育を問い直す」ための方法として、現在進行している各種教育システムの改革などを我々教師がどのように考えているのかを集約し、全体会シンポジュームその他の研究協議の基礎資料とする。
調査対象	幼・保から大学までの各学校種に勤務する造形美術教科等担当教員

調査機関　　　第56回全国造形教育研究大会2003/東京大会実行委員研究局
　　　　　　　責任者　実行委員長　矢木武
集計結果の公表　2003年11月27日（木）〜29日（土）
　　　　　　　第56回全国造形教育研究大会2003/東京大会に於いて
実施期間　　　2003年6月

■質問項目
設問1　所属学校種及び回答者総数
設問2　回答者の年齢構成
設問3　園学校の連携について
設問4　他校種との交流事業
設問5　外部との協力連携事業
設問6　園児、児童、生徒、保護者の変化
設問7　その他の教科領域における問題点や課題
設問8　大会テーマ「人間・造形・成長」について
設問9　「文化芸術振興基本法」について
設問10　社会の造形美術教育に対する理解や期待
設問11　他校種や美術館への意見

■回答集計（記述回答については総数のみ）
1.所属学校種及び回答者総数　　　　　　　　　　　　　　　　（単位　人）

	幼・保	小	中	高	短大・大	連携・一貫	その他	計
北海道	1	8	5					14
青森					1			1
山形	1							1
茨城		3						3
千葉				4				4
東京	29	110	43	24	1			207
神奈川			6					6
山梨				1	5			6
新潟		1	1					2
富山	1							3
岐阜	1			1				2
静岡	1							2
愛知					1			1
三重		1	2					3
京都	45				1			46

大阪				30			1(聾)	31
奈良	1			5				6
和歌山	1							1
岡山				24				24
広島				1				1
山口				2			1(養)	3
佐賀				17		1	1(盲)	19
大分				26				26
鹿児島	1				5			6
不明				1	1			2
合計	82	124	56	138	16	1	3	420

2. 回答者の年齢構成

(単位 人)

	a 20歳台	b 30歳台	c 40歳台	d 50歳台	e 60歳以上	無回答
幼・保	23	11	25	6	13	4
小	8	18	53	45		
中	2	17	29	8		
高	15	39	46	38		
短・大		3	5	4	4	
他・一貫	1	2	1			
合計	49	90	159	101	17	4
%	11.7%	21.4%	37.9%	24.0%	4.0%	1.0%

3. 園学校の連携について

[設問] 現在進められている各種の園学校連携(幼小、小中、中高、高大連携、中等教育学校など)の動きについてどのようにお考えですか。

  a 全面的に賛成である　b 問題はあるが基本的には賛成である
  c 全面的に反対である　d 賛同できるところもあるが基本的には反対である
  e わからない　　　　　f その他

・理由（自由記述）

それぞれのお答えの理由や賛成点、問題点などをお書きください。

(単位 人)

		a	b	c	d	e	f	無回答
校種別	幼・保	35	19		5	18	1	4
	小	11	50	4	27	28	4	1
	中	10	23	1	6	12	1	2
	高	19	66	4	17	24	2	6
	短・大	4	10		1	1		
	他・一貫		2		1	1		
	合計	79	170	9	57	84	8	13
	%	18.8%	40.5%	2.1%	13.6%	20.0%	1.9%	3.1%

第3節　連携による美術教育

		a	b	c	d	e	f	無回答
年齢別	20歳代	17	19		3	7		1
	30歳代	15	36	1	8	18	1	4
	40歳代	27	55	3	22	37	4	3
	50歳以上	17	46	3	21	19	3	3

記述回答総数	192

4.他校種との交流事業

[設問] 造形美術教育の範囲において、現在の勤務園学校では他校種との交流事業がなされていますか。5.の問いの外部との協力連携事業と分けてお考えください。

　　aいる　bいない　c現在はないが準備中である　dわからない

・感想や概要（自由記述）

「aいる」、「c現在はないが準備中である」と答えられた方は、その概要や感想をお書きください。

（単位 人）

		a	b	c	d	無回答
校種別	幼・保	25	48	1	5	3
	小	18	98	4	3	1
	中	9	37		8	2
	高	18	99	5	13	3
	短・大	9	2	1	3	1
	他・一貫	1	3			
	合計	80	287	19	26	8
	％	19.0%	68.3%	4.5%	6.2%	1.9%
年齢別	20歳代	7	34		5	
	30歳代	13	59	5	6	
	40歳代	25	108	7	8	3
	50歳以上	25	73	7	7	1

記述回答総数	77

5.外部との協力連携事業

[設問] 造形美術教育の範囲において、現在の勤務園学校では外部（保護者、地域、企業、美術館・博物館、作家等個人など）との協力連携事業がなされていますか。4.の問いの他校種との協力連携事業と分けてお考えください。

　　aいる　bいない　c現在はないが準備中である　dわからない

・概要や感想（自由記述）

「aいる」、「c現在はないが準備中である」と答えられた方は、その概要や感想をお書きください。

(単位　人)

		a	b	c	d	無回答
校種別	幼・保	45	29	2	2	4
	小	44	61	15	4	0
	中	19	31	3	2	1
	高	40	80	5	9	4
	短・大	6	4	3	2	1
	他・一貫	1	2	1		
	合計	155	207	29	19	10
	％	36.9%	49.3%	6.9%	4.5%	2.4%
年齢別	20歳代	7	34		5	1
	30歳代	13	59	5	6	
	40歳代	25	108	7	8	3
	50歳以上	25	73	7	7	1

記述回答総数	140

6.園児、児童、生徒、保護者の変化

［設問］最近の園児・児童・生徒や保護者は変わってきていると評価されることが多いようですが、どのようにお感じですか。現在の勤務園学校における造形美術の指導を中心にしてお考えください。

①園児，児童，生徒の変化

a 感じる　b 感じない　c わからない

・変化した点（自由記述）

「a 感じる」と答えられた方は、その状況をお書きください。

②保護者の変化

a 感じる　b 感じない　c わからない

・変化した点（自由記述）

「a 感じる」と答えられた方は、その状況をお書きください。

①園児、児童、生徒の変化　　　　　　　　　　　　　　　　　　　　　（単位　人）

		a	b	c	無回答
校種別	幼・保	62	13	5	2
	小	99	12	11	1
	中	43	5	8	
	高	101	17	15	5
	短・大	12	1	3	
	他・一貫	1	2	1	
	合計	318	50	43	8
	％	75.7%	11.9%	10.2%	1.9%

		a	b	c	無回答
年齢別	20歳代	34	4	9	
	30歳代	59	13	10	1
	40歳代	115	18	17	1
	50歳以上	96	10	6	1

②保護者の変化

(単位　人)

		a	b	c	無回答
校種別	幼・保	65	7	6	4
	小	85	10	26	2
	中	30	5	20	1
	高	56	18	51	13
	短・大	6	1	9	
	他・一貫	4			
	合計	246	41	112	20
	％	58.6%	9.8%	26.7%	4.8%
年齢別	20歳代	30	3	13	1
	30歳代	36	13	31	3
	40歳代	99	5	39	8
	50歳以上	79	13	17	4

記述回答総数	557

7. その他の教科領域における問題点や課題

[設問] 現在の勤務園学校や所属学校種全体において、上記の問題以外の造形美術教科、領域における問題点や課題がありましたらお答えください。

※「(活動)」は幼稚園・保育園の場合を意味します。

a 授業(活動)時間数が不足している

b 毎授業(活動)の準備時間が不足している

c 授業(活動)研究の時間が不足している

d 授業(活動)クラスの園児、児童、生徒数が多い

e 授業(活動)の持ち時間数が多い

f 教科、領域の予算が少ない

g 施設設備が不足している

h 他教科、領域との連携に課題がある

i 教育目的に課題がある

j 教育方法に課題がある

k 評価方法に課題がある

l その他

(単位　人)

		a	b	c	d	e	f	g	h	i	j	k	l	無
校種別	幼・保	10	23	20	18	1	2	6	3	4	5	9	22	22
	小	78	78	77	49	34	54	51	20	11	9	41	16	3
	中	46	27	34	22	23	24	20	7	4	5	25	7	
	高	72	56	63	35	20	63	73	10	10	10	30	15	5
	短・大	8	4	6	6	5	8	10	5	2	2	1	1	
	他・一貫	3	1	2		1	2	2	1			1		
	合計	217	189	202	130	84	153	162	46	31	31	106	62	30
年齢別	20歳代	15	10	11	8	5	7	10	1	3	1	7	17	5
	30歳代	49	44	47	22	19	29	37	15	5	4	27	9	3
	40歳代	81	70	75	52	29	64	59	17	8	8	35	16	10
	50歳以上	60	56	59	43	31	46	45	13	13	17	28	18	10

記述回答総数	70

8. 大会テーマ「人間・造形・成長」について

[設問] 本大会では、『人間・造形・成長』を造形美術教育の重要なキーワードとしています。これについてのお考えをお尋ねします。趣意書をご参照の上お答えください。

　　a 重要な視点である　　　b 部分的に重要である
　　c 他の視点が重要　　　　d その他
　・他のキーワード（自由記述）

『人間・造形・成長』以外で造形美術教育の重要なキーワードとお考えになるものがありましたらお書きください。

(単位　人)

		a	b	c	d	無回答
校種別	幼・保	70	4			8
	小	83	17	4	3	17
	中	36	14	1	2	3
	高	78	18	2	2	38
	短・大	9	3	3		1
	他・一貫	3	1			
	合計	279	57	10	7	67
	％	66.4%	13.6%	2.4%	1.7%	16.0%
年齢別	20歳代	35	5	1	1	5
	30歳代	57	13	2	1	10
	40歳代	99	23	2	3	25
	50歳以上	73	14	5	1	20

記述回答総数	82

9.「文化芸術振興基本法」について

[設問]「文化芸術振興基本法」についてお尋ねします。

　　　a 内容をある程度理解している
　　　b 存在は知っているが内容はわからない
　　　c 全く知らない　d その他
　　　・意見（自由記述）
　　　「a 内容をある程度理解している」と答えられた方は、これについてのご意見をお書きください。

（単位　人）

		a	b	c	d	無回答
校種別	幼・保	2	33	44		3
	小	19	55	42		8
	中	11	20	25		
	高	30	66	32		10
	短・大	7	7		2	
	他・一貫	2	2			
	合計	71人	183人	143人	2人	21人
	％	16.9%	43.6%	34.0%	1.0%	5.0%
年齢別	20歳代	1	28	17		1
	30歳代	17	35	29		2
	40歳代	21	66	56	1	7
	50歳以上	24	47	35	1	6

記述回答総数	44

10.社会の造形美術教育に対する理解や期待

[設問] 社会全体の造形美術教育に対する理解や期待はどの程度だとお考えですか。感想で結構です。

　　　a かなり理解され、大きな期待がある
　　　b ある程度理解され、ある程度の期待もある
　　　c ある程度理解されているが、期待は小さい
　　　d 理解は低いが、期待は大きい
　　　e 理解度も期待も小さい
　　　f 全く理解されず、期待もない
　　　g このようなことは考えたことがない
　　　h わからない
　　　i その他

・理由（自由記述）

それぞれのお答えの理由をお書きください。

(単位 人)

		a	b	c	d	e	f	g	h	i	無回答
校種別	幼・保	5	30	12	14	10		2	4		9
	小	2	12	42	15	51		1	3	1	1
	中	1	4	16	2	25	3	2	2		1
	高	1	19	47	16	34	8	0	2	2	9
	短・大		3	6	1	5	1				
	他・一貫		1		1	2					
	合計	9	69	123	49	127	12	5	11	3	20
	％	2.1%	16.1%	28.7%	11.4%	29.7%	2.8%	1.2%	2.6%	1.0%	4.7%
年齢別	20歳代	4	12	10	8	8			3		3
	30歳代	1	14	20	11	26	4		3		4
	40歳代	3	17	50	18	54	4	2	2	1	4
	50歳以上	1	22	36	12	32	2	2	3	1	5

記述回答総数	141

11. 他校種や美術館への意見

[設問] 造形美術教育の範囲において、他校種や美術館などに対する要望や意見などがありましたらお書きください。

　　（自由記述、複数回答可。対象学校種を明示してください。）

　　a 幼稚園保育園に対して

　　b 小学校図画工作科に対して

　　c 中学校美術科に対して

　　d 高等学校普通科芸術・美術、工芸および専門教育美術科などに対して

　　e 短大、大学教員養成課程及び専門教育課程に対して

　　f 美術館、博物館等の教育普及活動などに対して

(単位 人)

記述回答総数	a	b	c	d	e	f
	89	105	105	60	61	126

II　アンケートの分析

（略）

Ⅲ　連携から関係性へ

1．アンケートの総括から

（略）

2．関係性の構築

　以上のような全造連東京大会のアンケート調査の総括から、これからの造形美術教育について考察を進めるが、そもそもこのアンケート調査は、「造形美術教育を問い直すためのアンケート調査」と題している。冒頭で述べたように、戦後の造形美術教育の成果が見えず、むしろ衰退の状況にあるのではないかとの危機感は今に始まったものではない。しかし、最早昨今の教育改革が、教科領域の範囲に留まることを許さず、戦後教育全体の問題として論じられるにいたって、我々の混迷は全く解決の糸口さえ見つけられなくなってきている。このアンケートには、このような状況を積極的に受け止め、21世紀の教養ある市民の育成という目標に照らした造形美術教育を構築する好機と考えるべきであるとの思いが含まれている。すなわち各種連携の動きを、単に教育の効率化を考えた行政上の問題として傍観するのではなく、造形美術教育全体を問い直すことによって見えてくる成長の本質を社会に提示するとともに、その意味や意義を明らかにし、我々が考える連携のあり方や教育システムを示すことが重要であると考えたのである。

　戦後の造形美術教育が果たしてきた役割についての評価を、そのあいまいな部分も含めて、我々関係者の中で語ることは可能であっても、社会的に認知されているとは言い難い。今までにもさまざまな造形美術教育論が展開されたが、それらはある程度の成果を得たとしても、すべての教育の場に浸透し、理論的基礎となったものは少ない。ましてや現在の教育改革に対応できるものは不在である。このような不透明な中で実践を進める教師の不安や困難さを、このアンケート結果は示している。しかしアンケートの集計としては低率であるが、困難さを乗り越えて草の根的に連携を模索する教師の姿勢にこそ、今までの造形美術教育を問い直し、これからの方向性を考えていくヒントもまた見出すことができる。

　「個」、「特性」という概念と「共通性」、「普遍性」は相反するものであるが、その融合こそこれからの基本理念であるとの認識はすでに社会の中に浸透しつつある。視点を教育に絞り、我々が直面している園学校種の連携という問題を考える場合も、それを「共通性」や「普遍性」のみによって構築することは不可能であり、弱体化をすすめる危険性さえある。すなわち連携はある一定の教育論によって成立するものではない。しかしながら、「教育特区」などの名目による現在の実験的な教育行政もまた、「個」や「特性」を生かす方法ではない。それは行政そのもの

が「共通性」や「普遍性」の上に成立するものであり、「特区」の内容がすでに狭義の学力育成こそ学校教育の主たる目的とする普遍的評価に基づいている。ここでいう「個」や「特性」は、それぞれの教室で展開される教育活動の実際そのものを意味している。どのような方法論を取ろうとも学びの実際は「個」のものであり、その指導も「特性」を生かして実践される。これはまた、造形美術に関する領域や教科が立脚する造形芸術そのものが「特性」によって成立していることからも理解できる。

　これらの前提から、再び各園学校種の連携を考えるとき、さまざまな実践の積み重ねこそ重要であり、そこから生まれる実践を介した交流が、「個」や「特性」と「共通性」、「普遍性」の両面を備えた造形美術による連携教育の実践的理論を作り上げることができると考える。もちろんそこには、発達心理学からの視点や教育心理などさまざまな研究が求められるとしても、主軸とすべきは、「個」の学びを保障する実践の研究である。「個」や「特性」を紡いで出来上がるものは、硬化した美術教育論ではなく、しなやかさやあいまいさまでも含んだものとなる。それは人の成長そのものがしなやかであり、造形芸術そのものが曖昧ささえも含むものだからである。

　もう少し具体的に考えていくならば、連携という教育理論があるのではなく、連携という教育活動が重要なのである。それはアンケートの多くの回答者が、子どもや保護者が変化してきているという実感を持っているという事実からも明白である。目前の子どもや保護者に対する教育を中心にして構成された学びの実際を、旧来の価値観に基づいた普遍性を求める教育論で分析することも評価することもできないのである。また、教育改革の名の下における連携ではなく、それ以前から、一部の教師の中には、連携を通して造形美術教育の意義を考えようとする姿勢があったという事実にも注目しなければならない。なぜそのような観点が必要とされてきたかは、造形芸術が絶えず変容するという本来的特性を持つことと、造形美術教育が学校教育の中で長期に渡り存在を問われ続けてきたという経緯がそこにある。主要5教科と呼ばれる教科では、なぜこの学習が必要なのか、何のために学ぶのかという根源的な問いを発するまでもなく、当然学習すべきものとして効率のよい学習方法を追求してきたのである。また、それらの教科における連携の問題は、学習内容の効率のよい配列に集約されている。しかし芸術関係教科は、学びの意味を明らかにするところから始まるのである。しかもそれは「個」の学びや成長を基礎とするものである。

　しかし、連携による授業実践の展開や研究がそのままであってはならない。そ

の積み重ねから我々が紡ぎあげなければならないものは、関係性への理解である。ここでいう関係性とは、系統のことではないし、発達心理学の視点による発達段階のことでもない。あくまでも関係性という可塑性を持った概念である。子どもの成長のありようそのものが変化するという認識に立ち、連携による教育の成果を整理し、各教育段階の関係性についての理解が必要なのである。造形活動そのものの変容を見ることをはじめとして、学びの姿勢や質の変化、題材と題材の関わり、指導方法との関わり、身体的な成長との関わり、他の学習活動との関わりなど、設定すべき視点は多くある。本論ではその具体的な方法論まで言及することができないが、連携による実践研究が「造形美術教育を問い直す」ために最も有効な方法であり、それが今求められている。

　すでにいくつかの造形美術教育研究団体では、すべての学校種が参加する連携についての研究プロジェクトが始まっている。それらが綿密な実践の記録を基にした関係性の構築へと発展することを願っている。

参考文献
現代カリキュラム事典　　日本カリキュラム学会編集・ぎょうせい・2001.2
美術教育法　　　　　　　大坪圭輔、村上暁郎編・武蔵野美術大学出版局・2002.4
最新教育データブック　　赤尾勝己他編・時事通信社・2002.11
青少年白書　　　　　　　内閣府編・財務省印刷局・2001.8
教職員ハンドブック　　　東京都教職員研修センター監修・2003.5
諸外国の初等中等教育　　文部科学省・財務省印刷局・2002.3

（『全国大学造形美術教育教員養成協議会2004〔平成16〕年度研究紀要』掲載）

あとがき

　「文化立国宣言」なるものを耳にしてからまださほどの時間は経っていないと思う。しかしながら、わが国はずっと以前より文化立国であり続けてきたのではないかと私には思えるのである。本書で多くのページを割いた明治以来のわが国の美術教育の歴史を振り返るならば、そこには文化芸術の創造と普及、そして教育に対する先人たちの弛まざる努力がある。そして、文化芸術に対する人々の憧れや敬意は、現代よりもはるかに強いものがあったのではないかと想像する。

　現代の「文化立国宣言」で語られる文化芸術には、経済活動への繋がりが期待されている。文化芸術が経済性を有することは事実であるし、歴史の上からも明らかである。しかしながら、その根底には経済や政治などの社会的要因とは無縁な人間の生命活動から発し、人として希求して止まない理想や幸福を求める思いがあることを忘れてはならない。それは、子どもたちの無心な表現にも、中学生の悩み大きい造形の中にも見出すことができる。

　本書は、美術教育に取り組もうとする人たちの学修と研究に資するべく編纂したものである。美術教育が困難さを増す時代にあって、自らの使命をそこに重ねようとする若い人たちには、大いなる敬意とともに感謝を表したいと思う。そして願わくば、造形表現に込められた1人1人の思いとその成長に真摯に向き合う姿勢を基本とし、文化芸術の社会性を踏まえた教育の広がりまでを見通せる視野を身につけてほしい。

　武蔵野美術大学の教職課程は、それぞれの時代の社会の要請に応えた教員養成によく取り組んできたと自負するものである。そしてその教育と研究は、学内外の多くの方々に支えられてきた。故に、本書に示すような多方面からの美術教育論を展開し得たものである。特に、故村上暁郎武蔵野美術大学名誉教授は貴重で多彩な資料を収集整理し、本学美術教育の実践的研究姿勢を築かれた。本書に掲載する資料の多くはその研究によるところが大きい。ここに、本書を感謝とともにわが師に捧げるものである。

　また、多彩な資料からなる本書は、その編集作業にもさまざまな困難があった。この手間のかかる仕事を着実に遂行し、さらに広い知見からアドバイスを頂いた武蔵野美術大学出版局の奥山直人氏に、深く感謝を申し上げる。

2014（平成26）年1月

大坪圭輔

著者紹介

大坪圭輔（おおつぼ・けいすけ）

1953年、長崎県生まれ。1979年、武蔵野美術大学大学院修士課程修了。

武蔵野美術大学教授。専門分野は、美術・工芸教育法、教育方法。初等中等教育段階を中心とする造形美術教育の実践的研究。特に、造形能力の発達とその社会的教育的意味に関する研究、及びその題材と教育方法の開発。

主な著書に、『工芸の教育』（武蔵野美術大学出版局、2017）、『美術教育の動向』（共編著、武蔵野美術大学出版局、2009）、『表現と鑑賞』（共編著、開隆堂出版、2011）、平成24年度用文部科学省検定済中学校美術教科書『美術1』『美術2・3』（著者代表、開隆堂出版、2012）、『求められる美術教育』（編著、武蔵野美術大学出版局、2020）など。

現在、国際美術教育学会（InSEA）会員、美術科教育学会会員、開隆堂中学美術教科書編集委員会（日本造形教育研究会）著者代表、公益社団法人日本美術教育連合理事長、公益財団法人教育美術振興会理事。

美術教育資料研究

2014 年 4 月 1 日　初版第 1 刷発行
2022 年 12 月 1 日　初版第 2 刷発行

著　者　大坪圭輔

発行者　白賀洋平
発行所　武蔵野美術大学出版局
　　　　〒 180-8566
　　　　東京都武蔵野市吉祥寺東町 3-3-7
　　　　電話　0422-23-0810（営業）
　　　　　　　0422-22-8580（編集）

印刷　　図書印刷株式会社
製本　　誠製本株式会社

定価は表紙に表記してあります
乱丁・落丁本はお取り替えいたします
無断で本書の一部または全部を複写複製することは
著作権法上の例外を除き禁じられています

ⓒ OHTSUBO Keisuke 2014
ISBN978-4-86463-016-0　C3037　printed in Japan